高等学校土木工程专业“十四五”系列规划教材·应用型

土木工程 CAD

（第3版）

主　编　王星捷
副主编　李春花　何　明　胡祥星
　　　　谢志华　周　芸
主　审　郄恩田

WUHAN UNIVERSITY PRESS
武汉大学出版社

图书在版编目(CIP)数据

土木工程 CAD/王星捷主编. —3 版. —武汉:武汉大学出版社,2023.8
(2025.7 重印)
高等学校土木工程专业“十四五”系列规划教材. 应用型
ISBN 978-7-307-20016-6

Ⅰ. 土… Ⅱ. 王… Ⅲ. 土木工程—建筑制图—计算机制图—AutoCAD 软件—高等学校—教材 Ⅳ. TU204-39

中国国家版本馆 CIP 数据核字(2023)第 096953 号

责任编辑:邓 瑶 责任校对:章海露 装帧设计:吴 极

出版发行:**武汉大学出版社** (430072 武昌 珞珈山)
(电子邮箱:whu_publish@163.com)
印刷:武汉图物印刷有限公司
开本:850×1168 1/16 印张:15.5 字数:420 千字
版次:2013 年 8 月第 1 版 2017 年 7 月第 2 版
2023 年 8 月第 3 版 2025 年 7 月第 3 版第 2 次印刷
ISBN 978-7-307-20016-6 定价:47.00 元

特别提示

教学实践表明，有效地利用数字化教学资源，对于学生学习能力以及问题意识的培养乃至怀疑精神的塑造具有重要意义。

通过对数字化教学资源的选取与利用，学生的学习从以教师主讲的单向指导模式转变为建设性、发现性的学习，从被动学习转变为主动学习，由教师传播知识到学生自己重新创造知识。这无疑是锻炼和提高学生的信息素养的大好机会，也是检验其学习能力、学习收获的最佳方式和途径之一。

本系列教材在相关编写人员的配合下，逐步配备基本数字教学资源，主要内容包括：

文本：课程重难点、思考题与习题参考答案、知识拓展等。

图片：课程教学外观图、原理图、设计图等。

视频：课程讲述对象展示视频、模拟动画，课程实验视频，工程实例视频等。

音频：课程讲述对象解说音频、录音材料等。

数字资源获取方法：

① 打开微信，点击"扫一扫"。

② 将扫描框对准书中所附的二维码。

③ 扫描完毕，即可查看文件。

第 3 版前言

《土木工程 CAD》第 3 版是在第 2 版的基础上修订而成的。编者总结了多年的教学和实践经验，以 AutoCAD 2020 为教学软件，紧密结合建筑、结构、道路施工图的相关技术、方法及制图标准和当前计算机辅助设计在土木工程领域的应用与发展，根据土木工程专业应用型人才的需求和教学要求，围绕 AutoCAD 2020 软件，将专业知识与应用实例结合，循序渐进地对土木工程 CAD 技术进行系统介绍。

第 1 章介绍了 CAD 技术的发展，讲解了 CAD 技术在土木工程中的应用，以及相关技术的发展。

第 2 章介绍了 AutoCAD 2020 的工作环境，以及常用的工具窗口和基本的绘图环境设置。

第 3 章介绍了基本二维图形的绘制，并通过应用实例演示了直线、矩形、正多边形、圆、圆弧的绘制，以及具体的实际应用。

第 4 章介绍了精确绘图工具的应用，通过应用实例详细讲解了坐标系、栅格捕捉、正交和对象捕捉的使用技巧。

第 5 章介绍了编辑基本二维图形，介绍了编辑工具的具体应用。

第 6 章介绍了图层的设置和管理，如如何设置图层，图层的各个状态的设置和使用。

第 7 章介绍了复杂二维图形的绘制与编辑，引入了工程实例，讲解了多线、多段线、图像填充，以及块的应用。

第 8 章介绍了文字和表格，如文字样式的设置，文字和表格的编辑。

第 9 章介绍了工程标注，如各种工程标注的应用。

第 10 章介绍了样板图绘制，如如何制作工程样板图，如何调用制作的工程样板图。

第 11 章介绍了建筑工程图绘制，先介绍建筑制图规范，利用案例讲解了建筑平面图、建筑立面图、建筑剖面图的绘制，然后介绍了天正建筑软件的使用，讲解如何利用天正建筑软件绘制建筑平面图、建筑立面图、建筑剖面图。

第 12 章介绍了结构施工图绘制，如结构设计说明，通过工程实例讲解主要的结构平面图和结构详图的绘制方法。

第 13 章介绍了道路施工图绘制，通过应用实例讲解了道路施工图的设计内容和绘图方法。

本书由宜宾学院王星捷担任主编，宜宾学院李春花、西南交通大学希望学院何明、合肥城市学院胡祥星、江西理工大学谢志华、安徽文达信息工程学院周芸担任副主编，武汉科技大学城市建设学院郄恩田担任主审。

具体修编分工如下：

宜宾学院，王星捷；安徽文达信息工程学院，周芸（前言、第 1 章、第 2 章、第 11 章）；

宜宾学院，李春花（第 3 章、第 4 章、第 5 章、第 8 章）；

西南交通大学希望学院，何明（第 6 章、第 7 章、第 10 章）；

合肥城市学院，胡祥星（第 9 章、第 12 章）；

江西理工大学,谢志华(第 13 章)。

通过对本书的系统学习,读者可以掌握 CAD 在土木工程领域中的基本应用技能,为今后从事土木建筑工程设计、施工和管理工作奠定扎实的基础。本书应用性强,可作为高等院校土木工程专业 CAD 课程的教材,也可作为相关工程技术人员的参考教材。

本书配备了数字资源。读者可以通过扫描书中二维码获得教学资源,进一步掌握相关技术操作。

本书由宜宾学院王星捷完成修订,并提供数字资源。由于编者水平有限,错误和不妥之处在所难免,敬请读者批评指正。

编　者

2023 年 5 月

第 2 版前言

《土木工程 CAD》第 2 版是在第 1 版的基础上修订而成的。编者总结了多年的教学经验，紧密结合建筑、结构、道路施工设计规范及制图标准和当前计算机辅助设计技术在土木工程领域的发展，根据土木工程专业应用型人才培养的需要和教学要求，将专业知识与应用实例结合，循序渐进地对土木工程 CAD 技术进行系统介绍。

第 1 章介绍了 CAD 技术的发展，讲解了 CAD 技术在土木工程中的应用，以及相关技术的发展。

第 2 章介绍了 CAD 经典模式的工作环境，讲解了不同版本 CAD 如何切换为经典模式，并介绍了常用的工具窗口和基本绘图环境的设置。

第 3 章介绍了基本二维图形的绘制，并通过应用实例演示了直线、矩形、正多边形、圆、圆弧的绘制，以及具体的实际应用。

第 4 章介绍了精确绘图工具的应用，通过应用实例详细讲解了坐标系、栅格捕捉、正交和对象捕捉的使用技巧。

第 5 章介绍了编辑基本二维图形，介绍了编辑工具的具体应用。

第 6 章介绍了图层的设置和管理，如如何设置图层，图层的各个状态的设置和使用。

第 7 章介绍了复杂二维图形的绘制与编辑，引入了工程实例，讲解了多线、多段线、图像填充，以及块的应用。

第 8 章介绍了文字和表格，如文字样式的设置，文字和表格的编辑。

第 9 章介绍了工程标注，如各种工程标记的应用。

第 10 章介绍了样板图绘制，如如何制作工程样板图，如何调用制作的工程样板图。

第 11 章介绍了建筑工程图绘制，先介绍建筑制图规范，利用案例讲解了建筑平面图、建筑立面图、建筑剖面图的绘制，然后介绍了天正建筑软件的使用，讲解如何利用天正建筑软件绘制建筑平面图、建筑立面图、建筑剖面图。

第 12 章介绍了结构施工图的绘制，如结构设计说明，通过工程实例讲解了主要的结构平面图和结构详图的绘制方法。

第 13 章介绍了道路施工图绘制，通过应用实例讲解了道路施工图的设计内容和绘图方法。

通过对本书的系统学习，读者可以掌握 CAD 在土木工程领域中的基本应用技能，为今后从事土木建筑工程设计、施工和管理奠定扎实的基础。本书应用性强，可作为高等院校土木工程专业 CAD 课程的教材，也可作为相关工程技术人员的参考教程。

本书配备了数字资源。读者可以通过扫描书中二维码获得教学资源，进一步掌握相关技术操作。

《土木工程 CAD》第 2 版由成都理工大学王星捷完成修订，并提供数字资源。书中如有不妥之处，敬请读者提出指正。由于编者水平有限，错误和不妥之处在所难免，欢迎读者批评指正。

编　者

2017 年 5 月

第1版前言

本书是土木工程领域计算机辅助设计的教材。编者总结了多年的教学经验，紧密结合建筑、结构、道路施工设计规范及制图标准，根据土木工程相关专业学生的特点和教学要求，将专业知识与实际应用实例结合，以 AutoCAD 2008 版本为教学软件，循序渐进地对土木工程 CAD 技术进行系统介绍。本教材共 13 章，主要内容为绪论、AutoCAD 2008 简述、软件基础知识的介绍和具体命令的使用、建筑工程图绘制、结构施工图绘制、道路施工图绘制。

本书由成都理工大学工程技术学院王星捷担任主编；重庆大学城市科技学院左欢欢、成都理工大学工程技术学院池跃龙、中国矿业大学银川学院袁自峰担任副主编；中国矿业大学银川学院杨春晓，成都理工大学工程技术学院张亭、王海军、王建华、段华琼、黄孝斌，重庆大学城市科技学院郭秦、李巧担任参编。

具体编写分工如下：

成都理工大学工程技术学院，王星捷(前言、第 11 章)；

成都理工大学工程技术学院，张亭(第 1 章)；

成都理工大学工程技术学院，池跃龙(第 2 章、第 13 章)；

成都理工大学工程技术学院，王海军(第 3 章)；

成都理工大学工程技术学院，段华琼(第 4 章)；

成都理工大学工程技术学院，王建华(第 5 章)；

重庆大学城市科技学院，左欢欢(第 6 章、第 12 章)；

中国矿业大学银川学院，杨春晓(第 7 章)；

成都理工大学工程技术学院，黄孝斌(第 8 章)；

重庆大学城市科技学院，郭秦(第 9 章)；

重庆大学城市科技学院，李巧(第 10 章)。

全书由王星捷、池跃龙统稿。武汉科技大学城市建设学院郄恩田担任本书主审，并对本书的编写提出许多宝贵的意见，特致谢意。

本书语言简练、内容完整、实用性强、实例丰富、特点明显，可作为本科土木工程相关专业教材，同时对从事土木工程计算机辅助设计的人员有较高的实用价值。

由于编者水平有限，书中难免存在遗漏或不足之处，恳请专家和广大读者多提宝贵意见，编者不胜感谢。

编　者

2013 年 7 月

目　录

数字资源目录

1 绪　论

【内容提要】

本章的主要内容包括 CAD 的基本概念与发展简史以及 CAD 技术在土木工程中的应用情况。

【能力要求】

通过本章的学习，学生应理解 CAD 技术的含义，并了解在土木工程领域常用的 CAD 软件，包括 AutoCAD、天正建筑、PKPM 等。

本章导读

1.1 CAD 的概念与历史

1.1.1 CAD 的概念

人类在表达思想、传递信息时，最初采用图形，后来逐渐演化发展为具有抽象意义的文字。这是人类在信息交流上的一次伟大革命。但在信息交流中，图形表达方式比文字表达方式具有更多优点。一幅图纸能容纳下许多信息，表达的内容直观，一目了然，往往可以反映用语言、文字也难以表达的信息。

工程图是工程师的语言。绘图是工程设计乃至整个工程建设中的一个重要环节。然而，图纸的绘制是一项极其烦琐的工作，不但要求正确、精确，而且随着环境、需求等外部条件的变化，设计方案也会变化。一张工程图的绘制通常是在历经数遍修改完善后才完成的。

早期，工程师采用手工绘图。他们用草图表达设计思想，手法不一，后来逐渐规范化，形成了一整套规则和一定的制图标准，从而使工程制图标准化。但由于项目的多样性、多变性，手工绘图周期长、效率低、重复劳动多，建设的发展受到了阻碍。于是，人们想方设法地提高劳动效率，将工程技术人员从烦琐重复的劳动中解放出来，集中精力从事开创性的工作。例如，工程师们为了减少工程制图中许多烦琐重复的劳动，编制了大量的标准图集，提供给不同的工程以备套用。

工程师们梦想着能甩开图板，实现自动化画图，将自己的设计思想用一种简洁、美观、标准的方式表达出来，便于修改，易于重复利用，从而提高劳动效率。

随着计算机技术的迅猛发展,计算机辅助设计(Computer Aided Design,CAD)应运而生。

计算机辅助设计是利用计算机系统辅助完成工程设计领域中的各项工作,包括工程或产品设计中采用计算机技术辅助分析、计算和绘图的全过程,或运用计算机系统辅助完成一项设计的建立、修改、分析或优化的过程。它集成了计算机、图形学、数据库、数值分析等技术。随着软硬件技术的不断发展及工程方法的更新换代,CAD 技术也日趋完善,已经广泛应用于电子、纺织、服装、医疗、国防及工程设计等国民经济的各个领域,产生了极大的技术经济效益。

在工程和产品设计中,计算机可以帮助设计人员承担计算、信息存储和制图等各项工作。在设计中通常要用计算机对不同方案进行大量的计算、分析和比较,以决定最优方案。各种设计信息,不论是数字的、文字的还是图形的,都能存放在计算机的内存或外存里,并能快速地检索。设计人员通常从草图开始设计,将草图变为工作图的繁重工作可以交给计算机完成;由计算机自动产生的设计结果,可以快速作出图形并显示出来,使设计人员及时对设计作出判断和修改;利用计算机可以进行与图形的编辑、放大、缩小、平移和旋转等有关的图形数据加工工作。CAD 能够减少设计人员的劳动,缩短设计周期并提高设计质量。

1.1.2 CAD 的发展史

20 世纪 60 年代,“电脑”(Computer)一词出现,设计它的最初目的是用来对付科学家们最头痛的庞大数学运算和资料储存问题。换言之,其实在那个时代,电脑是设计给专业的科学家使用的,普通人是难以窥知电脑全貌的。因此,我们可以推断,CAD 也一定是在那个时代最需要被用在电脑上的,因为科学家或专业工程师们非常需要将运算后的结果转化成图形或直接在电脑上设计或绘制工程图。因此,CAD 的观念最早就是由电脑上转移下来的。

而对于 CAD 的发展来说,20 世纪 50 年代中期开始的程序化设计(如 FORTRAN,即现在通称的高级语言)的诞生,使软件设计师得以利用程序语言来设计更好用的软件,这应该也是 CAD 的源头。例如,AutoCAD 就是用 C 语言编写的。我们也可以在 AutoCAD 中使用如AutoLISP、Visual LISP、Visual Basic Application(VBA)或是 AutoC(ARX)等语言来补充AutoCAD的功能。这些都是随着高阶语言的发展和进化而产生的。

20 世纪 50 年代末期,美国 MIT 林肯实验室研制出空中防御系统,标志着交互式图形技术的诞生。有人认为它是最早的 CAD。

1962 年,I. E. 萨瑟兰德在其博士论文《SKETCHPAD:一个人机通信的图形系统》中首次提出交互式图形学、分层存储符号的数据结构等新思想。这些基本理论和技术至今仍是现代图形技术的基础。也有人把这称为 CAD 真正出现的标志。SKETCHPAD 的突出特性是它允许设计者用图形方式和计算机交互。这个设计就是将一阴极射线管接到一台电脑上,再利用一手持的光笔来输入资料,使电脑透过光笔上的感应物来感应出屏幕上的位置,并获取其坐标值以存于内存内,如图 1-1 所示。实际上,这就是图形化用户界面的原型,而这种界面是现代 CAD 不可或缺的特性。

图 1-1 全世界的第一支光笔

当交互式图形学的观念被提出且发表后，在美国，通用汽车公司、波音航空公司等大公司就开始自行开发自用的交互式图形学系统。因为在当时，只有这样的公司才付得起开发所需的昂贵电脑设备费用和人力费。20 世纪 70 年代，由于小型电脑费用下降，交互式图形学系统才开始在美国的工业界广泛使用。那时候，比较有名的交互式图形学软硬件系统是数据公司(Digital)的一套名为 Turnkey 的系统，如图 1-2 所示。

第二次世界大战后，CAD 系统也就在战后高科技军事技术的转移下，进入了建设所需的铁路、造船、航空等机械重工业领域。比较有名的就是 IBM 公司在此期间开发出来的应用于大型主机电脑系统上的 CAD/CAM 整合软件。因为它出现得很早，系统又完整，所以被冠以“CAD/CAM 之母”的美名。

图 1-2 Digital 的 Turnkey 系统电脑

20 世纪 80 年代，由于 PC 机的普及，参数化技术和特征造型技术的发展，CAD 技术又一次产生了飞跃，在此期间出现了专门从事 CAD 系统开发的公司。当时 VersaCAD 是专业的 CAD 制作公司，所开发的 CAD 软件功能强大，但由于其价格昂贵，故不能普遍应用。1982 年，美国 Autodesk 公司展示了全球第一个基于 PC 的 CAD 软件——AutoCAD。与此同时，很多人提出基于特征、全数据相关、尺寸驱动设计修改的参数化设计方案。1985 年，美国成立了 PTC 公司，研制了参数化设计软件。Pro/Engineer 率先提出并实现了尺寸驱动零件设计、修改的设计思想。20 世纪 90 年代中期，SolidWorks 公司发布的 SolidWorks 软件，Latergraph 发布的 SolidEdge 软件，成为微机系统的参数化特征造型的后起之秀。

20 世纪 90 年代至今，计算机软硬件技术的急剧变化，尤其是计算能力的大幅度提高，对 CAD 技术产生了巨大的影响。基于特征和基于历史的三维参数化设计系统的快速推出，使全关联的并行设计软件得到空前发展，并提供了对复杂产品全生命周期的解决方案，其中包括制造企业所用的三维 CAD、CAM、PDM、CAE 和数字化制造等模块。

1.2 CAD 在土木工程领域的应用

CAD 技术被美国的工程学院评为当代十项最杰出的工程技术之一，但在诞生之初，其主要应用于汽车工业，随后随着计算机软硬件的发展及普及，CAD 技术不仅进入了计算机、工艺美术设计领域，还应用于工程设计领域，显示出了无与伦比的威力。20 世纪 90 年代初，土木工程师们逐步摒弃了以前的“图板制图”法，大量使用 CAD 系统，如在市面流行的 PKPM 工程设计软件，以及天正工程绘图软件，无不是以 CAD 为载体和平台的。它们的问世提高了出图的质量，使工程设计进入了一个崭新的技术时代。

我国在土木工程中使用 CAD 技术开始于 20 世纪 80 年代，在开始阶段，主要依靠外国引进的通用或专用图形软件包在屏幕上做交互式图形设计，与结构计算和分析没有结合，参与者主要是长期与计算机打交道的专业人员。20 世纪 80 年代末期，由于较高性能的廉价计算机的普及，土木工程 CAD 才有了真正的发展和较广泛的应用，这在很大程度上推动了 CAD 技术在我国土木工程领域的应用和发展。目前，CAD 技术被应用于土木工程的规划、设计、施工等各个阶段，CAD 技术不仅提高了企业的技术水平，还成为同其他企业进行竞争的重要手段。CAD 技术的应用范围如图 1-3 所示。

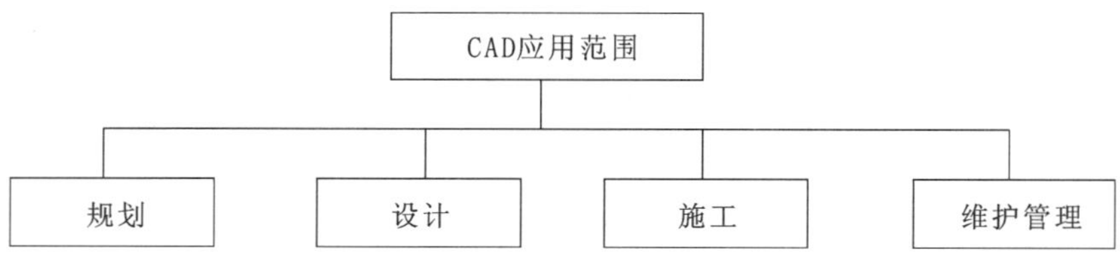

图 1-3　CAD 技术的应用范围

(1)应用于规划中。

在一个工程中，项目的前期规划是非常重要的，要考虑的因素有很多，包括社会经济、自然条件和环境因素等。任何一项规划都关乎项目的成败。应用于这一阶段的 CAD 系统包括三类：其一是规划信息的查询与存储系统，例如地理信息系统、城市政策信息系统，该系统主要采用数据库系统形式；其二是信息分析系统，例如城市规划信息分析系统；其三是规划辅助表现及制作系统，例如景观表现系统。

(2)应用于设计中。

一个完整的土木建筑设计过程包括选定结构形式、假定形状尺寸、结构模型化、结构分析与验算、绘制图面、材料计算等。因为结构设计是 CAD 技术在土木建筑工程中最早应用的，所以有关设计 CAD 系统的发展比较成熟。如在对桥梁的结构设计中，首先利用 CAD 软件对桥梁结构进行实体建模，然后分析桥梁截面情况和受力情况，按照实际情况对桥梁的受力和变形进行准确的估算，为工程质量提供了保障。

(3)应用于施工中。

土木建筑工程的施工过程包括投标报价，施工调查，施工组织设计，人员、器材和资金调配，具体施工及项目工程管理和验收等。我国已采用了投标报价与合同管理、工程项目管理、网络计划等系统。CAD 技术在每一个环节中都得到了广泛的应用。现在国外已经开发出建筑物和构筑物的集成施工系统，CAD 技术的应用有效地提高了企业的技术实力和管理水平。

(4)应用于维护管理中。

为解决建筑物的老化与功能下降问题,对建筑物必须进行定期的维护与管理,主要是定期检查、维护与加固。在维护管理中最早应用 CAD 技术的是煤气、上下水管线图的计算机管理,主要是管线的位置和管线埋设条件。由于采用了维护管理系统,管路的分析与检查的工作难度大大降低了。随着 CAD 技术的发展,近年来又出现了以数据库为中心的道路设施维护管理的 CAD 系统。该系统不仅可以保存定期检查结果信息,还可以辅助完成维修和加固规划设计。

1.3　土木工程常用 CAD 软件简介

1.3.1　AutoCAD —— 全球应用最广的通用 CAD 软件

AutoCAD 是美国 Autodesk 公司推出的计算机辅助设计软件与绘图软件。在众多的计算机绘图软件中,AutoCAD 是最具代表性的一个,具有功能强、适用面广、易学实用和便于二次开发等特点,真正将工程设计人员从手工设计绘图的低效率、烦琐和重复劳动中解放出来,在全世界范围得到广泛的应用。AutoCAD 提供了丰富的作图功能,操作方便,作图准确。它具有强大的图形编辑功能,能让用户对图形进行编辑,如放缩、移动、复制、对称、旋转等。它可以通过(利用)人机对话,方便地绘出图形。它还有许多辅助绘图功能,使绘图工作变得简单易行。事实上,AutoCAD 已经广泛应用于机械、建筑、电子、运输、城市规划等工程设计之中。

AutoCAD 作为绘图软件已广泛地应用到土木工程领域,更多的专业人员把它作为自己的绘图工具使用。在建筑设计、施工、监理等各环节中,都需要广泛地运用 AutoCAD。图 1-4 是几个利用 AutoCAD 绘制工程图的实例。

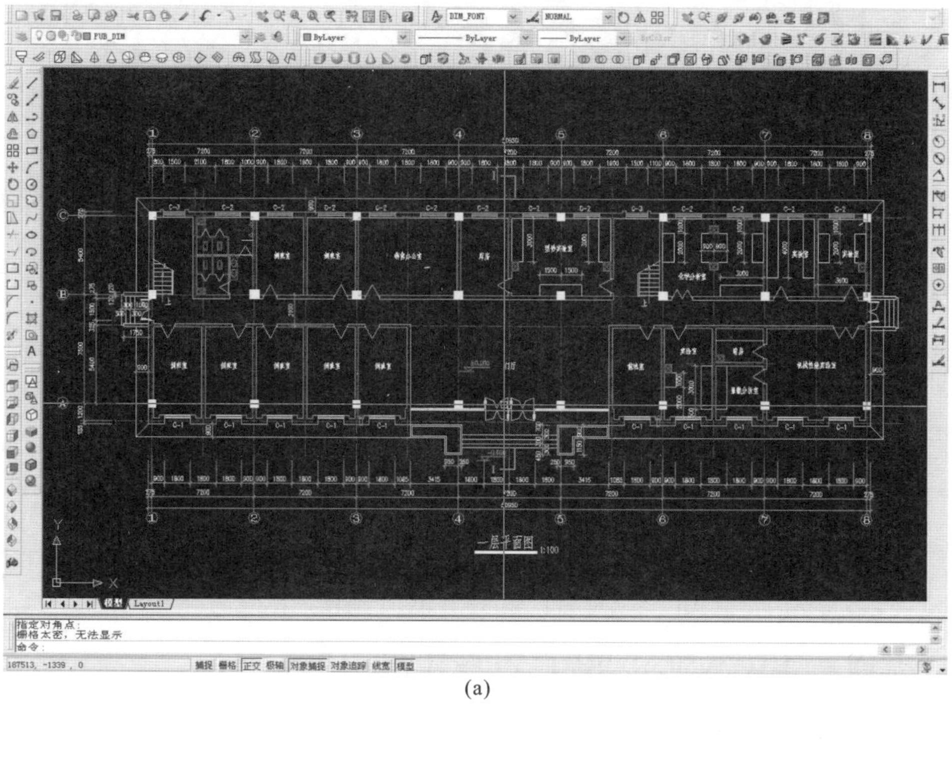

(a)

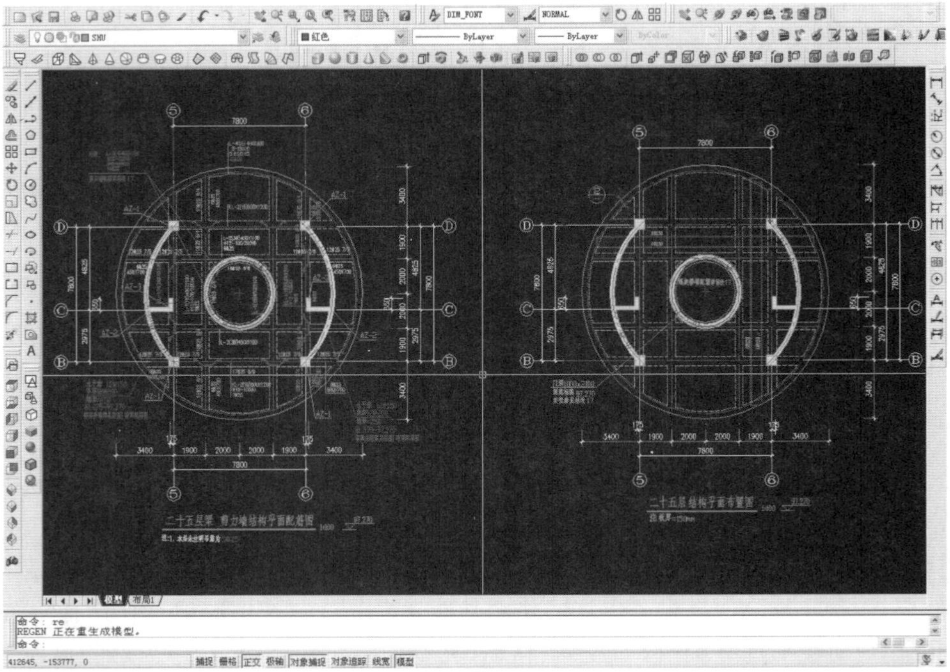

(b)

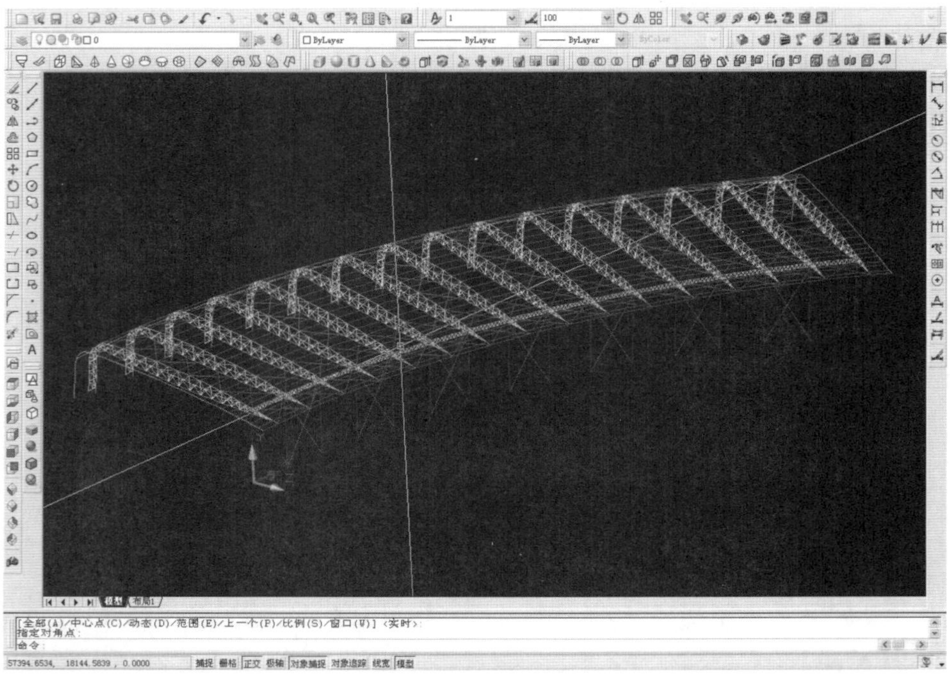

(c)

图 1-4　AutoCAD 绘图实例

(a)建筑平面图;(b)结构施工图;(c)三维钢结构模型图

1.3.2　天正建筑——基于 AutoCAD 平台的全中文建筑设计软件

天正建筑是天正公司利用 AutoCAD 图形平台开发的最新一代建筑软件。它以先进的建筑对象概念服务于建筑施工图设计,成为建筑 CAD 的首选软件(图 1-5)。

天正建筑的功能定位就是应用专业对象技术，在三维模型与平面图同步完成的技术基础上，进一步满足建筑施工图需要反复修改的要求，从而实现高效化、智能化、可视化的建筑设计工作。因此，可以说在进行建筑设计时，应用天正建筑软件比单纯使用 AutoCAD 要高效得多。

图 1-5 天正建筑用户界面

1.3.3 PKPM 系列——国内占有率最高的建筑工程 CAD 集成系统

PKPM 系列结构设计绘图软件是一套由中国建筑科学研究院建筑工程软件研究所研制开发，采用 FORTRAN 语言编写，以 AutoCAD 作为绘图支持的软件。这个系列包含的主要软件：钢筋混凝土框、排架及连续梁结构计算与绘图软件；PMCAD 结构平面设计软件；TAT、SATWE 高层建筑结构三维分析计算程序；EF 弹性地基梁筏板基础结构 CAD；JLQ 剪力墙结构计算机辅助设计；STS 钢结构辅助设计。

这套软件既可接力运行，亦可独立操作，使用相当方便，稍具 CAD 基础知识及有一定的结构知识和经验的人员均可使用。它具有较强的人机交互功能和绘图功能，以及适应性很好的前后处理功能，可以实现从结构分析到施工图绘制的全过程。

除上述几款软件外，土木工程领域还有许多优秀的 CAD 软件，如：同济大学独立研发的钢结构设计软件——3D3S，可用于钢框架、门式刚架、自立塔架、钢屋架及吊车梁等各种钢结构的设计；美国计算机与结构公司（CSI）开发研制的基于有限元法的结构分析软件——SAP 2000，在今天的市场上已经被证实是最具集成化、高效率和实用性的通用结构软件；韩国浦项集团成立的 CAD/CAE 研发机构开发的空间有限元分析软件——MIDAS/Civil，可适用于桥梁结构、地下结构、工业建筑、飞机场、大坝、港口等结构的分析与设计，同时也可以用于非线性边界分析、水化热分析、材料非线性分析、静力弹塑性分析、动力弹塑性分析。

本章小结

(1)本章的主要内容包括 CAD 的基本概念与发展简史,CAD 技术在土木工程中的应用情况以及土木工程领域常用的 CAD 软件。

(2)计算机辅助设计(简称 CAD)是指利用计算机软件和相关硬件设备帮助设计人员完成设计工作的一种技术和方法。它起源于 20 世纪 50—60 年代,在 20 世纪 80—90 年代随着计算机技术的飞速进步而蓬勃发展,在进入 21 世纪后完善、成熟。目前,CAD 技术已经广泛地应用于建筑、土木、机械、电子、纺织等各行各业。

(3)CAD 技术在 20 世纪 80 年代开始应用于土木工程领域,目前在土木工程的规划、设计、施工等各个阶段都有重要的应用价值。

(4)AutoCAD 是全球应用最广的 CAD 软件。除此之外,在土木工程领域还有一些专业的 CAD 软件,如天正建筑软件、PKPM 系列结构设计绘图软件、3D3S、SAP2000 等。

习题与思考题

习题与思考题答案

1-1　什么是计算机辅助设计?其主要应用领域有哪些?

1-2　CAD 技术起源于何时?其发展经历了哪几个阶段?

1-3　在土木工程领域,目前有哪些常用的 CAD 软件?各软件的主要功能和特点分别是什么?

1-4　结合自身所学专业,试归纳你在毕业前应掌握哪几种 CAD 软件,并分别达到何种应用水平。

2　AutoCAD 2020 简述

【内容提要】

本章的主要内容包括 AutoCAD 2020 的基本功能、AutoCAD 2020 的运行条件、图形文件管理、命令的使用、设置绘图环境、使用辅助绘图工具的方法。

【能力要求】

通过本章的学习，学生应了解 AutoCAD 2020 的基本功能，认识软件界面上各个元素及其作用，能够正确地进行图形文件管理和操作，能够熟练地调用绘图命令，了解各辅助绘图工具的使用方法并加以掌握。

本章导读

AutoCAD(Auto Computer Aided Design)是美国 Autodesk 公司于1982 年开发的自动计算机辅助设计软件，用于二维绘图、详细绘制、设计文档和基本三维设计，现已经成为国际上广为流行的绘图工具。AutoCAD 具有良好的用户界面，通过交互菜单或命令行方式便可以进行各种操作。它的多文档设计环境，使非计算机专业人员也能很快学会使用，在不断实践的过程中更好地掌握它的各种应用技巧，从而不断提高工作效率。AutoCAD 具有广泛的适应性，可以在各种操作系统支持的微型计算机和工作站上运行。

2.1　AutoCAD 2020 的基本功能

AutoCAD 2020 对比之前的 AutoCAD 版本，新增了许多功能，拥有全新的用户界面，通过交互菜单或命令行方式即可进行各种操作，可以在任何设备、桌面、Web 或移动设备上查看、编辑和创建 AutoCAD 中的图形，这在很大程度上方便了用户，其功能更加全面和强大，改良了多处特性，但是其核心功能和工作流程依然一致。本书介绍的是基于该版本的基本功能，可以供其他版本的使用者参考。

(1)绘制和编辑图形。

AutoCAD 具有强大的绘图功能，不但能用来绘制一般的二维工程图形，而且能够进行三维实体造型，生成三维质感的图形。

(2)渲染三维图形。

在 AutoCAD 中，可以建立三维对象的渲染图形，通过定义表面材质及其反射量来控制对象的外观，通过添加光线以达到所需要的效果。

(3)标注尺寸。

AutoCAD 可以用来确定工程形体的大小，可以描述图形的各个组成

AutoCAD 2020
安装视频

部分的大小及其相对位置。

(4)打印输出图形。

在 AutoCAD 中,可以将当前图形文件以多种图形格式输出或打印出来。

2.2 AutoCAD 2020 的运行

启动 AutoCAD 2020 视频

图 2-1 AutoCAD 2020 快捷图标

2.2.1 启动 AutoCAD 2020

启动 AutoCAD 2020 的方法很多,以下介绍几种常用的方法。

(1)在 Windows 桌面上双击 AutoCAD 2020 中文版快捷图标,如图 2-1所示。

(2)单击 Windows 10 桌面左下角的【开始】按钮,在弹出的菜单中选择【AutoCAD 2020-简体中文(Simplified Chinese)】,选中【AutoCAD 2020-简体中文(Simplified Chinese)】图标,单击,如图 2-2 所示。

图 2-2 Windows 10【开始】启动 AutoCAD 2020

(3)双击已经存盘的任意一个 AutoCAD 图形文件(*.dwg 文件)。

2.2.2 退出 AutoCAD 2020

常用的退出 AutoCAD 2020 系统的方式有以下三种。

(1)点击 AutoCAD 2020 左上角图标按钮,在下拉菜单中选择【退出 Autodesk AutoCAD 2020】。

(2)输入命令:Exit(或者 Quit)↙。

(3)单击 AutoCAD 2020 标题栏上的“×”图标。

(4)双击“应用程序”按钮退出应用程序。

当用户发出【退出】命令,而当前图形经修改又尚未存盘时,屏幕即显示【警告】对话框,如图 2-3所示。系统询问用户是否保存所做改动,【是】表示保存所做改动;【否】表示放弃保存;【取消】则表示取消【退出】命令,继续使用当前画面。只有当用户做出明确选择后,才能退出系统。

图 2-3 【警告】对话框

2.2.3 AutoCAD 2020 的工作空间

启动 AutoCAD 2020 后,将进入如图 2-4 所示的工作界面。

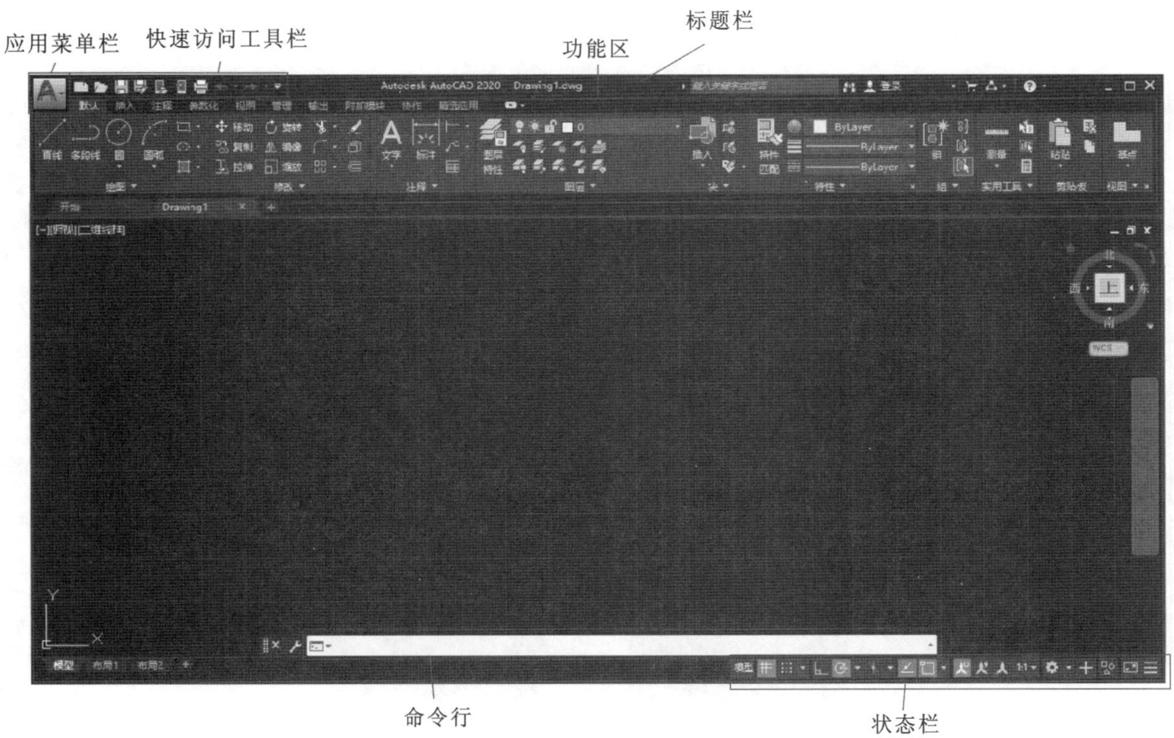

图 2-4 AutoCAD 2020 工作界面

AutoCAD 2020 提供了“二维草图与注释”、“三维基础”和“三维建模”三种工作空间模式。在默认的状态下,为“二维草图与注释”工作空间,其工作界面主要由标题栏、应用菜单栏、快速访问工具栏、功能区、绘图窗口、命令行和状态栏等组成。

AutoCAD 2020 的工作空间视频

AutoCAD 2020 界面中的一些组成元素总是在固定的位置上显示,如下拉菜单。另外一些元素,如命令行,可以被关闭或者放在桌面上的任何位置。

下文将对工作界面进行详细的介绍。

(1)标题栏。

标题栏位于主界面的顶部,用于显示当前正在运行的 AutoCAD 2020 应用程序的名称、打开的文件名以及控制窗口按钮等信息,如果是 AutoCAD 2020 默认的图形文件,其名称为:DrawingN.dwg(其中 N 是数字)。标题栏右端的控制按钮为最小化、最大化和关闭按钮,可以控制窗口的状态。

(2)应用程序菜单。

用于访问【应用程序】菜单中的常用工具。常用工具可以执行以下操作:创建、打开或保存文件;核查、修复和清除文件;打印或发布文件;访问【选项】对话框;退出 AutoCAD 2020。

(3)快速访问工具栏。

快速访问工具栏用于显示经常使用的工具。快速访问工具栏会显示用于放弃和重做对工作所做更改的选项。要放弃或重做不是最新的修改,单击“放弃”或“重做”按钮右侧的下拉按钮,如图 2-5(a)所示。通过单击指示的下拉按钮并单击下拉菜单中的选项,可轻松将常用工具添加到快速访问工具栏,如图 2-5(b)所示。

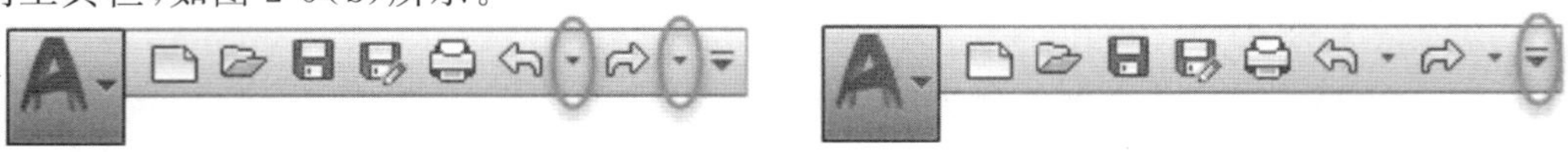

(a)　　(b)

图 2-5　快速访问工具栏

(a)放弃和重做按钮;(b)添加常用工具

(4)菜单栏。

通过图 2-5(b)中下拉按钮,显示图 2-6 自定义快捷访问工具栏下拉菜单,如图 2-6(a)所示,选择“显示菜单栏”,可以出现菜单界面,如图 2-6(b)所示,选择“隐藏菜单栏”,则菜单被隐藏。

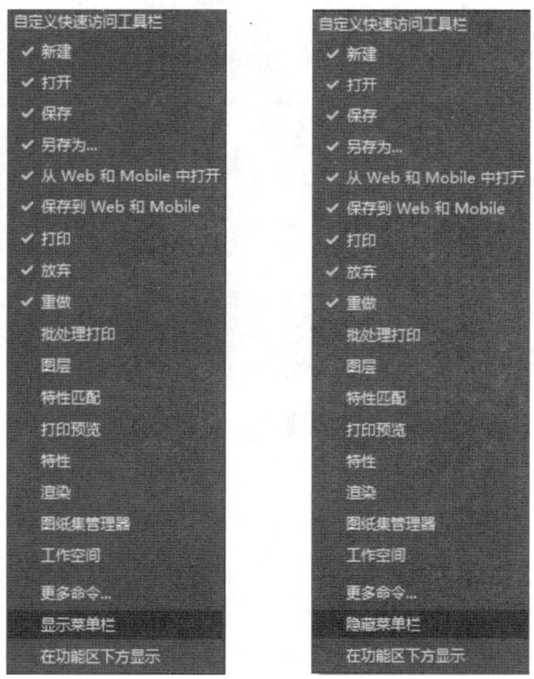

(a)　　(b)

图 2-6　自定义快捷访问工具栏下拉菜单

(a)显示菜单栏;(b)隐藏菜单栏

默认的菜单共有 12 个菜单项，每个主菜单下有数目不同的子菜单，有些子菜单还包含下一级菜单。下拉菜单包含 AutoCAD 2020 的绝大多数命令，用户可以运用菜单中的命令进行绘图。

【文件】：此菜单用于管理图形文件，如【新建】、【打开】、【保存】、【打印】、【输入】和【输出】等。

【编辑】：此菜单用于文件常规编辑，如【复制】、【剪切】、【粘贴】和【链接】等。

【视图】：此菜单用于管理 CAD 的操作界面，如【图形缩放】、【图形平移】、【视图设置】、【着色】及【渲染】等操作，用户还可以通过此菜单设置工具栏菜单。

【插入】：此菜单主要用于在当前 CAD 绘图状态下插入所需的图块或者其他格式文件。

【格式】：此菜单用于设置与绘图环境有关的参数，包括【图层】、【颜色】、【线型】、【文字样式】、【标注样式】、【点样式】等。

【工具】：此菜单为用户设置了一些辅助绘图工具，如【拼写检查】、【快速选择】和【查询】等，通过【工具栏】可以显示出多种工具，如【对象捕捉】、【绘图】、【修改】、【编辑】、【图层】和【文字】等。

【绘图】：此菜单包含用户绘制二维或者三维图形时所需要的命令，是一个非常重要的菜单。

【标注】：此菜单用于对所绘制的图形进行尺寸标注。

【修改】：此菜单用于对所绘制的图形进行编辑。

【参数】：此菜单用于对所绘制的图形和标注设置约束以及进行动态标注设置和参数管理。

【窗口】：此菜单用于在多文档状态时，进行各文档的屏幕布置。

【帮助】：此菜单用于向用户提供在使用 AutoCAD 2020 时所需的帮助信息。

注：在菜单栏中，单击某一选项后，弹出下拉菜单，如图 2-7 所示。

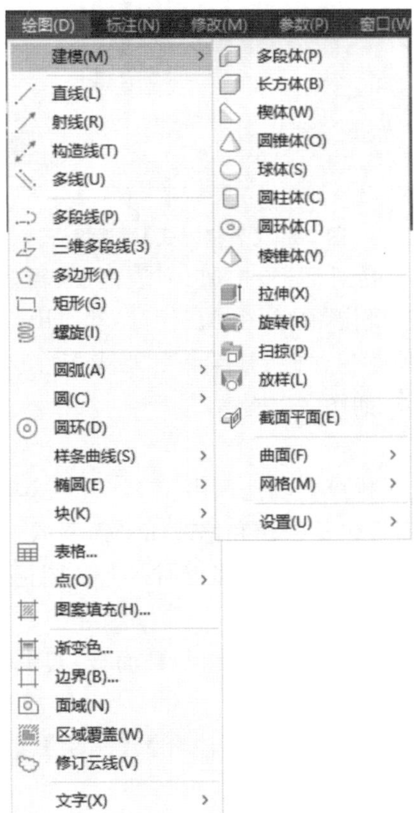

图 2-7 AutoCAD 2020 下拉菜单

使用下拉菜单时应注意以下几点：

①当选择某个选项右边有标记【>】时，将出现下一级菜单，即光标菜单(图 2-7)，继续进行选择，完成选项操作。

②当选项右边没有标记的选项时，即执行该选项操作。

③当选项呈灰色时，表示该选项在当前状态下不可使用。

④当选项后有快捷键时，表示按下快捷键可以执行该选项。

⑤当选项后有组合键时，表示按组合键可以执行该选项。

⑥当选择某个选项右边有标记【...】时，屏幕上将弹出一个对话框，通过对话框的提示可以完成对话框的各项操作。如图 2-8 所示是一个【表格样式】对话框。

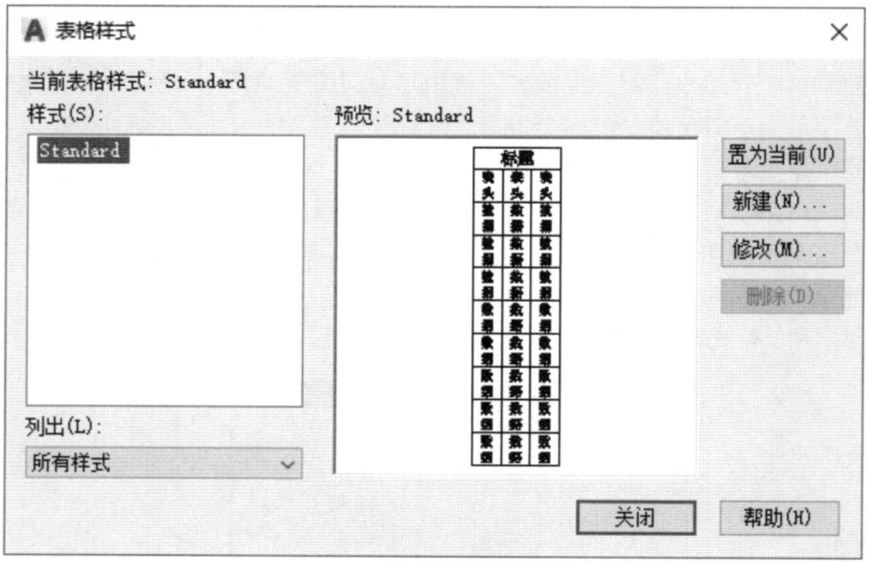

图 2-8 【表格样式】对话框

对话框是一个矩形框，一般包括对话框、按钮、列表框、编辑框、滚动条及相应的一些提示等。对话框操作非常直观，可包括多项操作，在绘图、编辑时经常使用。

AutoCAD 还提供了另外一种菜单，即快捷菜单。当光标在屏幕上不同的位置或者不同的进程中右击，将弹出不同的快捷菜单，如图 2-9 所示。

(5)功能区。

功能区按逻辑分组来进行工具排序。功能区由 10 个功能选项卡组成，每点击一个选项卡，下方则会展示出对应的功能面板，面板包括创建和修改图形需要的工具。单击功能面板的图标按钮，即可执行该图标按钮对应的命令。如果将光标移至面板上某图标按钮，则会提示按钮的功能说明及命令名，如图 2-10 所示。

功能区由一系列选项卡组成，这些选项卡被组织到面板，其中包含很多工具栏中可用的工具和控件。下面介绍常用的功能区选项卡和面板。

【默认】选项卡：主要包括【绘图】、【修改】、【注释】、【图层】、【块】等功能面板，具体如图 2-11 所示。

图 2-9 快捷菜单

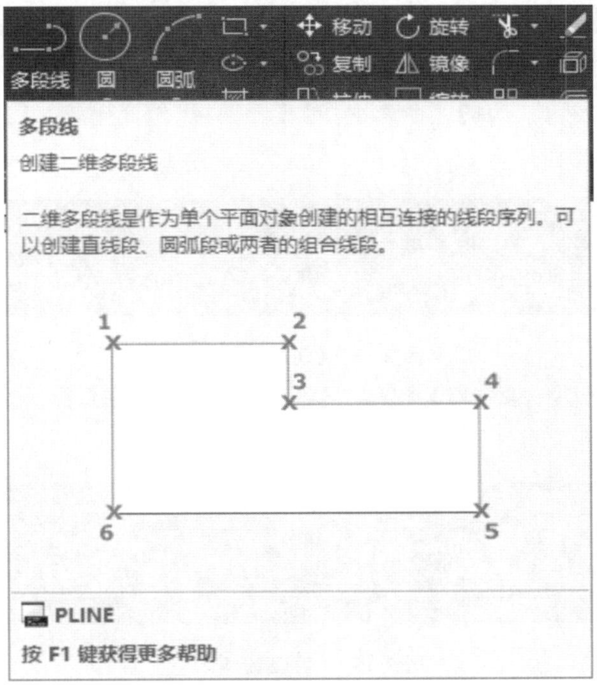

图 2-10 功能说明及命令名提示框

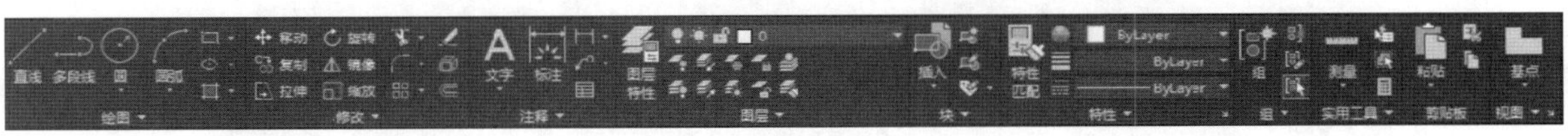

图 2-11 【默认】选项卡

【插入】选项卡:包括【块】、【块定义】、【参照】、【输入】、【数据】、【链接和提取】和【位置】功能面板,具体如图 2-12 所示。

图 2-12 【插入】选项卡

【注释】选项卡:包括【文字】、【标注】、【中心线】、【引线】、【表格】、【标记】和【注释缩放】功能面板,具体如图 2-13 所示。

图 2-13 【注释】选项卡

【参数化】选项卡:包括【几何】、【标注】和【管理】功能面板,具体如图 2-14 所示。

图 2-14 【参数化】选项卡

【视图】选项卡:包括【视口工具】、【命名视图】、【模型视口】、【比较】、【选项板】和【界面】功能面板,具体如图 2-15 所示。

图 2-15 【视图】选项卡

【管理】选项卡:包括【动作录制器】、【自定义设置】、【应用程序】、【CAD 标准】和【清理】功能面板,具体如图 2-16 所示。

图 2-16 【管理】选项卡

【输出】选项卡:包括【打印】和【输出为 DWF/PDF】两个功能面板,具体如图 2-17 所示。

图 2-17 【输出】选项卡

注：一些功能区面板提供了对与该面板相关的对话框的访问。要显示相关的对话框，请单击面板右下角处由箭头图标表示的对话框启动器。可以控制显示哪些功能区选项卡和面板。在功能区上单击鼠标右键，然后单击或清除快捷菜单上列出的选项卡或面板的名称。单击面板标题中间的箭头，面板将展开以显示其他工具和控件。默认情况下，当单击其他面板时，滑出式面板将自动关闭。

(6)绘图窗口。

绘图窗口也叫工作区，是界面中间的空白区域。在默认情况下，绘图区的背景为黑色，也可以通过【应用菜单栏】→【选项】→【显示】→【颜色】来改变背景色，用户在此绘制和编辑图形。绘图区实际上是无限大的，用户可以通过缩放、平移等命令来观察绘图区中的图形。

(7)命令行。

AutoCAD 2020 程序的核心部分是命令窗口(命令行)，它通常固定在应用程序窗口的底部。命令窗口可显示提示、选项和消息。可以直接在命令窗口中输入命令，而不使用功能区、工具栏和菜单。许多用户更喜欢使用此方法。具体如图 2-18 所示。

图 2-18　命令行

注：开始键入命令时，它会自动完成。当提供了多个可能的命令时(图 2-19)，可以通过单击或使用箭头键并按【Enter】键或空格键来进行选择。

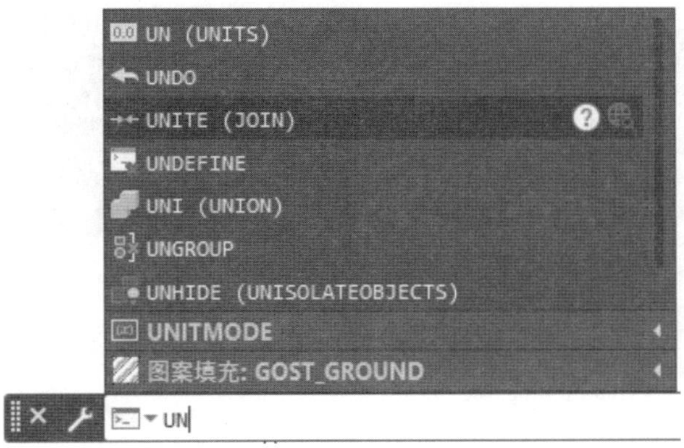

图 2-19　命令自动提示框

(8)状态栏。

状态栏显示光标位置、绘图工具以及会影响绘图环境的工具。状态栏提供对某些最常用的绘图工具的快速访问。可以切换设置(如夹点、捕捉、极轴追踪和对象捕捉)。也可以通过单击某些工具的下拉箭头，来访问它们的其他设置，如图 2-20 所示。

图 2-20　状态栏

注：默认情况下，不会显示所有工具，这时可以通过状态栏上最右侧的按钮，选择要从“自定义”菜单显示的工具。状态栏上显示的工具可能会发生变化，具体取决于当前的工作空间以及当前显示的是【模型】选项卡还是【布局】选项卡。

2.3 图形文件管理及操作

AutoCAD 中图形文件的管理与 Office 中文档文件的管理基本相同，包括新建图形文件、打开图形文件、保存图形文件和改名保存图形文件，其操作方法也非常类似。

2.3.1 创建新文件

(1)命令功能。

利用【新建】命令可以创建新的图形文件。

(2)命令调用。

①菜单:【文件】→【新建】。

②单击【标准】工具栏中的图标。

③命令行:NEW 或 QNEW ↙。

(3)命令的操作。

①调用【新建】命令，弹出如图 2-21 所示的【选择样板】对话框。

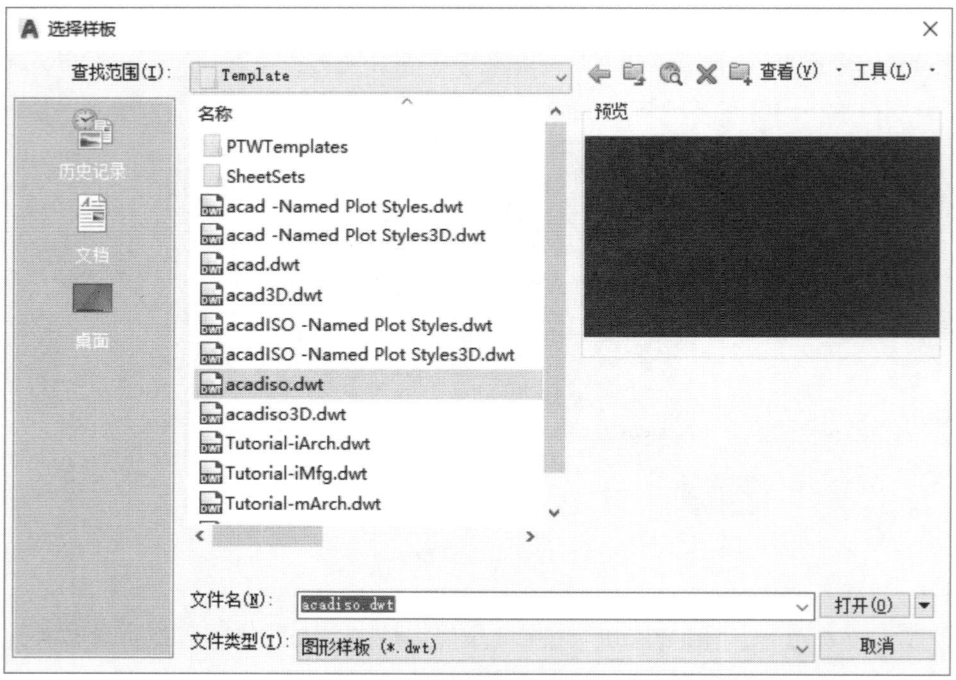

图 2-21 【选择样板】对话框

②在 AutoCAD 给出的样板文件名称列表框中，用户选择系统默认的样板文件或由用户自行创建的专用样板文件。

注:本书中的实例，如果没有特别说明，即选择 acadiso. dwt 样本文件。

③单击【打开】按钮。

2.3.2　打开文件

(1)命令功能。

【打开】命令可以打开已保存的图形文件。

(2)命令调用。

①菜单:【文件】→【打开】。

②单击【标准】工具栏中的图标 。

③命令行:OPEN ↙。

(3)命令的操作。

①调用【打开】命令,弹出如图 2-22 所示的【选择文件】对话框。

②在【查找范围】下拉列表框中选择要打开文件所在的文件夹,在文件名称列表框中双击该文件或者选中该文件后,单击【打开】按钮。

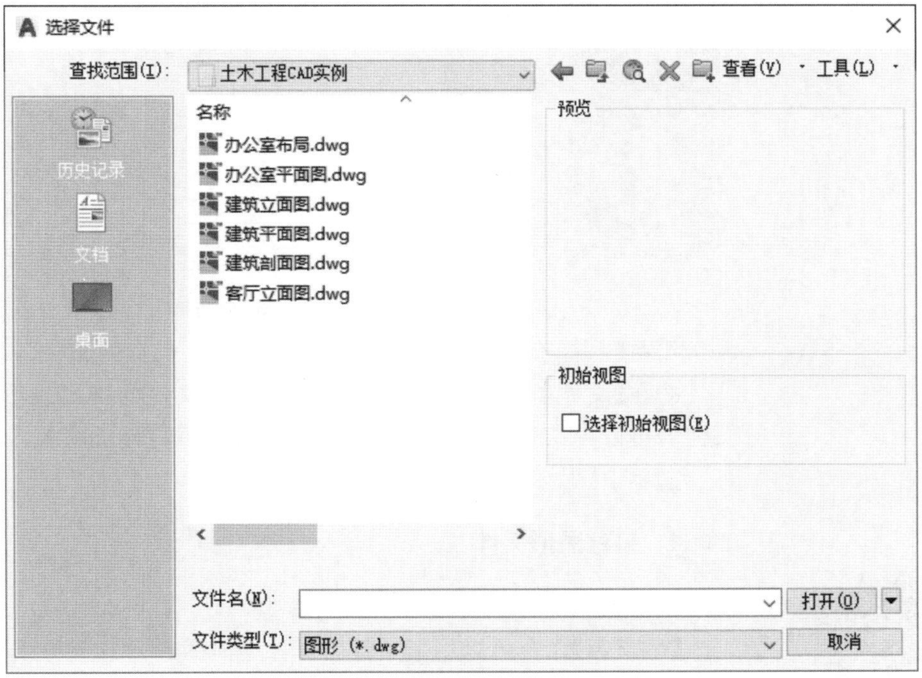

图 2-22　【选择文件】对话框

2.3.3　保存文件

(1)命令功能。

可以利用【保存】命令保存当前图形文件。

(2)命令调用。

①菜单:【文件】→【保存】。

②单击【标准】工具栏中的图标。

③命令行:QSAVE ↙。

(3)命令的操作。

①调用【保存】命令。如果当前图形文件已经命名,则系统将直接用当前图形文件名称保存图形,而不需要再进行其他操作;如果当前图形文件未命名,则弹出【图形另存为】对话框,如图 2-23 所示。

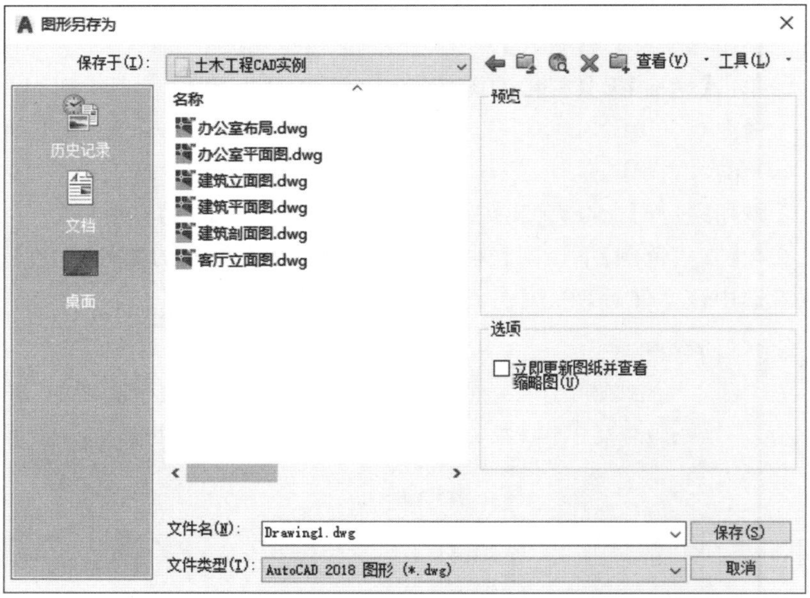

图 2-23 【图形另存为】对话框

②在【保存于】下拉列表框中可以指定文件保存的路径。

③在【文件类型】下拉列表框中选择保存文件的格式或不同的版本。文件名可以用默认的 DrawingN.dwg 或者由用户自己输入。

④单击【保存】按钮。

2.3.4 另存图形文件

CAD 保存视频

(1)命令功能。

【另存为】命令可以用新文件名保存当前图形。

(2)命令调用。

①菜单:【文件】→【另存为】。

②命令行:SAVEAS 或 SAVE ↙。

启动命令后,将弹出【图形另存为】对话框,如图 2-23 所示。

2.3.5 关闭图形文件

(1)命令功能。

【关闭】命令可以关闭当前图形文件。

(2)命令调用。

①菜单:【文件】→【关闭】。

②命令行:CLOSE ↙ 。

启动命令后,将弹出如图 2-24 所示的对话框,提示是否保存。单击

【是】，即将图形文件保存到DrawingN. dwg，当前图形文件关闭；单击【否】，则图形文件不能保存到DrawingN. dwg，当前图形文件关闭；单击【取消】，则取消关闭操作，此按钮是为了防止由于操作失误而关闭图形文件。

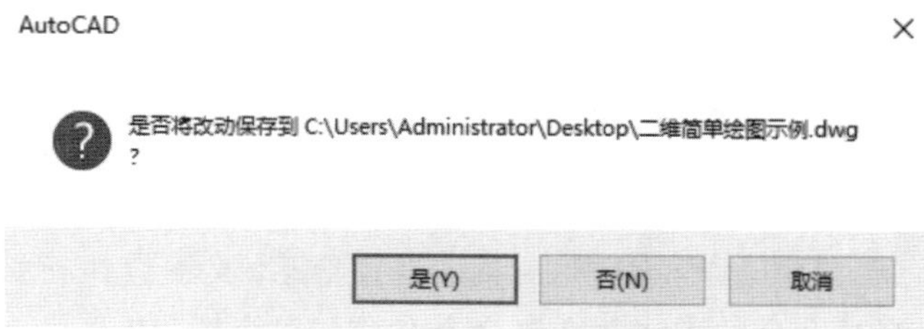

图 2-24　提示是否保存的对话框

2.4　AutoCAD 基本操作

AutoCAD 系统操作都是通过输入不同的命令来实现的。AutoCAD 系统提供了多种命令输入方法。

2.4.1　AutoCAD 的命令输入

在命令提示区出现【命令:】提示时(在命令执行过程中，如果按【Esc】键，则可中断命令，返回到【命令:】状态)，用键盘输入命令英文名，然后按回车键，执行该命令。

AutoCAD 系统中的一些命令可以省略输入，输入命令的第一个英文字母即可。

2.4.2　使用菜单与面板

(1)下拉菜单。

在下拉菜单中，用光标拾取命令，完成命令的输入。

(2)右键菜单。

将光标放置在绘图区内任意位置，单击鼠标右键，弹出一个与当前操作状态相关的快捷菜单，选择相应选项，完成命令的输入。

(3)图形输入板菜单输入。

可用 AutoCAD 系统中提供的标准的 ACRD 图形输入板菜单，即 AutoCAD 全部命令都印在一张菜单上，可用触笔或游标指在某一菜单项上，按下拾取键，完成命令输入。

(4)按钮菜单输入。

如果所用的定标器有多个按钮，则除了指定的拾取按钮外，还可使用其他按钮设置对应常用命令，当按下某一按钮时，就可执行相应的命令。

2.4.3　工具栏输入

在工具栏中，用光标点取工具条命令图标按钮，完成命令输入。

2.4.4　自动完成功能输入

在命令提示中，可输入系统变量或命令的前几个字母，然后按【Tab】键循环显示所有的有效命令，查找需要的命令，按回车键完成命令的输入。

命令的还原与重复视频

2.4.5 命令的重复

在命令输入过程中，当完成一个命令的操作后，接着在命令提示符再现后，按一下空格键或回车键，就可以重复刚刚执行的命令。

2.4.6 嵌套命令的输入

嵌套(或称透明)命令是一种允许在一条命令运行中间执行另外一条命令的命令。当执行完一条嵌套命令后，又继续执行被中断的原命令。输入嵌套命令的方法是在该命令名前加一个撇号“′”。

例如，在【LINE】命令的执行过程中，使用嵌套【ZOOM】命令，其操作过程如下：

①命令：LINE ↙。

②指定下一点或【闭合/放弃(U)】：′ZOOM ↙。

③指定窗口角点，输入比例因子(nX or nXP)，或者【全部(A)/中心(C)/动态(D)/范围(E)/上一个(P)/比例(S)/窗口(W)/对象(O)】＜实时＞：W ↙。

④指定第一角点：(输入窗口第一角点)；指定对角点：(输入窗口第二角点)。

⑤正在执行恢复【LINE】命令。

鼠标的使用视频

2.4.7 鼠标的使用

在 AutoCAD 中，把鼠标的左键作为选取键，右键作为确认及重复键。重复键的意思是如果在初始状态下(即【命令：】状态)按回车键，会自动启动上一个执行过的命令。注意右键与键盘上的回车键、空格键功能相同。鼠标中键滚轮可以作视图放缩。

由于 AutoCAD 中鼠标右键的默认设置并不是人们需要的确认及重复键，因此需要重新设置。

设置绘图环境视频

2.5 设置绘图环境

在使用 AutoCAD 绘图前，经常需要对绘图环境的某些参数进行设置。

2.5.1 设置参数

选择【应用菜单栏】→【选项】或者显示出菜单栏选择【工具】→【选项】或者命令行输入 OPTIONS，将打开【选项】对话框，如图 2-25 所示。在该对话框中包含【文件】、【显示】、【打开和保存】、【打印和发布】、【系统】、【用户系统配置】、【绘图】、【三维建模】、【选择集】和【配置】10 个选项卡。

2.5.2 图形单位设置

在图形中绘制的所有对象都是根据图形单位测量的。绘图前首先应确定 AutoCAD 的度量单位。

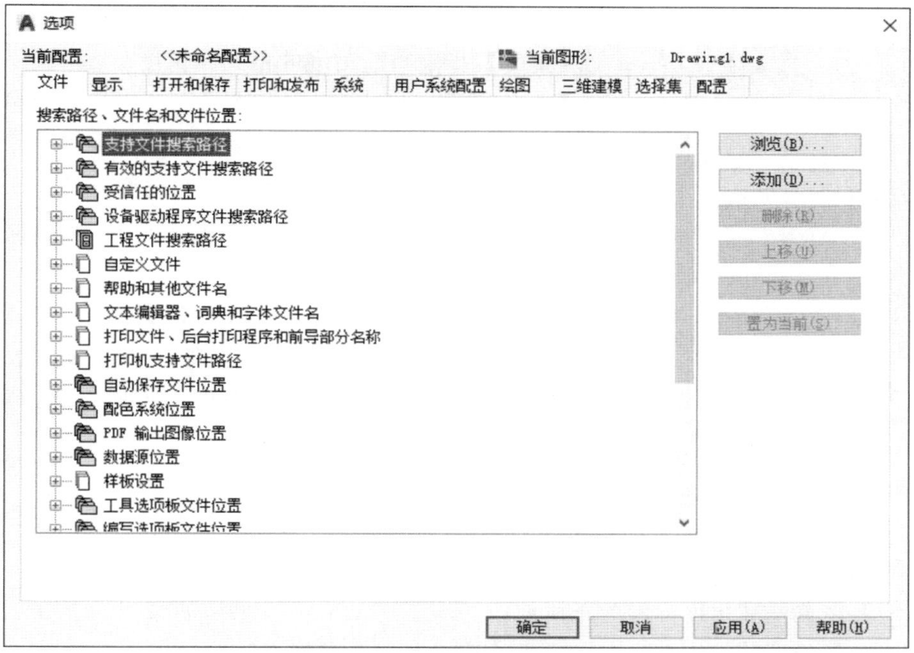

图 2-25　【选项】对话框

(1)菜单位置:【格式】→【单位】。

(2)快捷键:UN↙。

(3)命令操作。

命令:UNITS↙。

弹出【图形单位】对话框,如图 2-26 所示。

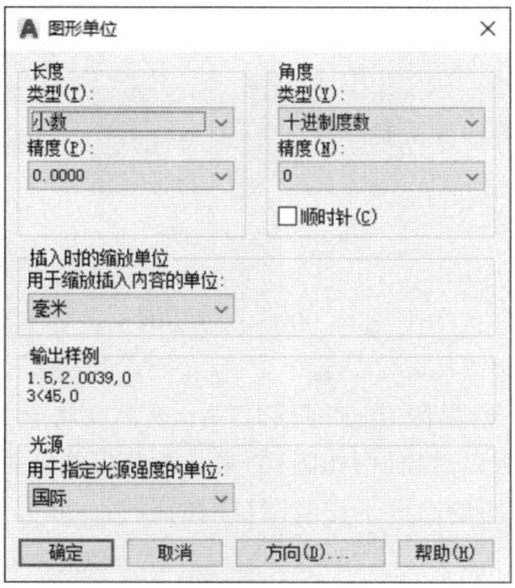

图 2-26　【图形单位】对话框

(4)对话框说明。

①【长度】:指定测量的当前单位及其精度。

a.【类型(T)】:设置测量单位的当前格式,其格式类型包括【建筑】、【小数】、【工程】、【分数】和【科学】。

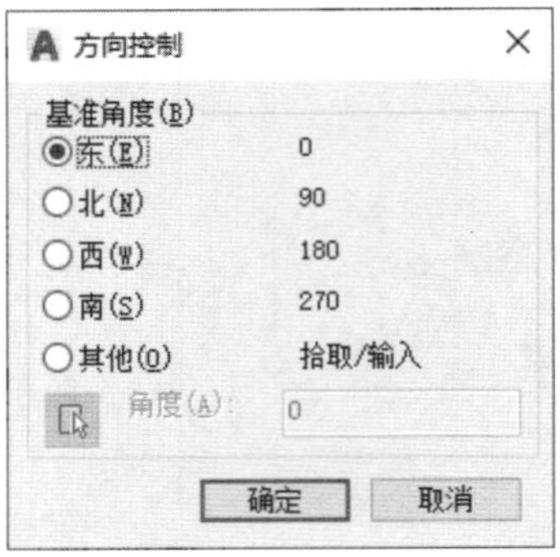

图 2-27 【方向控制】对话框

b.【精度(P)】:设置当前单位格式的小数位数。

②【角度】:指定当前角度的格式和精度。

a.【类型(Y)】:设置当前角度格式。其格式有百分度、度/分/秒、弧度、勘测单位、十进制度数。

b.【精度(N)】:设置当前角度格式的精度。

c.【顺时针(C)】:用来确定角度的正方向。缺省时,以逆时针方向表示正角度。

③【方向(D)...】:单击【方向(D)...】按钮,弹出【方向控制】对话框,此对话框用来控制基准角度,如图 2-27 所示。

a.【基准角度(B)】:设置基准角度的方向。此选项会影响到角度、对象旋转角度、显示格式及极坐标、柱坐标和球坐标等。

b.【东(E)】:设置基准角度方向为正东向(默认零角度方向)。

c.【北(N)】:设置基准角度方向为正北向(90°)。

d.【西(W)】:设置基准角度方向为正西向(180°)。

e.【南(S)】:设置基准角度方向为正南向(270°)。

f.【其他(O)】:设置除正方向以外的其他方向为其基准角度方向。

g.【角度(A)】:设置角度。只有选择【其他(O)】时,此选项才可用。

h.【拾取/输入】:使用定点设备在一条虚构的直线上定义角度,此虚构线连接了用户指定的任意两点。只有选择【其他(O)】时,此选项才可用。

2.5.3 图形界限设置

绘图区域中用户定义的矩形边界,可确定绘图的工作区域和图纸的边界。当栅格打开时,界限内部将被覆盖,这一界限又称作栅格界限。一般来说,对于建筑制图,其长度以毫米(mm)为单位,角度以度(°)为单位。

(1)菜单位置:【格式】→【图形界限】。

(2)示例:

命令:LIMITS↙。

重新设置模型空间界限:

指定左下角点或开(ON)/关(OFF)＜0.0000,0.0000＞:↙(←指定界限左下角坐标)。

指定右上角点＜420.0000,297.0000＞:↙ 。

开(ON):打开界限检查。当界限检查打开时,AutoCAD 将会拒绝输入图形界限外部的点。因为界限检查只检测输入点,所以对象(例如圆)的某些部分可能会延伸出界限。

关(OFF):关闭界限检查,所绘图形不受绘图范围的限制。

本章小结

(1)AutoCAD 的基本功能有绘制和编辑图形、渲染三维图形、标注尺寸、打印输出图形等。

(2)AutoCAD 2020 的运行主要包括安装和启动 AutoCAD 2020、退出 AutoCAD 2020,以及对 AutoCAD 2020 的工作空间界面功能的认识。

(3)图形文件管理及操作包括创建新文件、打开文件 、保存文件、另存图形文件和关闭图形文件等。

(4)AutoCAD 基本操作主要包括 AutoCAD 的命令输入、使用菜单与面板、工具栏输入等。这些命令是 AutoCAD 绘制图形的基础。

(5)在绘制图形之前，应当先注意设置绘图环境，包括设置参数、图形单位设置和图形界限设置，这样可以帮助绘图者精确和快速地绘图。作为初学者，应养成良好的 AutoCAD 绘图习惯。

习题与思考题

习题与思考题答案

2-1　AutoCAD 2020 有哪些基本功能？

2-2　AutoCAD 2020 的工作空间由哪些元素组成？

2-3　怎样合理地对图形文件进行管理？

2-4　AutoCAD 的命令有哪几种调用方法？各方法之间的关系是怎样的？

2-5　如何设置绘图环境？

3 绘制基本二维图形

【内容提要】

本章的主要内容包括 CAD 中的直线、矩形和圆等基本的绘图工具的介绍和使用。本章的重点是直线、多线、矩形和圆工具的基本使用方法。本章的难点是多线绘制和修改、圆的多种绘制及命令操作方法。

【能力要求】

通过本章的学习，学生应独立利用直线、矩形、圆工具绘制土建类工程图，并且可以对其实施编辑。

本章导读

绘制直线视频

3.1 绘制直线

在 AutoCAD 中，可以绘制各种形式的直线对象，如直线、射线、构造线、多段线、多线等。

3.1.1 直线

根据指定的端点绘制一系列直线段。单击【默认】选项卡中【绘图】功能面板上的【直线】或在菜单栏上选择【绘图】→【直线】命令，或者在命令行输入:LINE(L)，执行了直线工具，AutoCAD 命令行出现提示。

第一点:确定直线段的起始点。

指定下一点或【放弃(U)】:确定直线段的另一端点位置，或执行【放弃(U)】选项重新确定起始点。

指定下一点或【放弃(U)】:可直接按【Enter】键或空格键结束命令，或确定直线段的另一端点位置，绘制图 3-1，或执行【放弃(U)】选项取消前一次操作。

指定下一点或【闭合(C)/放弃(U)】:可直接按【Enter】键或空格键结束命令，或确定直线段的另一端点位置，或执行【放弃(U)】选项取消前一次操作，或执行【闭合(C)】选项创建封闭多边形，如图 3-2 所示。

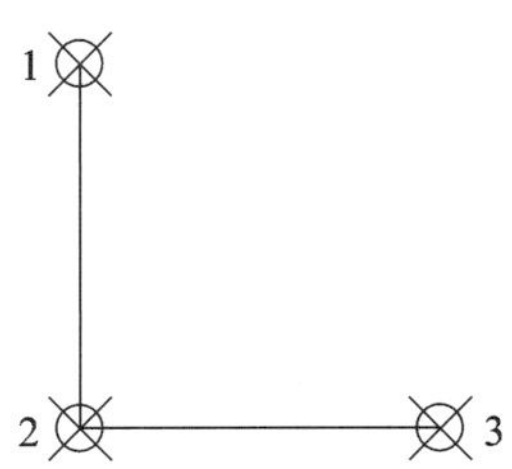

图 3-1 确定点位置

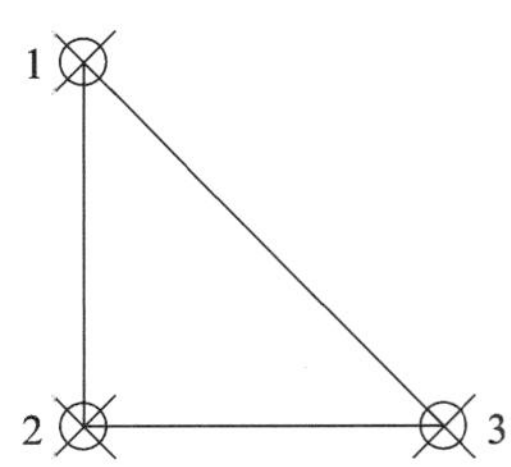

图 3-2 绘制直线

指定下一点或【闭合(C)/放弃(U)】：也可以继续确定端点位置、执行【放弃(U)】选项、执行【闭合(C)】选项。

执行结果：AutoCAD 绘制出连接相邻点的一系列直线段。用 LINE 命令绘制出的一系列直线段中的每一条线段均是独立的对象。

3.1.2　构造线

绘制沿两个方向无限长的直线。构造线一般用作辅助线。

选中【默认】选项卡，展开【绘图】功能面板，选择构造线( )按钮，或在菜单栏上选择【绘图】→【构造线】，即执行 XLINE 命令，AutoCAD 提示：指定点或【水平(H)/垂直(V)/角度(A)/二等分(B)/偏移(O)】。

3.1.3　射线

绘制沿单方向无限长的直线。射线一般用作辅助线。

选中【默认】选项卡，展开【绘图】功能面板，选择射线( )按钮，或者在菜单栏上选择【绘图】→【射线】，即执行 RAY 命令，AutoCAD 提示：

指定起点：确定射线的起始点位置。

指定通过点：确定射线通过的任一点，确定后 AutoCAD 绘制出过起点与该点的射线。

指定通过点：也可以继续指定通过点，绘制过同一起始点的一系列射线。

3.1.4　多段线

多段线是由多段直线或圆弧组成的一个组合体。这些直线或圆弧可以一起编辑，也可以分别编辑，还可以设置不同的宽度，如图 3-3 所示。利用多段线直线段功能，通过设置线段的起点和端点的宽度来绘制雨伞的上部分。因此可以看出多段线是很有用处的工具，利用多段线工具可以绘制出不同形状的对象，而每条线段都是这个对象的一部分。

图 3-3　多段线绘制伞

单击【默认】选项卡中【绘图】功能面板上的多段线图标，或者在菜单栏上选择【绘图】→【多段线】，或者在命令行输入 PL，AutoCAD 将会提示：指定起点→指定下一点【圆弧(A)/闭合(C)/半宽(H)/长度(L)/放弃(U)/宽度(W)】。

3.1.5　多线

多线是由多条平行线组成的组合对象，如图 3-4 所示，平行线之间的距离和线的条数可以调整和编辑。多线的交叉处或拐点处可以通过设置修改成不同样式，多线一般用于绘制建筑物墙体等平行线较多的图形。

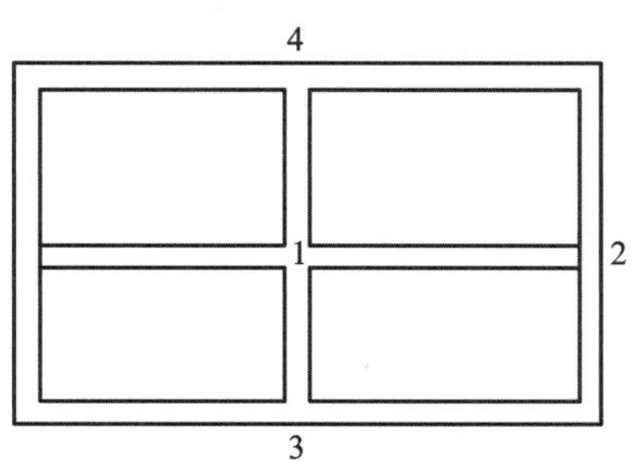

图 3-4　多线绘制

3.1.5.1 输入命令

CAD 中多线绘制方法，在菜单栏上选择【绘图】→【多线】，即执行 MLINE 命令，AutoCAD 提示：指定点或【对正(J)/比例(S)/样式(ST)】。

3.1.5.2 操作说明

输入 MLINE 切换到多线命令，AutoCAD 提示中的“对正”，指的是多线的对齐方式，如图 3-5 所示。

首先绘制一条基准线 a，如图 3-5 所示，【Ml＋Space】→【J＋Space】，提示有三种对正方式（上、下、无），依次选择并绘制多线，结果如图 3-6 所示。

图 3-5 基准线

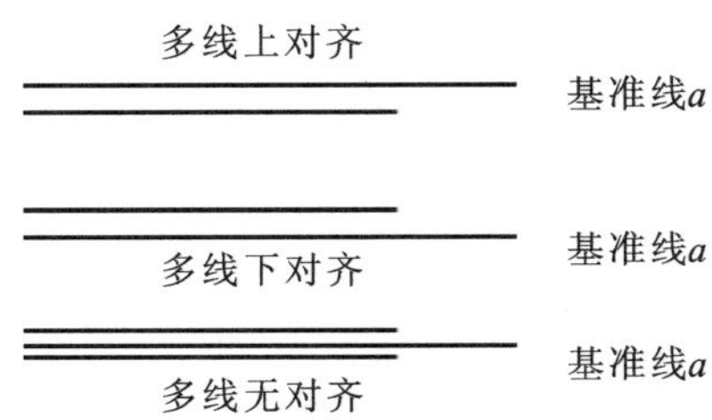

图 3-6 多线对正方式

其中的“比例”指的是多线的间距，可以通过设置不同的间距来调整多线的比例值。

“多线样式”主要指的是多线的平行线条数、线样式及多线端点样式的组合，可以通过在菜单栏上选择【格式】→【多线样式】进行修改和设置。

3.1.5.3 多线编辑

多线编辑是利用多线绘图的重要部分，也是本节的重点内容，其操作过程较为简单。我们可以在菜单栏上选择【修改】→【对象】→【多线】，打开多线编辑工具，如图 3-7 所示。

图 3-7 【多线编辑工具】对话框

3.2　绘制矩形和正多边形

矩形工具在 AutoCAD 制图中使用较多，可以利用该工具绘制一般的矩形，也可以绘制出特殊矩形，如倒角矩形、圆角矩形。正多边形工具也较为重要，它可以利用边长、内接圆、外切圆三种方式绘制。

3.2.1　矩形

3.2.1.1　输入命令

选中【默认】选项卡，展开【绘图】功能面板，选择矩形（）按钮，或者在菜单栏上选择【绘图】→【矩形】，或者在 CAD 命令行直接输入 REC，AutoCAD 提示：指定第一个角点或【倒角(C)/标高(E)/圆角(F)/厚度(T)/宽度(W)】。

3.2.1.2　矩形编辑

①绘制普通矩形：REC＋Space—指定矩形的一个角点—D＋Space—分别输入长和宽（例如：300×150 的矩形，如图 3-8 所示）。

②绘制倒角矩形：REC＋Space—C＋Space—输入倒角距离(20,20)—操作①步骤即可，绘制结果如图 3-9 所示。

③绘制圆角矩形：REC＋Space—F＋Space—输入圆角半径 20—操作①步骤即可，绘制结果如图 3-10 所示。

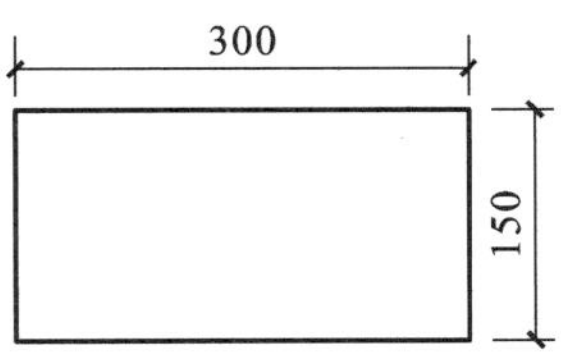

图 3-8　普通矩形

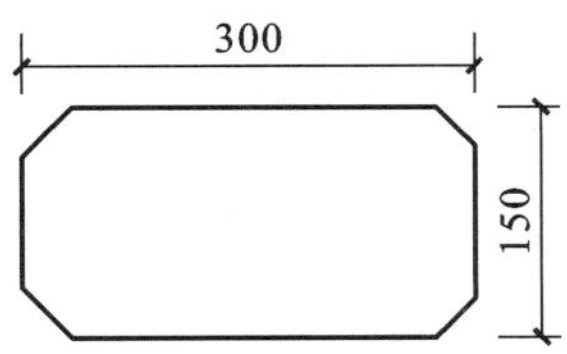

图 3-9　倒角矩形

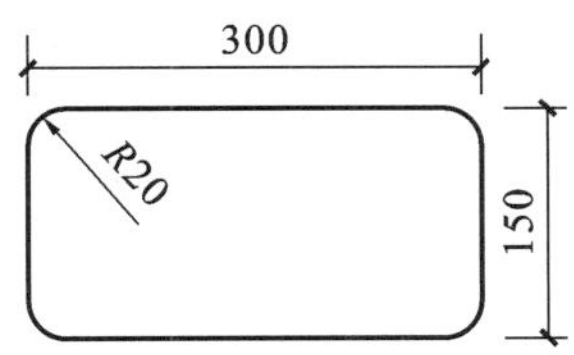

图 3-10　圆角矩形

④倒角和圆角命令：利用直线命令绘制直角—CHA（倒角命令）＋Space—D＋Space—输入倒角距离(20,20)—鼠标单击两条直角边进行修改，结果如图 3-11 所示。命令行输入 F 后选择 C，输入半径 20，鼠标单击两条直角边可以设置圆角。

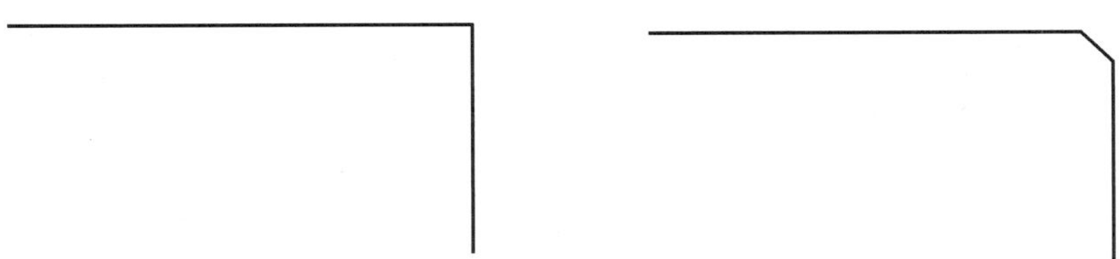

图 3-11　倒角绘制

⑤取消倒角和圆角：绘制矩形采用倒角和圆角后，再次绘制矩形时，会沿用上次设置的倒角或者圆角。如果要取消倒角，进行②将倒角距离设置为(0,0)；如果要取消圆角，进行③将半径设置为 0。

3.2.2 正多边形

选中【默认】选项卡,展开【绘图】功能面板,在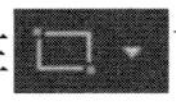下拉按钮选择多边形()选项,或者在菜单栏上选择【绘图】→【多边形】,或者在 CAD 命令行直接输入 POL,结果显示 CAD 操作提示。

3.2.2.1 边长方式

POL+Space—输入边数 6(以正六边形为例)—E+Space—在绘图区单击鼠标左键—输入边长 200+Space,即可绘制边长为 200 的正六边形,如图 3-12 所示。

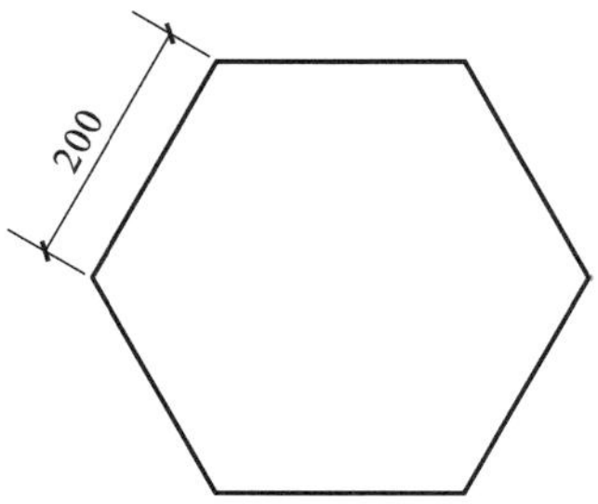

图 3-12 边长方式绘制多边形

3.2.2.2 内接圆方式

POL+Space—输入边数 6(以正六边形为例)—在绘图区域单击一点(内接圆的圆心)—选择内接圆—输入圆半径 200 即可,如图 3-13 所示。

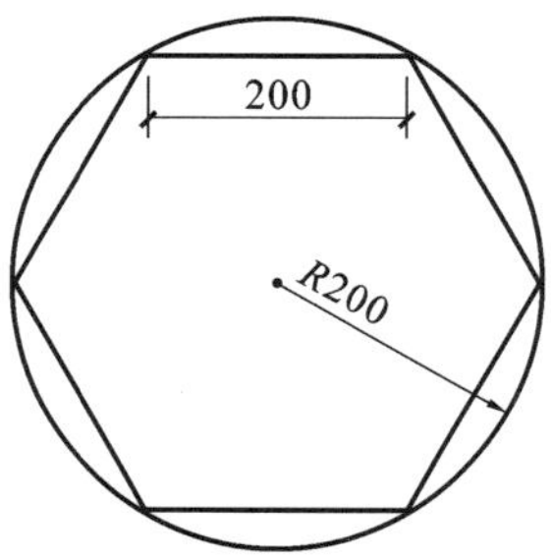

图 3-13 正六边形内接圆

3.2.2.3 外切圆方式

POL+Space—输入边数 6(以正六边形为例)—在绘图区域单击一点(外切圆的圆心)—选择外切圆—输入圆半径 200 即可,如图 3-14 所示。

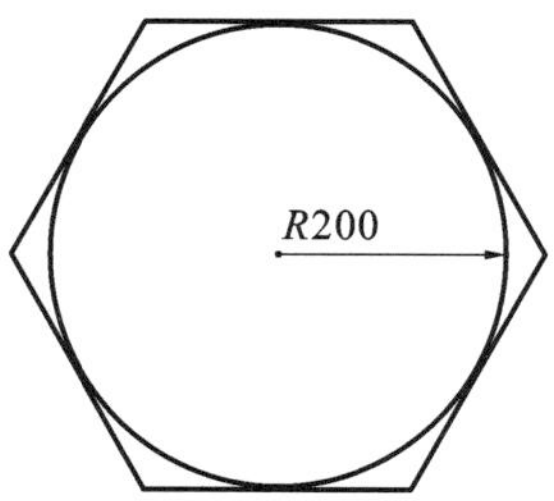

图 3-14 正六边形外切圆

3.3 绘　制　圆

AutoCAD不仅提供了直线工具，还支持强大的曲线绘制功能。圆工具可以通过多种方式绘制圆形，为工程建设制图提供技术支持。

3.3.1 命令输入

选中【默认】选项卡，展开【绘图】功能面板，选择圆()按钮，或者在菜单栏上选择【绘图】→【圆】，或者在CAD命令行直接输入CIRCLE或者C，AutoCAD提示：指定圆的圆心或【三点(3P)/两点(2P)/切点、切点、半径(T)】。

3.3.2 圆的输入与编辑

通过提示的命令可以总结出6种绘制圆的方法：

①圆心＋半径：在命令行输入C＋Space，在绘图区选择圆心，然后输入半径，再回车。或者选中【默认】选项卡，展开【绘图】功能面板，点击

的下拉按钮，选择

选项。

②圆心＋直径：在命令行输入C＋Space，在绘图区选择圆心，命令行输入D后回车，然后输入直径，再回车。或者选中【默认】选项卡，展开【绘图】功能面板，点击

的下拉按钮，选择

选项。

③三点绘圆：通过PO命令在CAD绘图区绘制三个点(图3-15)—C＋Space(切换输入圆命令)—3P＋Space—通过鼠标选中三个点绘圆(图3-16)。或者选中【默认】选项卡，展开【绘图】功能面板，点击

的下拉按钮，选择

选项。

图3-15　绘制三个点

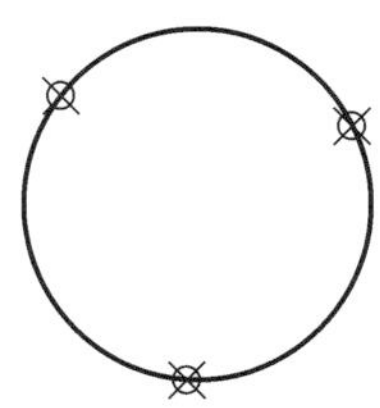

图3-16　三点绘圆

④两点绘圆：通过PO命令在CAD绘图区绘制两个点(图3-17)—C＋Space(切换输入圆命令)—2P＋Space—通过鼠标选中已绘制好的两个点绘制圆(图3-18)。或者选中【默认】选项卡，展开【绘图】功能面板，点击

的下拉按钮，选择

选项。

图 3-17　绘制两个点

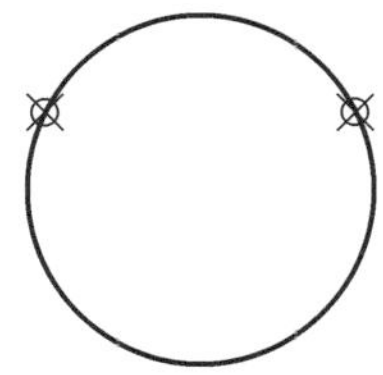

图 3-18　两点绘制圆

⑤相切＋相切＋半径:利用直线工具绘制两条相切边(图 3-19)—C＋Space(切换输入圆命令)—T＋Space—结果,如图 3-20 所示。或者选中【默认】选项卡,展开【绘图】功能面板,点击

的下拉按钮,选择

选项。

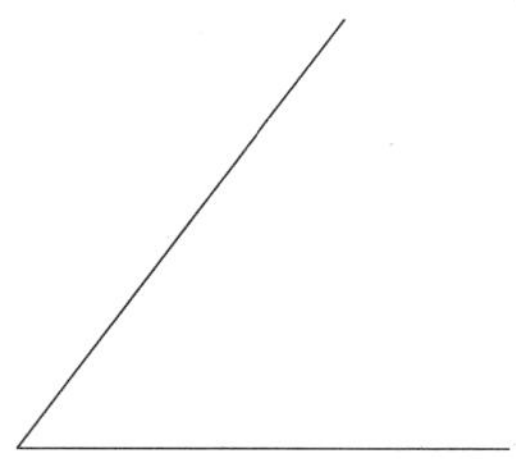

图 3-19　两条相切边

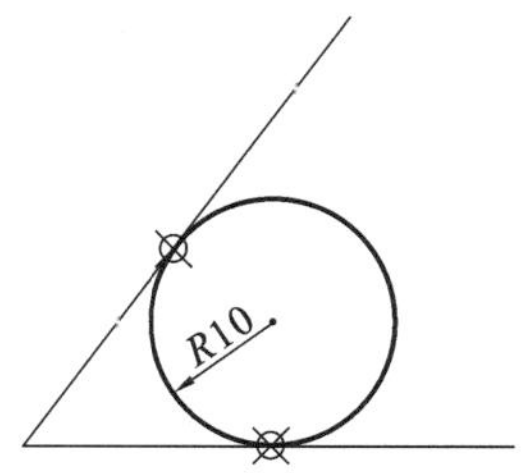

图 3-20　两条边相切圆绘制

⑥相切＋相切＋相切:选中【默认】选项卡,展开【绘图】功能面板,点击

的下拉按钮,选择

选项,绘制与圆相切的三条边(图 3-21),具体绘图效果如图 3-22 所示。

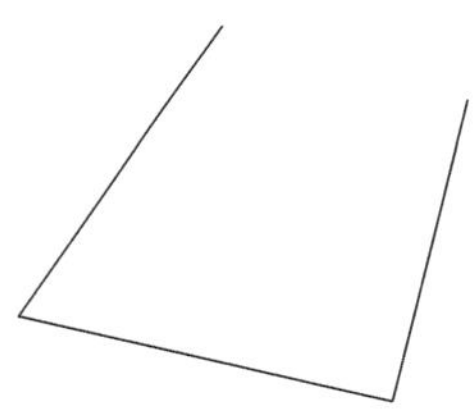

图 3-21　三条边绘制

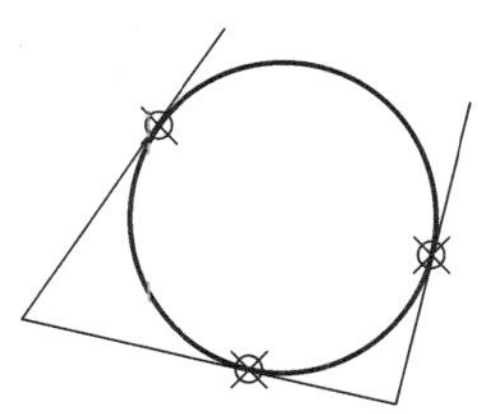

图 3-22　三条边相切圆绘制

3.4　绘制圆弧

3.4.1　输入命令

选中【默认】选项卡,展开【绘图】功能面板,选择圆弧(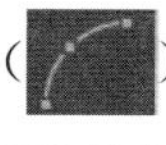)按钮,或者选择菜单栏中【绘图】→【圆弧】,或者在命令行输入 ARC,AutoCAD 提示:指定圆弧的起点或【圆心(C)】。

3.4.2 圆弧编辑

①三点画圆弧：选中【默认】选项卡，展开【绘图】功能面板，点击圆弧的下拉按钮，选择三点选项，或者命令行输入 ARC＋Space，指定起点，然后再指定第二、三个点，回车，结果如图 3-23所示。

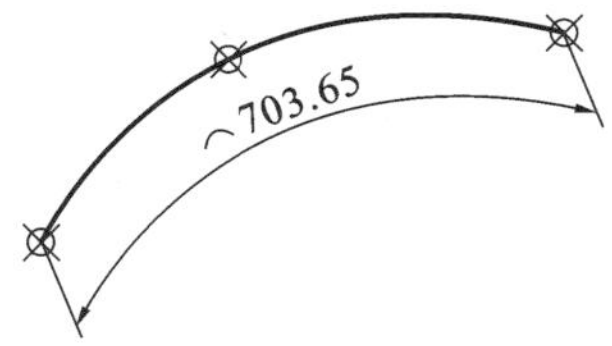

图 3-23 三点画弧

②起点＋圆心＋角度：选中【默认】选项卡，展开【绘图】功能面板，点击圆弧的下拉按钮，选择起点，圆心，角度选项，或者命令行输入 ARC＋Space，在绘图区选择起点，输入 C＋Space，在绘图区选择圆心，输入 A＋Space，输入角度，回车，结果如图 3-24 所示。

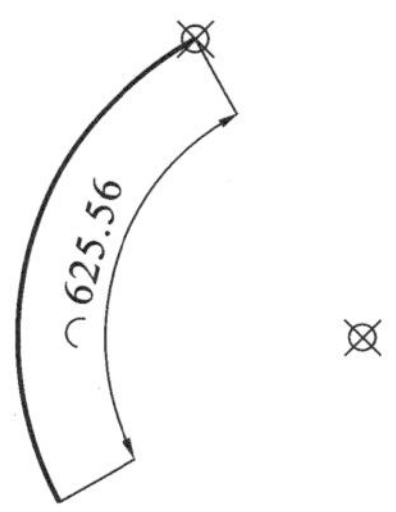

图 3-24 起点、圆心、圆心角画弧

③起点＋圆心＋端点：选中【默认】选项卡，展开【绘图】功能面板，点击圆弧的下拉按钮，选择起点，圆心，端点选项，或者命令行输入 ARC＋Space，在绘图区选择起点，输入 C＋Space，在绘图区选择圆心，然后命令行提示，选择端点，结果如图 3-25 所示。

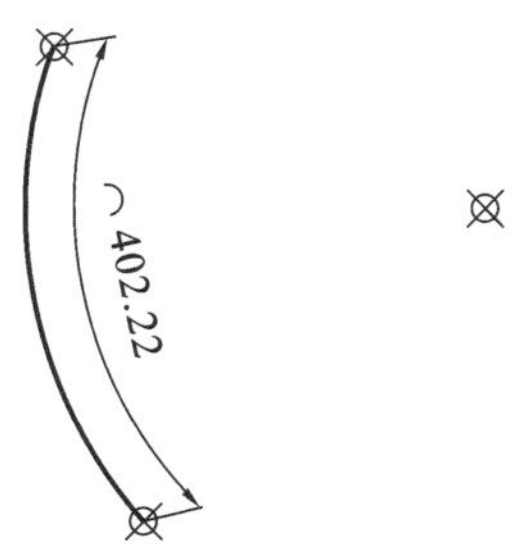

图 3-25 起点、圆心、端点画弧

④起点＋圆心＋长度：选中【默认】选项卡，展开【绘图】功能面板，点击圆弧的下拉按钮，选择起点，圆心，长度选项，或者命令行输入 ARC＋Space，在绘图区选择起点，输入 C＋Space，在绘图区选择圆心，输入 L＋Space，输入长度，回车，结果如图 3-26 所示。

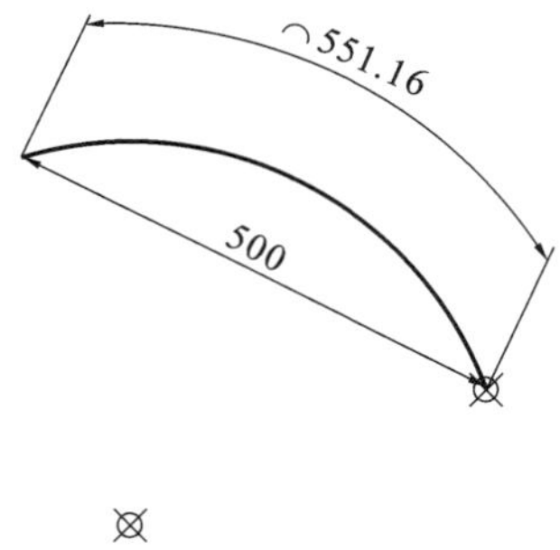

图 3-26 起点、圆心、弦长画弧

⑤起点＋端点＋角度：选中【默认】选项卡，展开【绘图】功能面板，点击 圆弧 的下拉按钮，选择 起点，端点，角度 选项，在绘图区分别选择起点和端点，输入角度，结果如图 3-27 所示。

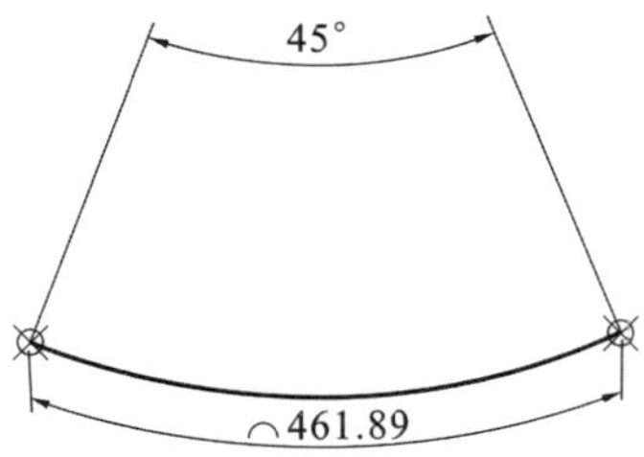

图 3-27 起点、端点、角度画弧

⑥起点＋端点＋方向：选中【默认】选项卡，展开【绘图】功能面板，点击 圆弧 的下拉按钮，选择 起点，端点，方向 选项，在绘图区分别选择起点和端点，调整上下方向，可以通过【Ctrl】键切换方向，输入角度，结果如图 3-28 所示。

⑦起点＋端点＋半径：选中【默认】选项卡，展开【绘图】功能面板，点击 圆弧 的下拉按钮，选择 起点，端点，半径 选项，在绘图区分别选择起点和端点，调整上下方向，可以通过【Ctrl】键切换方向，输入半径，结果如图 3-29 所示。

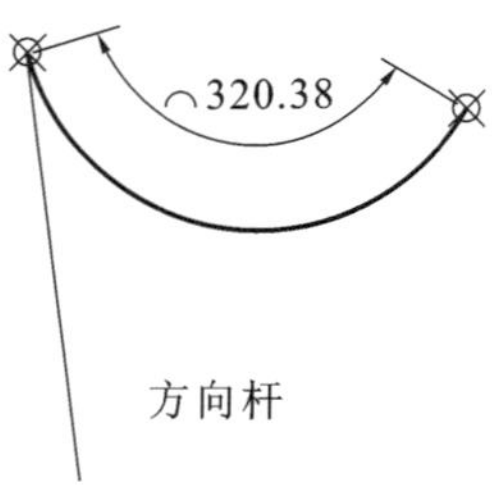

图 3-28 起点、端点、方向画弧

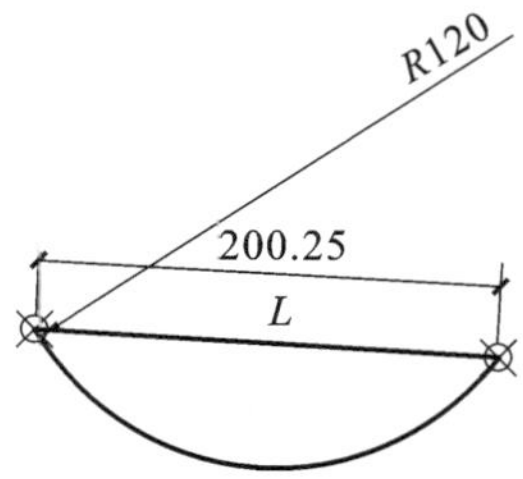

图 3-29 起点、端点、半径画弧

⑧选中【默认】选项卡，展开【绘图】功能面板，点击 圆弧 的下拉按钮，还有圆心＋起点＋端点 圆心，起点，端点 选项，圆心＋起点＋角度 圆心，起点，角度 选项，圆心＋起点＋长度 圆心，起点，长度 选项，其操作分别类似于起点＋圆心＋端点、起点＋圆心＋角度和起点＋圆心＋

长度，只是选择圆心和起点的顺序不一致而已。选择

选项，可以自动识别之前圆弧的端点连续画圆弧。

本章小结

(1)学习基本二维图形绘制工具的使用。

(2)学习使用直线、构造线、射线、多段线进行绘图。

(3)学习矩形和多边形的绘制。

(4)学习绘制圆和圆弧。

习题与思考题

3-1　利用直线与多段线工具绘制图 3-30。

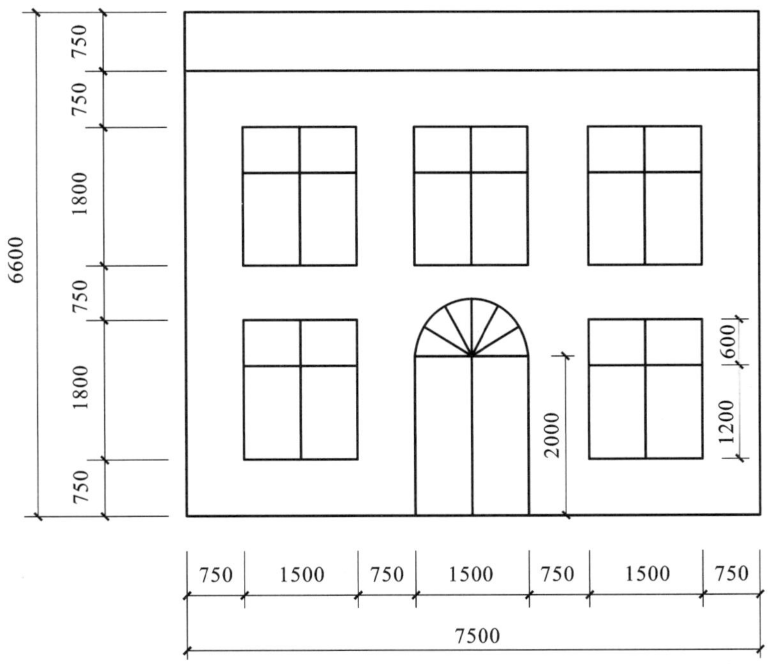

图 3-30　题 3-1 图

3-2　利用 REC 和圆角、倒角命令完成图 3-31。

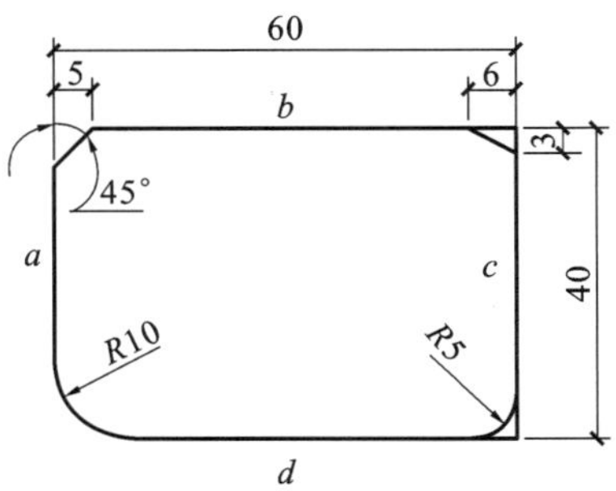

图 3-31　题 3-2 图

习题与思考题答案

3-3　利用圆、圆弧与直线工具绘制图 3-32。

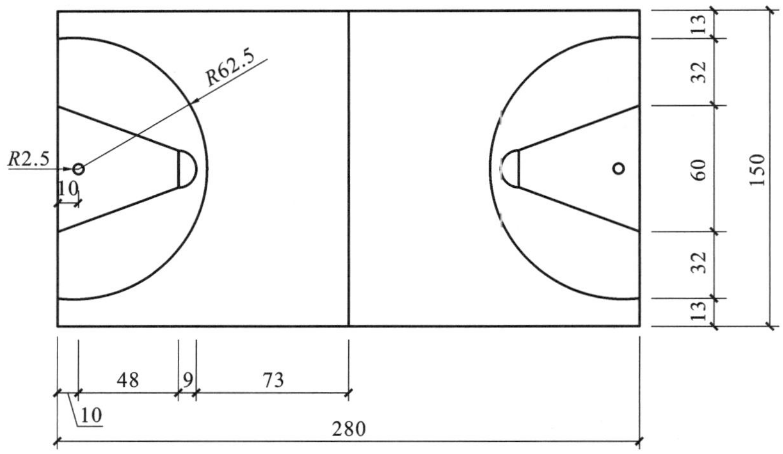

图 3-32　题 3-3 图

4 精确绘图工具

【内容提要】

本章的主要内容包括 AutoCAD 中的坐标系与坐标值的输入方法，以及辅助绘图工具的使用。本章的重难点是坐标值的输入方法、对象捕捉的应用。

【能力要求】

通过本章的学习，学生应掌握平面的坐标关系，能正确、灵活应用绝对和相对（直角、极轴）坐标；掌握 AutoCAD 中精确绘图的技巧以及对象几何特征点的捕捉功能。

本章导读

4.1 使用坐标系

4.1.1 坐标系的概念

AutoCAD 采用世界坐标系（World Coordinate System，WCS）和用户坐标系（User Coordinate System，UCS）等两种坐标系绘图。

（1）世界坐标系 WCS。

启动 AutoCAD 后或在 AutoCAD 中绘制新图时，AutoCAD 将自动处于如图 4-1 所示的世界坐标系中，它是 AutoCAD 默认的坐标系。该坐标系采用三维笛卡儿坐标确定点的位置，其坐标原点在绘图区左下角，X、Y、Z 坐标轴的正方向分别为水平向右、垂直向上、垂直于 X 与 Y 轴组成的平面（屏幕）并指向用户。AutoCAD 默认 Z 坐标值为 0。WCS 坐标系的坐标原点和坐标轴是固定的，不会随用户的操作而发生变化。用户可利用 UCSICON 命令并选择【特性】选项，弹出【UCS 图标】对话框，将三维 WCS 图标改为如图 4-2 所示的二维形态。

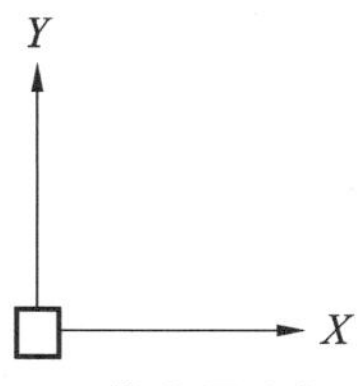

图 4-1 三维世界坐标系图标

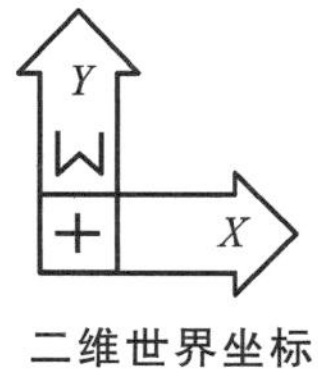

图 4-2 二维世界坐标系图标

（2）用户坐标系 UCS。

为了方便用户的绘图工作，AutoCAD 提供了可移动的坐标系，即用户坐标系 UCS。在默认状态下，WCS 与 UCS 是重合的。在绘图过程中，可根据需要，利用 UCS 命令在 WCS 的任意位置和方向定义用户自己的坐标系。UCS 图标的显示方式随观察视点的不同而有所不同，其中二维 UCS

图标与图 4-2 基本相同,只是缺少中间的字母“W”。

需要说明的是,无论是 WCS 还是 UCS,当其图标显示在其原点处时,则有一个加号“+”显示在图标左下角的方框中;当其图标仅显示在视口的左下角,而不在其原点处时,则没有加号显示在图标左下角的方框中。另外,用户可利用 UCSICON 命令并选择【特性】选项,弹出【UCS 图标】对话框来完成三维 UCS 图标与二维 UCS 图标的转换,也可以设置 UCS 图标的大小、颜色、箭头形式、线宽等。

4.1.2 坐标值的输入与显示

无论是在 WCS 还是在 UCS 中,均可使用直角坐标或极坐标来确定一点的位置。通过键盘可精确输入点的坐标值。

(1)直角坐标。

①绝对直角坐标。

点的绝对直角坐标是该点到各坐标轴垂直方向的距离(有正负之分)。输入方法:依次输入 X、Y、Z 坐标值,三个坐标值之间用英文逗号隔开。在二维图形中,Z 坐标值可省略。如“48,40”是指点的坐标为“48,40,0”,即该点距 YZ、XZ、XY 平面的垂直距离分别为 48、40、0,如图 4-3(a)所示。

②相对直角坐标。

点的相对直角坐标是指该点与上一输入点之间的坐标差。输入方法:首先输入“@”,紧接着依次输入 X、Y、Z 轴的坐标差,三个坐标差值之间用英文逗号隔开。如“@7,9”是指该点相对于上一点(48,40)沿 X 轴正方向移动了 7 个单位、沿 Y 轴正方向移动了 9 个单位,Z 轴无变化,如图 4-3(b)所示。

极坐标绘图视频

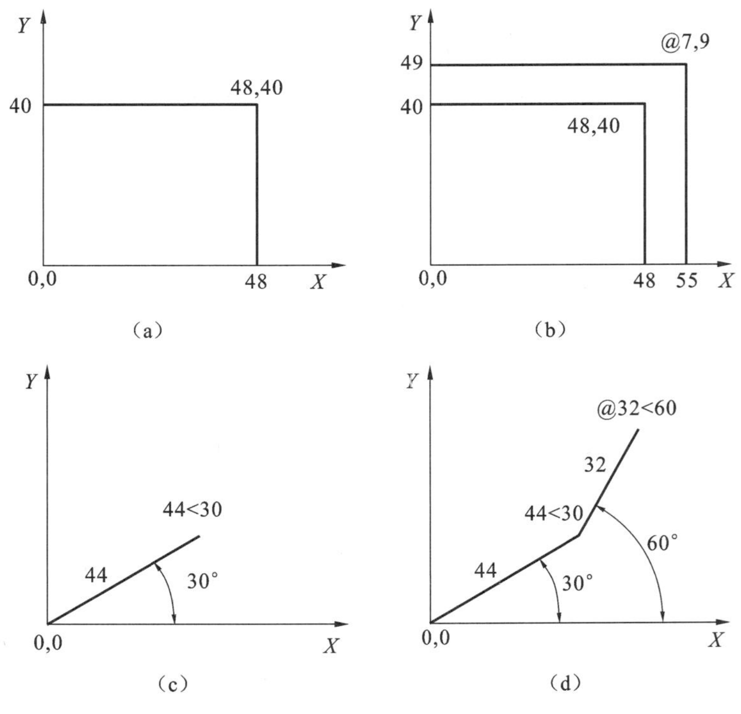

图 4-3 四种坐标输入方法图例

(a)绝对直角方式;(b)相对直角方式;(c)绝对极坐标;(d)相对极坐标

(2)极坐标。

①绝对极坐标。

点的绝对极坐标用点的极半径和极角表示。极半径指点到坐标原点的距离;极角指 X 轴的正方向线与从原点到该点的连线之间的夹角,逆时针为正,顺时针为负。输入方法:依次输入极半径、小于号“<”和极角值(按角度值度量)。如“44<30”表示该点与原点之间的距离为 44 个单位,X 轴正方向线与从原点到该点的连线之间的夹角为 30°,如图 4-3(c)所示。

②相对极坐标。

点的相对极坐标也用点的极半径和极角表示,但其极半径是指该点与上一输入点之间的距离(不是与原点之间的距离),其极角是指 X 轴正方向线与从上一输入点到该点之间的连线之间的夹角,逆时针为正,顺时针为负。输入方法:依次输入“@”、极半径、小于号“<”、极角值(按角度值度量)。如“@32<60”表示该点与上一输入点之间的距离为 32 个单位,X 轴正方向线与从上一输入点(44<30)到该点的连线之间的夹角为 60°,如图 4-3(d)所示。

在实际绘图过程中,输入坐标的方式不是唯一的,可单独采用一种方式,也可几种方式组合使用,应根据实际情况灵活应用。另外,配合对象捕捉、对象追踪、夹点编辑等方法,可使绘图与编辑更方便、更快捷。

4.2　使用栅格捕捉和正交

4.2.1　使用栅格和捕捉

(1)栅格。

栅格是一种可见的位置参考图标,由一系列排列规则的点组成,就像手工绘图时使用坐标纸一样,用来帮助用户定位。打开栅格时,栅格只充填在矩形绘图界限内,标示出当前绘图工作区域。栅格只是一种在屏幕上显示的视觉辅助工具,不是图形的一部分,所以不会打印在输出的图纸上。

①栅格设置方法。

命令行:GRID。

②命令操作与选项说明。

命令:输入命令。

指定栅格间距(X)或【开(ON)/关(OFF)/捕捉(S)/主(M)/自适应(D)/界限(L)/跟随(F)/纵横向间距(A)】<10.0000>:指定栅格间距或确定选项。

各选项含义说明:

指定栅格间距(X):指定显示栅格的 X、Y 方向间距。若回车或输入具体值,则指定显示栅格的 X、Y 方向间距为当前值 10.0000 或输入的具体值。

【开(ON)】:按缺省间距值打开栅格,与接受当前栅格间距值等效。

【关(OFF)】:关闭栅格。

【捕捉(S)】:设栅格显示与当前捕捉栅格分辨率相等,即当捕捉栅格改变时,显示栅格分辨点也同时改变。

【主(M)】:设置每个主栅格线的栅格分块数。

【自适应(D)】:设置是否打开自适应行为。

【界限(L)】:设置是否显示超出界限的栅格。

【跟随(F)】:设置是否遵循动态的用户坐标系 UCS。

【纵横向间距(A)】:栅格可设置成 X、Y 值不相等,并显示栅格。选择"A"后,出现提示:

指定水平间距(X)<10.000>:(指定 X 方向间距)。

指定垂直间距(Y)<10.000>:(指定 Y 方向间距)。

③注意与提示。

单击状态栏上【栅格】按钮或按【Ctrl+G】组合键或按【F7】键可打开或关闭栅格。

在画图之前,一般应打开栅格,以明确绘图界限,防止将图形绘制在界限以外。

栅格间距确定后,可根据需要随时调整。

(2)捕捉。

捕捉实际上是栅格捕捉,它与栅格显示是配合起来使用的。打开"捕捉"模式,AutoCAD 将强制光标所捕捉的点仅限于栅格捕捉间距所确定的固定点上,而不能选择固定点以外的点。关闭"捕捉"模式后,光标便可任意移动。

①捕捉设置方法。

命令行:SNAP。

②命令操作与选项说明。

命令:输入命令。

指定捕捉间距或【开(ON)/关(OFF)/纵横向间距(A)/传统(L)/样式(S)/类型(T)】<10.0000>:指定捕捉间距或确定选项。

各选项含义说明:

指定捕捉间距:指定显示捕捉的 X、Y 方向间距。若回车或输入具体值,则指定显示捕捉的 X、Y 方向间距为当前值 10.0000 或输入的具体值。

【开(ON)】:按缺省间距值打开栅格捕捉,与接受当前栅格捕捉间距值等效。

【关(OFF)】:关闭栅格捕捉。

【纵横向间距(A)】:可将 X、Y 间距设置成不同的值。

【传统(L)】:设置是否保持始终捕捉到栅格的传统行为。

【样式(S)】:可在标准模式和等轴模式中选择一项。标准模式指通常的矩形栅格模式(缺省项),等轴模式指为画正等轴测图而设计的栅格模式。

【类型(T)】:用于指定捕捉模式是栅格捕捉还是极轴捕捉。

③注意与提示。

单击状态栏上【捕捉】按钮或按【Ctrl+B】组合键或按【F9】键可打开或关闭栅格捕捉。

打开栅格捕捉模式时,只限制用鼠标确定任意点的坐标,不限制用键盘输入任意点的坐标。

4.2.2 使用正交模式

水平线和垂直线是常用的直线,一般用肉眼控制画线难免出现失误。正交模式强迫所画直线平行于 X 轴或 Y 轴,即画正交的线,这样画既方便,又准确。

(1)输入命令及命令的操作。

单击状态栏上【正交】按钮。

按【F8】键进行【正交】开、关的切换。

从命令行输入 ORTHO 命令,选 ON 或 OFF 进行开和关的切换。

(2)命令说明。

当打开【正交】模式时，用键盘输入点的坐标来确定点的位置时不受正交的影响。

注：无论正交、捕捉还是栅格，都能在绘图过程中不断打开、关闭或调整，就像手工绘图时所用的三角板、圆规一样，可频繁更换使用。

为了更方便地设置辅助绘图模式，AutoCAD 提供了一个【草图设置】对话框，该对话框共有 7 个选项卡，如图 4-4 所示的是显示【捕捉和栅格】选项卡的【草图设置】对话框。在该对话框中可方便地设置栅格和捕捉间距值，并能打开它们。

图 4-4　显示【捕捉和栅格】选项卡的【草图设置】对话框

弹出【草图设置】对话框的方法：

①菜单栏：【工具】→【绘图设置】→【捕捉和栅格】选项卡。

②用右键单击状态栏上【栅格】或【捕捉】按钮中的任一个，从弹出的右键快捷菜单中选择【设置】。

③命令行：DDRMODES。

【草图设置】对话框【捕捉与栅格】选项卡中内容的选择方法：

a. 在栅格文本框中输入栅格间距值，并用鼠标在【启用栅格】复选框内选择【√】打开栅格。

b. 在栅格捕捉文本框中输入栅格捕捉间距值，并用鼠标在【启用捕捉】复选框内选择【√】打开栅格捕捉。

c. 其他可用缺省设置。

d. 如果要画轴测图，可在【捕捉和栅格】选项卡中，在【捕捉类型】中选择【等轴测捕捉】或【矩形捕捉】选项。

e. 单击【确定】按钮结束选择。

4.2.3　使用栅格和正交功能绘图示例

(1)利用栅格和捕捉精确绘制如图 4-5 所示的图形，要求所有端点都在栅格点上。

绘图步骤：

在应用程序状态栏单击【捕捉】和【栅格】按钮。

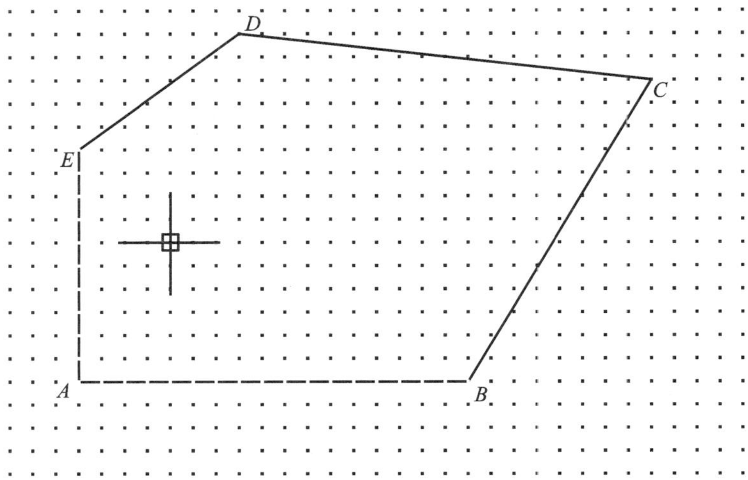

图 4-5　捕捉和栅格绘图

命令:LINE↙。

指定第一点:在屏幕上任意捕捉一栅格点,单击鼠标左键画出 A 点。

指定下一点或【放弃(U)】:在与 A 点水平的方向捕捉一栅格点,单击鼠标左键画出 B 点。

指定下一点或【放弃(U)】:捕捉栅格点,画出 C 点。

指定下一点或【闭合(C)/放弃(U)】:捕捉栅格点,画出 D 点。

指定下一点或【闭合(C)/放弃(U)】:捕捉栅格点,画出 E 点。

指定下一点或【闭合(C)/放弃(U)】:C↙。

(2)利用正交模式绘制如图 4-6 所示的图形。

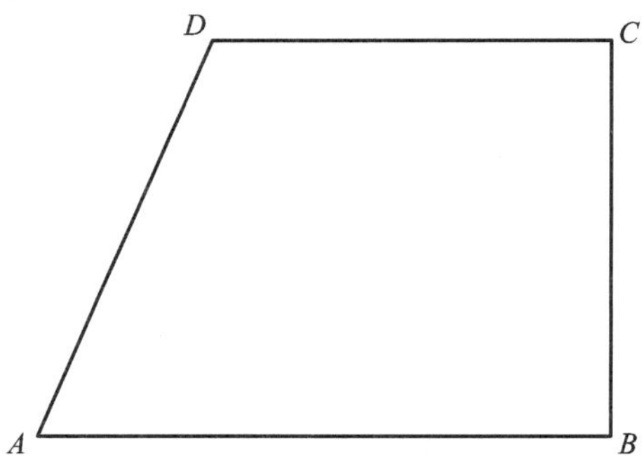

图 4-6　正交模式绘图

绘图步骤:

在应用程序状态栏单击【正交】按钮,打开【正交】模式。

命令:LINE↙。

指定第一点:在屏幕上任意一点单击,画出 A 点。

指定下一点或【放弃(U)】:往 A 点右方拖动鼠标并单击,画出 B 点。

指定下一点或【放弃(U)】:往 B 点上方拖动鼠标并单击,画出 C 点。

指定下一点或【闭合(C)/放弃(U)】:往 C 点左方拖动鼠标并单击,画出 D 点。

指定下一点或【闭合(C)/放弃(U)】:C↙。

4.3 使用对象捕捉

根据前面的介绍我们知道，用 AutoCAD 绘图需要预先知道点的坐标，并通过手工输入坐标值的方法来确定点的位置。但有时候手工输入坐标值，特别是多次手工输入同一坐标值比较麻烦，甚至因某些点是图形自动生成的，不知其坐标值而无法输入，这就必须使用 AutoCAD 提供的对象捕捉功能。

所谓对象捕捉，就是在屏幕一定范围内，AutoCAD 能自动寻找到对象上拟捕捉的几何特征点，并将拾取框准确定位在这些特征点上，从而精确地捕捉到拟捕捉的点。例如，已有一条直线和一个圆，现希望从已有直线的中点出发绘制一直线并与已有圆相切，由于直线的中点和在圆上的切点的坐标不知道，所以不可能用手工输入坐标值的方法绘制。如果使用对象捕捉的【捕捉到中点】、【捕捉到切点】捕捉模式，在启动直线绘制命令后，将光标分别移动到靠近直线的中点和在圆上预计相切的地方，AutoCAD 就会准确地捕捉到这条直线的中点作为新画直线的起点，自动捕捉到在圆上的切点作为新画直线的终点。

需要强调的是，对象捕捉命令不能单独使用，应在启动绘图或编辑命令之后，才能采用对象捕捉精确定位对象的特征点。应用对象捕捉前应先进行所需要的设置。

对象捕捉包括临时捕捉和自动捕捉两种方式。

4.3.1 对象捕捉的类型

使用对象捕捉方式可以捕捉到对象上的下列几种点，即对象捕捉方式具有下列几种捕捉类型。

：捕捉直线段或圆弧等对象的端点。

：捕捉直线段或圆弧等对象的中点。

：捕捉直线段、圆弧或圆等对象的交点。

：捕捉外观交点。用于捕捉在二维图形中看上去是交点，而在三维图形中并不相交的点。

：捕捉圆或圆弧的圆心。

：捕捉圆或圆弧上 0°、90°、180°、270°位置上的象限点。

：捕捉所画线段与某圆或圆弧的切点。

：捕捉所画线与某线段、圆、圆弧或其延长线垂直的点。

：捕捉一点形成一条直线并与某直线平行。

：捕捉图块的插入点。

：捕捉由 POINT 等命令绘制的点。

：捕捉直线、圆、圆弧等对象上最靠近光标方框中心的点。

其他图标的含义：

：关闭对象捕捉方式。

：执行 OSNAP(对象捕捉)命令。

：执行 FROM(捕捉自)命令。

:临时追踪点。

4.3.2 自动捕捉和临时捕捉

(1)自动捕捉。

调出固定对象捕捉方式的方法:

①单击状态栏上【对象捕捉】按钮。

②按【F3】快捷键。

③采用【Ctrl+F】组合键。

④在命令行执行 OSNAP 或 OS。

在使用固定对象捕捉方式之前,应首先设置固定对象捕捉模式。固定对象捕捉模式的设置是通过显示【对象捕捉】标签的【草图设置】对话框完成的,可用下列方法之一弹出该对话框:

①用右键单击状态栏上【对象捕捉】按钮,从弹出的快捷菜单中选择【对象捕捉设置...】。

②下拉菜单:【工具】→【绘图设置】。

③命令行:OSNAP(OS)。

输入命令后,AutoCAD 将弹出显示【对象捕捉】标签的【草图设置】对话框,如图 4-7 所示。

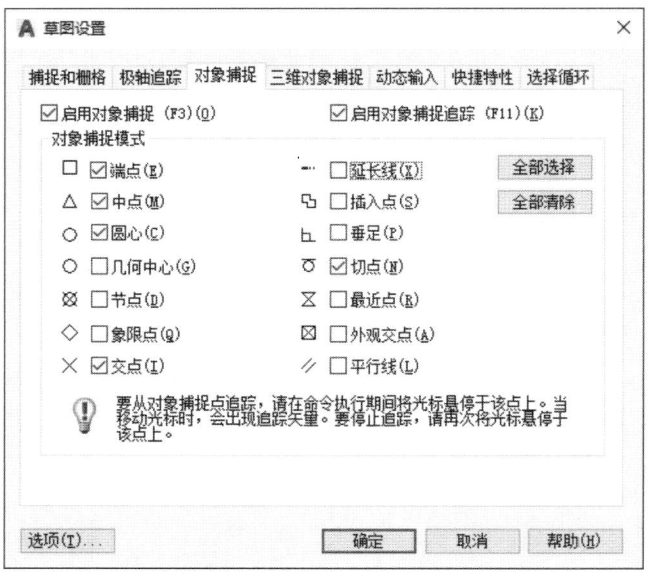

图 4-7 显示【对象捕捉】标签的【草图设置】对话框

该对话框中各项内容及操作如下:

①【启用对象捕捉(F3)】。

该开关控制固定捕捉模式的打开与关闭。

②【启用对象捕捉追踪(F11)】。

该开关控制捕捉追踪模式的打开与关闭。

③【对象捕捉模式】选项组。

该选项组显示出了 AutoCAD 所设置的 13 种固定捕捉模式,其类型和数量与单一对象捕捉模式相同。可根据需要从中选择一种或多种对象捕捉模式形成一个固定模式。图 4-7 选中了【端点】、【中点】、【圆心】、【交点】和【切点】5 种捕捉模式作为固定对象捕捉模式。选择后单击【确定】按钮即完成设置。

在该选项组右上角设有【全部选择】和【全部清除】按钮，若单击这两个按钮，则分别执行选择全部 14 种捕捉模式或全部清除已选择捕捉模式的命令。

④【选项(T)...】按钮。

单击【选项(T)...】按钮将弹出显示【绘图】标签的【选项】对话框，该对话框左侧为【自动捕捉设置】选项组，如图 4-8 所示，可根据需要进行设定，其各项含义如下。

【标记(M)】：该开关用来控制固定对象捕捉标记的打开或关闭。

【磁吸(G)】：该开关用来控制固定对象捕捉磁吸的打开或关闭。打开捕捉磁吸将靶框锁定在所设的固定对象捕捉点上，就像打开捕捉和栅格后，光标只能在栅格点上移动一样。

【显示自动捕捉工具提示(T)】：该开关用来控制固定对象捕捉提示的打开或关闭。捕捉提示是指 AutoCAD 自动捕捉到一个捕捉点后，显示出该捕捉点的文字信息。

【显示自动捕捉靶框(D)】：该开关用来打开或关闭靶框。

【颜色(C)...】：显示固定对象捕捉标记的当前颜色。如果要改变标记的颜色，只需点击【颜色(C)...】后从中选择一种颜色即可。

【自动捕捉标记大小(S)】：控制固定对象捕捉标记的大小，拖动其滑块可以改变标记的大小。

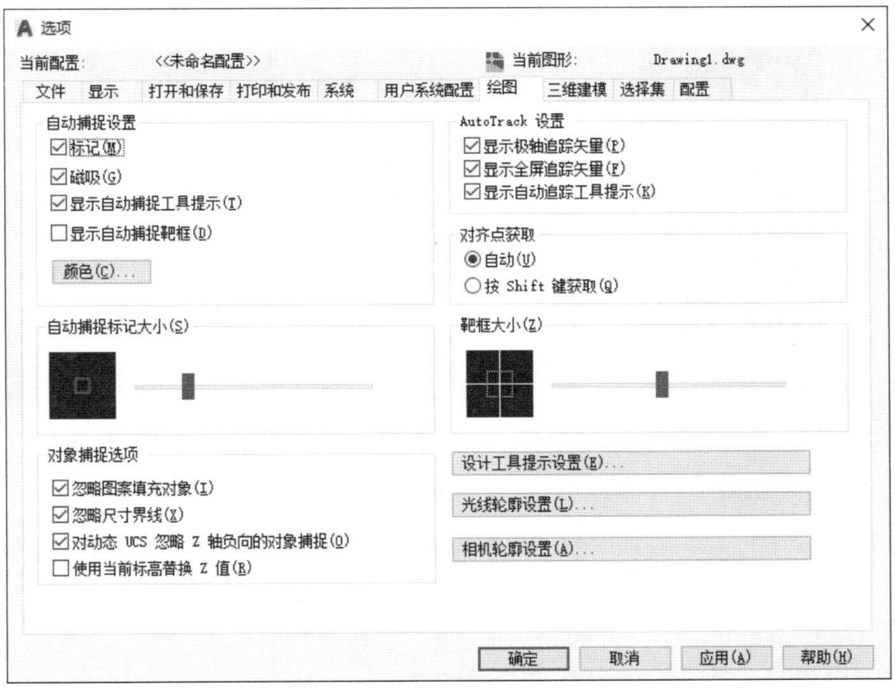

图 4-8　显示自动捕捉设置的【选项】对话框

(2)临时捕捉。

在命令执行过程中，当要求输入点坐标时，就可以激活临时对象捕捉方式。激活临时捕捉方式的方法：

通过菜单栏【工具】→【工具栏】→【AutoCAD】→【对象捕捉】，调出【对象捕捉】工具栏，并在其上单击相应捕捉模式，如图 4-9 所示。

图 4-9 【对象捕捉】工具栏

点击状态栏【对象捕捉】的下拉按钮，弹出如图 4-10 所示的随位工具栏，并在其上单击相应捕捉模式。

在绘图区任意位置，按住【Shift】键，再单击鼠标右键，将弹出一右键快捷菜单，如图 4-11 所示，可从该菜单中单击相应捕捉模式。

图 4-10 【对象捕捉】随位工具栏

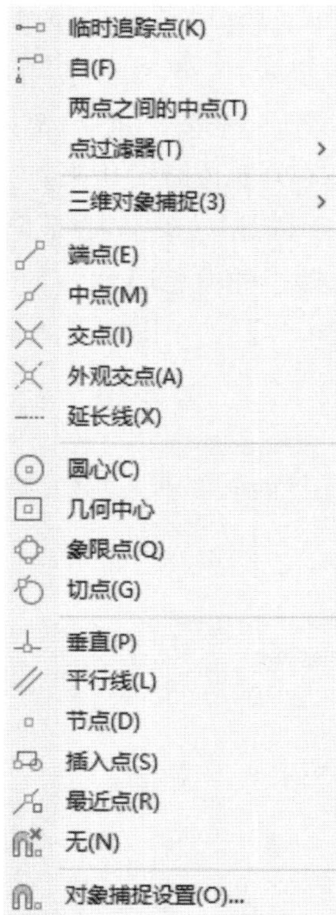

图 4-11 【对象捕捉】右键快捷菜单

【对象捕捉】工具栏是激活临时对象捕捉常用的方式，可提前将该工具栏调出放在绘图区合适的位置待用。

本章小结

(1)学习精确绘图工具的使用。

(2)理解坐标系的概念，学习设置用户坐标系。

(3)学习直角坐标和极坐标的使用。

(4)学习使用栅格捕捉和正交。

(5)学习对象捕捉的具体使用方法和技巧。

习题与思考题

4-1　思考题

(1)坐标点的输入方法有哪几种？如何操作？

(2)绘图时的辅助工具有哪些？如何使用？

(3)如何使用对象捕捉？它有什么好处？

(4)临时捕捉和自动捕捉有何不同？

(5)“捕捉自”方式的应用条件是什么？如何应用？

(6)利用临时追踪点追踪对象与极轴追踪、对象捕捉追踪方式(与固定对象捕捉配合)的不同点是什么？

4-2　上机题

(1)采用直线命令，配合正交、对象捕捉、对象追踪、捕捉自等辅助绘图方式绘制如图 4-12、图 4-13 所示图形。

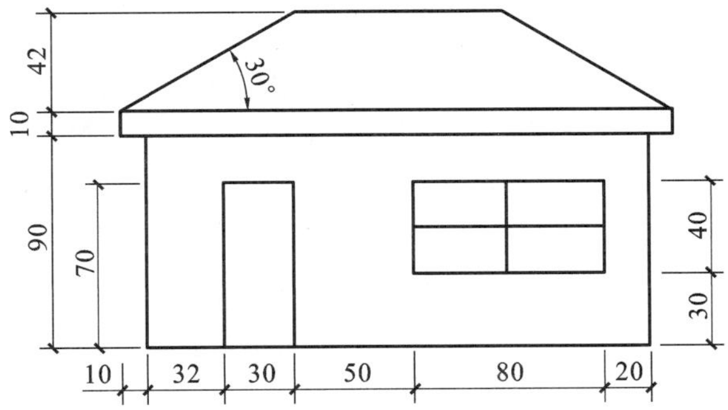

图 4-12　房屋立面图

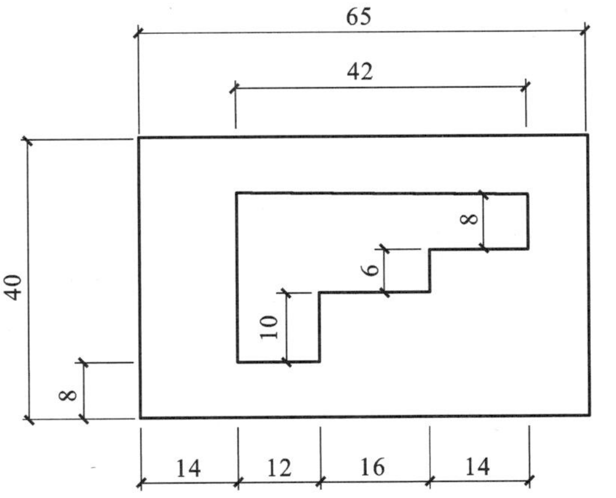

图 4-13　多边形图案

(2)采用直线命令，配合正交、对象捕捉、对象追踪、捕捉自等辅助绘图方式绘制如图 4-14 所示图形。

(3)采用圆、圆弧命令，配合对象捕捉绘制如图 4-15 所示图形。

图 4-14　方形图案

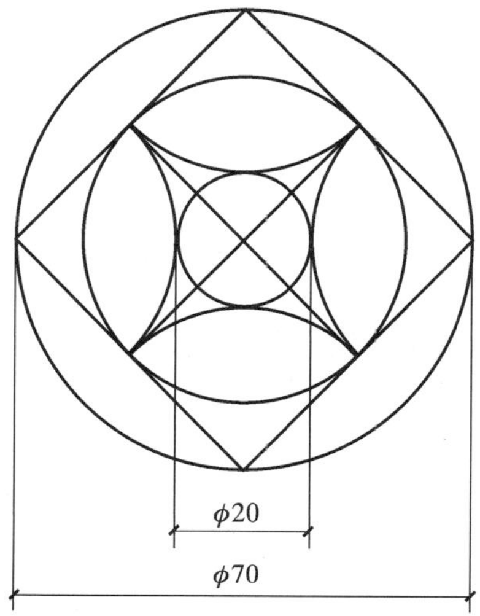

图 4-15　图形图案

习题与思考题
答案

5　编辑基本二维图形

【内容提要】

本章的主要内容包括选择对象，复制类命令，改变位置类命令，改变几何特性类命令。

【能力要求】

通过本章的学习，学生应当熟练掌握前面章节中介绍的基本绘图命令的使用。只有充分地结合绘图、编辑命令，才能有效地提高绘图的效率与质量。

本章导读

5.1　选择对象

选择对象视频

在对二维图形进行编辑操作之前，首先需要选择编辑的对象。AutoCAD用虚线亮显所选的对象，这些对象就构成选择集。选择集可以包含单个对象，也可以包含复杂的对象编组。

在修改图形前，可以创建包含一个或多个图形的选择设置。方法如下：

(1)先选择命令或工具，再选择图形。

(2)先选择图形，再选择命令或工具。

(3)用指向选择图形，用夹点修改图形。

当命令提示需要选择对象(例如删除或改变图形性质)时，最常用的是拉矩形窗口，从左到右确定的矩形是W窗口(内部窗口)，而从右到左确定的矩形是C窗口(交叉窗口)，鼠标点击的方向决定了创建窗口的类型。

如图5-1所示，当前建筑立面图中有很多图形，可以选择一部分，可以使用如下选择方式选择。

【选择全部图形】：在当前图中选择所有图形，按【Ctrl＋A】组合键。

【鼠标点选】：在需要选取的对象上，点击鼠标左键。

【删除对象的选定状态】：通过按住【Shift】键并再次点击鼠标左键选择对象，可以从当前选择集中将其删除。

【窗口选择】：在绘图区用鼠标左键点击选择起始点，松开鼠标，从左到右拖动光标，仅选择矩形区域完全包围的对象，最后选择矩形结束对角点，点击鼠标左键。

【窗口套索】：在绘图区用鼠标左键点击选择起始点，按住鼠标左键，从左到右拖动光标，进行套索选择，仅选择套索图形区域完全包围的对象。

【窗交选择】：在绘图区用鼠标左键点击选择起始点，松开鼠标，从右到左拖动光标，以选择矩形窗口包围的对象或与该窗口相交的对象，最后选择矩形结束对角点，点击鼠标左键。

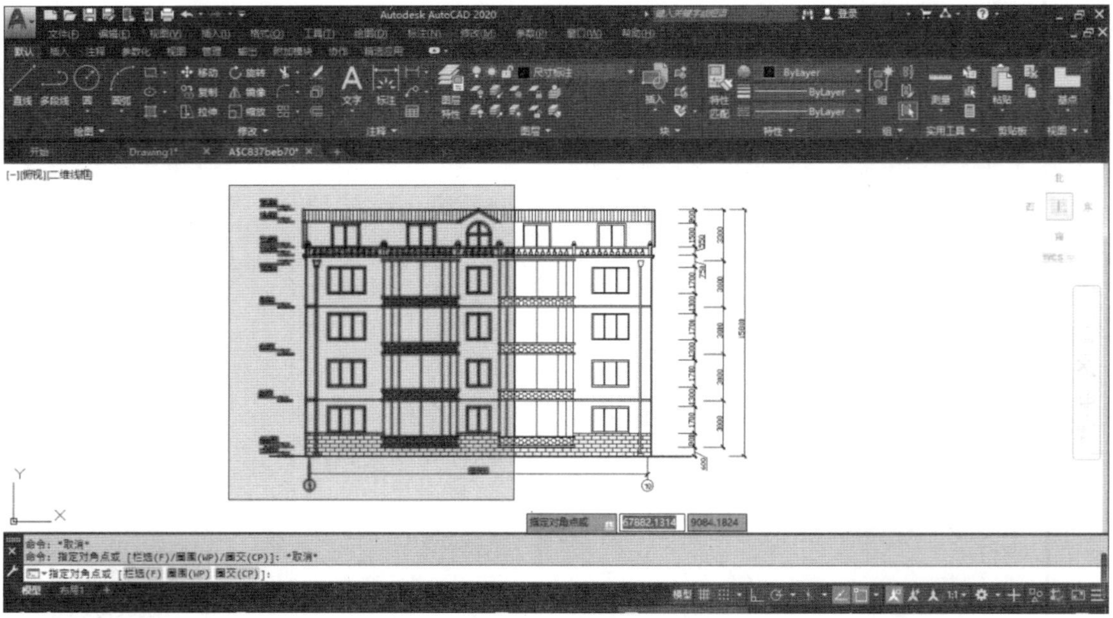

图 5-1　选择室内家具

【窗交套索】:在绘图区用鼠标左键点击选择起始点,按住鼠标左键,从右到左拖动光标,进行套索选择,选择套索图形区域包围的对象或与该套索图形相交的对象。

【栏选】:选择横越一条直线和线段的图形。

【圈围】:选择完全包含在多边形选择框的图形。

【圈交】:选择包含于或相交于多边形选择框的图形。

【取消选择】:按【Esc】键清除选择。

除了上述方法,还可以根据某一特殊性质来选择图形,比如,特定层中或特定颜色的所有图形。

5.2　复制类命令

在 AutoCAD 2020 中,常用复制类编辑命令主要有复制(COPY)、镜像(MIRROR)、偏移复制(PARALLEL 或 OFFSET)和阵列复制(ARRAY)。

复制命令的应用视频

5.2.1　复制对象

(1)命令功能。

下拉菜单:【修改】→【复制】。

工具栏:通过【工具】菜单→【工具栏】→【AutoCAD】→【修改】,调出修改工具栏,选择【复制】。

功能选项卡:【默认】选项卡→【修改】,选择【复制】。

命令行:COPY(CO 或 CP)。

COPY 命令能将多个对象复制到指定位置。

(2)选项说明。

执行 COPY 命令后,AutoCAD 2020 默认复制模式为多个,提示选择复制对象,如果是单个对象,选择复制对象方法可以直接鼠标点选,如果是多个对象,可以采用窗口选择的方法,选择后按回车键,系统会继续提示:【指定基点或[位移(D)模式(O)]】。

基点:基点是复制对象的基准点,基点可以指定在被复制的对象上,也可以不指定在被复制的对象上。

多次(M):可以一次相对于基点多次复制对象。

向量(V):方向向量(X,Y,Z)。

(3)操作实例。

用 COPY 命令复制如图 5-2(a)所示的沙发,操作如下。

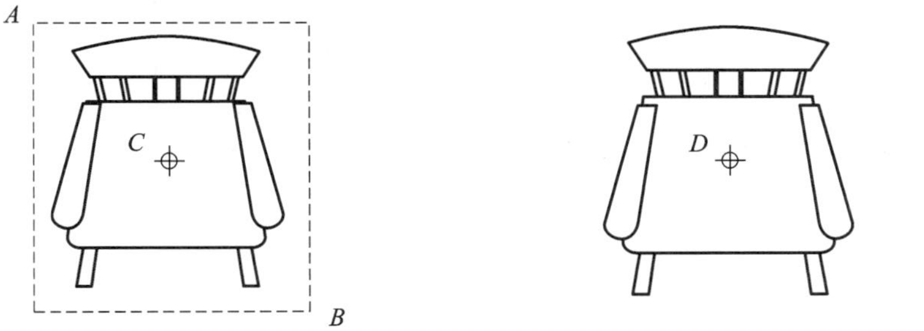

(a)　　(b)

图 5-2　用 COPY 命令复制图形

命令:COPY。

选取复制对象:点选点 A。

另一角点:点选点 B。

选择集中的对象:1。

选取复制对象(回车结束对象选择)。

指定基点或[位移(D)模式(O)]:点选点 C。

指定第二个点或[阵列(A)]＜使用第一个点作为位移＞:点选点 D。

命令:回车结束命令。

(4)提示。

①使用 COPY 命令后,在不取消 COPY 命令的情况下,可以进行多次的复制。

②有规则的多次复制可以在命令行选择【阵列(A)】或者右键快捷菜单选择【阵列(A)】,无规则的直接进行多次复制。

5.2.2　镜像对象

(1)命令功能。

下拉菜单:【修改】→【镜像】。

工具栏:通过【工具】菜单→【工具栏】→【AutoCAD】→【修改】,调出修改工具栏,选择【镜像】。

镜像对象视频

功能选项卡:【默认】选项卡→【修改】,选择【镜像】镜像。

命令行:MIRROR(MI)。

MIRROR 命令用于复制具有对称性或部分具有对称性的图样，将指定的对象按给定的镜像线镜像处理。

(2)选项说明。

执行 MIRROR 命令后，AutoCAD 2020 会提示：【选择镜像对象：】，可采用目标实体选择方式中的任何一种方法操作，当选择好镜像对象后，系统再次提示【选择镜像对象：】时，可敲回车键结束选择镜像对象。

镜像线起点：指定镜像线起点。

镜像线终点：指定镜像线终点。

删除原来的对象？<否(N)>：镜像处理时，是否删除源对象，默认不删除。

(3)操作实例。

用 MIRROR 命令将床头柜镜像到另一边，如图 5-3(b)所示。其操作如下。

命令：MIRROR。

选取镜像对象：点选床头柜。

选择集中的对象：1。

选取镜像对象：回车结束对象选择。

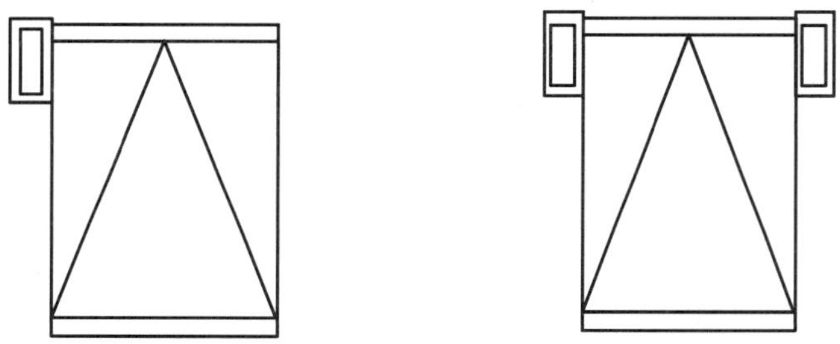

(a)　　　　(b)

图 5-3　用 MIRROR 命令镜像图形

镜像线起点：在床的中心线上取一点。

镜像线终点：在床的中心线上取一点。

删除原来的对象？<否(N)>：键入 N，回车结束命令。

(4)提示。

对某些具有对称线(面)，但不完全对称的图样，也可以用 MIRROR 命令操作，然后稍作编辑。

5.2.3　用 OFFSET 命令偏移复制对象

移动与偏移命令视频

(1)命令功能。

下拉菜单：【修改】→【偏移】。

工具栏：通过【工具】菜单→【工具栏】→【AutoCAD】→【修改】，调出修改工具栏，选择【偏移】。

功能选项卡：【默认】选项卡→【修改】，选择【偏移】。

命令行：OFFSET(O)。

OFFSET 命令将直线、圆、多段线等作同心复制，对于直线而言，其圆心在无穷远，相当于平行移动一定距离进行复制。OFFSET 命令指定一定距离或一个点创建新对象，在 AutoCAD 2020 中，OFFSET 命令可操作的对象有直线、圆、圆弧、二维多段线、椭圆、椭圆弧、射线和构造线等。

(2)选项说明。

执行 OFFSET 命令后，系统提示：【指定偏移距离或[通过(T)/删除(E)/图层(L)]】，输入距离后按回车键，提示：【选择要偏移的对象，或[退出(E)/放弃(U)]】，选择对象后，提示：【指定要偏移的那一侧上的点，或[退出(E)/多个(M)/放弃(U)]】，指定偏移方向的点。在命令没有取消的情况下，可以连续进行偏移。

执行 OFFSET 命令后，系统提示：【指定偏移距离或[通过(T)/删除(E)/图层(L)]】，选择【通过(T)】，按回车键后提示：【指定通过点或[退出(E)/多个(M)/放弃(U)]】，选择偏移通过的点，进行了经过点偏移复制。

(3)操作实例。

用 OFFSET 命令平移曲线 *A*[图 5-4(a)]和曲线 *B*[图 5-4(b)]。操作如下。

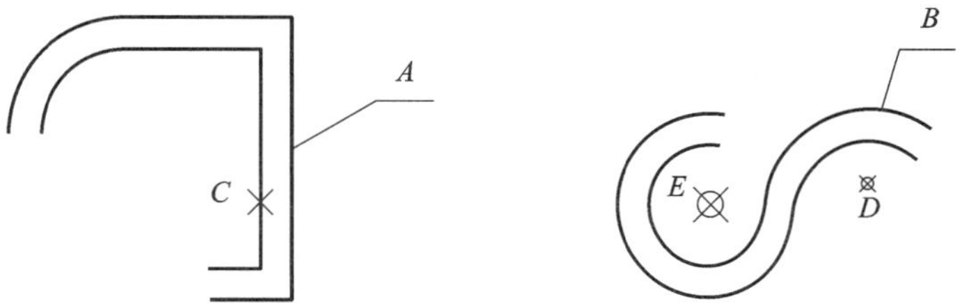

图 5-4　用 OFFSET 命令平移曲线

命令：OFFSET。

偏移：选择【通过(T)】。

选择对象：点选点 *A*，如图 5-4(a)所示。

经由点：点选点 *C*。

选择对象：

命令：OFFSET。

偏移：(回车)。

偏移：输入 50 后回车。

选择对象：点选点 *B*，如图 5-4(b)所示。

指定要偏移的那一侧上的点，或[退出(E)/多个(M)/放弃(U)]：点选 *D*。

选择对象：回车结束命令。

(4)提示。

①弯曲实体的偏移出现更大或更小的曲线，这取决于复制体在原实体的哪一边。比如，在圆外复制一个平行实体出现更大的同心圆，在圆内复制一平行实体出现更小的同心圆。

②偏移多段线时，AutoCAD 2020 将偏移选定的形体控制点，如果将某个顶点偏移到样条曲线或多段线的一个锐角内时，则可能出现意想不到的后果。如图 5-4(b)所示，将偏移点指定在 E 处，所得结果出人所料。

③在【ET 扩展工具】→【编辑工具】中有一个【增强偏移 EXOFFSET】命令，这个命令即执行 OFFSET时，再附加一些选项操作，执行起来和用 OFFSET 相差无几。

5.2.4 用 ARRAY 命令阵列复制对象

(1)命令功能。

下拉菜单:【修改】→【阵列】。

工具栏:通过【工具】菜单→【工具栏】→【AutoCAD】→【修改】,调出修改工具栏,选择【矩形阵列】,图标右下角的三角符号可以用来切换成【路径阵列】和【环形阵列】。

功能选项卡:【默认】选项卡→【修改】,选择【矩形阵列】,展开右边的下拉按钮,可以切换成【路径阵列】和【环形阵列】。

命令行:ARRAY(AR)。

ARRAY 命令可按矩形或环形方式多重复制指定的对象。

(2)选项说明。

环形阵列视频

执行 ARRAY 命令后,提示选择对象,按回车键,系统提示:【输入阵列类型[矩形(R)/路径(PA)/极轴(PO)]】。

阵列样式:R 为矩形阵列,PA 为路径阵列,PO 为环形阵列。默认为矩形阵列(R)。

矩形阵列(R):按行和列方式来复制对象。

路径阵列(PA):沿着路径复制对象。

环形阵列(PO):围绕一个中心点作等角距来复制对象。

①矩形阵列(R)。

执行 ARRAY 命令后,选择【矩形(R)】,或者直接选择矩形阵列。在选项卡上显示如图 5-5 所示的【矩形阵列创建】参数设置面板。

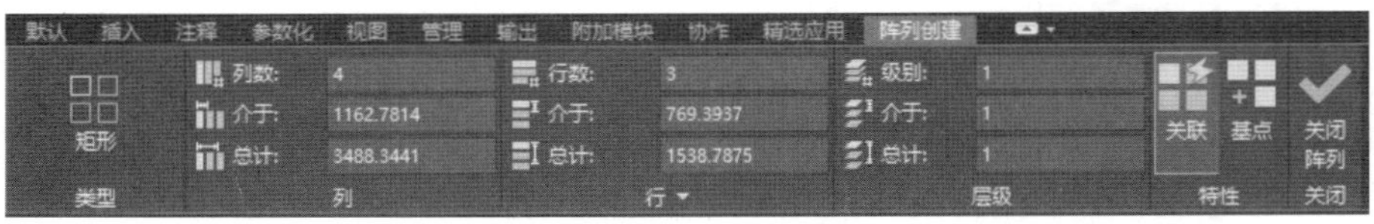

图 5-5 【矩形阵列创建】参数设置面板

在【列数】和【行数】上,可以设置阵列的行和列,在列的【介于】和行的【介于】上,可以设置列间距和行间距。列的【介于】和行的【介于】可以设置成正、负值,如果为正值,则分别表示往阵列的右边和上方复制,否则相反。

矩形阵列生成后,选中阵列在左下角出现的阵列,移动基点可以对矩形阵列进行移动,选择参数设置面板的基点,可以更改基点的位置。

②路径阵列(PA)。

执行 ARRAY 命令后,选择【路径(PA)】,或者直接选择路径阵列,系统提示选择对象,按回车键,系统提示选择路径,按回车键,在选项卡上显示如图 5-6 所示的【路径阵列创建】参数设置面板。

【项目数】根据曲线路径自动生成,【行数】默认生成为 1,可以设置多行,项目数中的【介于】用来调节项目的间距,行数的【介于】用来调节每行的

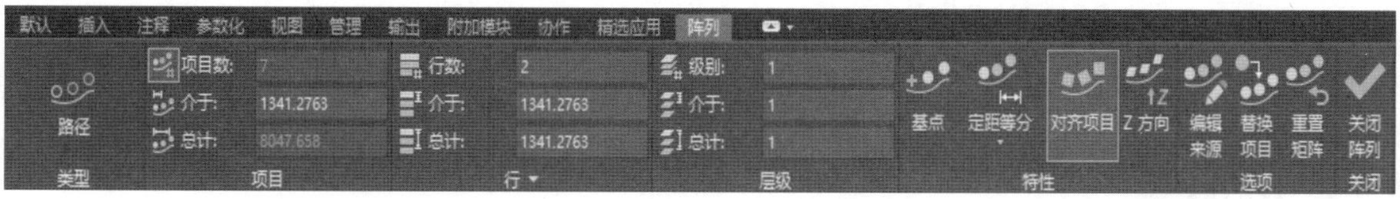

图 5-6 【路径阵列创建】参数设置面板

间距。【基点】用来更改基点位置。【定距等分】用于设置距离等分。【定数等分】根据生成的项目数进行等分。【对齐项目】将生成的阵列，对齐于路径曲线。

③环形阵列。

执行 ARRAY 命令后，选择【极轴(PO)】，或者直接选择环形阵列，系统提示选择对象，按回车键，系统提示选择【指定阵列的中心点或［基点(B)/旋转轴(A)］:】，选择后，按回车键，在选项卡上显示如图 5-7 所示的【极轴(环形)阵列创建】参数设置面板。

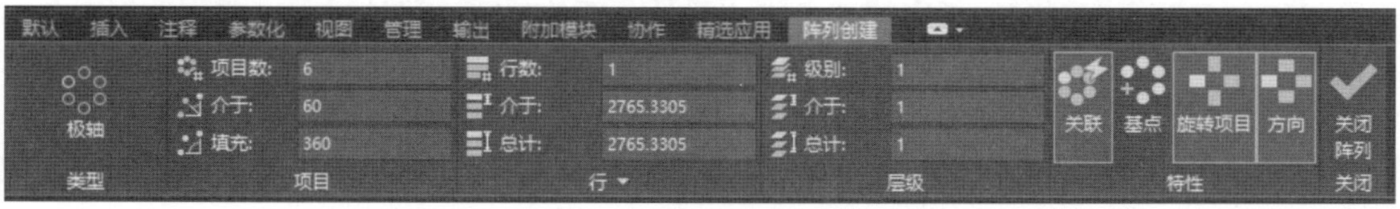

图 5-7 【极轴(环形)阵列创建】参数设置面板

通过设置【项目数】和项目数【介于】(角度)调整环形阵列。通过设置【行数】和行数的【介于】增加环形阵列的行。【基点】用于修改基点的位置。【旋转项目】设置是否旋转。【方向】设置旋转的顺时针和逆时针方向。

(3)操作实例。

将沙发用 ARRAY 命令进行阵列复制，如图 5-8 所示。其操作如下：

命令：ARRAY，选择【极轴(PO)】，选中沙发，按回车键，选择中心点 O。默认生成【项目数】为 6，【介于】为 60°，【填充】为 360°的环形矩阵。

在如图 5-7 所示的【极轴(环形)阵列创建】参数设置面板中，通过设置【项目数】调整环形阵列的个数，及【介于】(角度)。

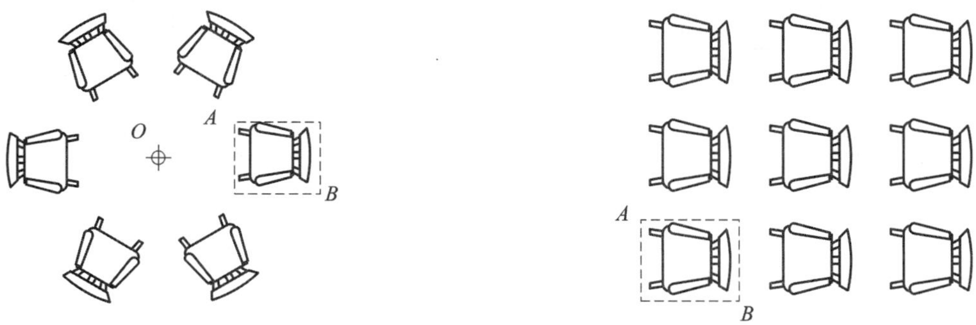

(a) (b)

图 5-8 用 ARRAY 命令进行阵列复制

命令：ARRAY，选择【矩形(R)】，选中沙发，按回车键，默认生成 3 行 4 列的矩形阵列。

在如图 5-5 所示的【矩形阵列创建】参数设置面板中，通过设置【列数】为 3，【行数】为 3，将列的【介于】设置为 60，行的【介于】设置为 50，调整的矩形阵列效果如图 5-8(b)所示。

5.3 改变位置类命令

5.3.1 移动对象

(1)命令功能。

下拉菜单:【修改】→【移动】。

工具栏:通过【工具】菜单→【工具栏】→【AutoCAD】→【修改】,调出修改工具栏,选择【移动】。

功能选项卡:【默认】选项卡→【修改】,选择【移动】。

命令行:MOVE(M)。

MOVE 命令用于将对象以指定的基点移动到另一新的位置。移动过程中并不改变对象的尺寸和方位。

(2)选项说明。

执行 MOVE 命令后,命令行提示:【选择对象】,选择对象后,按回车键,命令行继续提示:【指定基点或[位移(D)]＜位移＞:】,选择基点后,命令行继续提示:【指定第二个点或 ＜使用第一个点作为位移＞:】。选择第二个点,或者输入位移距离后,完成移动命令。

基点:基点是移动对象的基准点,基点可以指定在被移动的对象上,也可以不指定在被移动的对象上。

(3)操作实例。

用 MOVE 命令将图 5-9(a)中床-床头柜以墙角 *A* 为基准后移 0.5m,如图 5-9 (b)所示。其操作如下。

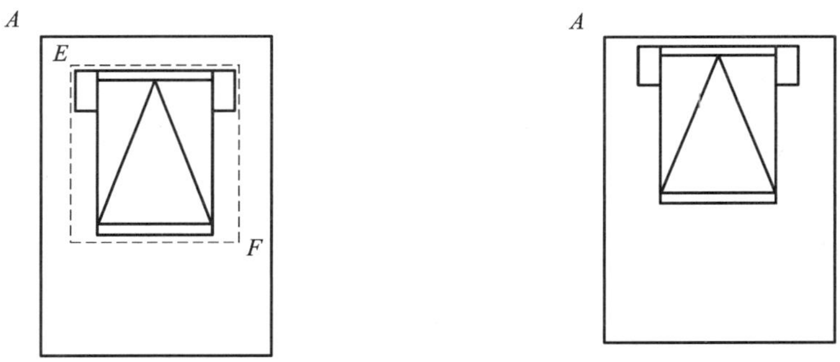

(a) (b)

图 5-9 用 MOVE 命令进行移动

命令:MOVE。

选取移动对象 *EF* 区域中的床-床头柜,鼠标点击选择,回车结束对象选择。

指定基点或 [位移(D)] ＜位移＞:捕捉点 *A*。

指定第二个点或 ＜使用第一个点作为位移＞:0.5。

命令:回车结束命令。

(4)提示。

①用户可借助目标捕捉功能来确定移动的位置。

②夹点功能也能实现对形体的移动。

③移动对象时最好将【极轴】打开，可以清楚看到移动的距离及方位。

旋转对象视频

5.3.2 用 ROTATE 命令旋转对象

(1)命令功能。

下拉菜单：【修改】→【旋转】。

工具栏：通过【工具】菜单→【工具栏】→【AutoCAD】→【修改】，调出修改工具栏，选择【旋转】。

功能选项卡：【默认】选项卡→【修改】，选择【旋转】旋转。

命令行：ROTATE(RO)。

ROTATE 命令用于将所选对象绕指定的基点旋转指定的角度。

(2)选项说明。

执行 ROTATE 命令后，命令行提示：【选择对象】，鼠标点击选择对象，按回车键，然后继续提示：【指定基点：】，选择基点后，接着继续提示：【指定旋转角度：】。

基点：旋转的基点。

旋转角度：对象相对于基点的旋转角度，其有正负之分。当键入正角度时，对象将沿逆时针旋转；反之则沿顺时针方向旋转。

基准角度：系统指定当前参考角度。

(3)操作实例。

用 ROTATE 命令将图 5-10(a)中床-床头柜以点 *C* 为旋转基点，旋转 −90°，如图 5-10(b)所示。其操作如下。

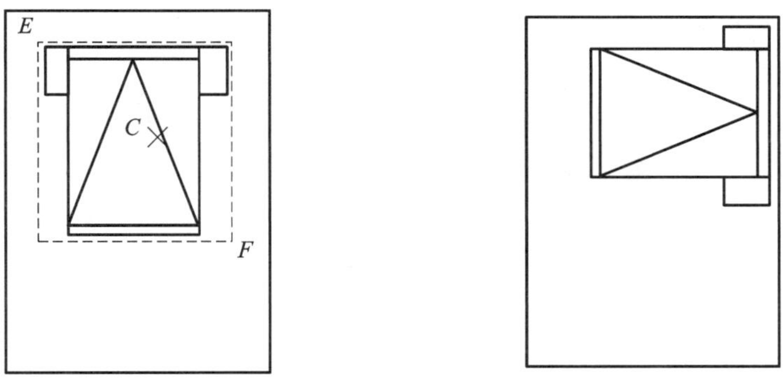

(a)　　　　(b)

图 5-10 用 ROTATE 命令进行旋转

命令：ROTATE。

选择对象：鼠标点击选择 *EF* 区域中的床-床头柜，回车结束对象选择。

指定基点：点选点 *C*。

指定旋转角度：−90°

命令：回车结束命令。

(4)提示。

旋转基点的选择与图样的具体情况有关，但是指定基点最好采用目标捕捉方式。

5.4　改变几何特性类命令

5.4.1　用 TRIM 命令修剪对象

(1)命令功能。

下拉菜单:【修改】→【修剪】。

工具栏:通过【工具】菜单→【工具栏】→【AutoCAD】→【修改】,调出修改工具栏,选择【修剪】。

功能选项卡:【默认】选项卡→【修改】,选择【修剪】。

命令行:TRIM(TR)。

TRIM 命令利用边界修剪指定对象。可以被 TRIM 命令修剪的对象有直线、圆、圆弧、非封闭的 2D 或 3D 多段线、射线、样条曲线、面域、尺寸、文本等;修剪边界可以使用于除图块、网格、三维面、文本、轨迹线以外的任何对象。

(2)选项说明。

执行 TRIM 命令后,系统提示:【选择对象或 ＜全部选择＞】,选择对象后,按回车键,系统提示:【栏选(F)/窗交(C)/投影(P)/边(E)/删除(R)】。

【边(E)】:该选项用来确定修剪边的方式。键入 E,系统提示:【延伸(E)/不延伸(N)＜不延伸(N)＞:】,分别说明如下。

【延伸(E)】:该选项确定用隐含的延伸边界来修剪对象,而实际上边界和修剪对象并没有真正相交。AutoCAD 2020 会假想将修剪边延长,然后进行修剪。

【不延伸(N)】:该选项确定边界不延伸,而只有边界与修剪对象真正相交后才能完成修剪操作。

【栏选(F)】:该选项以围栏选择实体方式选取对象修剪。

【窗交(C)】:该选项以窗交选择实体方式选取对象修剪。

【投影(P)】:确定命令执行的投影空间。键入 P,执行该选项后,系统提示:【投影(P):无(N)/UCS(U)/视图(V)＜UCS＞:】,其各部分分别说明如下。

【无(N)】:表示按三维空间(非投影)方式修剪。该选项仅对在三维空间中相交的对象有效。

【UCS(U)】:在当前用户坐标系(U)的 *XY* 平面上修剪对象。在 *XY* 平面上可修剪在三维空间中没有相交的对象。

【视图(V)】:在当前视图投影方向所在的平面上修剪。

【删除(R)】:取消由 TRIM 命令最近所完成的操作。

(3)操作实例。

用 TRIM 命令将图 5-11(a)所示的矩形内的直线剪掉,结果如图 5-11(b)所示。其操作如下。

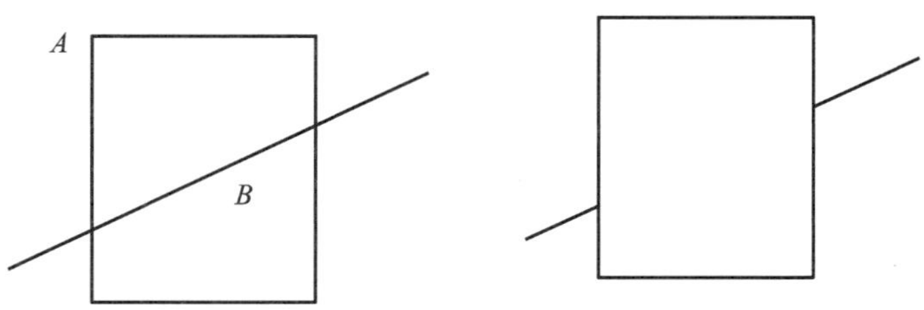

(a)　　(b)

图 5-11　用 TRIM 命令将矩形内直线部分剪掉

命令：TRIM。

选择对象或＜全部选择＞：点选矩形框 A。

选择 A 后，回车。

栏选(F)/窗交(C)/投影(P)/边(E)/删除(R)：点选直线 B。

回车结束命令。

(4)提示。

①TRIM 命令的一个对象既可以作为修剪边界，又可以作为修剪对象。

②有一定宽度的多段线被修剪时，修剪的交点按其中心线计算，且保留宽度信息；宽多段线的终点仍然是方的，切口边界与多段线的中心线垂直。

5.4.2　用 EXTEND 命令延伸对象

(1)命令功能。

下拉菜单：【修改】→【延伸】。

工具栏：通过【工具】菜单→【工具栏】→【AutoCAD】→【修改】，调出修改工具栏，选择【延伸】。

功能选项卡：【默认】选项卡→【修改】，通过切换剪切选择【延伸】。

命令行：EXTEND(EX)。

EXTEND 命令用于将指定的对象延伸到指定的边界上。通常能用 EXTEND 命令延伸的对象有圆弧、椭圆弧、直线、非封闭的 2D 和 3D 多段线、射线等。如果以一定宽度的 2D 多段线作为延伸边界，AutoCAD 2020 会忽略其宽度，直接将延伸对象延伸到多段线的中心线上。

(2)选项说明。

执行 EXTEND 命令后，系统提示：【选择对象或＜全部选择＞】，选取对象后，按回车键，系统继续提示：【栏选(F)/窗交(C)/投影(P)/边(E)】。

【边(E)】：该选项用来确定修剪边的方式。键入 E，系统提示：【延伸(E)/不延伸(N)＜不延伸(N)＞：】，其各部分分别说明如下。

【延伸(E)】：该选项确定用隐含的延伸边界来修剪对象，而实际上边界和修剪对象并没有真正相交。AutoCAD 2020 会假想将修剪边延长，使延伸边延长到与对象相交的位置。

【不延伸(N)】：该选项确定边界不延伸，而只有边界与延伸对象真正相交后才能延伸操作对象。

【栏选(F)】：该选项以围栏选择实体方式选取延伸对象。

【窗交(C)】：该选项以窗交选择实体方式选取延伸对象。

【投影(P)】：确定命令执行的投影空间。键入 P，执行该选项后，系统提示：【投影(P)：无(N)/UCS(U)/视图(V)＜UCS＞：】，其各部分分别说明如下。

【无(N)】：表示按三维空间(非投影)方式延伸。该选项仅对在三维空间中相交的对象有效。

【UCS(U)】：在当前用户坐标系(U)的 XY 平面上延伸对象。在 XY 平面上可延伸在三维空间中没有相交的对象。

【视图(V)】：在当前视图投影方向所在的平面上延伸。

执行延伸后，系统会有撤销提示：

【ESC】键：取消由 EXTEND 命令最近所完成的操作。

(3)操作实例。

用 EXTEND 命令分别延伸如图 5-12(a)所示的四条直线与圆 C 相交，结果如图 5-12(b)所示。

其操作如下。

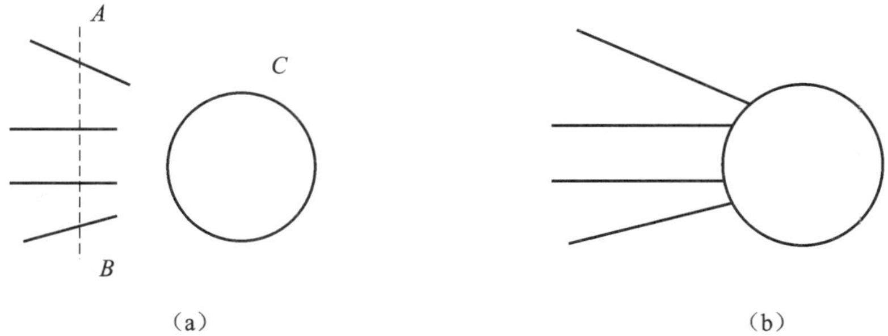

图 5-12　用 EXTEND 命令分别延伸图

命令:EXTEND。

选择对象或<全部选择>:点选圆 *C*。

选择圆 *C* 后,回车。

栏选(F)/窗交(C)/投影(P)/边(E):F。

指定第一个栏选点或拾取/拖动光标:点选点 *A*。

指定下一个栏选点或[放弃(U)]:点选点 *B*。

指定下一个栏选点或[放弃(U)]:回车,结束选择。

栏选(F)/窗交(C)/投影(P)/边(E)/放弃(U):回车,结束命令。

(4)提示。

①EXTEND 命令可延伸一个相关的尺寸标注,当延伸操作完成后,其尺寸值也会自动修正。

②射线可以朝一个方向延伸,而构造线不能用 EXTEND 命令操作。

③选择延伸对象时,应从拾取框靠近延伸对象边界的那一端来选择延伸对象。

5.4.3　用 BREAK 命令打断对象

打断与连接命令视频

(1)命令功能。

下拉菜单:【修改】→【打断】。

工具栏:通过【工具】菜单→【工具栏】→【AutoCAD】→【修改】,调出修改工具栏,选择【打断】。

功能选项卡:【默认】选项卡→【修改】,通过切换剪切选择【打断】。

命令行:BREAK(BR)。

BREAK 命令用于将对象从某一点处断开或删除对象的某一部分。该命令可对直线、圆弧、圆、多段线、椭圆、射线,以及样条曲线等进行断开和删除某一部分的操作。

(2)选项说明。

执行 BREAK 命令后,AutoCAD 2020 会提示选择对象,可以用点选的方式选择操作对象,系统接着提示:【指定第二个打断点或[第一点(F)]】,键入 F,拾取第一切断点,系统接着提示:【指定第二个打断点】,拾取第二切断点。

(3)操作实例。

用 BREAK 命令删除图 5-13(a)所示的 *AE* 段,结果如图 5-13(b)所示。

（a）　　　　　　　　　（b）

图 5-13　用 BREAK 命令删除图形

其操作如下。

命令：BREAK。

选取切断对象：点选直线 AB，如图 5-13(a)所示。

指定第二个打断点或[第一点(F)]：F。

指定第一个打断点：捕捉 A 点。

指定第二个打断点：捕捉 B 点。

(4)提示。

①可以将实体断开为两部分，可以断开弧、圆、椭圆、线段、多段线、射线和直线。当使用该工具时必须两点断开。缺省情况下选择实体的点即为第一断开点；否则，可使用第一点选项选择第一断开点。

②将实体断开为两部分且不清除实体的一部分，确定第一切断点后，系统提示：【指定第二个打断点】，此时点击符号@来响应，而不是确定第二断开点。

5.4.4　用 CHAMFER 命令创建倒角

创建倒角视频

(1)命令功能。

下拉菜单：【修改】→【倒角】。

工具栏：通过【工具】菜单→【工具栏】→【AutoCAD】→【修改】，调出修改工具栏，选择【倒角】。

功能选项卡：【默认】选项卡→【修改】，通过切换剪切选择【倒角】。

命令行：CHAMFER。

通过延伸或修剪的方法，CHAMFER 命令用一条斜线连接两个非平行的对象。可用于倒角的对象有直线、多段线、构造线和射线等。此外，CHAMFER 命令还可以对三维实体进行倒角处理。

(2)选项说明。

执行 CHAMFER 命令后，系统提示：【选择第一条直线或［放弃(U)/多段线(P)/距离(D)/角度(A)/修剪(T)/方式(E)/多个(M)］】。

①选择对象后，回车，系统提示【距离(D)/角度(A)】，选择【距离(D)】，该模式为设置【距离-距离】模式，输入第一个距离，回车，输入第二个距离，回车，选择第二个对象。或者直接选择【距离(D)】，该模式为设置【距离-距离】模式，输入第一个距离，回车，输入第二个距离，回车，选择第一个对象，选择第二个对象。

②选择对象后，回车，系统提示【距离(D)/角度(A)】，选择【角度(A)】，该模式为设置【距离-角度】模式，输入第一个距离，回车，输入角度，回车，选

择第二个对象。或者直接选择【角度(A)】,该模式为设置【距离-角度】模式,输入第一个距离,回车,输入角度,回车,选择第一个对象,选择第二个对象。

多段线(P):对整个多段线进行倒角。键入 P,执行该选项后,系统将对多段线每个顶点处的相交直线段作倒角处理。对封闭的多段线倒角,如图 5-14 所示。

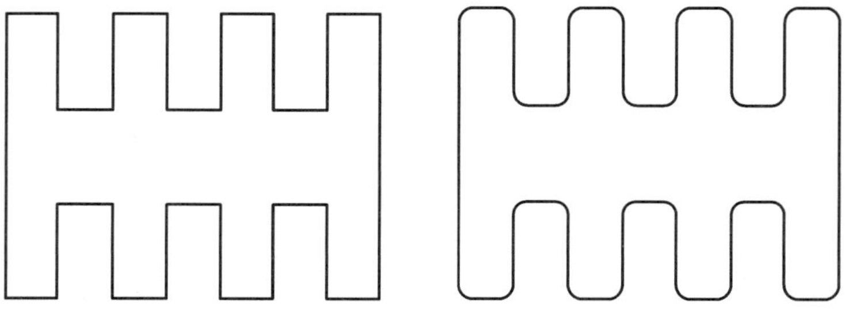

(a)　　(b)

图 5-14　对封闭的多段线倒角

(a)目标捕捉封闭多段线;(b)封闭多段线倒角后

(3)操作实例。

用 CHAMFER 命令将图 5-15(a)所示的用多段线绘制的四边形倒角,结果如图 5-15(b)所示。其操作如下。

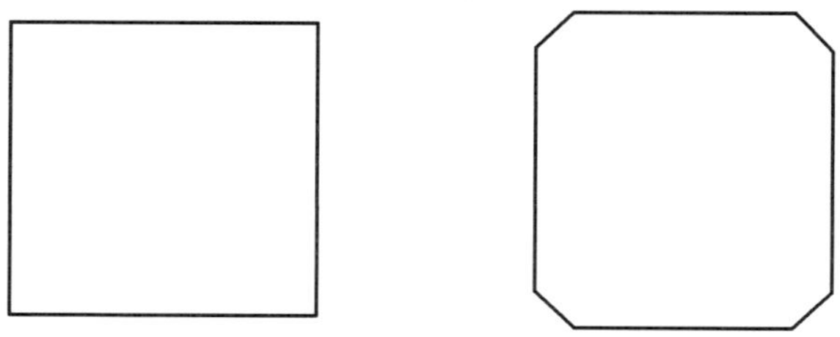

(a)　　(b)

图 5-15　用 CHAMFER 命令倒角

命令:CHAMFER。

选择第一条直线或[放弃(U)/多段线(P)/距离(D)/角度(A)/修剪(T)/方式(E)/多个(M)]:P。

距离(D)/角度(A):D。

第一个倒角距离:10。

第二个倒角距离:10。

选择矩形对象,倒角结果如图 5-15(b)所示。

(4)提示。

①如果实体在同一层,倒角在该层中进行。如果实体在不同的层,倒角将在当前层进行。倒角的颜色、线型和线宽都随图层而变化。

②当倒角一条多段线时,可以采用选取对象的方式在多段线两分段间倒角多个分段,或者采用多线段(P)方式倒角整个多段线。

③当绘图极限打开时,如果在绘图边界内两倒角对象没有交点,AutoCAD 2020 会拒绝倒角操作。

④倒角具有关联性的剖面线区域的边界时,如果是由 LINE 形成的边界,则倒角后,剖面线的关联性撤销;如果是多段线形成的边界,则倒角后,保留剖面线的关联性。

5.4.5　用 FILLET 命令创建圆角

创建圆角视频

(1)命令功能。

下拉菜单:【修改】→【圆角】。

工具栏:通过【工具】菜单→【工具栏】→【AutoCAD】→【修改】,调出修改工具栏,选择【圆角】。

功能选项卡:【默认】选项卡→【修改】,通过切换剪切选择【圆角】。

命令行:FILLET(F)。

FILLET 命令用一段指定半径的圆弧光滑地连接两个对象。它可以处理的对象有直线、多段线(非圆弧)、样条曲线、构造线、射线等,但是圆、椭圆等不能倒圆角。同 CHAMFER 一样,FILLET命令也能对三维实体进行操作。

(2)选项说明。

半径(R):键入 R,设置圆角半径。

多段线(P):对整个多段线进行倒圆。键入 P,执行该选项后,系统将对多段线每个顶点处的相交直线段做倒圆处理。

(3)操作实例。

用 FILLET 命令将图 5-16(a)所示的用多段线绘制的四边形倒圆角,结果如图 5-16(b)所示。其操作如下。

命令:FILLET 。

圆角(F)(半径=10):设置(S)/多段线(P)/<选取第一个对象>:P。

选取倒圆角的四边形。

显示倒圆角的结果,如图 5-16(b)所示。

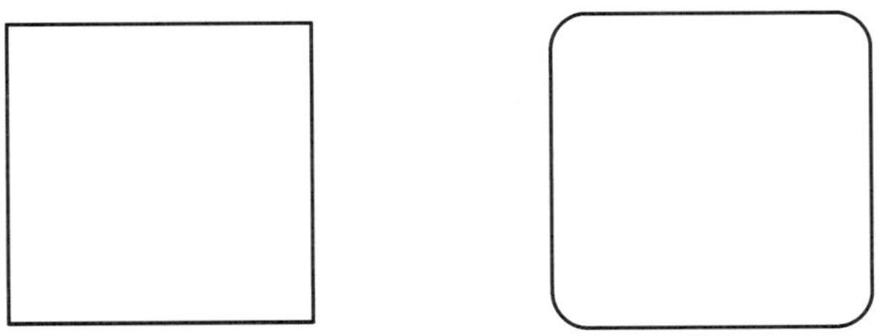

(a)　(b)

图 5-16　用多段线绘制的四边形倒圆角

(4)提示。

①平行的直线、构造线或射线可以倒圆角,因为两条平行直线唯一确定一个平面,倒圆就在这个平面上进行。倒圆的第一边必须是直线或射线,第二边可以是直线、构造线或射线等。若倒圆的半径等于两平行线之间的距离,当前的设置将不起作用,也不会改变。

②如果两倒圆对象在同一图层中,则倒圆也在同一图层上;否则,倒圆将在当前图层上,倒圆的颜色、线型和线宽都随图层而变化。

③倒圆具有关联性的剖面线区域的边界时,如果是由 LINE 形成的边界,则倒圆后,剖面线的关联性撤销;如果是多段线形成的边界,则倒圆后,保留剖面线的关联性。

④当圆角半径设为 0 时,FILLET 命令延伸两条直线使之相交,但是不产生倒圆。

⑤当倒圆一条多段线时,可以采用选取对象的方式在多段线两分段间倒圆多个分段,或者采用多线段(P)方式倒圆整个多段线。

比例缩放对象视频

5.4.6 用 SCALE 命令比例缩放对象

(1)命令功能。

下拉菜单:【修改】→【缩放】。

工具栏:通过【工具】菜单→【工具栏】→【AutoCAD】→【修改】,调出修改工具栏,选择【缩放】。

功能选项卡:【默认】选项卡→【修改】,通过切换剪切选择【缩放】。

命令行:SCALE(SC)。

SCALE 命令用于将对象按指定的比例因子相对于指定的基点放大或缩小。

(2)选项说明。

执行 SCALE 命令后,系统提示【选择对象】,选择后,回车,继续提示【指定基点】,指定基点后,接着提示【比例因子或[复制(C)/参照(R)]】。

【比例因子】:直接键入比例因子大小。

(3)操作实例。

用 SCALE 命令将汽车图样[如图 5-17(a)所示]缩小一半,如图 5-17(b)所示。其操作如下。

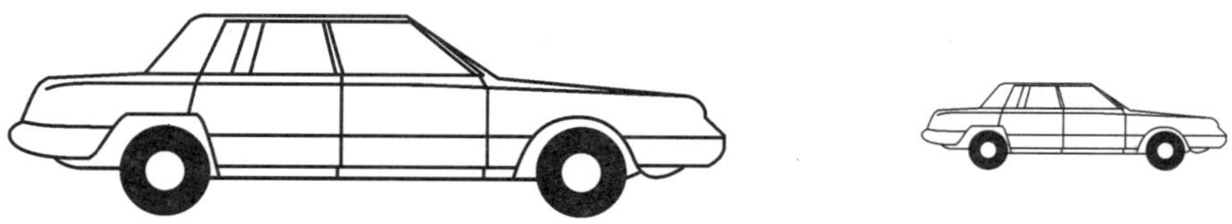

(a) (b)

图 5-17 用 SCALE 命令缩小图形

命令:SCALE。

选择比例对象。

回车。

基点:在图 5-17(a)所示的汽车后轮上拾取一点。

比例因子或[复制(C)/参照(R)]:0.5。

(4)提示。

①当 SCALE 大于 1 时,放大对象;当 SCALE 大于 0 小于 1 时,缩小对象。

②选择基点最好指定在对象的几何中心或对象的特殊点上,可用目标捕捉的方式来指定。

③SCALE 命令与夹点功能都可以对对象进行缩放操作。

④SCALE 命令与 ZOOM 命令有区别,前者可改变实体的尺寸大小,后者只是缩放显示实体,并不改变实体的尺寸值。

5.4.7　用 STRETCH 命令拉伸对象

拉伸对象视频

(1)命令功能。

下拉菜单:【修改】→【拉伸】。

工具栏:通过【工具】菜单→【工具栏】→【AutoCAD】→【修改】,调出修改工具栏,选择【拉伸】。

功能选项卡:【默认】选项卡→【修改】,通过切换剪切选择【拉伸】。

命令行:STRETCH(S)。

STRETCH 命令可将图样拉伸或压缩一定的值。该命令用交叉窗口方式选择操作对象,与窗口相交的对象可拉伸或压缩,而窗口内的对象将被移动,如图 5-18 所示。

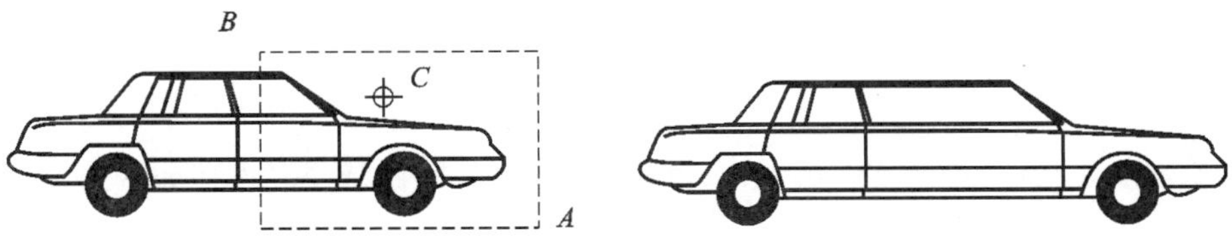

(a)　　　　(b)

图 5-18　用 STRETCH 命令将汽车水平拉长成加长汽车

(2)选项说明。

执行 STRETCH 命令后,AutoCAD 2020 命令行提示:【提示用相交窗口或相交多边形选择对象】,然后继续提示:【位移基点:】,指定位移基点,系统接着提示:【位移第二点】,指定位移第二点,则由基点与第二点决定拉伸距离。

(3)操作实例。

用 STRETCH 命令将汽车水平拉长成加长汽车,如图 5-19(b)所示。其操作如下。

命令:STRETCH。

用相交窗口或相交多边形选择对象:点取点 *A*。

另一角点:点取点 *B*。

用相交窗口或相交多边形选择对象:回车结束对象选择。

位移基点:点取点 *C*。

位移第二点:@30,0。

(4)提示。

①STRETCH 命令能拉伸或压缩线段、弧、多段线等对象,但是不能拉伸或压缩圆、文本、图块和属性定义等,只能将其移动。

②选择拉伸对象时应注意,当选择对象在窗选框内时,对象被移动;当有部分在框内时,则被拉伸或压缩。

5.4.8　用 LENGTHEN 命令修改长度

修改长度视频

(1)命令功能。

下拉菜单:【修改】→【拉长】。

功能选项卡:【默认】选项卡→【修改】,通过切换剪切选择【拉长】。

命令行:LENGTHEN(LEN)。

LENGTHEN 命令用于改变直线、圆弧的长度。

(2)选项说明。

执行 LENGTHEN 命令后,AutoCAD 2020 提示:【增量(DE)/百分比(P)/总计(T)/动态(DY)】,各选项分别介绍如下。

【动态(DY)】:动态地拖拉改变直线或圆弧的长度。键入 DY 后,按系统提示选取变化对象,系统接着提示指定线上的新终点。

【增量(DE)】:通过键入增量来延长或缩短对象。键入 DE,系统提示【输入长度增量或[角度(A)]】,确定增量长度或从端点算起的角度值。

【百分比(P)】:以总长的百分比的方式来改变直线或圆弧的长度。

【总计(T)】:通过键入直线或圆弧的新长度来改变对象的长度。键入 T,执行该选项后,系统会提示:【指定总长度或[角度(A)]】,确定新长度或圆心角值。

(3)操作实例。

用 LENGTHEN 改变图 5-19(a)中的圆弧的长度,结果如图 5-19(b)所示。其操作如下。

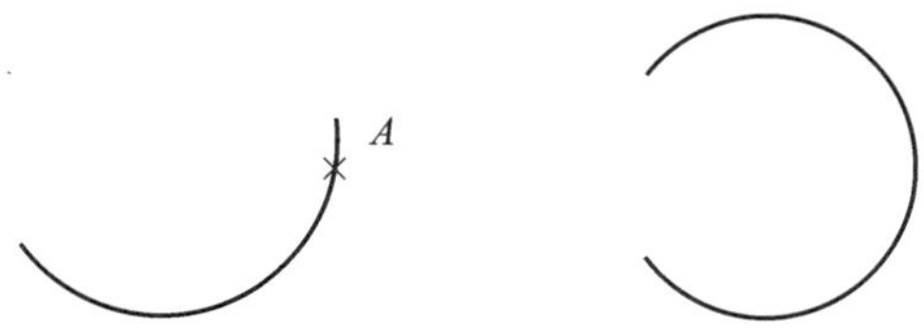

(a) (b)

图 5-19 用 LENGTHEN 命令改变圆弧的长度

命令:LENGTHEN。

增量(DE)/百分比(P)/总计(T)/动态(DY):DE。

输入长度增量或[角度(A)]<0.0000>:300。

选择要修改的对象或[放弃(U)]:点选 A 旁的一段。

选择要修改的对象或[放弃(U)]:可以继续选择,直到回车结束命令。

(4)提示。

①LENGTHEN 命令总是使对象在离拾取点近端改变长度。

②通过增量(DE)方式改变长度时,键入正值,拉长对象;键入负值,缩短对象。

③通过百分比(P)方式改变长度时,百分比如果小于 100%,则缩短对象;大于 100%,则拉长对象。

5.4.9 用 EXPLODE 命令分解对象

(1)命令功能。

下拉菜单:【修改】→【分解】。

工具栏:通过【工具】菜单→【工具栏】→【AutoCAD】→【修改】,调出修改工具栏,选择【分解】。

功能选项卡:【默认】选项卡→【修改】,通过切换剪切选择【分解】。

命令行:EXPLODE(X)。

EXPLODE 命令用于将复合对象分解为若干个基本的组成对象。它能够分解的对象有图块、三维线框或实体、尺寸、剖面线、多段线和面域等。

执行 EXPLODE 命令后,AutoCAD 2020 命令行提示选择操作对象,用目标选择方式中的任意一种方法选择操作对象,然后回车即可。

(2)操作实例。

用 EXPLODE 命令分解图 5-20(a)中的多段线,结果如图 5-20(b)所示。其操作如下。

(a)　　　(b)

图 5-20　用 EXPLODE 命令分解图形

命令:EXPLODE。

选择分解对象:点选图 5-20(a)中的多段线。

选择分解对象(回车结束命令)。

(3)提示。

①在 X、Y 和 Z 方向具有相同或不同比例的图块都能被 EXPLODE 命令分解。

②EXPLODE 命令分解带属性的图块后,该属性值消失,并还原为属性定义标签。

本章小结

(1)学习二维绘图的基本命令。

(2)学习复制、移动、旋转等修改工具栏的命令的使用。

(3)学习综合应用以上命令的绘图技巧。

习题与思考题

5-1　选择题

(1)如图 5-21 所示,使用夹点菜单通过中间被选择的小圆创建一系列的同心圆,应该如何实现?　(　　)

A. 首先选择对象出现夹点,单击选择圆心点夹点,单击鼠标右键,选择"复制",创建同心圆

B. 首先选择对象出现夹点,单击选择象限点夹点,单击鼠标右键,选择"缩放",创建同心圆

C. 首先选择对象出现夹点,单击选择象限点夹点,单击鼠标右键,选择"复制",创建同心圆

D. 首先选择对象出现夹点,单击选择圆心点夹点,单击鼠标右键,选择"缩放",创建同心圆

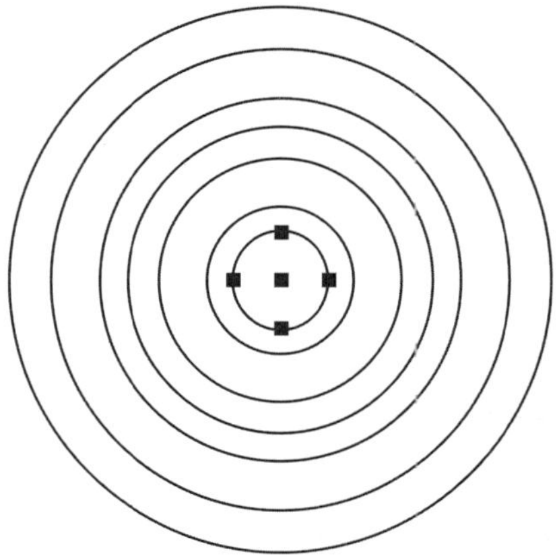

图 5-21　同心圆

(2)使用 STRETCH 拉伸功能拉伸对象时,说法错误的是　（　）

A. 拉伸交叉窗口中部分包围的对象

B. 拉伸单独选定的对象

C. 移动完全包含在交叉窗口的对象

D. 以上说法均不对

(3)使用 SCALE 命令缩放图形时,提示输入比例,输入 R,然后指定缩放的参照长度 1、2,则缩放后的比例值为　（　）

A. 2　B. 1　C. 0.5　D. 4

(4)夹点模式下,不可以对图形执行的操作有　（　）

A. 拉伸对象　B. 移动对象　C. 镜像对象　D. 阵列对象

(5)使用夹点拉伸文字时,夹点原点坐标为(10,20),拉伸距离为(30,40),则拉伸后的文字夹点坐标为　（　）

A. 40,60　B. 10,20　C. 30,20　D. 10,60

习题与思考题答案

5-2　思考题

(1)修改编辑命令中,打断与打断于点两者有什么区别?

(2)举例说明矩形阵列和环形阵列可分别用于建筑工程制图的什么地方。

(3)镜像命令可用于哪种类型的建筑工程图纸绘制?

6 图层的设置和管理

【内容提要】

本章的主要内容为使用图层对图形进行管理的方法，包括新建图层和设置图层的线型、线宽和颜色等属性，以及图层状态的管理。

【能力要求】

通过本章的学习，学生应了解图层的概念和作用；掌握设置图层线型、线宽和颜色等属性的方法；掌握新建图层、删除图层和管理图层状态的方法。

本章导读

图层是一个有效的图形管理工具，用户可以将类型相同或相似的对象分配在同一个图层上，并将多个图层重叠在一起，从而实现将复杂的图形数据有序地组织和管理的目标。通过设置图层的颜色、线型、线宽等属性，可以方便对每个图层进行整体设置和修改。

在 AutoCAD 中通过【图层特性管理器】对话框，如图 6-1 所示，实现对图层的组织和管理。打开【图层特性管理器】对话框的方法有两种：①使用命令行，在命令行中输入 LAYER 或 LA 命令；②使用工具栏，在【功能区】中单击【图层】工具栏中【图层特性】按钮。

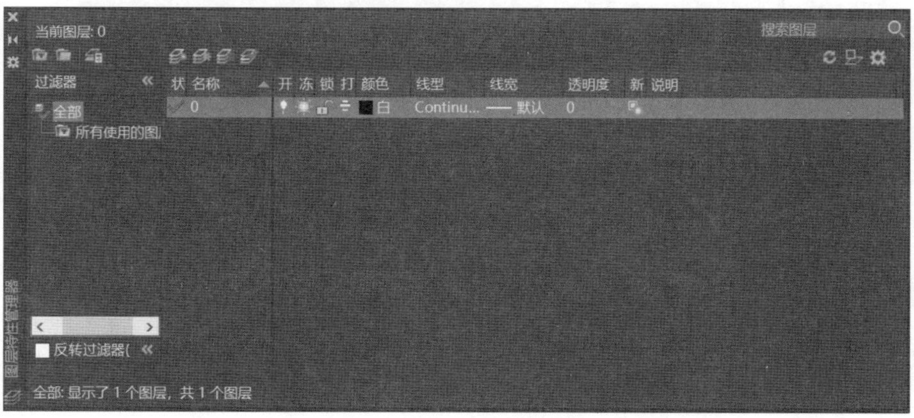

图 6-1 【图层特性管理器】对话框

6.1 图层设置

新建图层视频

6.1.1 新建图层

当绘制一幅新图时，系统将自动生成一个名为 0 的图层，在未创建其他图层时,用户绘制的图形都存在于 AutoCAD 默认的 0 图层上。在绘图过程中,如果用户要使用更多的图层来管理图形,可以根据需要创建新的图层。在【功能区】中选择【图层特性】按钮或者在命令行中输入 LA,打开【图层特性管理器】对话框,单击新建图层按钮,创建【图层 1】,如图 6-2 所示,将【图层 1】改名为【标注】,即建立了标注图层,如图 6-3 所示。

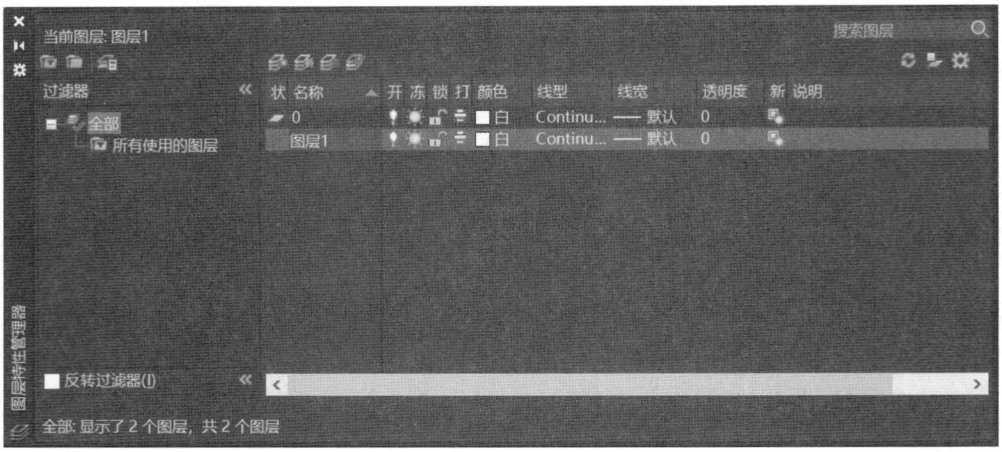

图 6-2　创建【图层 1】

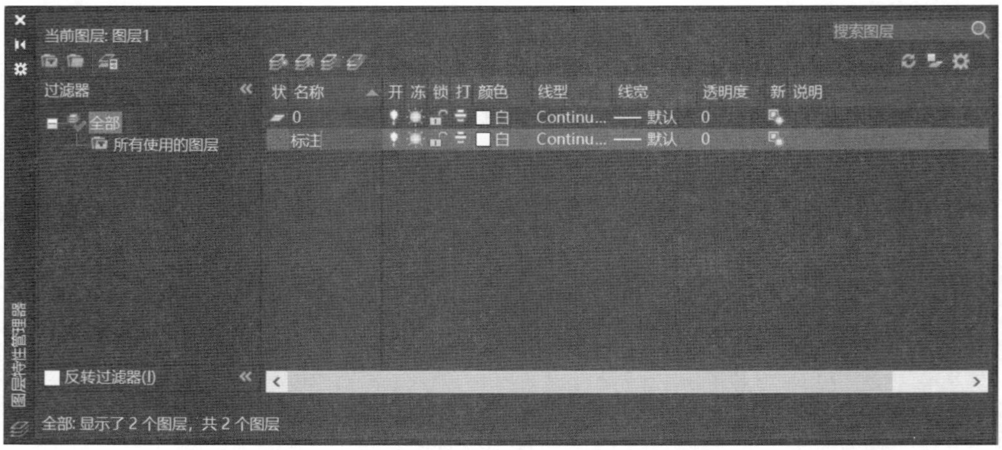

图 6-3　创建【标注】图层

6.1.2　设置当前图层

虽然 AutoCAD 允许用户建立多个图层,但只能在当前图层上绘图。每一个图形都有一个当前图层。需要注意的是,当选择了某个对象时,图层工具栏显示的是此对象所在的图层,此图层不一定是当前图层。图层工具栏显示的图层会随选择对象变化,如果没有重新设置,当前图层是不会变的。设置当前图层常用方法有下面 3 种:

①在【功能区】【图层】工具栏的下拉列表中选择相应的图层名。当图层比较少且对图层定义比较清楚时,适用这种方法。

②选择一个图形后,单击【图层】工具栏中的【将当前对象图层设置为当前】按钮,或单击此按钮后再选择一个图形,选择的是与将绘制图形处于同一图层的对象。这种方法适用于图层比较多,图层名不是很清楚,但图形分类比较明确的图纸。

③在【图层特性管理器】中选择需要设置的图层，单击鼠标右键，选择【置为当前】或单击【置为当前】按钮。

6.1.3　删除图层

删除图层的操作非常简单，打开【图层特性管理器】对话框，选择需要删除的图层，单击鼠标右键，选择【删除图层】或单击【删除图层】按钮，即可删除图层。

6.2　设置图层属性

图层的属性主要包括颜色、线型和线宽。我们可通过两种方法设置图层的属性，一是使用【图层特性管理器】，二是使用【特性】工具栏。

6.2.1　图层特性管理器

(1)线型设置。

绘制工程图时经常需要采用不同的线型来绘图，如实线、虚线、中心线等。一般情况下，位于同一个图层上的对象的线型相同。单击每个图层线型栏对应的图标 Contin... ，弹出【选择线型】对话框(图 6-4)，可通过其确定绘图线型和线型比例等。如果线型列表框中没有列出需要的线型，则应从线型库加载。单击【加载(L)...】按钮，AutoCAD 弹出【加载或重载线型】对话框，如图 6-5 所示，从中可选择需要的线型并加载。

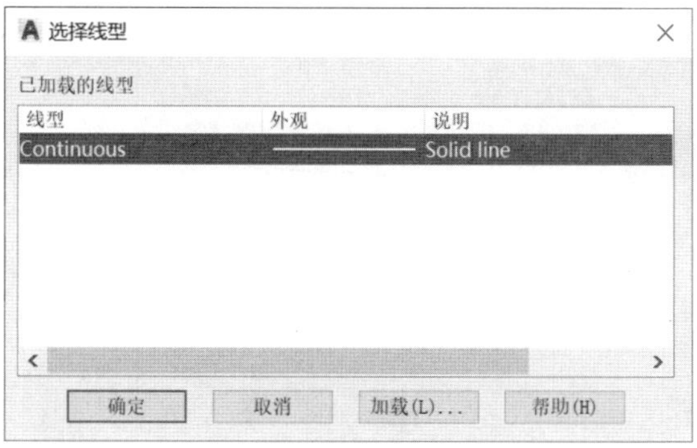

图 6-4　【选择线型】对话框

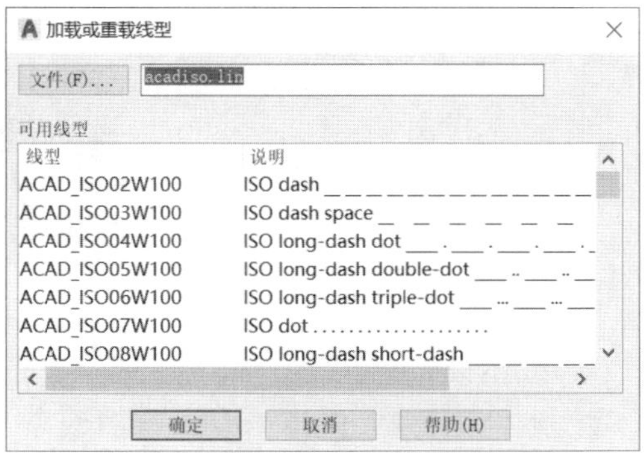

图 6-5　【加载或重载线型】对话框

(2)线宽设置。

工程图中不同的线型有不同的线宽要求。用 AutoCAD 绘制工程图时，有两种确定线宽的方式。一种方法与手工绘图一样，即直接将构成图形对象的线条用不同的宽度表示；另一种方法是将有不同线宽要求的图形对象用不同颜色表示，但其绘图线宽仍采用 AutoCAD 的默认宽度，不设置具体的宽度，当通过打印机或绘图仪输出图形时，利用打印样式将不同颜色的对象设成不同的线宽，即在 AutoCAD 环境中显示的图形没有线宽，而通过绘图仪或打印机将图形输出到图纸后会反映出线宽。本章介绍前面一种方法。

单击每个图层线宽栏对应的图标 —— 默认 ，AutoCAD 弹出【线宽】对话框，如图 6-6 所示。列表框中列出了 AutoCAD 2020 提供的 20 余种线宽，用户可从中选择图层的具体线宽。

(3)颜色设置。

用 AutoCAD 绘制工程图时,可以将不同线型的图形对象用不同的颜色表示。AutoCAD 2020 提供了丰富的颜色方案供用户使用。单击每个图层线宽栏对应的方块图形 □ 白 ,AutoCAD 弹出【选择颜色】对话框,如图 6-7 所示。对话框中有【索引颜色】、【真彩色】和【配色系统】3 个选项卡,分别用于以不同的方式确定绘图颜色。

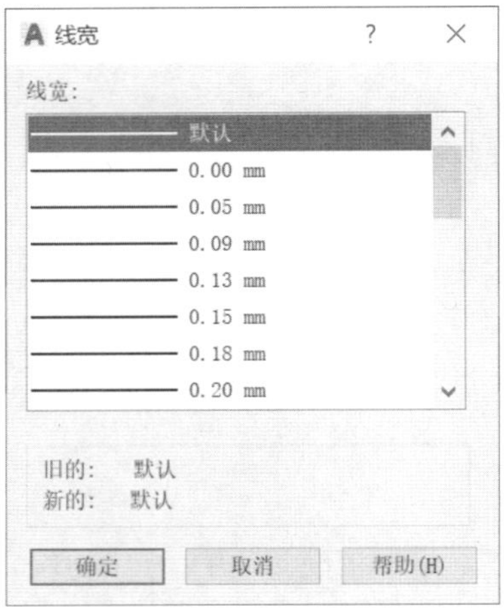

图 6-6 【线宽】对话框

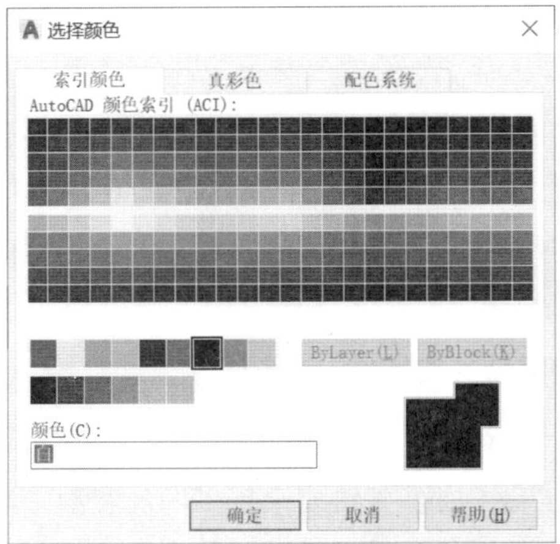

图 6-7 【选择颜色】对话框

6.2.2 【特性】工具栏

利用【特性】工具栏,如图 6-8 所示,能够快速、方便地设置绘图颜色、线型以及线宽。

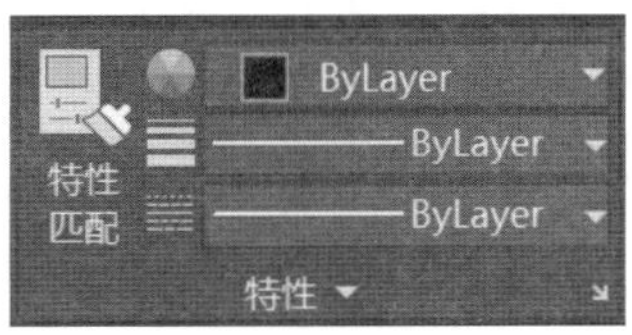

图 6-8 【特性】工具栏

(1)线型设置。

【线型控制】列表框用于设置绘图线型。单击此列表框,AutoCAD 将弹出下拉列表,如图 6-9 所示。用户可通过该列表设置绘图线型(一般应选择【随层】),或修改当前图形的线型。修改图形对象线型的方法是:选择对应的图形,然后在如图 6-9 所示的线型控制列表中选择对应的线型。如果单击列表中的【其他...】选项,AutoCAD 会弹出【线型管理器】对话框,供用户选择。

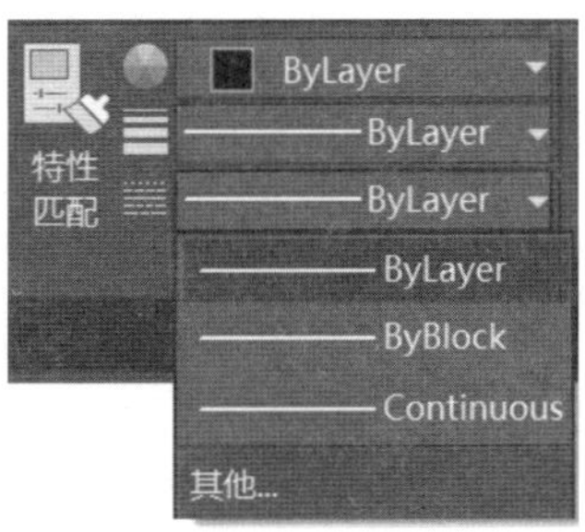

图 6-9 【线型控制】列表框

(2)线宽设置。

【线宽控制】列表框用于设置绘图线宽。单击此列表框，AutoCAD 将弹出下拉列表，如图 6-10 所示。用户可通过该列表设置绘图线宽(一般应选择【随层】)，或修改当前图形的线宽。修改图形对象线宽的方法是：选择对应的图形，然后在线宽控制列表中选择对应的线宽。

(3)颜色设置。

【颜色控制】列表框用于设置绘图颜色。单击此列表框，AutoCAD 将弹出下拉列表，如图 6-11 所示。用户可通过该列表设置绘图颜色(一般应选择【随层】)，或修改当前图形的颜色。修改图形对象颜色的方法是：首先选择图形，然后在如图 6-11 所示的颜色控制列表中选择对应的颜色。如果单击列表中的【更多颜色...】项，AutoCAD 会弹出【选择颜色】对话框，供用户选择。

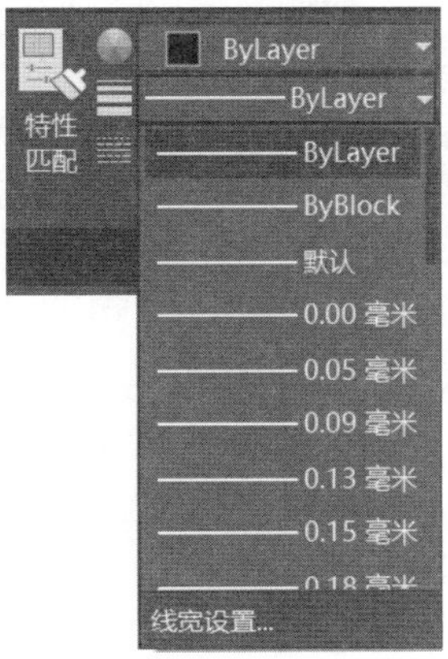

图 6-10 【线宽控制】列表框

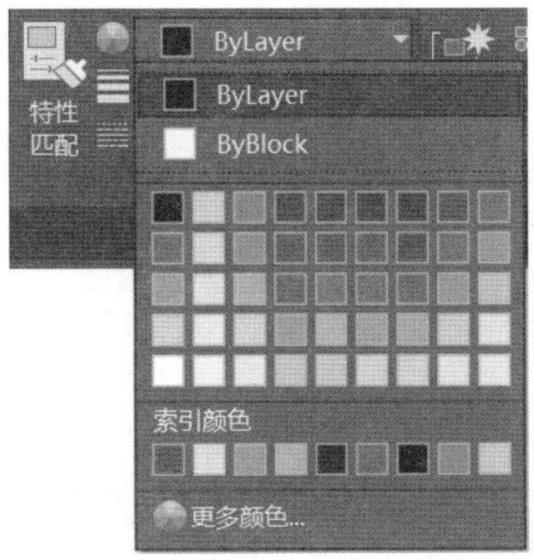

图 6-11 【颜色控制】列表框

6.3 设置和保存图层状态

在绘制较为复杂的图形时，控制好图层状态，可以提高绘图的效率。AutoCAD 中的图层状态包括图层的开/关、冻结/解冻、锁定/解锁等。利用【图层特性管理器】还可以保存图层状态。

6.3.1 设置图层状态

在【图层】工具栏(图 6-12)或【图层特性管理器】中可以设置图层状态。

图 6-12 【图层】工具栏

(1)图层的开/关。

单击图标，可以控制图层的开和关。图层处于开启状态时，可以显示和编辑该图层中的图形；图层处于关闭状态时，该图层中的内容不可见，因此不能被编辑；系统默认图层为开启状态。

(2)图层的冻结/解冻。

图标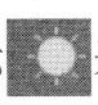表示图层处于解冻状态，单击该图标，图标变为，表示图层被冻结。处于冻结状态的图层中的所有内容被隐藏，不能被编辑和打印。系统默认图层为解冻状态。

(3)图层的锁定/解锁。

系统默认状态下,图层为解锁状态,图标为 。图层被锁定时的图标变为 ,图层处于锁定状态,图层中的对象仍可见,但不能被编辑。

6.3.2 保存图层状态

当绘制多个复杂图形时,如果需要创建相同的图层或图层设置,可以保存其中一幅图形的图层状态,并输出格式为.las 的文件,以便在其他图形文件中使用,使用该方法可以提高绘图的速度。

在【图层特性管理器】中单击图标 ,打开【图层状态管理器】对话框,如图 6-13 所示。单击【新建(N)...】按钮,可以为需要保存的图层状态命名,然后单击【保存】按钮,可以保存该图层状态。单击【输出(M)...】按钮,可将文件类型为.las 的图层状态文件保存到指定的位置。

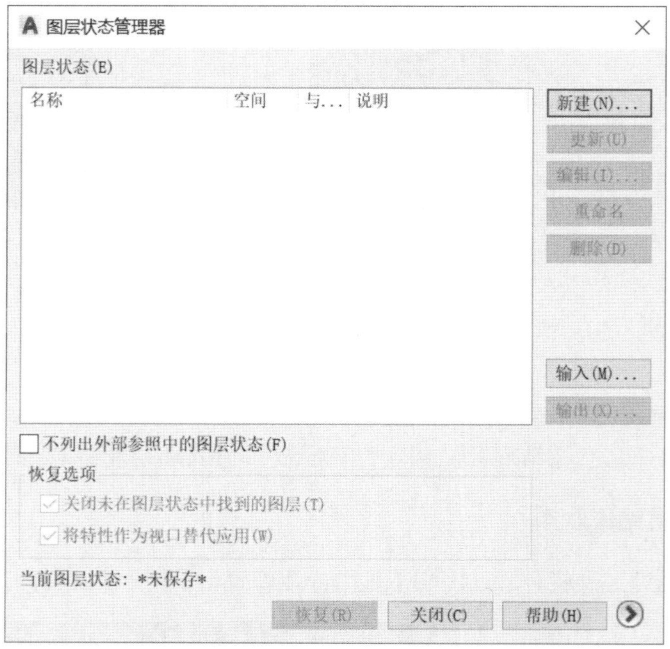

图 6-13 【图层状态管理器】对话框

本章小结

(1)学习如何新建图层、设置当前图层和删除图层。
(2)学习图层的属性管理。
(3)学习设置和保存图层状态。

习题与思考题答案

习题与思考题

在绘制建筑图的过程中,图层可以起到哪些作用?

7 复杂二维图形的绘制与编辑

【内容提要】

本章主要内容包括 AutoCAD 的一些高级绘图功能，即绘制与编辑多线、绘制与编辑多段线、图案的填充与编辑、创建面域与布尔运算、块的应用等。本章的重点是熟练掌握绘制多线、多段线和对图案进行填充的方法。本章的难点是对创建面域的理解以及块的应用。

【能力要求】

通过本章的学习，学生应熟练掌握以上几个绘图命令和相关操作，可以进行 AutoCAD 复杂二维图形的绘制。

本章导读

7.1 绘制与编辑多线

7.1.1 设置多线样式

多线是由多条平行线组成的，最多可以包含 16 条平行线，线的间距、线条数量、线条的颜色及线型等都可以调整。多线的绘图方法类似直线，常用于绘制墙体、公路或管道。与直线、构造线和射线不同，多线必须先定义才能绘制。多线有以下两种定义方式。

命令：MLSTYLE。

菜单：【格式】→【多线样式】。

系统会弹出【多线样式】对话框(图 7-1)。

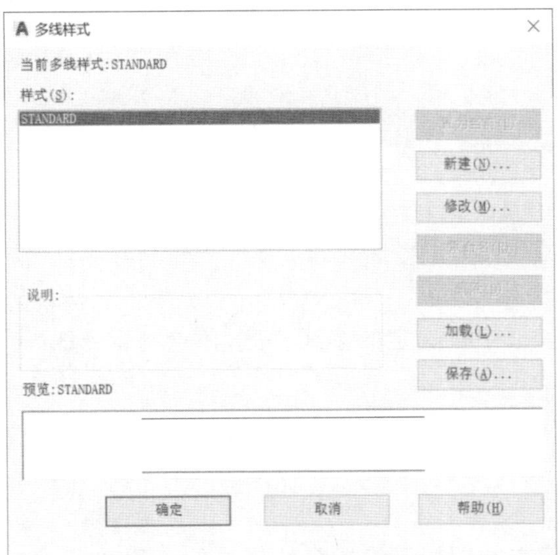

图 7-1 【多线样式】对话框

实例——定义多线样式

(1)说明。

①左侧的【样式】显示已定义的多线样式。【说明】文本框为当前多线样式附加的说明和描述。【预览】框显示当前多线样式的形状。

②【置为当前】用于设置将要创建的多线的样式。从【样式】列表框中选择相应的多线样式，点击【置为当前】即可。

③单击【新建】按钮，会弹出【创建新的多线样式】对话框(图 7-2)，从中可以创建新的多线样式。

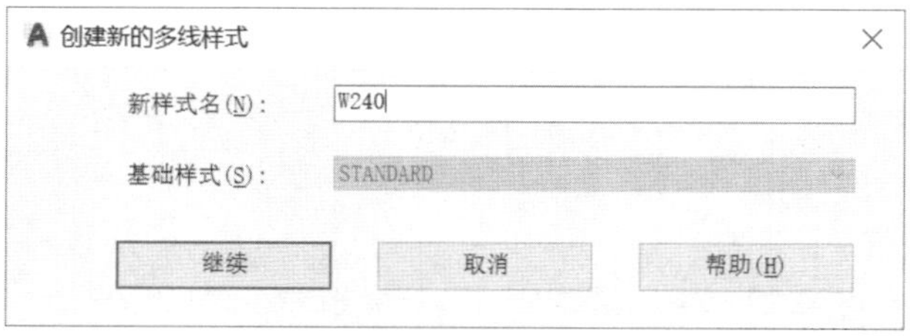

图 7-2 【创建新的多线样式】对话框

④单击【修改】按钮，弹出【修改多线样式】对话框，从中可以修改选定的多线样式，不能修改默认的 STANDARD 多线样式。例如，我们要画“240 墙体”可以简化定义成 W240，之后点击【修改】，会弹出【修改多线样式：W240】对话框(图 7-3)。

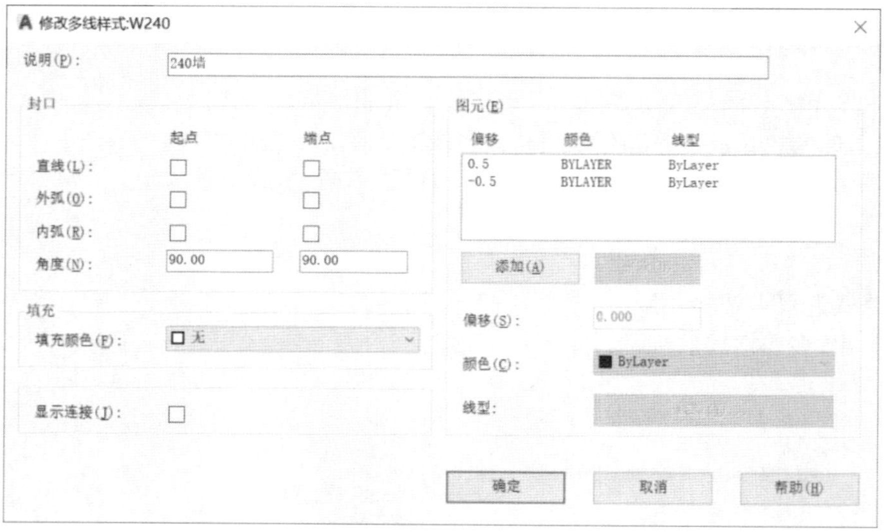

图 7-3 【修改多线样式：W240】对话框

⑤单击【重命名】按钮，可以在【样式】列表框中将选定的多线样式重新命名，默认的 STANDARD 多线样式不能重命名。

⑥【删除】按钮用来删除【样式】列表框中被选定的多线样式，不会删除 MLN(多线库)文件中的样式。

⑦单击【加载】按钮，弹出【加载多线样式】对话框。

⑧单击【保存】按钮，弹出【保存多线样式】对话框，可以将多线样式保存或复制到多线库文件中。

(2)新建多线样式 W240 中，【说明】文本框用于设置多线样式的说明文字，这里我们输入 240 墙。关于【封口】、【图元】、【填充】等说明如下。

①左侧的【封口】选项控制多线起点和终点处的样式。可以有 4 种封口，分别是直线、外弧、内弧、角度，各种封口情况示意图如图 7-4 所示。一般画墙线习惯将【起点】和【端点】都设置为直线封闭，可以将已创建好的 W240 多线样式设置成直线封闭。

(a)　(b)　(c)　(d)

图 7-4　多线封口示意图

(a)不封口；(b)直线封口；(c)外弧封口；(d)内弧封口

②【填充颜色】可以设置多线背景的填充色。

③【显示连接】可以设置在多线的拐角处是否显示连接线。

④【图元】设置多线的条数、颜色、线型。单击【添加】按钮，可以将新的多线元素添加到多线样式中，点击一次可以多加一条线。【删除】按钮用来删除多线样式中不需要的直线元素。

⑤【偏移】负责设置所选线条与相邻线条的距离，偏移量可以是正值，也可以是负值。现在【图元】列表里有两条线，两条线之间偏移一个单位长度。

注：建筑单位以 mm 为单位，那么一个单位长度就是 1mm，可以在【偏移】后输入偏移量，也可以不输入，在后面的比例中做相应调整。

⑥【颜色】可以设置【图元】列表框中选择的线条的颜色。

⑦【线型】指定【图元】列表框中选择的线条的线型。选择线条后按【加载(L)...】弹出对话框，可以设置线型，若没有需要的线型，可以按【加载】按钮，将需要的线型加载在列表中再选择。

以上所有选项都设置好了之后，按下【确定】按钮，【新建多线样式】对话框消失，返回到【多线样式】对话框。如图 7-5 所示，按【确定】按钮就完成多线样式的设置了。

注：点【修改】按钮可以对已设置过的多线样式进行修改，但必须在绘图区域将已用该样式绘制的多线删除后才有效。

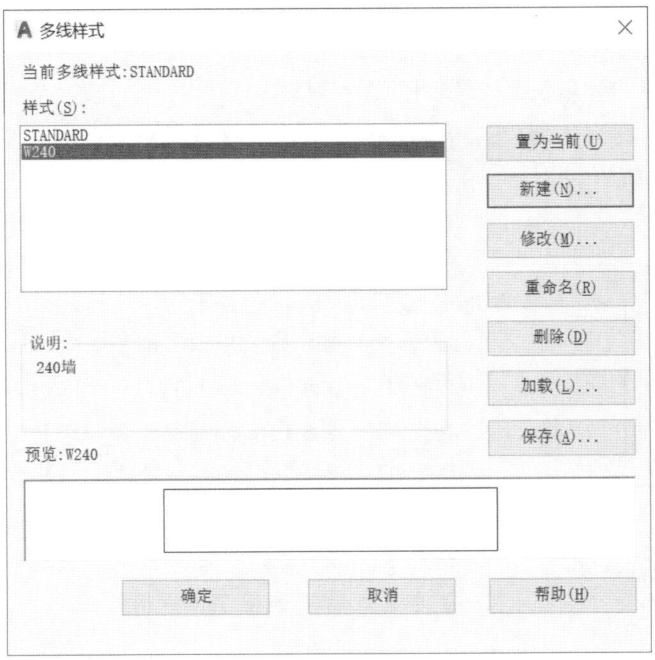

图 7-5　【多线样式】对话框

7.1.2 绘制多线

命令:MLINE。

菜单:【绘图】→【多线】。

命令行:

当前设置:对正=上,比例=20.00,样式=STANDARD。

指定起点或【对正(J)/比例(S)/样式(ST)】,对其各项分别说明如下。

①【对正(J)】:确定如何在指定的点之间绘制多线。具有【上】、【无】、【下】三种对正类型。【上】:在光标下方绘制多线,因此在指定点处将会出现具有最大正偏移值的直线。【无】:将光标位置作为原点绘制多线,则 MLSTYLE 命令的【元素特性】在指定点处的偏移为 0.0。【下】:在光标上方绘制多线,因此在指定点处将出现具有最大负偏移值的直线。

②【比例(S)】:控制多线的全局宽度。该比例不影响线型比例。这个比例基于在多线样式定义中建立的宽度。当比例因子为 2 时绘制多线,其宽度是样式定义的宽度的两倍。

③【样式(ST)】:指定当前多线使用的样式。

【例 7-1】 利用 7.1.1 节中设置好的"W240"多线样式,绘制如图 7-6 所示的一段墙线。

【解】 操作步骤和命令提示如下。

命令:MLINE。

当前设置:对正=上,比例=20.00,样式=W240。

指定起点或【对正(J)/比例(S)/样式(ST)】:J(修改对正方式)。

输入对正类型【上(T)/无(Z)/下(B)】:Z(选择中心对称)。

输入对正类型【上(T)/无(Z)/下(B)】＜上＞:Z 。

当前设置:对正=无,比例=20.00,样式=W240。

指定起点或【对正(J)/比例(S)/样式(ST)】:S(修改比例大小)。

输入多线比例＜20＞:240。

当前设置:对正 = 无,比例 = 240,样式 =W240。

指定起点或 【对正(J)/比例(S)/样式(ST)】:ST(修改多线样式)。

输入多线样式名称:W240。

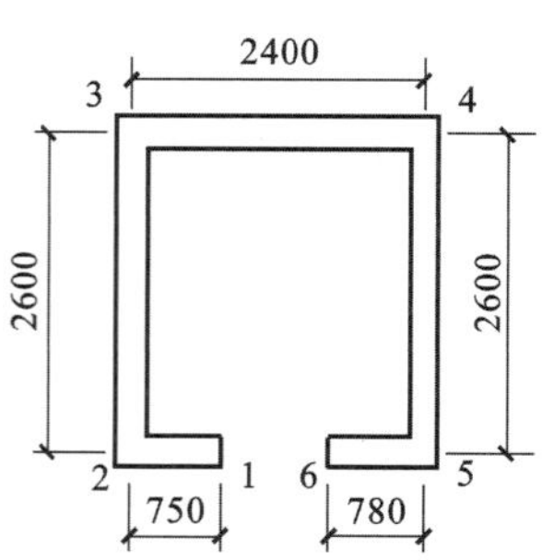

图 7-6 用多线绘制的墙线

当前设置:对正 = 无,比例 = 240,样式 = W240。

指定起点或【对正(J)/比例(S)/样式(ST)】:任意指定一点即为 1 点。

指定下一点:@−750,0(到 2 点)。

指定下一点或【放弃(U)】:@0,2600(到 3 点)。

指定下一点或【闭合(C)/放弃(U)】:@2400,0(到 4 点)。

指定下一点或【闭合(C)/放弃(U)】:@0,−2600(到 5 点)。

指定下一点或【闭合(C)/放弃(U)】:@−780,0(到 6 点)。

指定下一点或【闭合(C)/放弃(U)】:回车。

最终完成结果如图 7-6 所示。

7.1.3　多线的编辑

命令：MLEDIT。

菜单：【修改】→【对象】→【多线】。

弹出【多线编辑工具】对话框(图7-7)。该对话框将显示工具，并以四列显示样例图像。第一列控制交叉的多线，第二列控制T形相交的多线，第三列控制角点结合和顶点，第四列控制多线中的打断。利用该对话框可以编辑多线交点、顶点和打断点。

图7-7　【多线编辑工具】对话框

其中各项说明如下：

(1)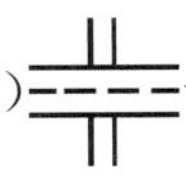十字闭合：在两条多线之间创建闭合的十字交点。选择第一条多线，选择前景多线；选择第二条多线，选择相交多线，如图7-8所示。

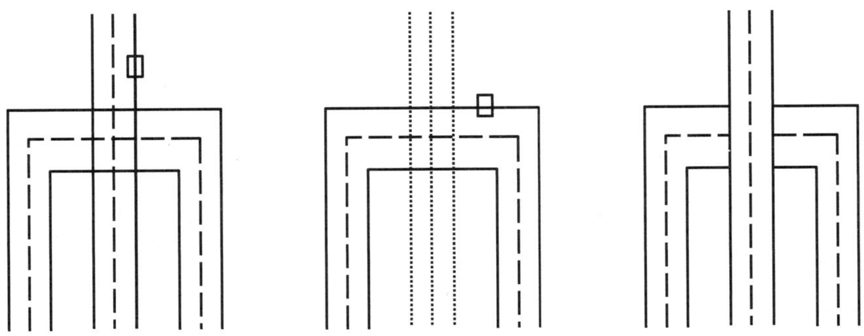

(a)　　(b)　　(c)

图7-8　十字闭合

(a)选定的第一条多线；(b)选定的第二条多线；(c)结果

(2)十字打开:在两条多线之间创建打开的十字交点。打断将插入第一条多线的所有元素和第二条多线的外部元素,如图 7-9 所示。

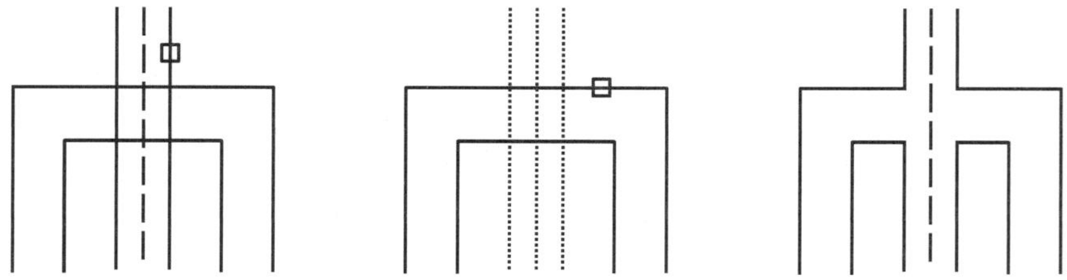

(a)　　(b)　　(c)

图 7-9　十字打开

(a)选定的第一条多线;(b)选定的第二条多线;(c)结果

(3)十字合并:在两条多线之间创建合并的十字交点。选择多线的次序并不重要,如图 7-10所示。

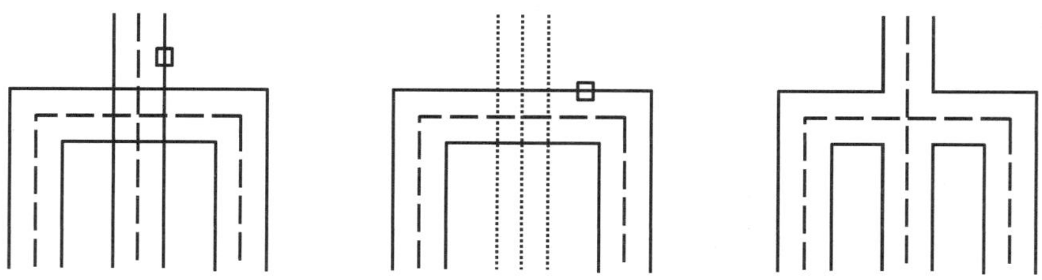

(a)　　(b)　　(c)

图 7-10　十字合并

(a)选定的第一条多线;(b)选定的第二条多线;(c)结果

注:其他按钮的功能详细信息可以按【F1】键查询。

7.2　绘制与编辑多段线

二维多段线是作为单个平面对象创建的相互连接的线段序列,可以创建直线段、圆弧段或两者的组合线段。每一段可以设定不同的宽度。各线段组成一个对象,必须将该多段线分解后才能单独删除某一段。

7.2.1　绘制多段线

命令启用方式:

命令:PLINE。

菜单:【绘图】→【多段线】。

工具栏:多段线按钮。

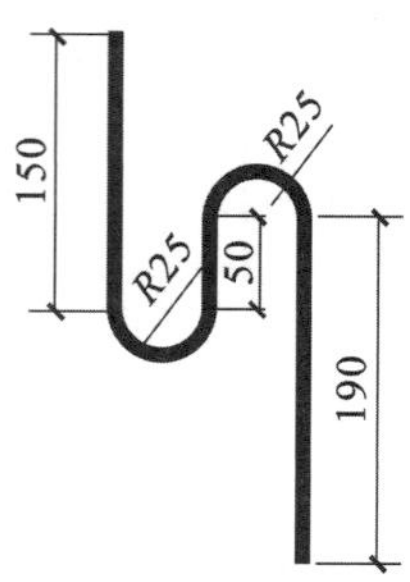

图 7-11　用多线段绘制下水管

【例 7-2】　用多段线命令绘制如图 7-11 所示的一段下水管。

【解】　命令:PLINE。

指定起点：任意指定一点即点1。

当前线宽为0.0000。

指定下一个点或【圆弧(A)/半宽(H)/长度(L)/放弃(U)/宽度(W)】：W(设置多段线宽度)。

指定起点宽度＜0.000＞：10。

指定端点宽度＜0.000＞：10。

指定下一个点或【圆弧(A)/半宽(H)/长度(L)/放弃(U)/宽度(W)】：@0，－150。

指定下一点或【圆弧(A)/闭合(C)/半宽(H)/长度(L)/放弃(U)/宽度(W)】：A(下一段线画圆弧)。

指定圆弧的端点或【角度(A)/圆心(CE)/闭合(CL)/方向(D)/半宽(H)/直线(L)/半径(R)/第二个点(S)/放弃(U)/宽度(W)】：A。

指定包含角：180。

指定圆弧的端点或【圆心(CE)/半径(R)】：R。

指定圆弧的半径：25。

指定圆弧的弦方向＜270＞：0。

指定圆弧的端点或【角度(A)/圆心(CE)/闭合(CL)/方向(D)/半宽(H)/直线(L)/半径(R)/第二个点(S)/放弃(U)/宽度(W)】：L。

指定下一点或【圆弧(A)/闭合(C)/半宽(H)/长度(L)/放弃(U)/宽度(W)】：@0，50。

指定下一点或【圆弧(A)/闭合(C)/半宽(H)/长度(L)/放弃(U)/宽度(W)】：A。

指定圆弧的端点或【角度(A)/圆心(CE)/闭合(CL)/方向(D)/半宽(H)/直线(L)/半径(R)/第二个点(S)/放弃(U)/宽度(W)】：A。

指定包含角：－180。

指定圆弧的端点或【圆心(CE)/半径(R)】：R。

指定圆弧的半径：25。

指定圆弧的弦方向＜90＞：0。

指定圆弧的端点或【角度(A)/圆心(CE)/闭合(CL)/方向(D)/半宽(H)/直线(L)/半径(R)/第二个点(S)/放弃(U)/宽度(W)】：L。

指定下一点或【圆弧(A)/闭合(C)/半宽(H)/长度(L)/放弃(U)/宽度(W)】：@0，－190。

指定下一点或【圆弧(A)/闭合(C)/半宽(H)/长度(L)/放弃(U)/宽度(W)】。

其各项具体说明如下。

(1)【圆弧】：可以将圆弧段添加到多段线中。选择圆弧命令行将显示指定圆弧的端点或【角度(A)/圆心(CE)/闭合(CL)/方向(D)/半宽(H)/直线(L)/半径(R)/第二个点(S)/放弃(U)/宽度(W)】。

①【角度(A)】：输入正数将按逆时针方向创建圆弧段。输入负数将按顺时针方向创建圆弧段。

②【圆心(CE)】：指定圆弧段的圆心。

③【闭合(CL)】：从指定的最后一点到起点绘制圆弧段，从而创建闭合的多段线。必须至少指定两个点才能使用该选项。除非使用【闭合】选项闭合多段线，否则将会认为多段线是开放的。

④【方向(D)】：指定圆弧段的起始方向。

⑤【半宽(H)】：指定从宽多段线线段的中心到其一边的宽度。起点半宽将成为默认的端点半宽。

⑥【直线(L)】：退出【圆弧】选项并返回初始PLINE命令提示。

⑦【半径(R)】：指定圆弧段的半径。

⑧【第二个点(S)】：指定三点圆弧的第二点和端点。

⑨【放弃(U)】:删除最近一次添加到多段线上的圆弧段。

⑩【宽度(W)】:指定下一圆弧段的宽度。

(2)【闭合】:从指定的最后一点到起点绘制直线段或者弧线,从而创建闭合的多段线。

(3)【半宽】:指定从宽多段线线段的中心到其一边的宽度。起点半宽将成为默认的端点半宽。

(4)【长度】:在与上一线段相同的角度方向上绘制指定长度的直线段。如果上一线段是圆弧,则将绘制与该圆弧段相切的新直线段。

(5)【放弃】:删除最近一次添加到多段线上的直线段或弧线。

(6)【宽度】:指定下一条直线段或弧线的宽度。起点宽度将成为默认的端点宽度。端点宽度在再次修改宽度之前将作为所有后续线段的统一宽度。

7.2.2 编辑多段线

编辑多段线包含合并二维多段线、将线条和圆弧转换为二维多段线,以及将多段线转换为近似 B 样条曲线的曲线(样条曲线拟合多段线)。

命令启用方式如下:

命令:PEDIT。

菜单:【修改(M)】→【对象(O)】→【多段线(P)】。

工具栏:点击【修改】工具栏里的按钮。

将显示以下提示:选择多段线或【多条(M)】。

说明:可以用鼠标选择一条多段线对象或输入 M,选择多条多段线对象,如果只选择一条多段线,命令行显示如下提示信息。

输入选项【闭合(C)/合并(J)/宽度(W)/编辑顶点(E)/拟合(F)/样条曲线(S)/非曲线化(D)/线型生成(L)/反转(R)/放弃(U)】:输入选项或按【Enter】键结束命令。

注:

(1)通过按【Ctrl】键并单击,可选择编辑多段线中的单个圆弧或线段。

(2)如果选择的是闭合多段线,则【打开】会替换提示中的【闭合】选项。

其中各项说明如下。

(1)【闭合/打开】:若选择的是非闭合的多段线,则创建首尾连接的闭合线段。若选择的是闭合的多段线,则删除多段线的闭合线段。

(2)【合并】:用于将与非闭合的多段线的任意一端相连的线段、弧线以及其他多段线,加到该多段线上,构成一条新的多段线。要连接到指定多段线上的对象必须与当前多段线有共同的端点。

(3)【宽度】:修改整条多段线的宽度。也可以使用【编辑顶点】选项的【宽度】选项来改变线段的起点宽度和端点宽度,具体操作如下:输入命令 PEDIT,选择已经画好的多段线,之后选择【编辑顶点(E)】,选择【下一个(N)】,确定是第二段线的起点,选择【宽度(W)】,分别输入多段线的起点和终点宽度;之后再选择【下一个(N)】,确定是第三段线的起点,选择【宽度(W)】,输入起点宽度(需要与上一段线的终点宽度一致),再输入终点宽度,如图 7-12 所示。

(4)【编辑顶点】:选择该项后,在屏幕上出现标记×即为多段线的顶点标记。命令行同时出现后续操作的提示。

【下一个(N)/上一个(P)/打断(B)/插入(I)/移动(M)/重生成(R)/拉直(S)/切向(T)/宽度(W)/退出(X)】＜N＞:这些选项可以进行插入顶点、移动顶点、修改任意两点的线宽和打断多段线任意两点之间的一段线段等操作。

(a)　　　　　　　　(b)

图 7-12　用【编辑顶点】下的【宽度】选项改变线宽

(a)统一宽度;(b)改变线宽

注:【下一个(N)/上一个(P)】专指的是将标记×移动到多段线下一个顶点,用鼠标则可以点击多段线上任意一个点。

(5)【拟合】:将选中的多段线生成由光滑圆弧连接的圆弧拟合曲线,该曲线经过多段线的所有顶点,如图 7-13 所示。

(a)　　　　　　　　(b)

图 7-13　多线段拟合

(a)拟合前;(b)拟合后

(6)【样条曲线】:用【样条化】编辑后的多段线称为"样条曲线拟合多段线"。该曲线将通过第一个和最后一个控制点,将会被拉向其他控制点,但并不一定通过它们,如图 7-14 所示。

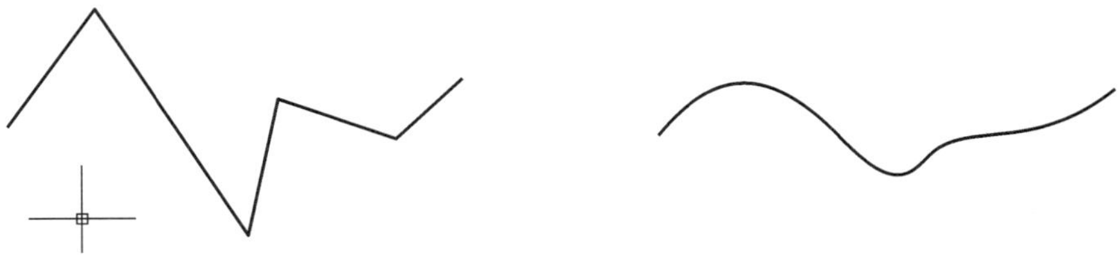

(a)　　　　　　　　(b)

图 7-14　样条曲线

(a)样条化前;(b)样条化后

注:样条曲线拟合多段线与用【拟合】选项产生的曲线有很大差别。【拟合】构造通过每个控制点而样条曲线拟合多段线不一定都通过它们。这两种曲线与通过 SPLINE 命令生成的样条曲线有所不同,样条曲线要比样条拟合多段线精确得多。

(7)【非曲线化】:恢复【拟合】或【样条化】后的多段线到变化前的形式。

(8)【线型生成】:生成经过多段线顶点的连续图案线型。关闭此选项,将在每个顶点处以点画线开始和结束生成线型,如图 7-15 所示。【线型生成】不能用于有变宽线段的多段线。

(9)【反转】:反转多段线顶点的顺序。使用此选项可反转使用包含文字线型的对象的方向。例如,根据多段线的创建方向,线型中的文字可能会倒置显示。

图 7-15　线型生成

(a)【线型生成】设置为【关】;(b)【线型生成】设置为【开】

(10)【放弃】:还原操作,可一直返回到 PEDIT 任务开始时的状态。

7.3　图案的填充与编辑

图案填充对象显示用于亮显某个区域或标志某种材质(如钢或混凝土)的线和点组成的标准图案。它还可以显示实体填充或渐变填充,可使用 BHATCH 或 HATCH 命令创建图案填充。图 7-16 包括渐变填充和图案填充。

图 7-16　渐变填充和图案填充

7.3.1　创建图案填充

命令启用方式:

命令行:BHATCH 或 HATCH。

绘图工具栏:按钮 。

菜单:【绘图】→【图案填充】。

在控制填充对话框显示形式的变量 HPDLGMODE=1 时,系统将弹出如图 7-17 所示的【图案填充和渐变色】对话框。

7.3.1.1　【图案填充】对话框说明

(1)【类型】和【图案】。

①【类型】:设置图案填充的类型。下拉列表框中有【预定义】、【用户定义】、【自定义】三个选项。其中,【预定义】选项是 AutoCAD 预定义的图样;【用户定义】是需要临时定义的图案,该图案由一组平行线或者相互垂直的两组平行线组成;【自定义】是使用事先定义好的图案。

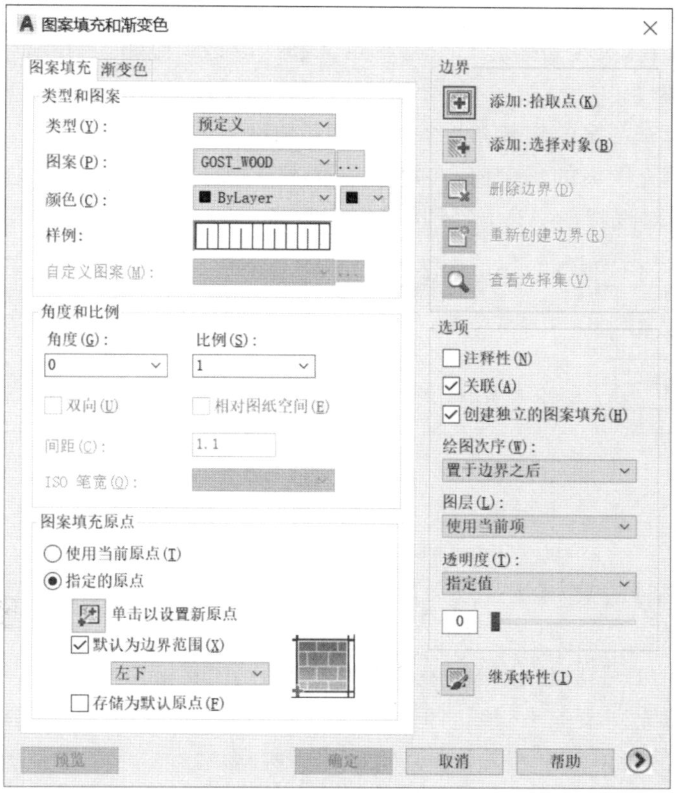

图 7-17　【图案填充和渐变色】对话框(1)

②【图案】:列出可用于充填的图案。只有在【类型】选择为【预定义】选项时该选项可用。在该下拉列表中可以根据图案名称选择图案,也可以单击后面的按钮,在打开的【填充图案选项板】对话框里进行挑选,如图 7-18 所示。

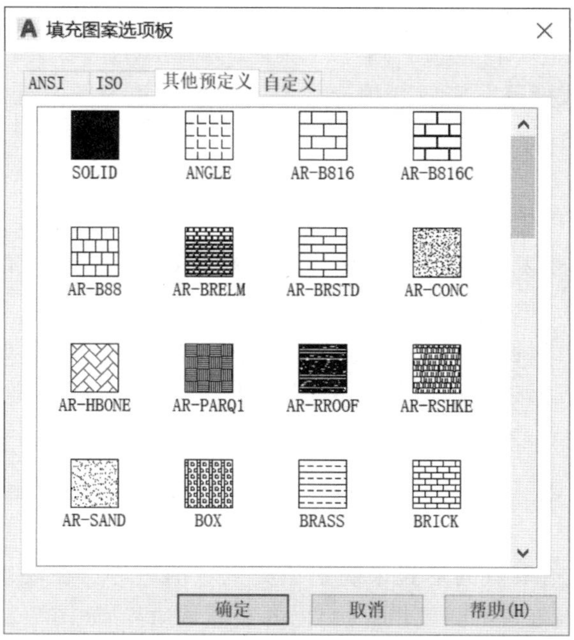

图 7-18　【填充图案选项板】对话框

③【样例】:显示当前选中的图案样例。

④【自定义图案】:在【类型】选项里选择【自定义】时,该选项可用。

(2)【角度】和【比例】。

①【角度】:设置填充图案的旋转角度。默认旋转角度为 0。

②【比例】:确定填充图案的比例值,在定义时每种图案的初始比例为 1,也可放大或缩小。如图 7-19 所示为对选择的 AR-B816 填充图案进行不同角度和比例值填充的效果。

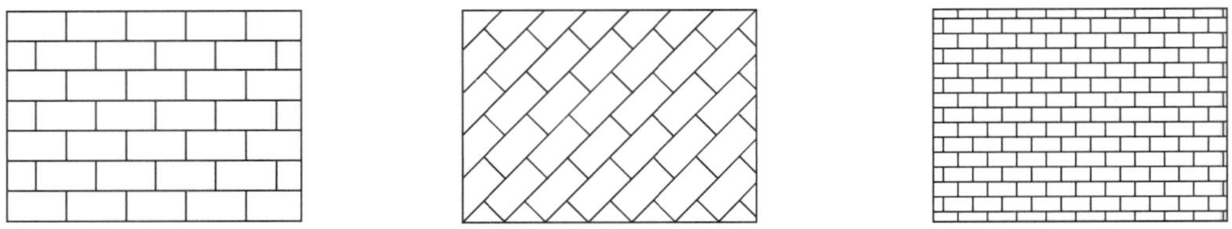

(a) (b) (c)

图 7-19 角度和比例的控制效果

(a)角度 0°,比例 1;(b)角度 45°,比例 1;(c)角度 0°,比例 0.5

③【双向】:在【类型】选项为【用户定义】时,选中【双向】选框可以使填充图案由一组平行线变成相互垂直的两组平行线。

④【相对图纸空间(E)】:确定比例因子是否为相对于图纸空间的比例值。

⑤【间距】:指定填充图案中平行线之间的距离。只有在【类型】中选择【用户定义】,该选项才可用。输入不同的间距值将得到不同的效果,如图 7-20 所示。

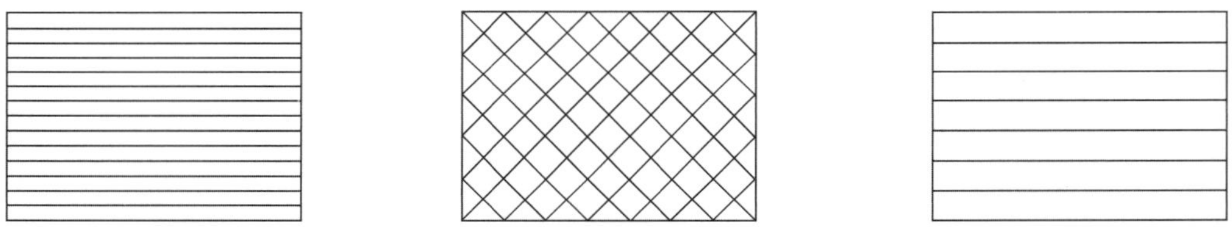

图 7-20 【用户定义】角度、间距和双向的控制效果

(a)角度 0°,间距 100;(b)角度 45°,间距 200,双向;(c)角度 0°,间距 200

⑥【ISO 笔宽】:通过改变笔宽来改变填充效果。只有当填充图案选为 ISO 图案时,才能用该选项。

(3)【图案填充原点】。

在【图案填充原点】选项中,可以设置图案填充原点的位置,因为某些图案填充需要与图案填充边界上的一点对齐。默认情况下,所有图案填充原点都应对应当前的 UCS 原点,用户也可以指定原点。主要选项如下。

①【使用当前原点】:可以使用当前 UCS 的原点(0,0)作为图案填充原点。

②【指定的原点】:可以通过指定点作为图案填充原点。选中"指定的原点"单选按钮后,用户单击 按钮,在绘图区利用光标拾取新原点,或者选中"默认为边界范围"复选框,在下拉列表中选择所需点作为填充原点。以 AR-B816 图案填充为例,改变图案填充原点,效果如图 7-21 所示。

(4)【边界】。

①【添加:拾取点】:以拾取点的形式来确定填充区域的边界。在要填充的区域内任意点击一点,系统会自动计算出包围该点的封闭填充边界,并亮显该边界,如图 7-22 所示。

②【添加:选择对象】:通过选择对象的方式来定义填充区域的边界,如图 7-23 所示。

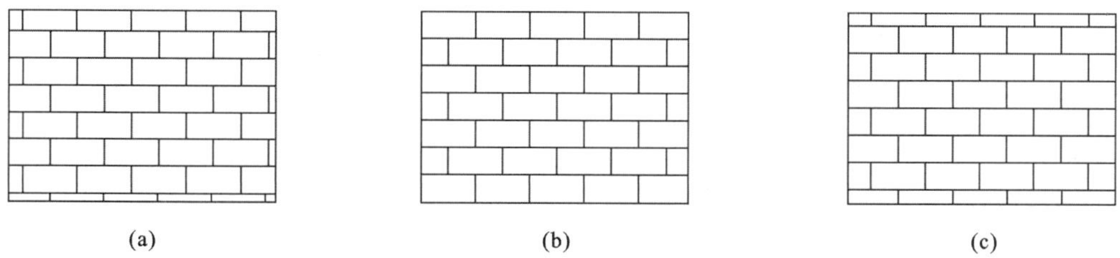

图 7-21　改变图案填充原点效果

(a)默认图案填充原点;(b)指定的"左上"为图案填充原点;(c)指定的"正中"为图案填充原点

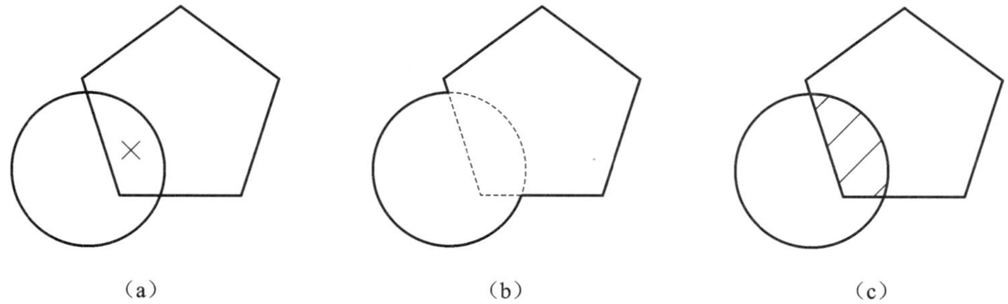

图 7-22　用【添加:拾取点】确定填充边界

(a)选择要填充区域内一点;(b)填充区域亮显边界;(c)填充后效果

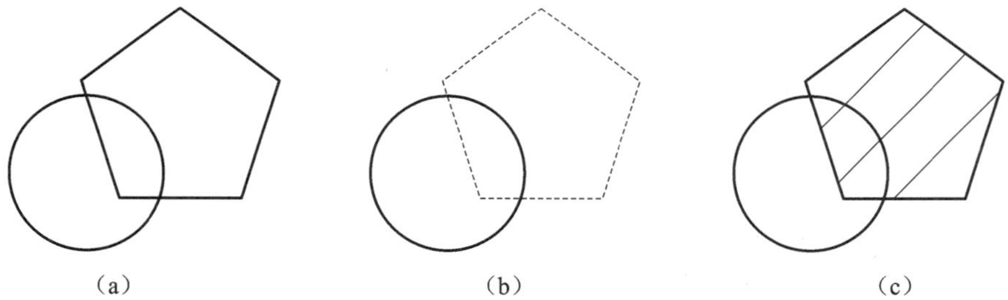

图 7-23　用【添加:选择对象】确定填充边界

(a)原始图像;(b)选取边界对象;(c)填充后效果

③【删除边界】:点击该按钮可以取消软件自动计算或用户指定的边界。

④【重新创建边界】:重新创建图案填充边界。

⑤【查看选择集】:查看填充区域的边界。

(5)【选项】。

在【选项】选项区域中,【注释性】选项用于将图案定义成可注释性对象;【关联】选项用于创建其边界时随之更新的图案和填充;【创建独立的图案填充】选项用于创建独立的图案填充;【绘图次序】下拉列表用于确定图案填充的绘图顺序,图案填充可以放在图案填充边界及所有其他对象之后或之前。此外,【继承特性】按钮的作用是选中已有的填充图案作为当前的填充图案。

7.3.1.2　【渐变色】对话框说明

点击【图案填充和渐变色】对话框的【渐变色】选项卡,可以出现【渐变色】对话框(图 7-24)。我们可以利用其中一种或两种类似光的渐变色效果,对图案进行填充。

其中各选项介绍如下。

(1)【单色】:可以使用从较深着色到较浅色调的平滑过渡的单色填充。此时,AutoCAD 将显

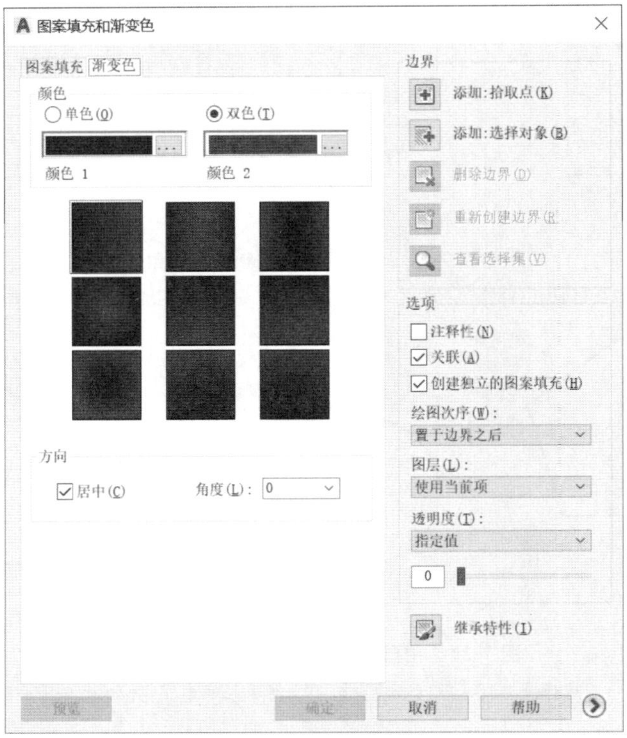

图 7-24 【渐变色】对话框

示【浏览】按钮和【色调】滑块。其中,单击【浏览】按钮,将出现【选择颜色】对话框,可以选择索引颜色和其他颜色等。通过【色调】可以确定一种颜色的色调或着色。

(2)【双色】:选择该按钮,可以改成两种颜色之间平滑过渡的双色渐变填充。

(3)【居中】:指定对称的渐变位置。如果不勾选此选项,渐变填充将向左上方变化,创建光源在对象左边的图案。

(4)【角度】:指定渐变填充的角度,与指定给图案填充的角度互不影响。

7.3.1.3 设置孤岛

单击【图案填充和渐变色】对话框右下角的按钮,将显示更多选项,如【孤岛】和【边界保留】等信息,如图 7-25 所示。

(1)【孤岛】。

位于图案填充边界内的封闭区域称为孤岛。用户界面中提供以下三种孤岛检测样式。

①【普通孤岛检测】。

从外部边界向内填充,如果遇到内部孤岛,填充将关闭,直到遇到孤岛中的另一个孤岛。

②【外部孤岛检测】。

从外部边界向内填充。此选项仅填充指定的区域,不会影响内部孤岛。

③【忽略孤岛检测】。

忽略所有内部的对象,填充图案时将通过这些对象。

(2)【边界保留】。

指定是否将边界保留为对象,并确定应用于这些边界对象的对象类型是多段线还是面域。

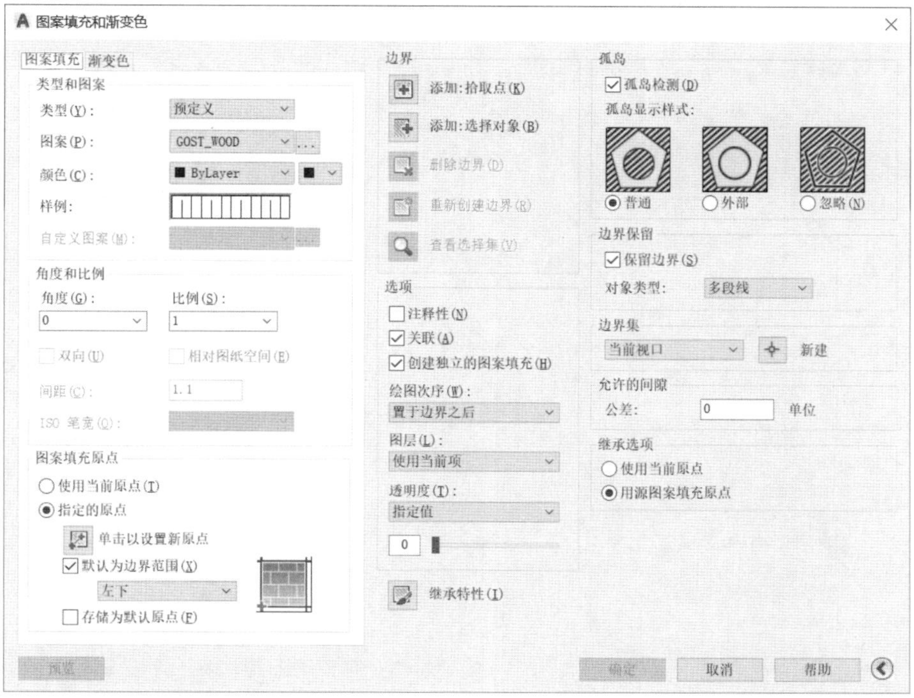

图 7-25　【图案填充和渐变色】对话框(2)

(3)【边界集】。

在该选项区域中,可以定义填充边界的对象集,AutoCAD 将根据这些对象来确定填充边界。在默认情况下,系统根据【当前视口】中所有可见对象确定填充边界,也可以点击【新建】按钮,切换到绘图窗口,然后通过指定对象定义边界集。此时,【边界集】下拉列表框中显示为【现有集合】选项。

(4)【允许的间隙】。

设置将对象用作图案填充边界时可以忽略的最大间隙。默认值为 0,此值指定对象必须为封闭区域而没有间隙。

(5)【继承选项】。

使用【继承特性】创建图案填充时,控制图案填充原点的位置。它可以是当前原点或源图案填充的原点。

7.3.2　编辑图案填充

创建了图案填充后,如果需要可修改填充图案或修改图案区域的边界、比例和角度等。

命令启用方式如下:

命令:HATCHEDIT,单击鼠标左键选择填充好的图案。

菜单:【修改】→【对象】→【图案填充】,单击鼠标左键选择填充好的图案。

系统会弹出【图案填充编辑】对话框,如图 7-26 所示。

从所显示的对话框可以看出,【图案填充编辑】对话框中的选项与【图案填充和渐变色】对话框中的选项相同。某些选项仅在创建图案填充时才可用,比如定义填充边界和对孤岛操作的按钮不可再用。图案填充操作只能修改图案、比例、旋转角度和关联性等。其各选项说明如下。

图 7-26 【图案填充编辑】对话框

(1)【图案填充原点】:选择图案填充的起始位置。某些图案填充(例如砖块图案)需要与图案填充边界上的一点对齐。在默认情况下,所有图案填充原点都对应当前的 UCS 原点。

(2)【边界】。

①【删除边界】:通过删除边界修改图案填充的边界。

②【重新创建边界】:围绕选定的图案填充对象创建多段线或面域,并使其与图案填充对象相关联(可选)。

③【显示对象边界】:使用当前图案填充设置显示当前定义的边界。仅当定义了边界时才可以使用此选项。

(3)【选项】。

①【注释性】:指定图案填充为注释性。此特性会自动完成缩放注释过程,从而使注释能够以正确的大小在图纸上打印或显示。

②【关联】:指定图案填充为关联图案填充。关联的图案填充在用户修改其边界对象时将会更新。

③【独立的图案填充】:控制当指定了几个单独的闭合边界时,是创建单个图案填充对象,还是创建多个图案填充对象。

④【绘图次序】:为图案填充指定绘图次序。图案填充可以放在所有其他对象之后、所有其他对象之前、图案填充边界之后或图案填充边界之前。

⑤【图层】:为指定的图层指定新图案填充对象,替代当前图层。选择“使用当前值”可使用当前图层。

⑥【透明度】:设定新图案填充的透明度,替代当前对象的透明度。选择“使用当前值”可使用当前对象的透明度设置。

7.4　面域与布尔运算

面域是具有边界的二维封闭区域。它就像一张纸，除了包括边界还包括边界内的平面，可以在形成闭环的对象中创建面域。环可以是封闭某个区域的直线、多段线、圆、圆弧、椭圆、椭圆弧和样条曲线的组合。面域可应用于填充和着色 。

面域作为一个特殊的区域，能够实现一般封闭区域不能完成的任务，例如，可以对面域进行布尔运算，从而创建更加复杂的面域。布尔运算包含三种运算，即并集(Unite)、交集(Intersect)和差集(Subtract)。

7.4.1　创建面域

可以使用 REGION 和 BOUNDARY 命令创建面域。

7.4.1.1　用 REGION 命令创建面域

命令启用方式如下：

命令行：REGION。

菜单：【绘图】→【面域】。

工具栏：【绘图】→【面域】。

【例 7-3】　将图 7-27 中两个图形创建为面域。

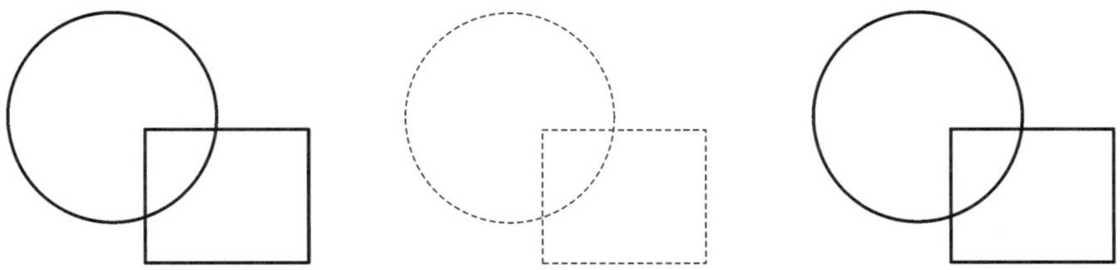

(a)　　(b)　　(c)

图 7-27　用 REGION 命令创建面域

(a)原始线框；(b)选中的线框；(c)面域

【解】　命令：REGION。

选择对象：找到 1 个。

选择对象：找到 1 个，总计 2 个。

选择对象：按【Enter】键。

命令行提示：

已提取 2 个环。

已创建 2 个面域。

结果如图 7-28 所示。

注：

(1)选择对象以创建面域。这些对象必须各自形成闭合区域，例如圆或闭合多段线。

(2)圆、多边形等封闭图形属于线框模型，而面域属于实体模型，因此它们在选中时表现的形式也不相同,图 7-28 为选中线框和面域时的效果。

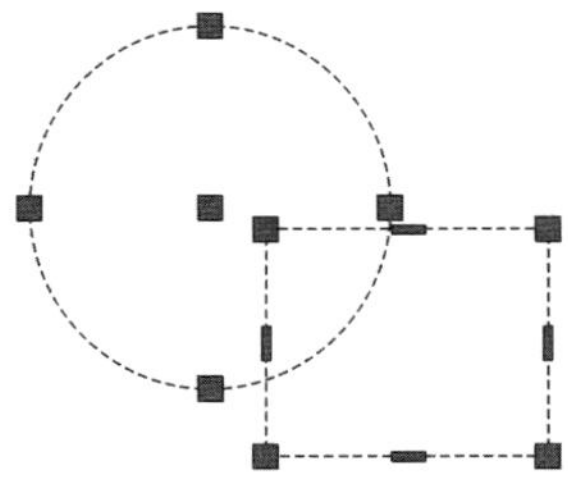

(a)　　　　　　　　(b)

图 7-28　选中线框和面域

(a)选中线框;(b)选中面域

7.4.1.2　用 BOUNDARY 命令创建面域

创建步骤如下:

(1)依次单击【绘图(D)】→【边界(B)】。弹出【边界创建】对话框,如图 7-29 所示。

图 7-29　【边界创建】对话框

(2)在【边界创建】对话框的【对象类型】列表中,选择【面域】。

(3)单击【拾取点】。

(4)在图形中每个要定义为面域的闭合区域内指定一点并按【Enter】键。此点称为内部点。

7.4.2　对面域进行布尔运算

使用 REGION 和 BOUNDARY 命令创建面域,可以通过结合、减去或查找面域的交点创建复合面域。以下分别对上述已创建面域进行并集运算、差集运算、交集运算。至少必须选择两个实体、曲面或共面的面域。

7.4.2.1　并集运算

对下列面域进行并集运算,如图 7-30 所示。可以在菜单栏下选择【修改】→【实体编辑】→【并集】实现并集运算,也可用 UNION 命令通过添加操作合并选定区域。

命令行提示如下：

命令：UNION。

选择对象：找到 1 个//拾取图 7-30(a)中的圆。

选择对象：找到 1 个，总计 2 个//拾取图 7-30(a)中的矩形。

选择对象：按回车键，完成并集//效果如图 7-30(b)所示。

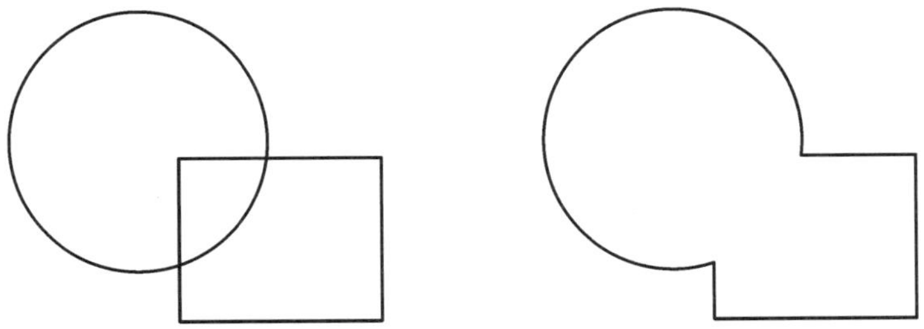

(a) (b)

图 7-30 并集运算

(a)原始面域；(b)使用 UNION 之后的面域

7.4.2.2 差集运算

对下列面域进行差集运算，如图 7-31 所示。可以在菜单栏下选择【修改】→【实体编辑】→【差集】实现差集运算，也可用 SUBTRACT 命令通过减操作合并选定区域。

命令行提示如下：

命令：SUBTRACT。

选择对象：找到 1 个//拾取图 7-31(a)中的圆。

选择对象：按回车键，完成选择。

选择要减去的实体、曲面和面域……

选择对象：找到 1 个//拾取图 7-31(b)中的图形。

选择对象：按回车键，完成选择，效果如图 7-31(c)所示。

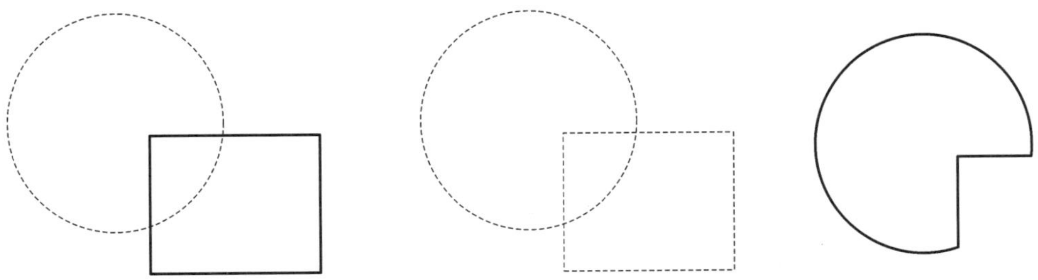

(a) (b) (c)

图 7-31 差集运算

注：差集运算是从第一个选择集中的对象减去第二个选择集中的对象。

7.4.2.3 交集运算

对下列面域进行交集运算,如图 7-32 所示。可以在菜单栏下选择【修改】→【实体编辑】→【交集】实现交集运算,也可用 INTERSECT 命令从两个或多个面域的交集中创建复合面域,然后删除交集外的区域。

命令行提示如下:

命令:INTERSECT。

选择对象:找到 1 个//拾取图 7-32(a)中的圆。

选择对象:找到 1 个,总计 2 个//拾取图 7-32(a)中的矩形。

选择对象:按回车键,完成并集//效果如图 7-32(b)所示。

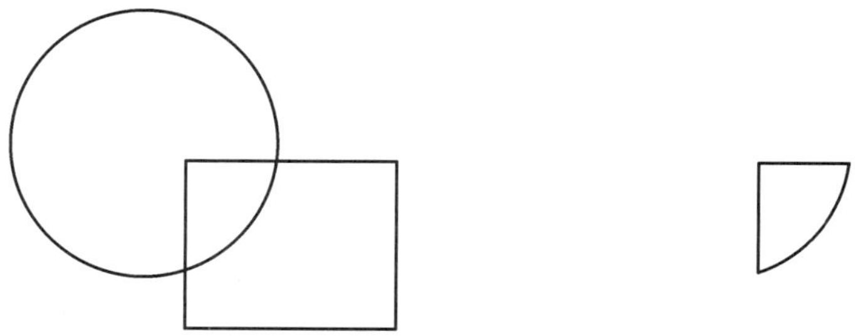

(a) (b)

图 7-32 交集运算

(a)原始面域;(b)使用 INTERSECT 之后的面域

7.5 块

在制图过程中,有时图形中有大量相同或相似的内容,我们可以把要重复绘制的图形创建成块,在需要时直接插入它们。利用图块绘图,可以有效地提高作图效率与绘图质量,也是绘制复杂图形的重要方法。

7.5.1 定义内部块

使用 BLOCK 命令创建的图块常被称为内部图块,跟随定义它的图形文件一起保存,即图块保存在图形文件内部。内部图块一般用于在该图形文件中调用。

命令启用方式如下:

命令行:BLOCK。

菜单:【绘图】→【块创建】。

工具栏:【块】→【创建】。

系统将弹出如图 7-33 所示的【块定义】对话框。

具体介绍如下。

(1)【名称】:指定块的名称。名称最多可以包含 255 个字符,包括字母、数字、空格,以及操作系统或程序未作他用的任何特殊字符。

(2)【基点】:指定块的插入基点,默认值是 (0,0,0)。

①【在屏幕上指定】:关闭对话框时,将提示用户指定基点。

图 7-33 【块定义】对话框

②【拾取点】按钮：暂时关闭对话框以使用户能在当前图形中拾取插入基点。X、Y、Z 文本框可以分别输入 *X* 坐标值、*Y* 坐标值和 *Z* 坐标值。

(3)【对象】：指定新块中要包含的对象，以及创建块之后如何处理这些对象，是保留还是删除选定的对象或者是将它们转换成块实例。

①【在屏幕上指定】：关闭对话框时，将提示用户指定对象。

②【选择对象】：暂时关闭【块定义】对话框，允许用户选择块对象。完成对象选择后，按【Enter】键重新显示【块定义】对话框。

③【保留】：创建块以后，将选定对象保留在图形中作为区别对象。

④【转换为块】：创建块以后，将选定对象转换成图形中的块实例。

⑤【删除】：创建块以后，从图形中删除选定的对象。

(4)【方式】：指定块的显示方式。

①【注释性】：将对象设置成可注释性对象。

②【使块方向与布局匹配】：指定在图纸空间视口中的块参照的方向与布局的方向匹配。如果未选择【注释性】选项，则该选项不可用。

③【按统一比例缩放】：指定是否阻止块参照不按统一比例缩放。

④【允许分解】：指定块参照是否可以被分解。

(5)【设置】：指定块的设置。

①【块单位】：指定块参照插入单位。

②【超链接】：打开【插入超链接】对话框，可以使用该对话框将某个超链接与块定义相关联。

(6)【说明】：指定块的文字说明。

(7)【在块编辑器中打开】：单击【确定】后，在块编辑器中打开当前的块定义。

7.5.2 定义外部块

使用 BLOCK 命令创建的图块是保存在图形文件内部，它不是一个单独的文件，一般不能被应用到其他图形文件中。而使用 WBLOCK 命令，则可以将图块保存为一个单独的文件，该文件可以被任何图形文件所使用，我们可以称之为外部块。

命令启用方式如下。

命令行:WBLOCK。

执行 WBLOCK 命令后,系统将打开【写块】对话框(图 7-34)。通过该对话框即可将已定义的图块或所选定的对象以文件的形式保存在磁盘上。

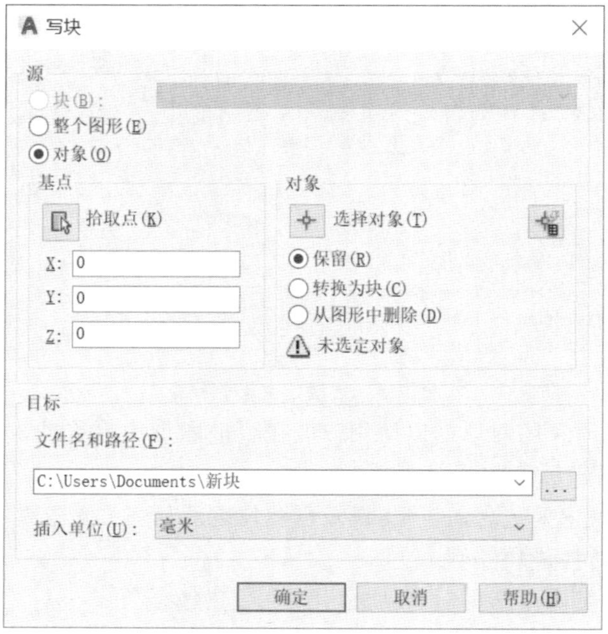

图 7-34 【写块】对话框

【写块】对话框中各选项含义如下。

(1)【源】:指定块和对象,将其另存为文件并指定插入点。【块(B)】指定要另存为文件的现有块,从列表中选择名称。【整个图形(E)】选择要另存为其他文件的当前图形。【对象(O)】选择要另存为文件的对象,指定基点并选择下面的对象。

(2)【基点】:指定块的基点,默认值是 (0,0,0)。【拾取点(K)】暂时关闭对话框以使用户能在当前图形中拾取插入基点。X、Y、Z 文本框可以分别指定 *X* 坐标值、*Y* 坐标值和 *Z* 坐标值。

(3)【对象】:设置用于创建块的对象上的块创建的效果。【选择对象(T)】按钮临时关闭该对话框以便可以选择一个或多个对象以保存至文件。【保留(R)】是将选定对象另存为文件后,在当前图形中仍保留它们。【转换为块(C)】是将选定对象另存为文件后,在当前图形中将它们转换为块。【从图形中删除(D)】是将选定对象另存为文件后,从当前图形中删除它们。

(4)【目标】:指定文件的新名称和新位置以及插入块时所用的测量单位。【文件名和路径(F)】指定文件名和保存块或对象的路径。后面的“...”显示标准文件选择对话框。【插入单位(U)】指定从 DesignCenter™(设计中心)拖动新文件或将其作为块插入使用不同单位的图形中时用于自动缩放的单位值。如果希望插入时不自动缩放图形,请选择【无单位】。

7.5.3 插入块

插入块即将块或图形插入当前图形中。

命令启用方式如下 。

命令行:INSERT。

菜单:【插入】→【块】。

工具栏:【块】→【插入】。

系统将弹出【插入】对话框(图 7-35),使用该对话框可以在图形中插入块或其他图形,在插入的同时还可以改变所插入块的比例与旋转角度。

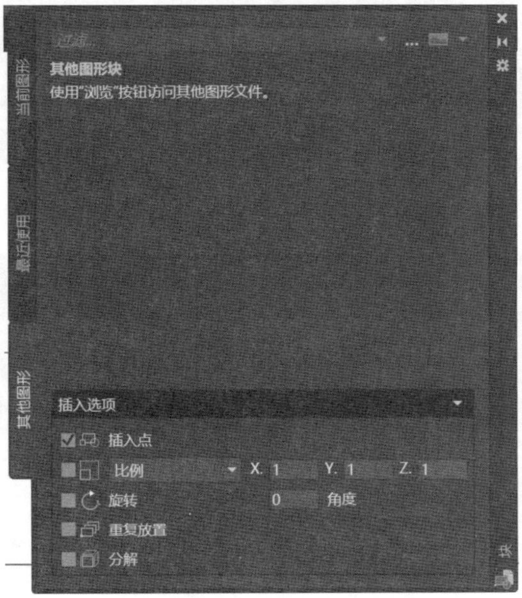

图 7-35　【插入】对话框

其各选项说明如下。

(1)【插入点】:指定块的插入点。

(2)【比例】:指定插入块的比例。

(3)【旋转】:插入块时指定旋转角度。

(4)【重复放置】:重复插入其他块。

(5)【分解】:分解块并插入该块的各个部分。选定“分解”时只可以指定统一比例因子。

案例分析

本案例通过绘制房屋平面图,来回顾本章所讲到的多线、多段线、图案填充等绘图命令的使用。

实例——墙体

(1)新建图层。

①执行菜单命令【格式】→【图层】,打开【图层特性管理器】对话框。

②新建一个【中心线】图层,设置成红色,线型为“CENTER”,并将中心线层设置为当前层,如图 7-36 所示。

(2)绘制多线。

①在【绘图】工具栏中单击【直线】按钮,绘制水平直线,其间距分别为2400、1000、3300 和 3600;绘制垂直线,其间距分别为 2000、3400、4200,结果如图 7-37 所示。

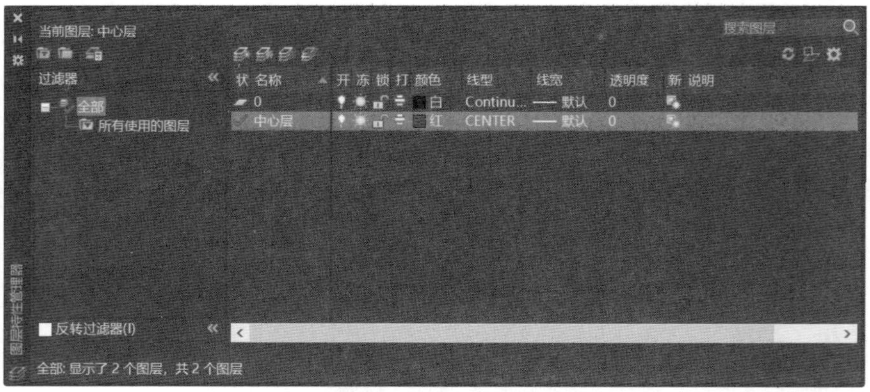

图 7-36 新建图层

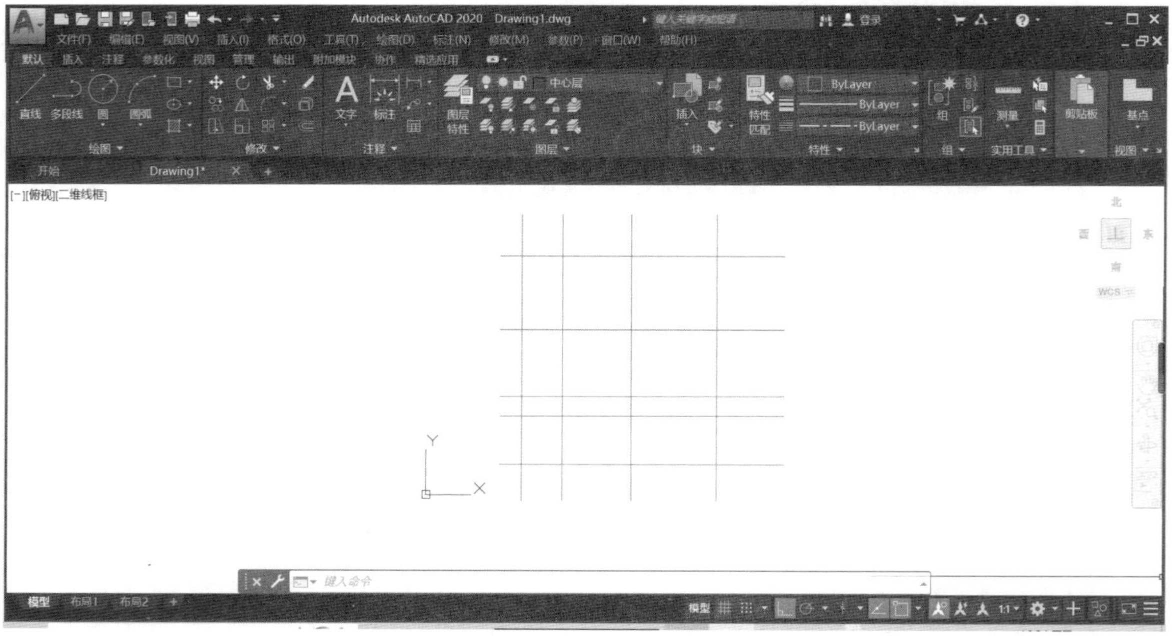

图 7-37 绘制中心线

②执行菜单命令【格式】→【多线样式】,打开【多线样式】对话框。

③单击【新建】按钮,新建名为"W240"的多线样式,打开【新建多线样式】对话框,在图元列表中单击 0.5,偏移编辑框中输入 6,再单击−0.5,并将其值改成−6,如图 7-38 所示。

④单击【确定】按钮,将创建的【多线样式"W240"】置为当前图层。

⑤执行菜单命令【绘图】→【多线】,命令行提示:

命令:

命令:MLINE。

当前设置:对正 = 上,比例 = 20.00,样式 = W240。

指定起点或【对正(J)/比例(S)/样式(ST)】:J。

输入对正类型【上(T)/无(Z)/下(B)】<上>:Z。

当前设置:对正=无,比例= 20.00,样式= W240。

图 7-38　新建多线样式

⑥新建一个【墙体】图层，设置成白色，线型为"Continuous"，并将墙体置为当前图层。捕捉中心线的起点和端点，绘制多线，结果如图 7-39 所示。

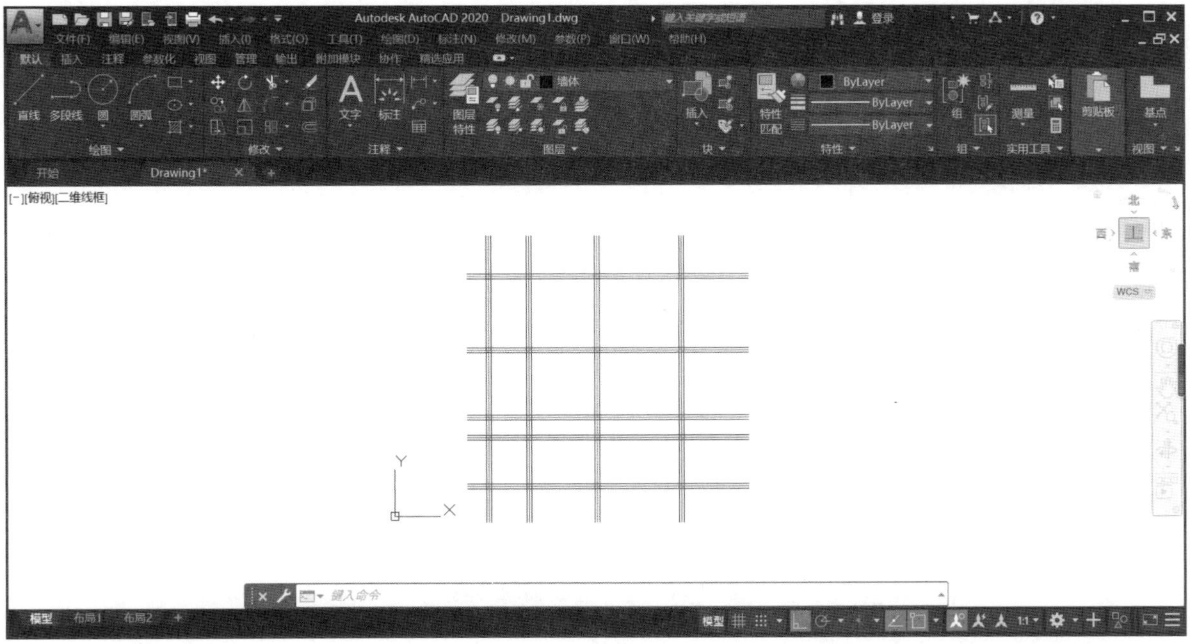

图 7-39　绘制多线

(3)编辑多线。

①在【对象特性】工具栏中，将"中心线"冻结，这时只剩下绘制的多线，如图 7-40 所示。

②执行菜单命令【修改】→【对象】→【多线】，打开【多线编辑工具】对话框，选择【多线编辑工具】对话框，选择【角点结合】工具，如图 7-41 所示。

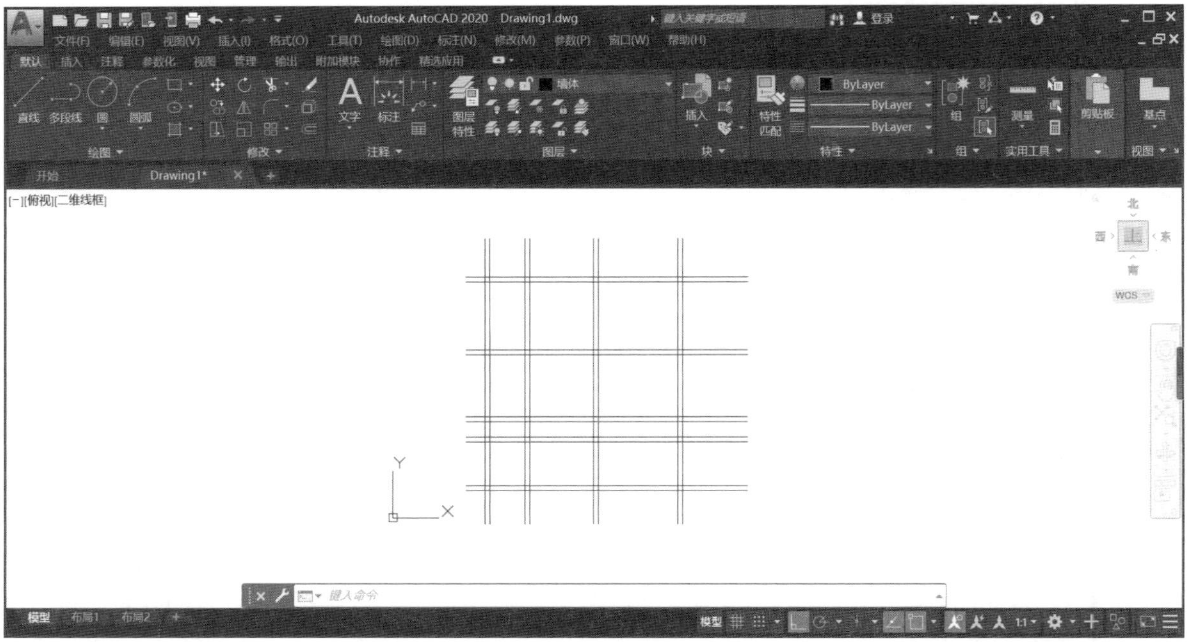

图 7-40　冻结中心线层

图 7-41　选择多线编辑工具

③单击【确定】按钮。单击各直线的交点，对多线修直角，如图 7-42 所示。

④在【修改】工具栏中单击【复制】按钮向右侧 1500 处复制多线，结果如图 7-43 所示。

⑤使用【T 形打开】多线编辑工具，对图形中的多线修 T 形，结果如图 7-44 所示。

⑥使用直线和复制操作绘制门边线，如图 7-45 所示。

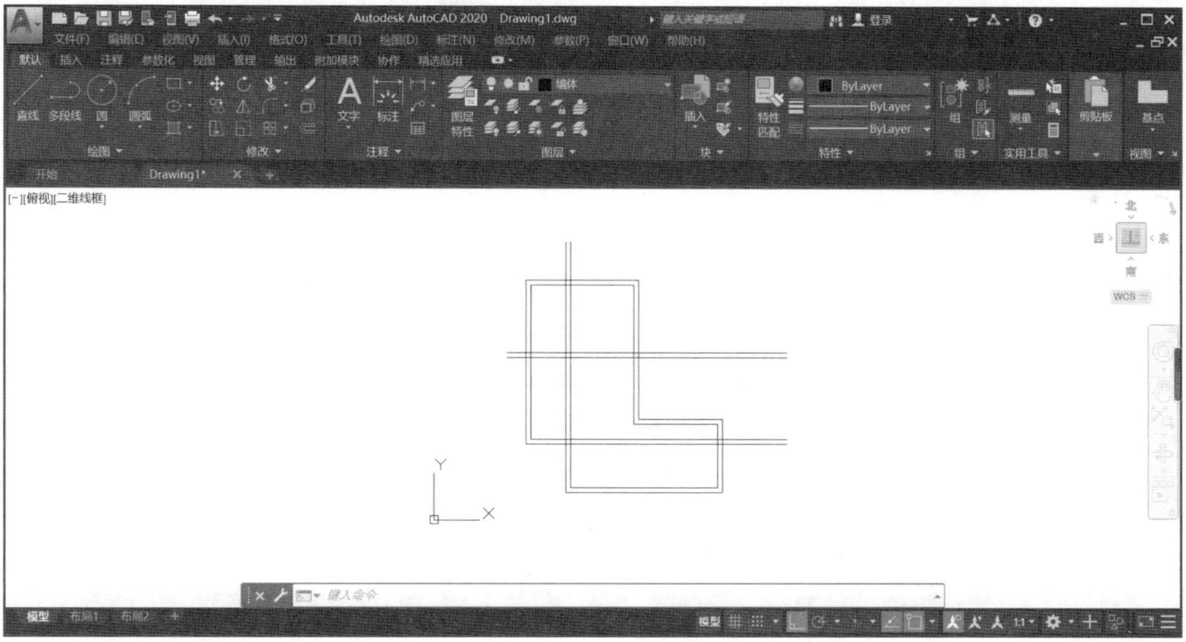

图 7-42　对多线修直角

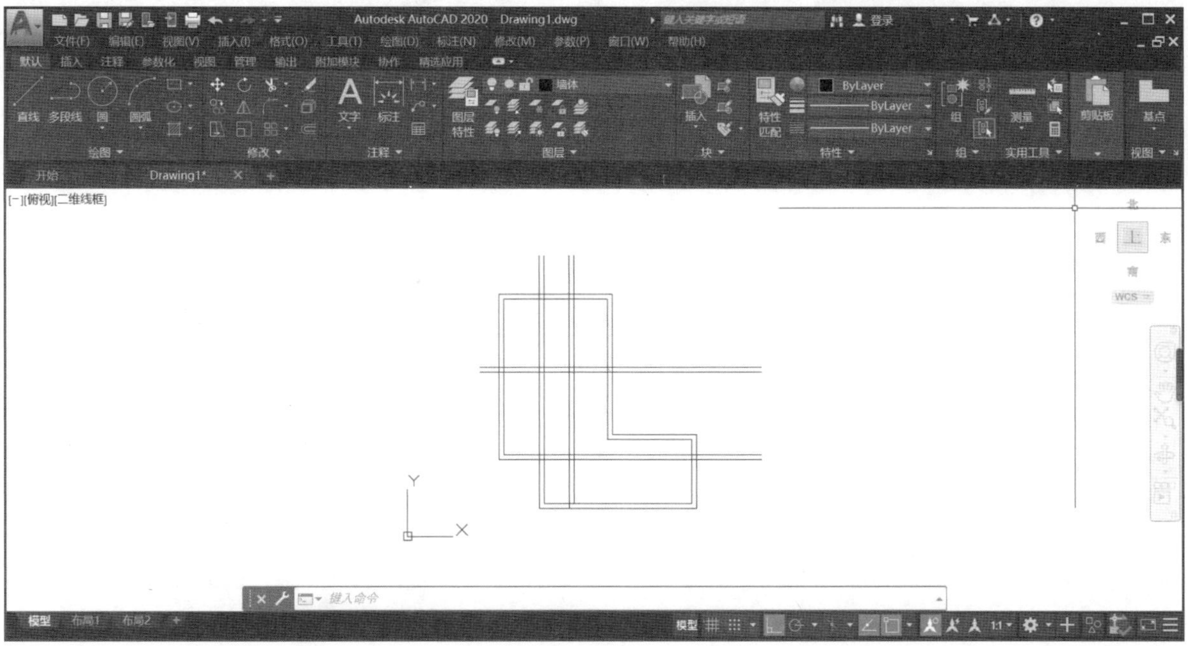

图 7-43　复制多线

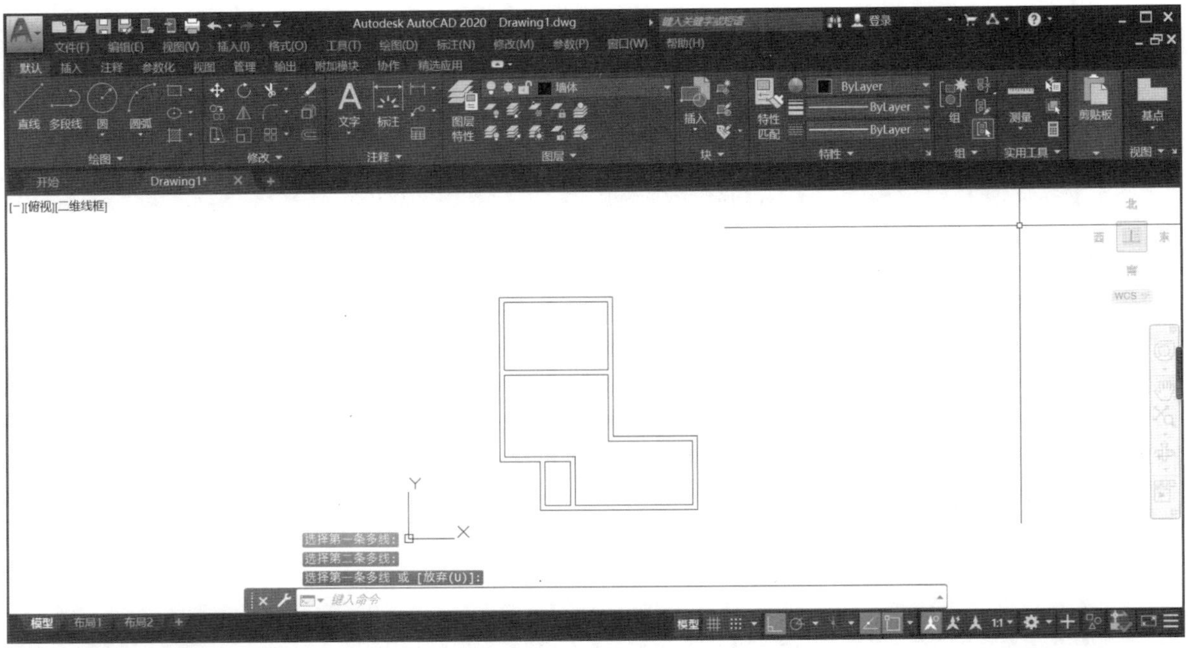

图 7-44 T 形多线

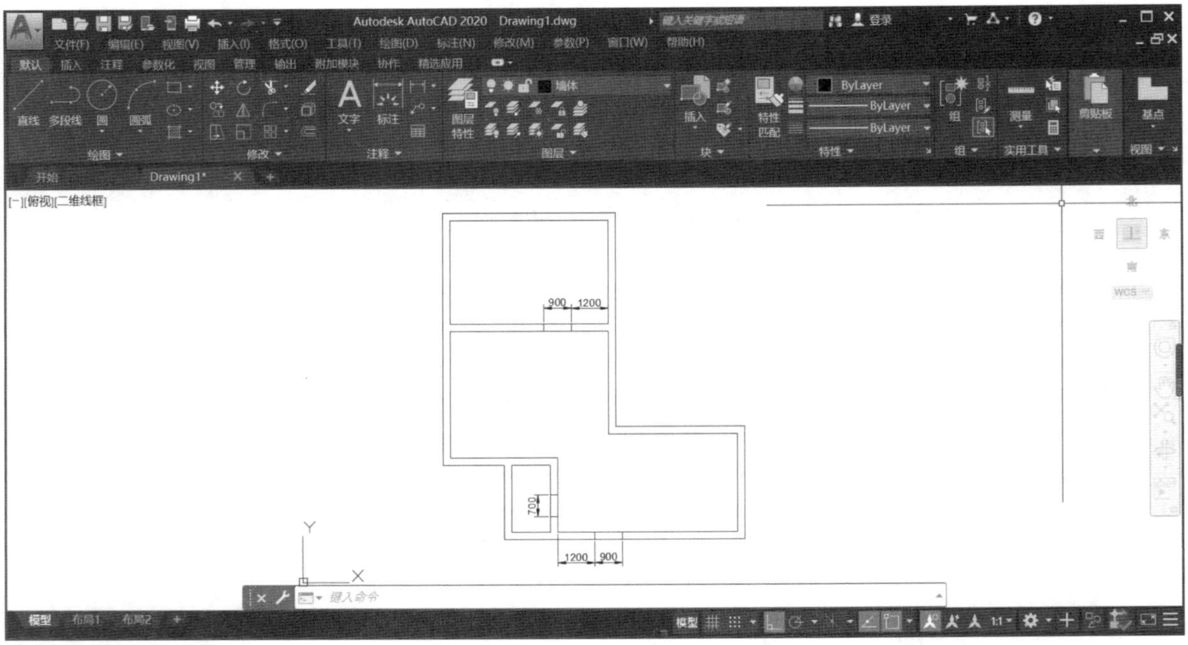

图 7-45 绘制门边线

(4)绘制门和其他部分。

①先使用 TR 修剪工具,对门洞口进行修剪,如图 7-46 所示。在【绘图】工具栏中单击【多段线】按钮,绘制门,命令行提示如下:

命令:PLINE。

指定起点。

当前线宽为 0.0000。

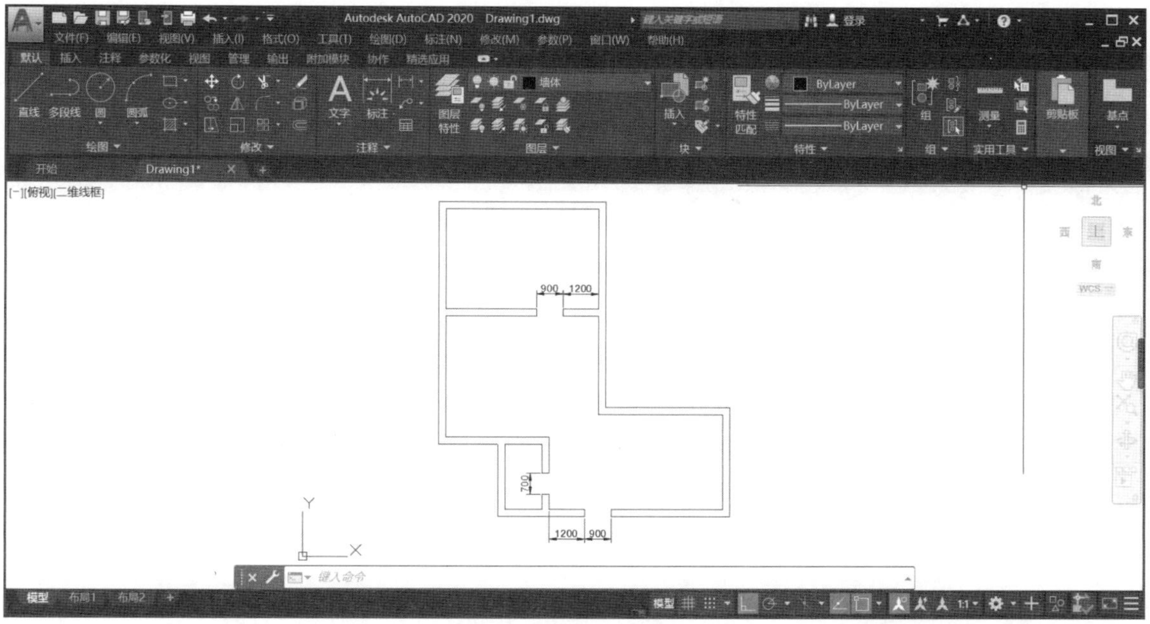

图 7-46　修剪门洞口

指定下一个点或【圆弧(A)/半宽(H)/长度(L)/放弃(U)/宽度(W)】:输入门框长度 900。

指定下一个点或【圆弧(A)/半宽(H)/长度(L)/放弃(U)/宽度(W)】:A。

指定圆弧的端点或【角度(A)/圆心(CE)/方向(D)/半宽(H)/直线(L)/半径(R)/第二个点(S)/放弃(U)/宽度(W)】:A。

指定包含角:—90。

指定圆弧的端点或【圆心(CE)/半径(R)】:CE。

指定圆弧的圆心。

然后按【Enter】键,结束多段线命令,在左端点处绘制一个门,如图 7-47 所示。

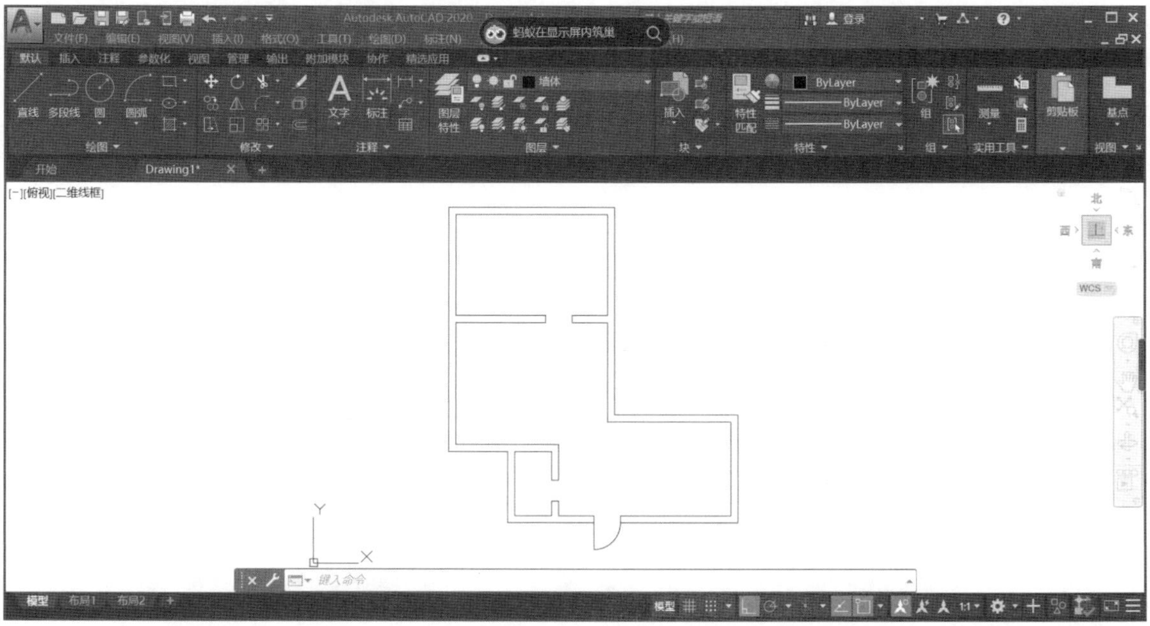

图 7-47　绘制门

②使用相同的方法绘制其他几处的门,然后用多段线绘制出一个阳台,结果如图 7-48 所示。

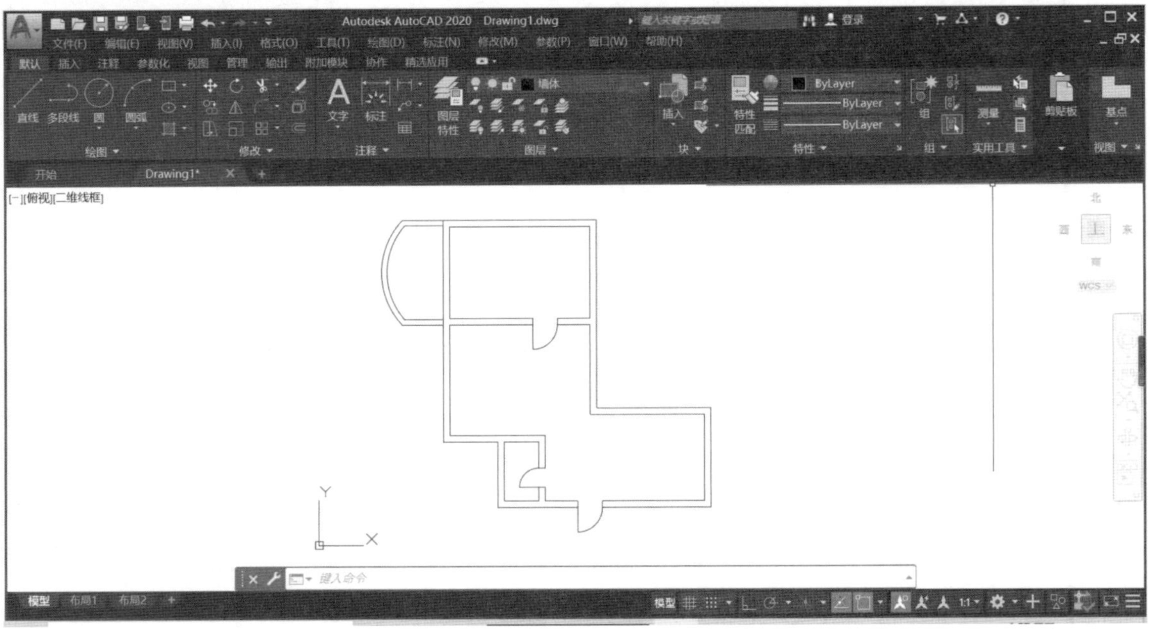

图 7-48 绘制其他门和阳台

③在【绘图】工具栏中单击【图案填充】按钮,打开【图案填充和渐变色】对话框,单击【拾取点】按钮,在阳台处单击,拾取封闭区域,然后按【Enter】键返回【图案填充和渐变色】对话框。在【图案】下拉列表框中选择【AR-PAPQ1】,如图 7-49 所示。最后单击【确定】按钮填充图形,完成房屋平面图的绘制,结果如图 7-50 所示。

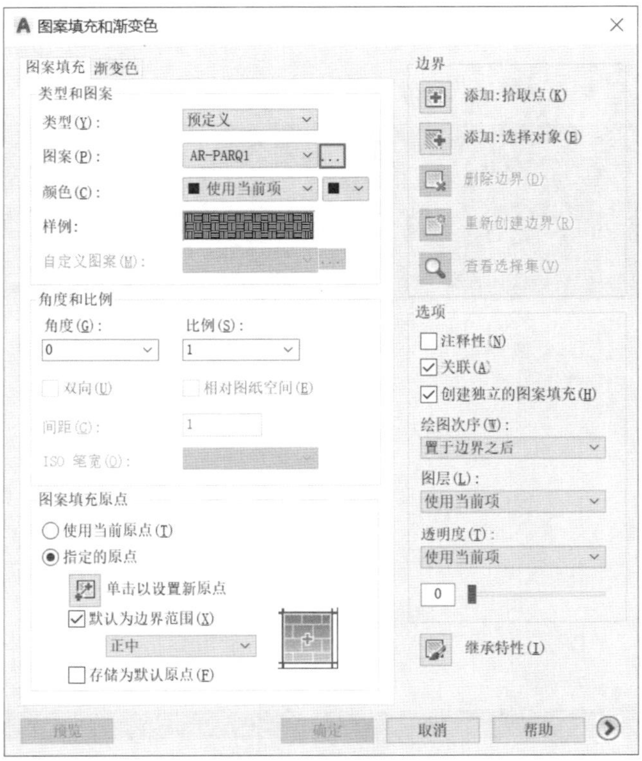

图 7-49 【图案填充和渐变色】对话框(3)

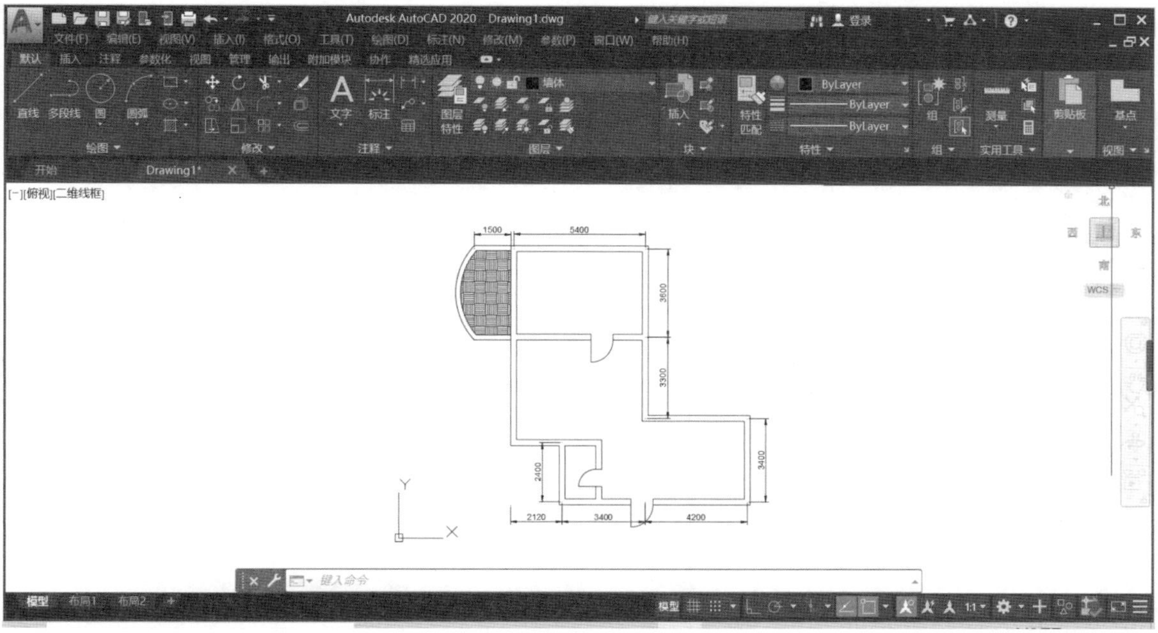

图 7-50　填充图形

(5)保存。

单击标准工具栏中的【保存】按钮或者选择菜单中的【文件】→【保存】，将绘制好的图形保存下来。

本章小结

(1)学会绘制多线、多段线，创建面域和对面域进行布尔运算，对图案进行填充和创建及插入块。

(2)多线的绘制注意要先创建多线样式，其主要应用于在绘制建筑墙线。

(3)用多段线绘制图形，主要创建直线段、圆弧段或两者的组合线段。

(4)要对某个绘图区域进行图案填充，可使用 BHATCH 或 HATCH 命令创建图案填充。

(5)面域是具有边界的二维封闭区域，除了包括边界还包括边界内的平面，可用于填充和着色。此外，还可以对其进行布尔运算，以创建出更为复杂的图形。

(6)在制图过程中，有时图形中有大量相同或相似的内容，我们可以把它们创建成块，在需要时直接插入它们。这可以有效地提高作图效率，也是绘制复杂图形的重要方法。

习题与思考题

7-1　填空题

(1)在中文版 AutoCAD 2020 中，多线是一种由多条__________组成的组合对象，它们的间距和数目可以调整。

(2)多段线是一种非常有用的线段对象，它是由__________或__________组成的一个组合体。

7-2　操作题

(1)定义多线样式,样式名为“多线样式 1”,其他特性要求如表 7-1 所示,并在多线的起始点和终止点处绘制外圆弧。

表 7-1　**线元素特性表**

序号	偏移量	颜色	线型
1	6	红色	BYLAYER
2	2.5	绿色	DASHED
3	−2.5	绿色	DASHED
4	−6	红色	BYLAYER

(2)用多段线绘制如图 7-51 所示的图形。

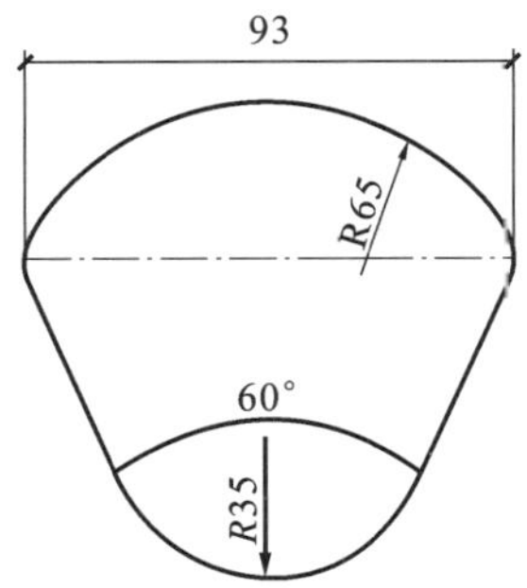

图 7-51　题(2)图

(3)绘制如图 7-52 所示的图形并将其定义为块对象,插入后,能自动设定时间,即时针和分针能都转动,并创建成外部块,插入其他文件中。

图 7-52　题(3)图

习题与思考题
答案

8 文字和表格

【内容提要】

本章的主要内容为文字和表格的使用方法及编辑技巧，包括创建文字样式、创建单行文字和多行文字、输入特殊字符、文字修改、文字查找与检查、表格应用等内容。

【能力要求】

通过本章的学习，学生应熟练掌握文字和表格的使用方法及编辑技巧；熟练使用文字和表格的编辑功能，能够表达图形的各种信息；运用文字和表格进一步说明图形代表的意义，完善设计思路，做到图纸整洁、清晰。

本章导读

8.1 文字样式的设置

在输入文字之前，首先要设置文字样式。文字样式包括字体、字高、宽度比例、倾斜比例、倾斜角度以及反向、颠倒、垂直、对齐等。

8.1.1 创建文字样式

启用“文字样式”命令有以下三种方法。

选择【格式】→【文字样式】。

通过【工具】菜单→【工具栏】→【AutoCAD】→【样式】，在样式工具栏选择【文字样式】。

通过【默认】选项卡→【注释】，选择【文字样式】。

输入命令：STYLE。

启动“文字样式”后，弹出【文字样式】对话框，如图 8-1 所示。

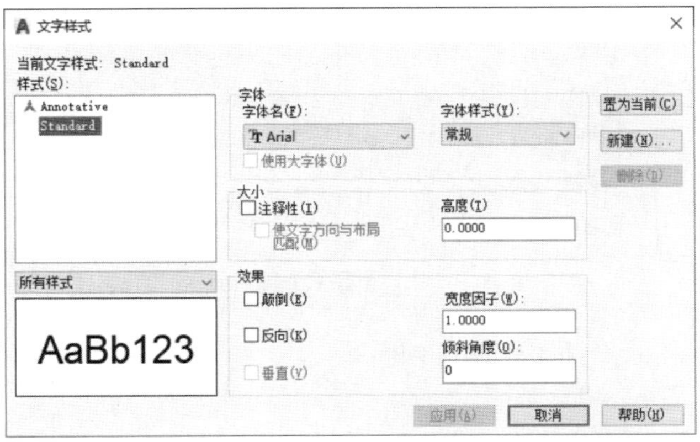

图 8-1 【文字样式】对话框

在【文字样式】对话框中,其各项功能说明如下。

(1)“按钮区”选项组。在【文字样式】对话框的右侧和下方有若干按钮,它们用来对文字样式进行最基本的管理操作。

【置为当前(C)】:将在【样式】列表中选择的文字样式设置为当前文字样式。

【新建(N)...】:该按钮是用来创建文字样式的。单击该按钮,弹出【新建文字样式】对话框,如图 8-2 所示。在该对话框的编辑框中输入用户所需要的样式名,点击【确定】按钮,返回到【新建文字样式】对话框,在对话框中对新命名的文字进行设置。

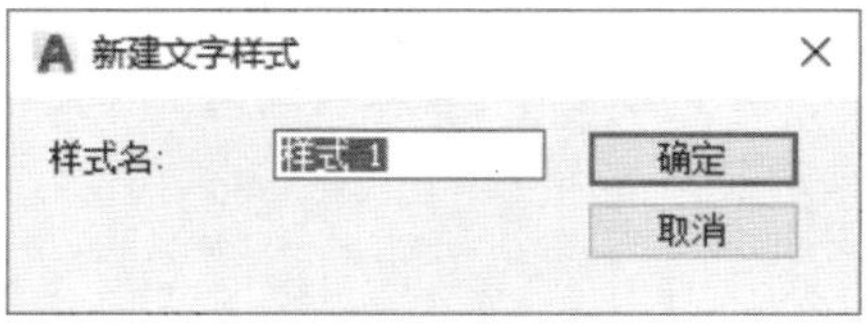

图 8-2 【新建文字样式】对话框

【删除(D)】:该按钮是用来删除在【样式】列表区选择的文字样式,但不能删除当前文字样式,以及已经用于图形中文字的文字样式。

【应用(A)】:在修改了文字样式的某些参数后,该按钮变为有效。单击该按钮,可使设置生效,并将所选文字样式设置为当前文字样式。否则,该按钮不可用。

(2)【字体】选项组。该设置区用来设置文字样式的字体类型及大小。

【SHX 字体(X)】下拉列表:通过该选项可以选择文字样式的字体类型。默认情况下,【使用大字体(U)】复选框被选中,此时只能选择扩展名为“.shx”的字体文件。

【大字体(B)】下拉列表:选择为亚洲语言设计的大字体文件。例如,gbcbig.txt 代表简体中文字体,chineseset.txt 代表繁体中文字体,bigfont.txt 代表日文字体等。

【使用大字体(U)】复选框:如果取消该复选框,【SHX 字体】下拉列表将变为【字体名】下拉列表,此时可以在其下拉列表中选择“.shx”字体或“TrueType 字体”(字体名称前有“ ”标志),如宋体、仿宋体等各种汉字字体,如图 8-3 所示。

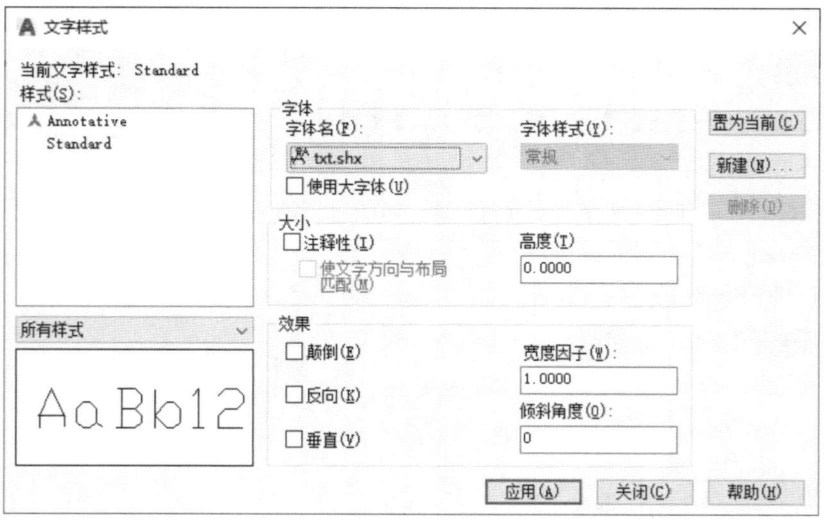

图 8-3 选择字体

(3)【大小】设置选项组。

【高度(T)】:设置文字样式的默认高度,其缺省值为 0。如果该数值为 0,则在创建单行文字时，必须设置文字高度；而在创建多行文字或作为标注文本样式时，文字的默认高度均被设置为2.5，用户可以根据情况进行修改。如果该数值不为0，无论是创建单行、多行文字，还是作为标注文本样式，该数值均作为文字的默认高度。

【注释性(I)】：如果选中该复选框，表示使用此文字样式创建的文字支持使用注释比例，此时【高度】编辑框将变为【图纸文字高度】编辑框，如图8-4所示。

图8-4　【注释性】复选框

(4)【效果】设置选项组。

【颠倒(E)】：颠倒显示字符。

【反向(K)】：反向显示字符，默认情况下的文字是从左向右显示，若选择反向，则文字从右向左显示。

【垂直(V)】：字体垂直书写，该选项只有在选择“.shx”字体时才可使用。

【宽度因子(W)】：在不改变字符高度情况下，控制字符的宽度。宽度比例小于1，字的宽度被压缩，此时可制作瘦高字；宽度比例大于1，字的宽度被扩展，此时可制作扁平字。

【倾斜角度(O)】：控制文字的倾斜角度，用来制作斜体字。

(5)“预览”显示区。在“预览”显示区，随着字体的改变和效果的修改，动态显示文字样例如图8-5所示。

图8-5　文字样式“预览”显示

8.1.2　选择文字样式

在图形文件中输入文字的样式是根据当前使用的文字样式决定的。将某一个文字样式设置为当前文字样式有两种方法：

(1)使用【文字样式】对话框。

打开【文字样式】对话框，在【样式】选项的下拉列表中选择要使用的文字样式，单击【关闭】按钮，关闭对话框，完成文字样式的选择，如图8-6所示。

(2)使用【样式】工具栏。

在【样式】工具栏中的【文字样式管理器】选项的下拉列表中选择需要的文字样式即可，如图8-7所示。

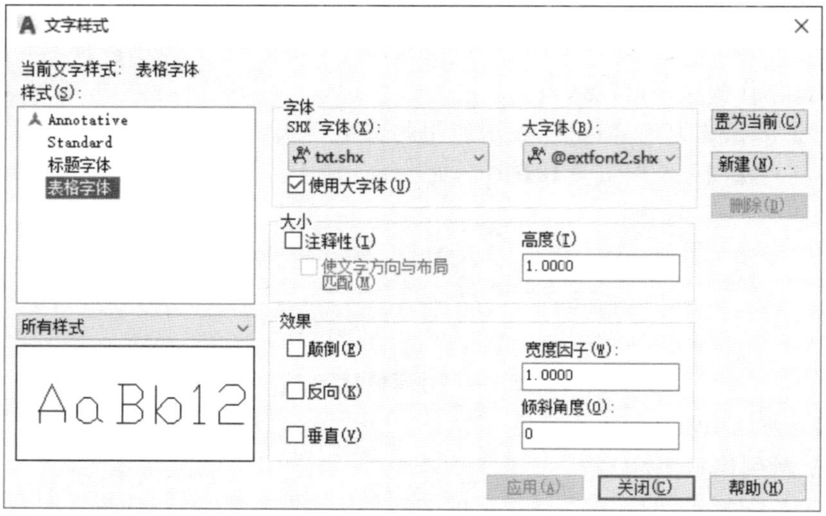

图 8-6　使用【文字样式】对话框选择文字样式

图 8-7　选择需要的文字样式

8.2　单行文字

添加到图形中的文字可以表达各种信息。它可以是复杂的规格说明、标题块信息、标签文字或图形的组成部分，也可以是最简单的文本信息。对于不需要使用多种字体的简短内容，可使用“TEXT”或“DTEXT”命令创建单行文字。单行文字标注方式可以为图形标注一行或几行文字，而每行文字都是一个独立的对象，读者可以对其重定位、调整格式或进行其他修改。

8.2.1　创建单行文字

调用“单行文字”命令有两种方式。

选择【绘图】→【文字】→【单行文字】。

输入命令：TEXT 或 DTEXT。

启动“单行文字”命令后，命令行提示如下。

命令：DTEXT。

当前文字样式：“表格字体 1”；文字高度：1.0000；注释性：是。

指定文字的起点或【对正(J)/样式(S)】。

其中的参数如下。

【指定文字的起点】：该选项为默认选项，输入或拾取注写文字的起点位置。当确定起点位置后，命令行提示如下。

指定高度＜1.0000＞：输入文字的高度，也可以输入或拾取两点，以两点之间的距离为字高。

当系统确定文字高度值后，命令行继续提示。

指定文字的旋转角度＜0＞：输入所注写的文字与 X 轴正方向的夹角，也可以输入或拾取两点，以两点的连线与 X 轴正方向的夹角为旋转角。命令行继续提示。

输入文字：输入需要注写的文字。用回车键换行，连续两次回车，结束单行文字命令。

【对正(J)】：该选项用于确定文本的对齐方式。在 AutoCAD 系统中，确定文本位置采用 4 条线，即顶线、中线、基线和底线，如图 8-8 所示。

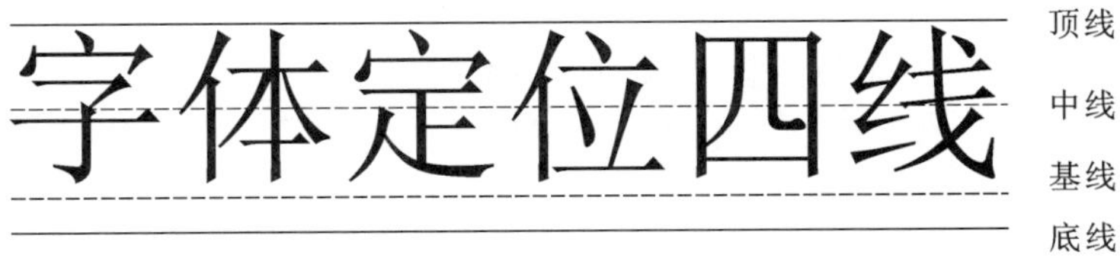

图 8-8　文本排列位置的基准线

输入 J 后，命令行提示：

输入选项【左(L)/居中(C)/右(R)/对齐(A)/中间(M)/布满(F)/左上(TL)/中上(TC)/右上(TR)/左中(ML)/正中(MC)/右中(MR)/左下(BL)/中下(BC)/右下(BR)】。

各种定位方式含义如下。

【对齐(A)】：该选项是通过输入两点(直线两端表示定位点)确定字符串底线的长度，如图 8-9 所示。这种定位方式根据输入文字的多少确定字高，字高与字宽比例不变。也就是说，两对齐点在位置不变的情况下，输入的字数越多，字就越小。

图 8-9　对齐方式定位文字

【布满(F)】：该选项是通过输入两点确定字符串底线的长度和原设定好的字高确定字的定位，即字高始终不变，当两定位点确定之后，输入的字多，字就变窄，反之字就变宽，如图 8-10 所示。

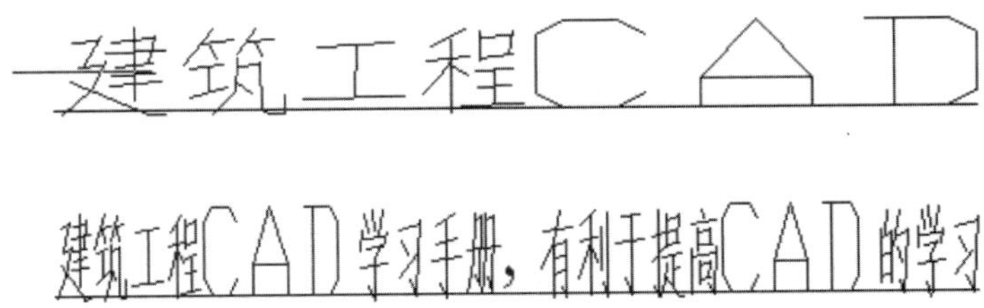

图 8-10　布满方式定位文字

【居中(C)】：该选项是将定位点设定在字符串基线的中点。

【中间(M)】：该选项是将定位点设定在字符串的中间。当所输入字符只占从顶线到底线或从中线到基线的位置，那么该定位点位于中线与基线之间；当所输入字符只占从顶线到基线的位置，该定位点位于中线上；当所输入字符只占从顶线到基线的位置，该定位点位于基线上。

【右(R)】:该选项是将定位点设定在字符串基线的右端。

【左(L)】:该选项是将定位点设定在字符串顶线的左端。

【左上(TL)】:该选项是将定位点设定在字符串顶线的左端。

【中上(TC)】:该选项是将定位点设定在字符串顶线的中间。

【右上(TR)】:该选项是将定位点设定在字符串顶线的右端。

【左中(ML)】:该选项是将定位点设定在字符串中线的左端。

【正中(MC)】:该选项是将定位点设定在字符串中线的中间。

【右中(MR)】:该选项是将定位点设定在字符串中线的右端。

【左下(BL)】:该选项是将定位点设定在字符串底线的左端。

【中下(BC)】:该选项是将定位点设定在字符串底线的中间。

【右下(BR)】:该选项是将定位点设定在字符串底线的右端。

各项基点的位置如图 8-11 所示。

图 8-11 各项基点的位置

【样式(S)】:该选项用于改变当前文字样式。输入 S,命令行提示如下。

输入样式名或【?】<表格字体>:

输入的样式名必须是已经设置好的文字样式。系统默认的样式名为“Standard”,其字体文件名为“txt. shx”,采用“单行文字”命令时,这种字体不能用于输入中文字符,输入的汉字只能显示为“?”。

在上句提示行中输入“?”并回车后,屏幕上弹出【AutoCAD 文本窗口】,显示已设置的文字样式名及其所选字体文件名,如图 8-12 所示。

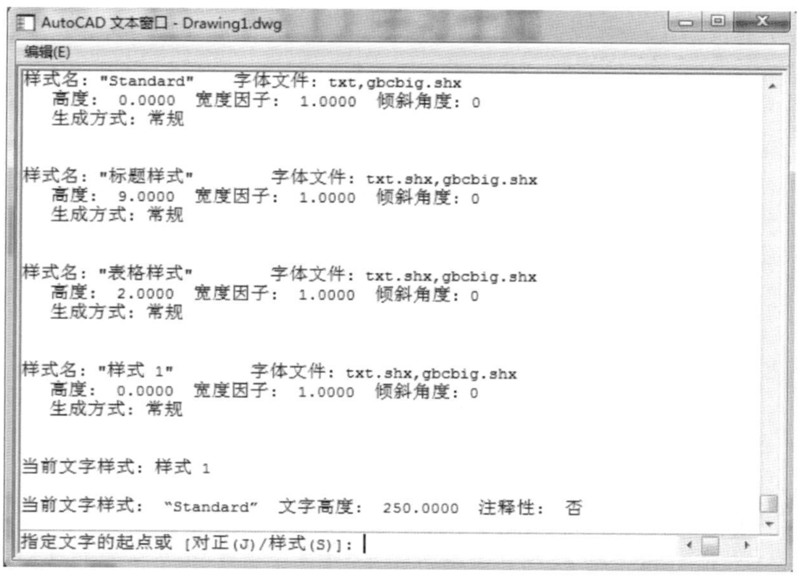

AutoCAD 文本窗口 - Drawing1.dwg

编辑(E)

```
样式名: "Standard"    字体文件: txt,gbcbig.shx
   高度:  0.0000  宽度因子:  1.0000  倾斜角度: 0
   生成方式: 常规

样式名: "标题样式"      字体文件: txt.shx,gbcbig.shx
   高度:  9.0000  宽度因子:  1.0000  倾斜角度: 0
   生成方式: 常规

样式名: "表格样式"      字体文件: txt.shx,gbcbig.shx
   高度:  2.0000  宽度因子:  1.0000  倾斜角度: 0
   生成方式: 常规

样式名: "样式 1"       字体文件: txt.shx,gbcbig.shx
   高度:  0.0000  宽度因子:  1.0000  倾斜角度: 0
   生成方式: 常规

当前文字样式: 样式 1

当前文字样式: "Standard"  文字高度:  250.0000  注释性:  否
指定文字的起点或 [对正(J)/样式(S)]:
```

图 8-12 所有文字样式

8.2.2　输入特殊字符

创建单行文字时，用户还可以在文字中输入特殊字符，例如直径符号 Φ、百分号%、正负公差符号±，文字的上画线、下画线等，但是这些特殊符号一般不能由标注键盘直接输入，为此系统提供了专用的代码。表 8-1 为用户提供了特殊字符的代码。

表 8-1　　**特殊字符的代码**

输入代码	对应字符	输入效果
%%O	上画线	$\overline{\text{文字说明}}$
%%U	下画线	$\underline{\text{文字说明}}$
%%D	度数符号“°”	90°
%%P	公差符号“±”	±100
%%C	圆直径标注符号“Φ”	Φ80
%%%	百分号“%”	98%
\U+2220	角符号“∠”	∠A
\U+2248	几乎相等“≈”	X≈A
\U+2260	不相等“≠”	A≠B
\U+00B2	上标 2	X^2
\U+2082	下标 2	X_2

8.3　多行文字

当需要标注的文字内容较长、较复杂时，可以使用“MTEXT”命令进行多行文字标注。多行文字又称为段落文字，它由任意数目的文字行或段落组成。与单行文字不同的是，在一个多行文字编辑任务中创建的所有文字行或段落将被视作同一个多行文字对象，读者可以对其进行整体选择、移动、旋转、删除、复制、镜像、拉伸或比例缩放等操作。另外，与单行文字相比较，多行文字还具有更多的编辑选项，如对文字加粗、增加下画线、改变字体颜色等。

8.3.1　创建多行文字

调用“多行文字”命令，有三种方法：

选择【绘图】→【文字】→【多行文字】。

单击绘图工具栏上的【多行文字】按钮。

输入命令：MTEXT。

启动“多行文字”命令后，光标变为如图 8-13 所示的形式，在绘图窗口中，单击指定一点并向下方拖动鼠标绘制出一个矩形框，如图 8-14 所示。绘图区内出现的矩形框用于指定多行文字的输入位置与大小，其箭头指示文字书写的方向。

拖动鼠标到适当位置后单击，弹出【多行文字编辑器】，它包括一个顶部带标尺的文字输入框和【文字格式】工具栏，如图 8-15 所示。

图 8-13 “多行文字”光标形状

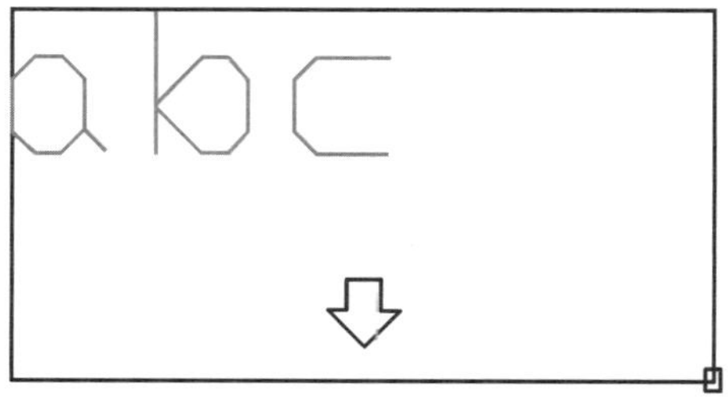

图 8-14 “多行文字”拖动鼠标过程

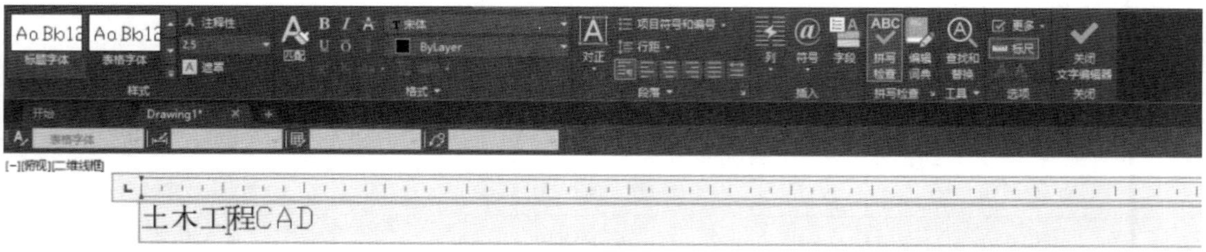

图 8-15 【多行文字编辑器】

在默认功能面板选择【注释】选项卡中的【文字】下拉菜单，选择【多行文字】，在命令行显示【指定第一角点】，选择第一角点，命令行提示：[高度(H)/对正(J)/行距(L)/旋转(R)/样式(S)/宽度(W)/栏(C)]，选择【宽度(W)】，输入 200。当文字达到定义边框的边界时会自动换行排列，如图 8-16(a)所示。如果选择【栏(C)】，可以进行分栏设计，根据具体的需求调整参数，也可通过文字输入的游标和分栏框进行动态调整，当左边栏文字填满，或者用回车键填充行满后，自动跳转到右边进行文字编辑，具体如图 8-16(b)所示。

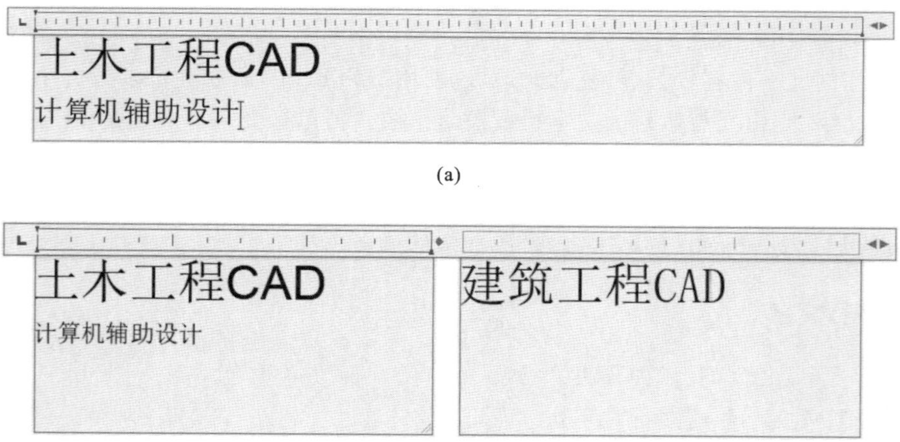

(a)

(b)

图 8-16 “多行文字”输入

(a)输入多行文字；(b)分栏输入多行文字

8.3.2 使用【文字格式】工具栏

用户编辑文字，一定要理解工具栏中各种参数的意义。

【文字格式】工具栏：控制多行文字对象的文字样式和选定文字的字符格式。

【样式】下拉列表框：单击【样式】下拉列表框右侧的▾按钮，弹出其下拉列表，从中即可对多行文字对象应用文字样式。

【字体】下拉列表框：单击【字体】下拉列表框右侧的▾按钮，弹出其下拉列表，从中即可为新输入的文字指定字体或改变选定文字的字体。

【字体高度】下拉列表框：单击【字体高度】下拉列表框右侧的▾按钮，弹出其下拉列表，从中即可按图形单位设置新文字的字符高度或修改选定文字的高度。

【粗体】按钮：若用户所选的字体支持粗体，单击此按钮，则为新建文字或选定文字打开和关闭粗体格式。

【符号】按钮：用于在光标位置插入符号或不间断空格，单击按钮，弹出如图8-17所示字段对话框，选择最下面的【其他...】选项，弹出如图8-18所示的【字符映射表】对话框，可选择所需要的符号。

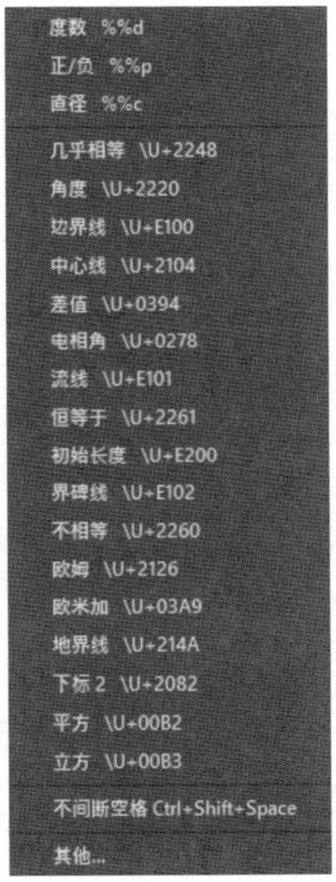

图8-17 字段

图8-18 【字符映射表】

【倾斜角度】列表框：用于确定文字是向右倾斜还是向左倾斜。倾斜角度表示的是相对于90°方向的偏移角度。输入一个－85°～85°的数值使文字倾斜。倾斜角度值为正值时文字向右倾斜，倾斜角度为负值时文字向左倾斜，如图8-19所示。

(a) (b)

图8-19 不同倾斜角度显示文字

(a)角度值为－30°；(b)角度值为30°

【追踪】列表框：用于增大或减小选定字符之间的空间。默

认值 1.0 是常规间距。设置值大于 1.0 可以增大该宽度,反之减小该宽度,如图 8-20 所示。

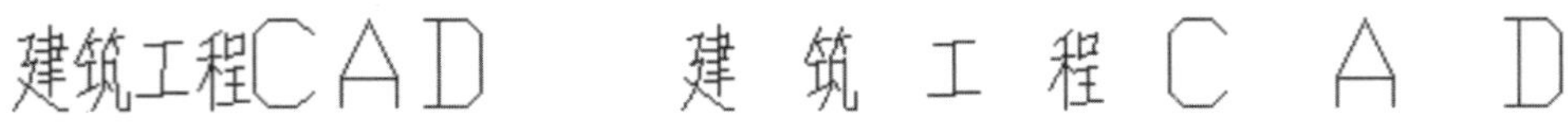

(a) (b)

图 8-20 不同追踪值显示

(a)追踪值为 1.0;(b)追踪值为 2.0

【宽度因子】列表框 :用于扩展或收缩选定字符。默认值 1.0 代表此字体中字母的常规宽度。设置值大于 1.0 可以增大该宽度,反之减小该宽度,如图 8-21 所示。

(a) (b)

图 8-21 不同宽度因子显示

(a)宽度因子为 1.0;(b)宽度因子为 2.0

8.4 文字修改

8.4.1 双击编辑文字

无论是单行文字还是多行文字,均可直接通过双击来编辑,此时实际上是执行了 DDEDIT 命令,该命令的特点如下:

①编辑单行文字时,文字全部被选中,因此,如果此时直接输入文字,则文本原内容均被替换,如图 8-22 所示。如果希望修改文本内容,可首先在文本框中单击。如果希望退出单行文字编辑状态,可在其他位置单击或按【Enter】键。

注:单行文字修改只能修改文字内容,不能修改文字格式。

图 8-22 单行文字内容编辑

②编辑多行文字时,将打开【文字格式】工具栏和文本框,这和输入多行文字完全相同,如图 8-23 所示。

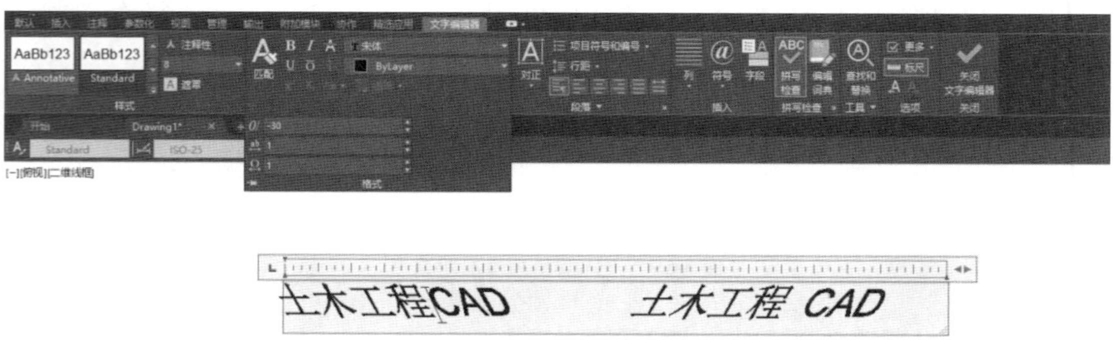

图 8-23 多行文字编辑

③退出当前文字编辑状态后，可单击编辑其他单行或多行文字。

④如果希望结束编辑命令，可在退出文字编辑状态后按【Enter】键。

8.4.2　修改文字特性

要修改文字的特性，可以通过【工具】菜单→【工具栏】→【AutoCAD】→【标准】，在标准工具栏选择【特性匹配】，在命令行【设置(S)】输入 S，打开【特性设置】对话框。在该对话框中可以修改文字的颜色、图层、线型、线型比例、线宽、透明度、厚度、打印样式、标注等，具体如图 8-24 所示。

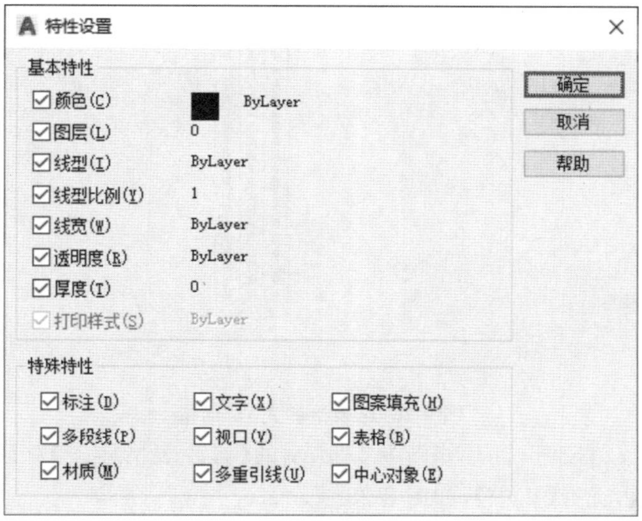

图 8-24　文字特性修改

8.5　表格应用

利用 AutoCAD 2020 的表格功能，可以方便、快速地绘制图纸所需的表格，如明细表、标题栏等。在本节中，通过创建如图 8-25 所示的表格来说明在 AutoCAD 中创建表格的方法。该表格的列宽为 25，表格中字体为宋体，字号为 4.5 号。

学生成绩表				
姓名	学号	英语	数学	CAD
孙悟空	1001	60	80	90
猪八戒	1002	75	60	75
沙僧	1003	80	85	80
小白龙	1004	90	90	90

图 8-25　CAD 表格应用

8.5.1　创建和修改表格样式

在绘制表格之前，用户需要启用“表格样式”命令来设置表格的样式，表格样式用于控制表格单元的填充颜色、内容对齐方式、数据格式，表格文本的文字样式、高度、颜色，以及表格边框等。

①启用“表格样式”命令有三种方法：

选择【格式】→【表格样式】。

通过【工具】菜单→【工具栏】→【AutoCAD】→【样式】,在【样式】工具栏中选择【表格样式】按钮。

输入命令:TABLESTYLE。

启用“表格样式”命令后,系统将弹出【表格样式】对话框,如图 8-26 所示。

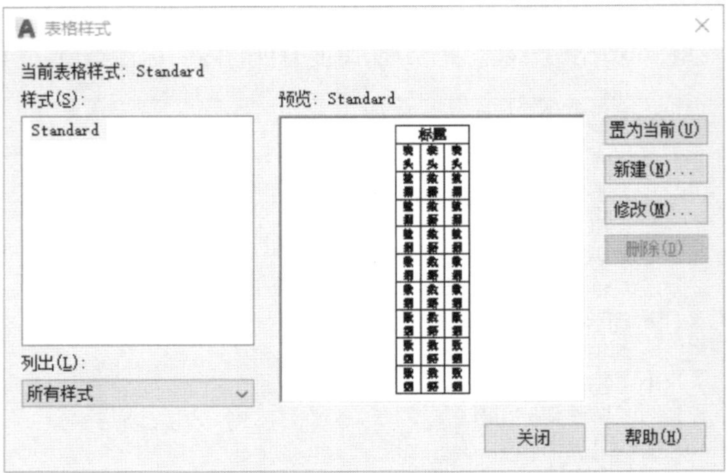

图 8-26 【表格样式】对话框

②单击【修改(M)...】按钮,打开如图 8-27 所示的【修改表格样式】对话框。打开【常规】设置区中的【对齐】下拉列表,选择【正中】,如图 8-28 所示。

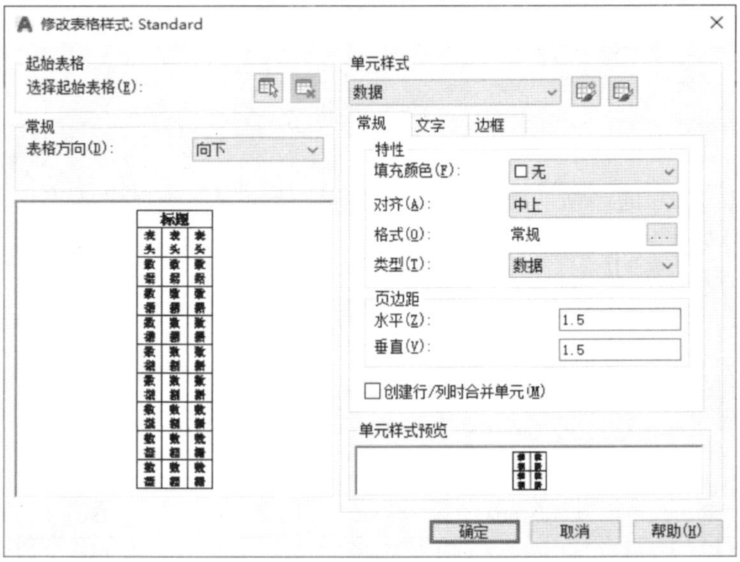

图 8-27 【修改表格样式】对话框

③打开对话框右侧的【文字】选项卡,设置【文字高度】为 4.5,如图 8-29 所示。

④单击【文字样式】下拉列表框右侧的【...】按钮,打开【文字样式】对话框,取消【大字体】复选框,将【字体名】设置为“宋体”,如图 8-30 所示。依次单击【应用(A)】和【关闭(C)】按钮,关闭【文字样式】对话框。

⑤单击【确定】按钮,关闭【修改表格样式】对话框。单击【关闭】按钮,关闭【表格样式】对话框。

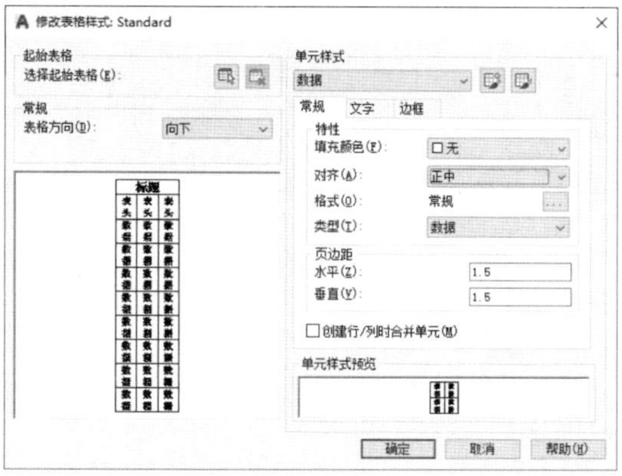

图 8-28 设置单元格内容对齐方式

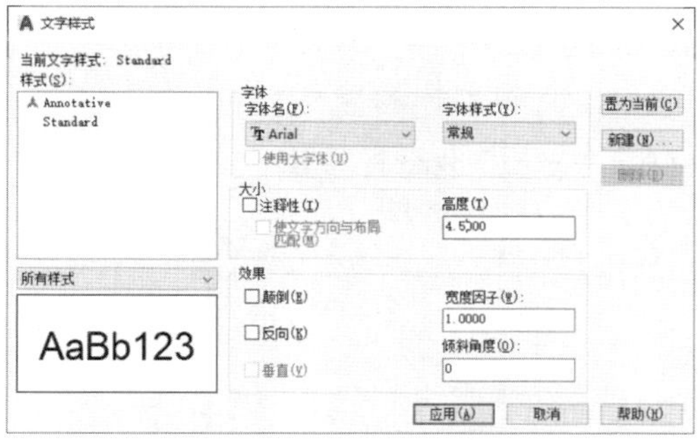

图 8-29 设置文字高度

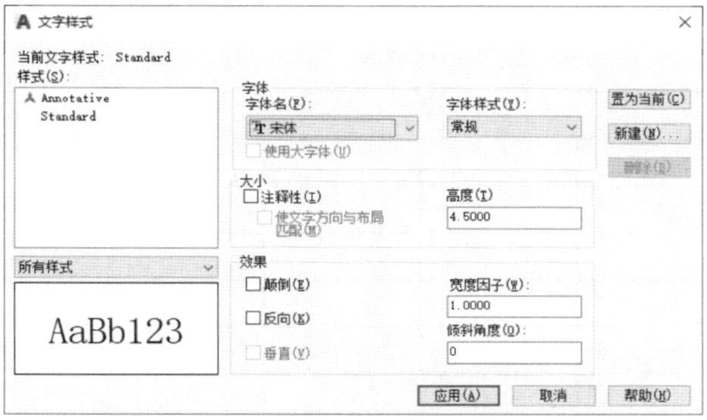

图 8-30 设置字体名

8.5.2 创建表格

创建表格时，可设置表格的表格样式，如表格列数、列宽、行数、行高等。创建结束后，系统自动进入表格内容编辑状态。其具体操作如下：

①通过【工具】菜单→【工具栏】→【AutoCAD】→【绘图】，单击【绘图】工具栏中的【表格】工具；或者选择【绘图】菜单→【表格】；或者在【默认】选项卡的【注释】功能面板中，选择【表格】工具。

创建表格视频

②在【列和行设置】区设置表格列数为 5，列宽为 30，行数为 7（默认行高为 1 行）；在【设置单元样式】设置区依次打开【第一行单元样式】和【第二行单元样式】下拉列表，分别设置为【标题】、【表头】类型（表示表格中不含标题行和表头行），如图 8-31 所示。

③单击【确定】按钮，关闭【插入表格】对话框。在绘图区域单击，确定表格放置位置，此时系统将自动打开【文字格式】工具栏，并进入表格内容编辑状态，如图 8-32 所示。如果表格尺寸较小，无法看到编辑效果时，可首先在表格外空白区单击，暂时退出表格内容编辑状态，然后放大表格显示即可。

④在表格左上角单元中双击，重新进入表格内容编辑状态，然后输入“姓名”等文本内容，通过【Tab】键切换到同行的下一个表单元，通过【Enter】键切换同一列的下一个表单元，或通过【↑】、【↓】、【←】、【→】键在各表单元之间切换，为表格

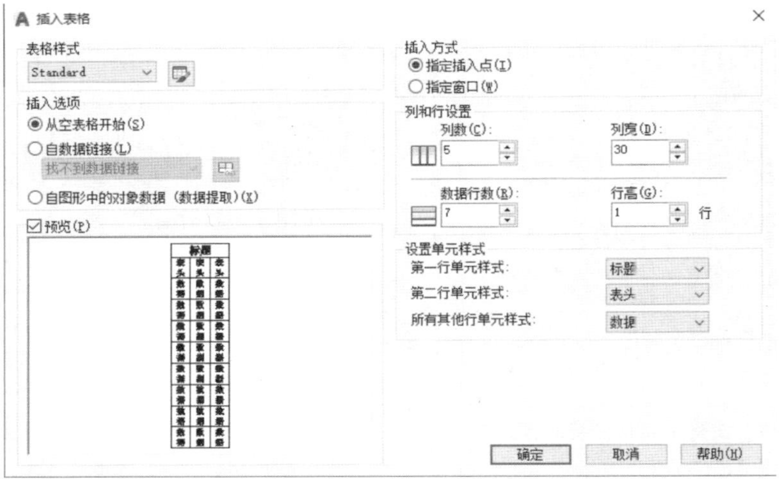

图 8-31　设置表格参数

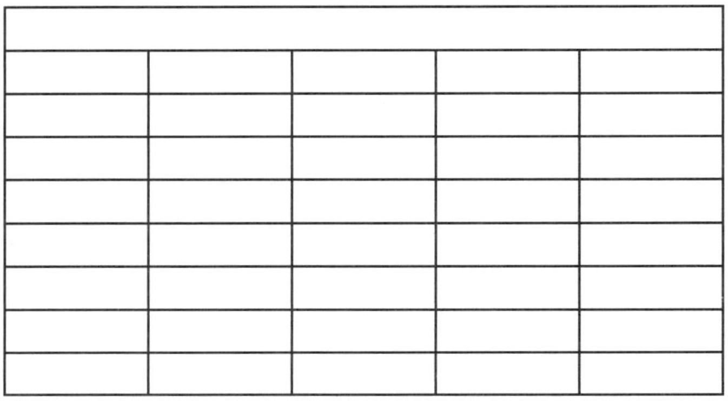

图 8-32　在绘图区域单击放置表格

的其他单元输入内容，如图 8-33 所示。编辑结束后，在表格外单击或者按【Esc】键退出表格编辑状态。

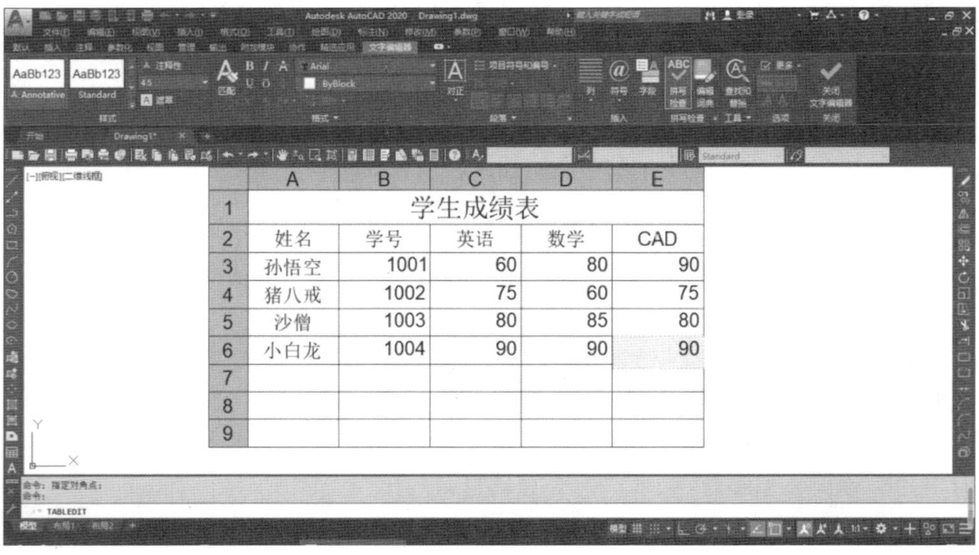

图 8-33　为表格单元输入内容

8.5.3　在表格中使用公式

通过在表格中插入公式，可以对表格单元执行求和、均值等各种运算。例如，要在如图 8-33 所示表格中，使用求和公式计算表中英语、数学和 CAD 的总分，具体操作步骤如下：

①单击选中表单元 C7，单击【表格】工具栏中的【公式】按钮，从弹出的公式列表中选择【求和】，如图 8-34 所示。

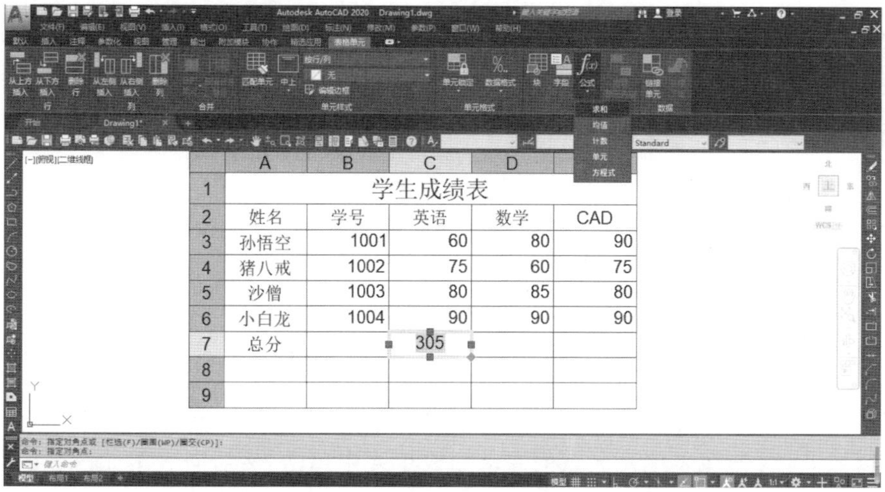

图 8-34　执行求和操作

②分别在 C3 和 C6 表单元中单击，确定选取表单元范围的第一个角点和第二个角点，显示并进入公式编辑状态，如图 8-35 所示。

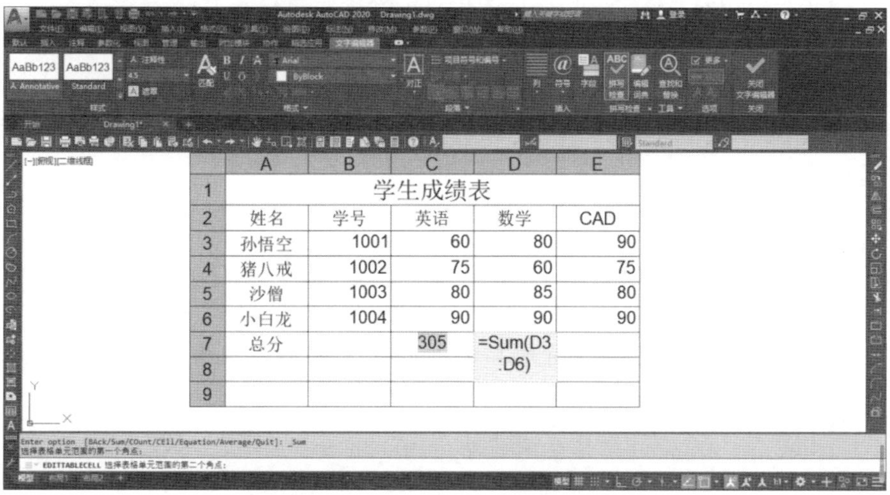

图 8-35　选择要求和的表单元及进入公式编辑状态

8.6　编辑表格

编辑表格视频

在 AutoCAD 中，用户可以方便地编辑表格内容，合并表单元，以及调整表单元的行高与列宽等。

8.6.1 选择表格与表单元

要调整表格外观(例如合并表单元、插入或删除行或列),应首先掌握如何选择表格或表单元,具体方法如下:

①要选择整个表格,可直接单击表线,或利用选择窗口选择整个表格。表格被选中后,表格框线将显示为断续线,并显示一组夹点,如图 8-36 所示。

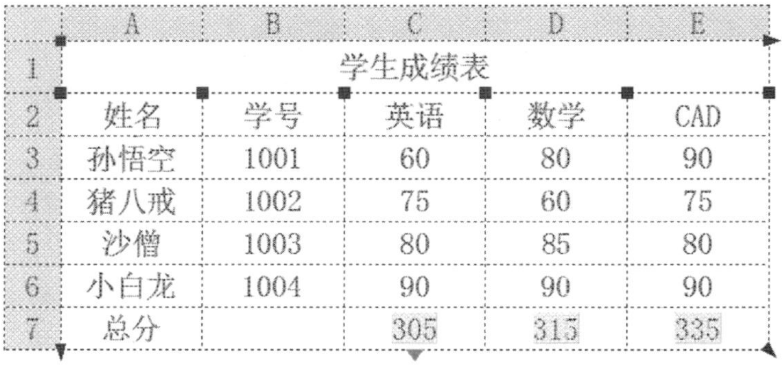

	A	B	C	D	E
1	学生成绩表				
2	姓名	学号	英语	数学	CAD
3	孙悟空	1001	60	80	90
4	猪八戒	1002	75	60	75
5	沙僧	1003	80	85	80
6	小白龙	1004	90	90	90
7	总分		305	315	335

图 8-36　选择待编辑的表格

②要选择一个表单元,可直接在该表单元中单击,此时将在所选表单元四周显示夹点。

③要选择表单元区域,可首先在表单元区域的左上角表单元中单击,然后向表单元区域的右下角表单元中拖动,释放鼠标后,选择框所包含或与选择框相交的表单元均被选中。此外,在单击选中表单元区域中某个角点的表单元后,按住【Shift】键,在表单元区域中所选表单元的对角表单元中单击,也可选中表单元区域。

④要取消表单元选择状态,可按【Esc】键,或者直接在表格外单击鼠标左键。

8.6.2 编辑表格内容

要编辑表格内容,只需鼠标双击表单元进入文字编辑状态即可。要删除表单元中的内容,可首先选中表单元,然后按【Delete】键。

8.6.3 调整表格的行高与列宽

选中表格、表单元或表单元区域后,通过拖动不同夹点可移动表格的位置,或者调整表格的行高与列宽,■按钮调整单列宽,▶按钮调整整个表格的列宽或行高,这些夹点如图 8-37 所示。

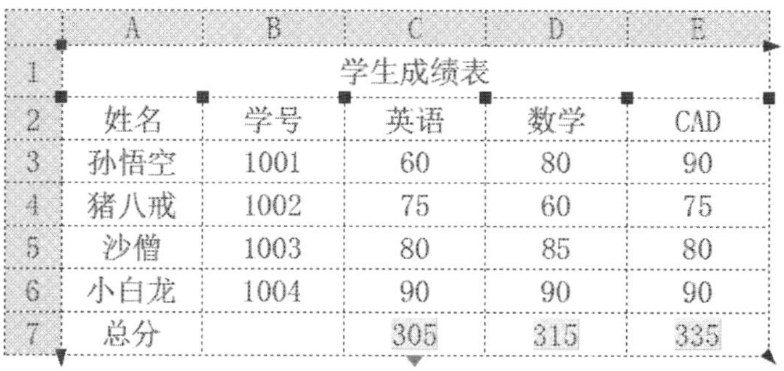

	A	B	C	D	E
1	学生成绩表				
2	姓名	学号	英语	数学	CAD
3	孙悟空	1001	60	80	90
4	猪八戒	1002	75	60	75
5	沙僧	1003	80	85	80
6	小白龙	1004	90	90	90
7	总分		305	315	335

图 8-37　表格各夹点的不同用途

8.6.4 利用【表格】工具栏编辑表格

在选中表单元或表单元区域后，【表格】工具栏被自动打开，通过单击其中的按钮，可对表格插入或删除行或列，以及合并单元、取消单元合并、调整单元边框等。例如，要调整表格外边框，可执行如下操作。

(1)编辑表格边框。

①单击选择表格中的左上角表单元，然后按住【Shift】键，单击表格右下角表单元，从而选中所有表单元，如图 8-38 所示。

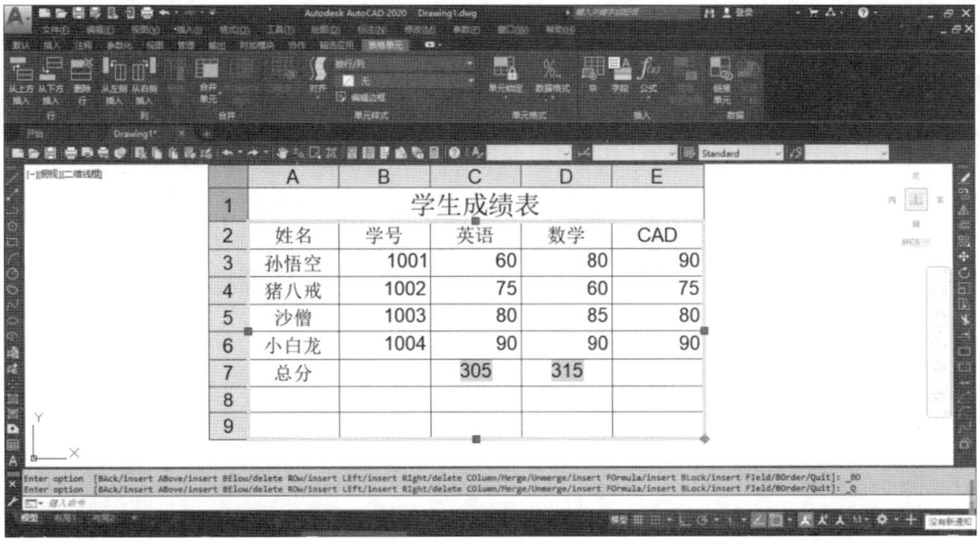

图 8-38 选中所有表单元

②单击【表格】工具栏中的【单元边框】按钮，打开【单元边框特性】对话框，如图 8-39 所示。

③在【边框特性】设置区打开【线宽】下拉列表，设置线宽为 0.4，在应用设置区中单击【外边框】按钮，如图 8-40 所示。

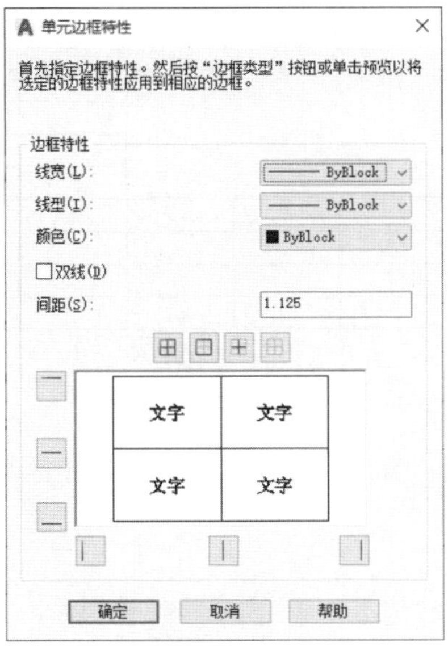

图 8-39 【单元边框特性】对话框

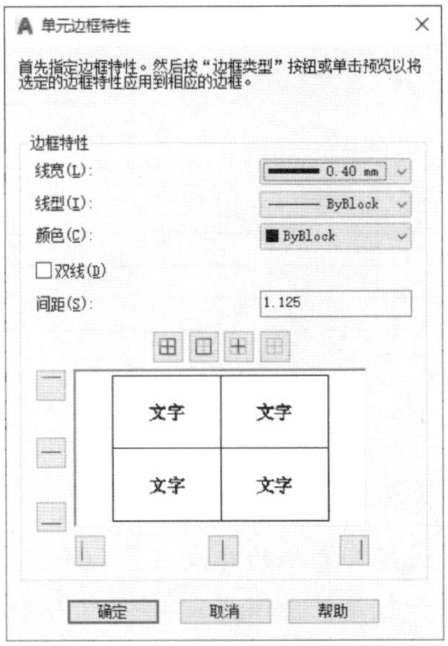

图 8-40 设置线宽和应用范围

④单击【确定】按钮，按【Esc】键退出表格编辑状态。单击状态栏上的【线宽(L):】按钮以显示线宽，结果如图 8-41 所示。

学生成绩表				
姓名	学号	英语	数学	CAD
孙悟空	1001	60	80	90
猪八戒	1002	75	60	75
沙僧	1003	80	85	80
小白龙	1004	90	90	90
总分		305	315	335

图 8-41　调整表格外边框线宽

(2)合并表格。

①用鼠标左键选定 A2∶C5 区域，系统弹出如图 8-42 所示的对话框。

②单击表格工具栏上按钮，选择【全部】，表格合并完成，如图 8-43 所示。

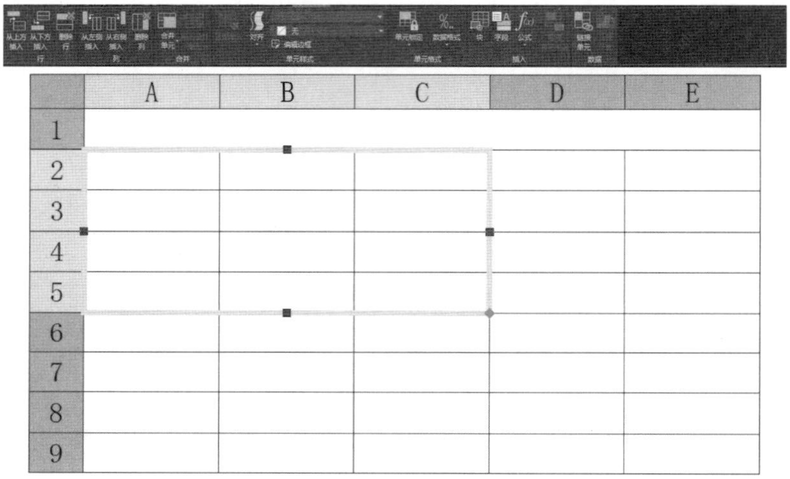

图 8-42　选定要合并的单元格

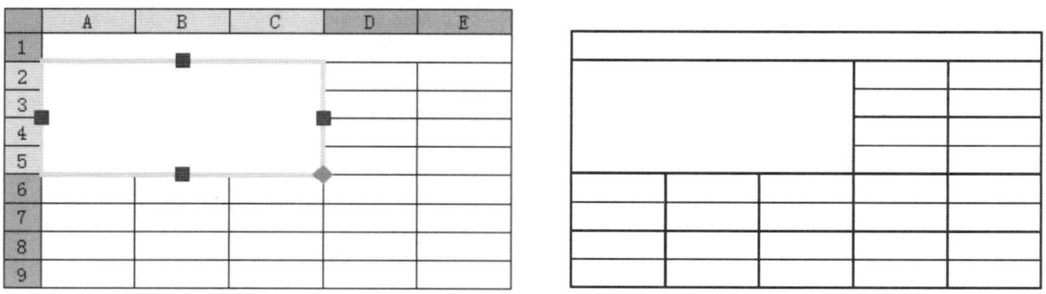

(a)　　(b)

图 8-43　单元格合并

本章小结

(1)学习文字和表格的样式设置和绘制方法。

(2)学习如何设置文字样式，单行文字和多行文字的使用方法，文字的编辑修改。

(3)学习如何设置表格样式，表格的应用和编辑。

习题与思考题

用绘制表格方式，绘制如图 8-44 所示的标题栏。

习题与思考题答案

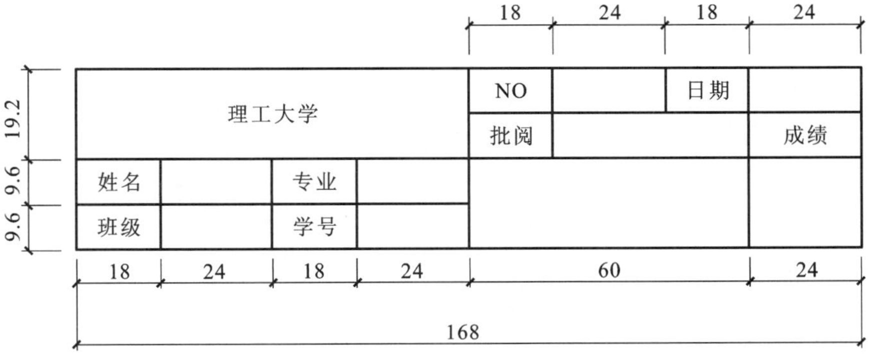

图 8-44　习题图例

9 工程标注

本章导读

【内容提要】

本章主要内容包括尺寸标注对象与尺寸标注的组成、尺寸标注样式的设置、尺寸标注命令、尺寸标注编辑等。

【能力要求】

通过本章的学习，学生应了解土木工程标注的基本知识，掌握标注样式的创建及修改方法，掌握不同的尺寸标注方法。

9.1 工程标注基本概念

土木工程图样是一种规范性很强的技术性文件。想要使用 AutoCAD 完整、清晰、正确地标注图形，首先必须了解一些工程标注的基本概念。

利用 AutoCAD 2020 可进行尺寸标注、坐标标注以及一些特殊的工程符号类标注。在土木工程图样中进行相关标注时，应遵循以下规定：

①图形的真实大小应以图样上所标注的尺寸数值为依据，绘图员不得随意更改尺寸数值。

②当图形中的尺寸以毫米为单位时，不需要标注计量单位，否则必须注明计量单位，如 cm（厘米）、m（米）等。

③尺寸数字的字高必须相同。

④标注文字的字体必须按照国家标准，即：汉字必须使用仿宋体，数字使用阿拉伯数字或罗马数字，字母使用希腊字母或者拉丁字母。

⑤图形中所标注的尺寸，应为该构件最后完工的尺寸，如若不是，要做特殊说明。

9.2 尺寸标注

9.2.1 尺寸标注的组成

一般尺寸标注由尺寸界线、尺寸线、尺寸数字、尺寸箭头、中心标记等部分组成。

尺寸界线：从图形的轮廓线、轴线或对称中心线引出，有时也可以利用轮廓线代替，用以表示尺寸起始与结束的位置。一般情况下，尺寸界线应与尺寸线相互垂直。

尺寸线：通常与所标注对象平行，放在两尺寸界线之间；尺寸线要离图形中已有图线一定距离，用以区分。

尺寸数字：一般写在尺寸线上方，也可以写在尺寸线中断处，用以表示所选定图形的具体大小。AutoCAD 2020 自动生成所要标注图形的尺寸数值，我们可以接受、添加或修改此尺寸数值。

尺寸箭头：在尺寸线两端，用以表明尺寸线的始末位置。

中心标记：指示圆或圆弧的中心。

9.2.2 尺寸标注的设置

在进行尺寸标注之前都应根据土木工程图件尺寸标注的有关规定对标注样式进行设置，这就需要调用标注样式命令创建新的尺寸标注样式，主要有以下 3 种调用方法。

下拉菜单：【格式】→【标注样式】，或【标注】→【标注样式】。

工具栏：【注释】→【标注样式】。

命令行：DIMSTYLE 或者 D 命令。

执行以上任意一种操作后，系统将打开【标注样式管理器】对话框，如图 9-1 所示。

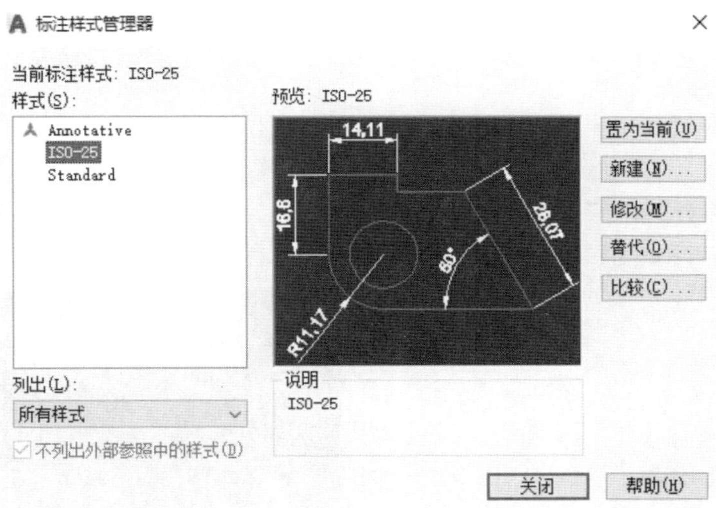

图 9-1 【标注样式管理器】对话框

尺寸标注格式控制尺寸各组成部分的外观形式。如果开始绘制新的图形时选择了公制单位，则系统默认的格式为 ISO-25（国际标准组织），可根据实际情况对尺寸标注格式进行设置，以满足使用的要求。

单击【新建(N)...】按钮，将会创建一个新的标注样式，输入新建标注样式的名字后，点击【继续】按钮便可在如图 9-2 所示的【新建标注样式】对话框内对该新建的标注样式进行相关设置。

其各选项说明如下：

(1)【线】。

此区域用于设置和修改直线的样式。

【颜色(C)】：设置标注尺寸线的颜色，下拉列表框用于显示标注线的颜色，可以在下拉框列表中选择相应颜色。

【线型(L)】：设置标注尺寸线的线型，下拉列表框用于显示标注线的线型，可以在下拉框列表中选择相应线型。

【线宽(G)】：设置标注尺寸线的线宽，下拉列表框用于显示标注线的线宽，可以在下拉框列表中选择相应线宽。

【超出标记(N)】：用于设置尺寸界线超出标注的距离。

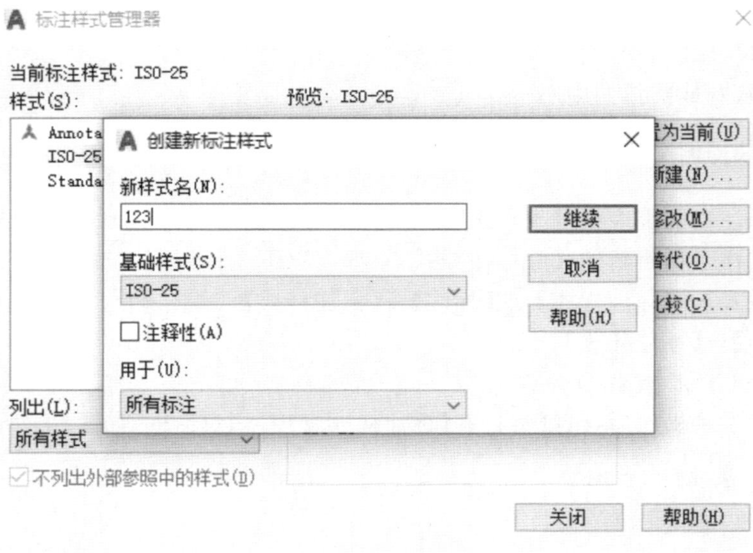

(a)

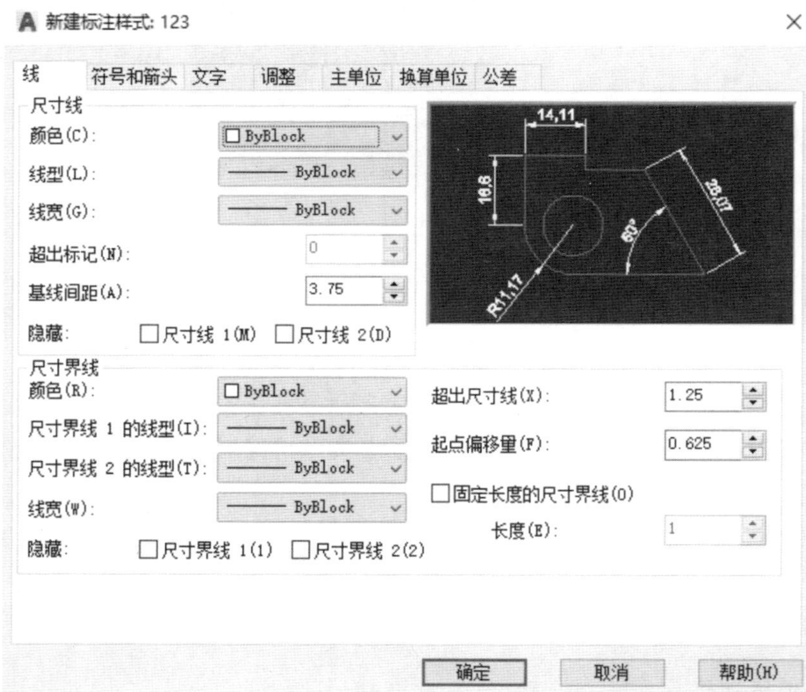

(b)

图 9-2 【新建标注样式】对话框

【基线间距(A)】:在做基线标注时该设置才起作用,表示基线尺寸标注中尺寸线之间的距离。

【隐藏】:用于控制尺寸线的可见性,若无特殊情况,该复选框一般不作选择。

【超出尺寸线(X)】:用于设置尺寸界线超出尺寸线的距离。

【起点偏移量(F)】:用于设置尺寸界线与标注对象两端点之间的距离。

【固定长度的尺寸界线(O)】:若该复选框勾上,则可以设置一个固定长度使所有的尺寸界线都一样长,其具体长度可以在【长度】文本框中设定。

(2)【符号和箭头】(图 9-3)。

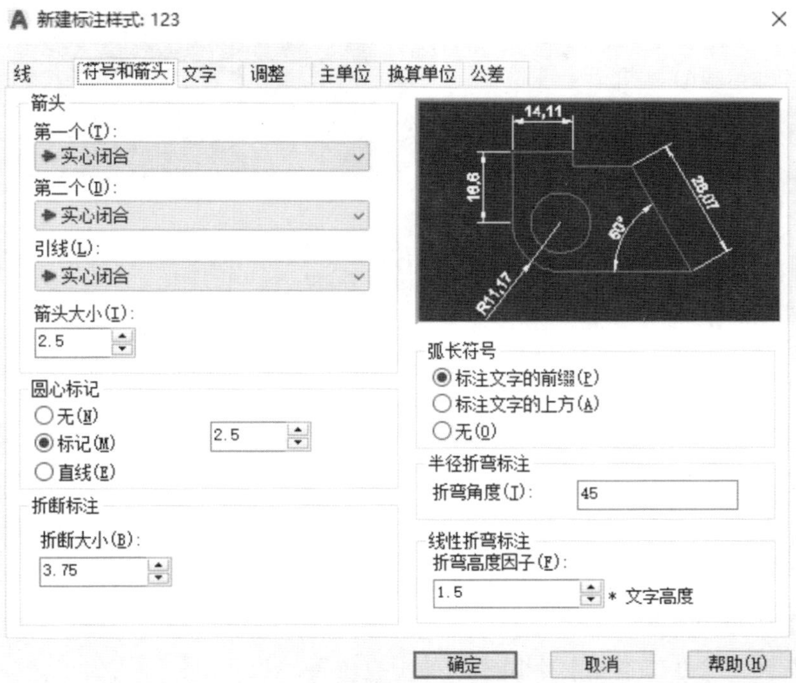

图 9-3 【符号和箭头】选项卡

【第一个(T)】、【第二个(D)】:选择第一、第二尺寸箭头的类型。AutoCAD 系统默认的是"实心闭合"的箭头(图 9-3),下拉列表框用于显示箭头的样式,可以在下拉框列表中选择其他箭头样式。一般情况下,第一个、第二个箭头样式要保持一致。

【引线(L)】:选择旁注线箭头样式,一般为实心闭合箭头。

【箭头大小(I)】:设置尺寸箭头的尺寸。

【圆心标记】:设置圆心标记的类型。

(3)【文字】。

【文字】选项卡用于设置尺寸文本的字型、大小、位置和对齐方式等属性,如图 9-4 所示。该对话框的设置非常重要,要做到使标注文字的大小刚好合适,既美观大方,又能清晰地反映所要标注尺寸的大小。

【文字样式(Y)】:可以在此下拉列表框中选择一种文字样式,供标注时使用。如果列表框中没有所需的字体类型,可单击右侧 ... 按钮,打开【文字样式】对话框。

【文字颜色(C)】:该下拉列表框用于设置标注文字的颜色。在确定尺寸文本的颜色时,应注意尺寸线、尺寸界线和尺寸文本的颜色最好一致。

【文字高度(T)】:设置标注文字的高度。如果已经在文字样式中设置了文字高度,则该数值框中的值无效;若要该数值框中的值生效,则文字样式中的文字高度应设置为"0"。

【分数高度比例(H)】:设置尺寸文本中分数高度的比例因子。只有在【主单位】选项卡中选择【分数】作为单位格式时,此选项才能使用。

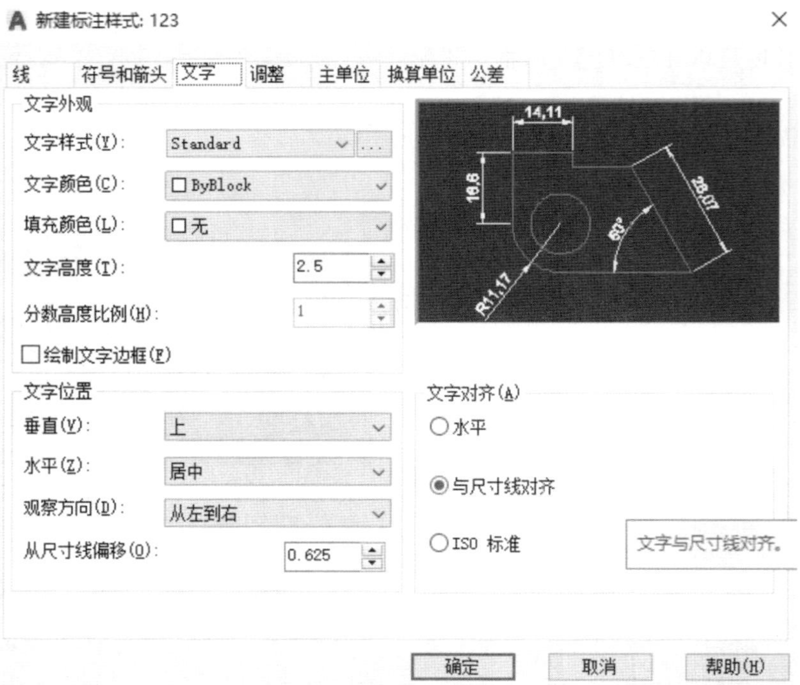

图 9-4 【文字】选项卡

【文字位置】:设置文本位置。

【垂直(V)】:设置尺寸文本相对于尺寸线的垂直位置。

【水平(Z)】:设置尺寸文本在尺寸线上相对于尺寸界线的水平位置。

【观察方向(D)】:设置尺寸文本的观察方向。

【从尺寸线偏移(O)】:设置尺寸文本从尺寸线偏移的距离。

屏幕预览区:从该区域可以了解用上述设置进行标注得到的效果。

【文字对齐(A)】:设置文本对齐方式。

【水平】:设置尺寸文本沿水平方向放置的位置。

【与尺寸线对齐】:尺寸文本与尺寸线对齐。

【ISO 标准】:尺寸文本按 ISO 标准。

(4)【调整】。

该选项卡用于设置尺寸文本与尺寸箭头的有关格式,如图 9-5 所示。

【调整选项(F)】:该区域用于调整尺寸界线、尺寸文本与尺寸箭头的相互位置关系。在标注尺寸时,如果没有足够的空间将尺寸文本与尺寸箭头全写在两尺寸界线之间时,可选择以下的摆放形式,来调整尺寸文本与尺寸箭头的摆放位置。

【文字或箭头(最佳效果)】:计算机将自动选择一种最佳方式来安排尺寸文本和尺寸箭头的位置。

【箭头】:当尺寸界线间空间不足时,将尺寸箭头放在尺寸界线外侧。

【文字】:当尺寸界线间空间不足时,将尺寸文本放在尺寸界线外侧。

【文字和箭头】:当尺寸界线间空间不足时,将尺寸文本和尺寸箭头都放在尺寸界线外侧。

【文字位置】:该区域用来设置特殊尺寸文本的摆放位置。如果尺寸文本不能按上面所规定的位置摆放,可以通过下面的选项来确定其位置。

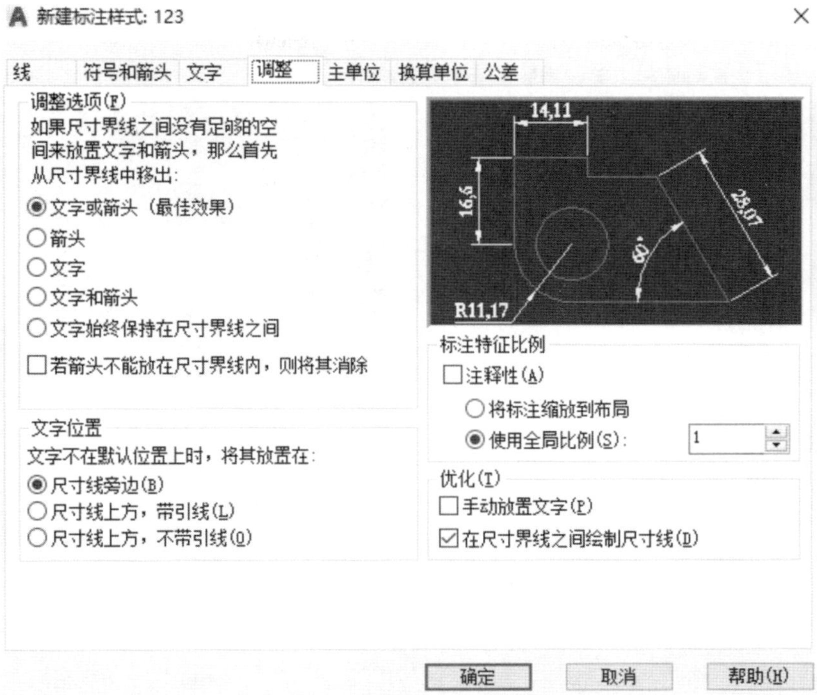

图 9-5 【调整】选项卡

【尺寸线旁边(B)】:将尺寸文本放在尺寸线旁边。

【尺寸线上方,带引线(L)】:将尺寸文本放在尺寸线上方,并用引出线将文字与尺寸线相连。

【尺寸线上方,不带引线(O)】:将尺寸文本放在尺寸线上方,而且不用引出线与尺寸线相连。

(5)【主单位】。

该选项卡用于设置线性标注和角度标注时的尺寸单位和尺寸精度,如图 9-6 所示。

【单位格式(U)】:一般选择小数选项。

【精度(P)】:设置尺寸标注的精度。一般情况下,直接取整。

【小数分隔符(C)】:设置小数点的格式。

(6)【换算单位】。

该选项卡用于设置换算单位的格式和精度。通过换算单位,可以在同一尺寸上表现用两种单位测量的结果,如图 9-7 所示,一般情况下很少采用此种标注。

【显示换算单位(D)】:选择是否显示换算单位,选择此项后,将给标注文字添加换算测量单位。

【换算单位】:设置换算单位的样式。

【单位格式(U)】:选择换算单位的格式,默认为“小数”。

【精度(P)】:选择换算单位的精度。

【换算单位倍数(M)】:确定两种单位的换算比例。

【前缀(X)/后缀(F)】:输入尺寸文本前缀或后缀,可以输入文字或用控制码显示特殊符号。如%%C 表示直径“Φ”;%%D 表示度“°”;%%P 表示正负号“±”;%%O 表示上画线“—”;%%U 表示下画线“_”。

屏幕预览区域:从该区域可以了解用上述设置进行标注得到的效果。

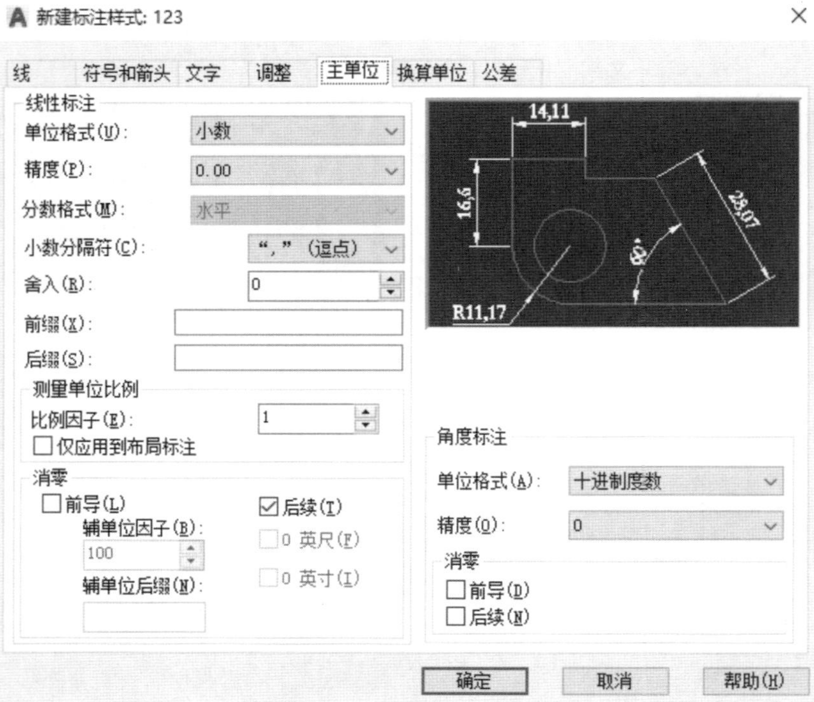

图 9-6 【主单位】选项卡

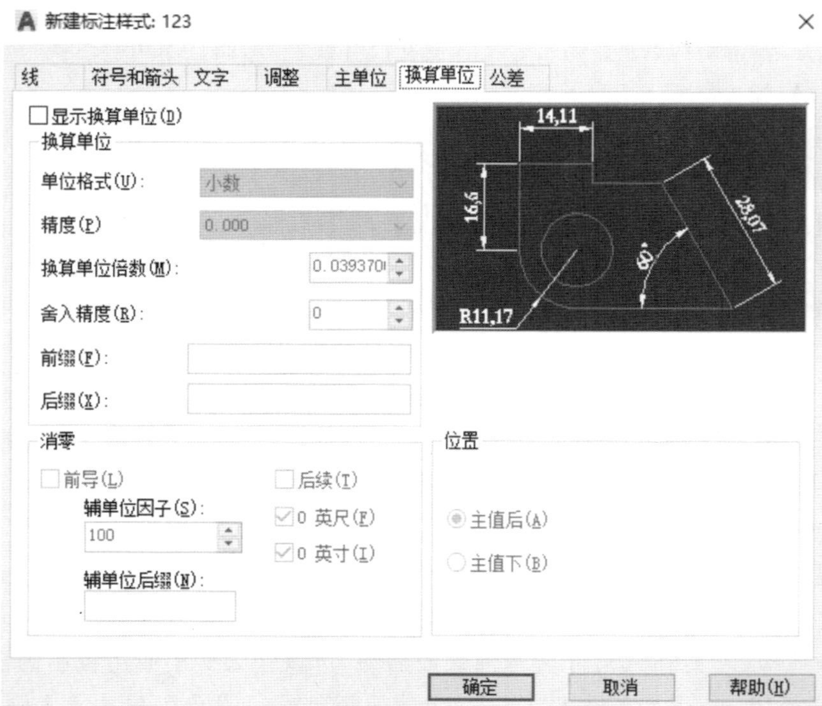

图 9-7 【换算单位】选项卡

(7)【公差】。

该选项卡用于设置测量尺寸的公差样式,如图 9-8 所示。

图 9-8 【公差】选项卡

【方式(M)】:共有 5 种方式,分别是无、对称、极限偏差、极限尺寸及基本尺寸。

【精度(P)】:根据具体工作环境要求,设置相应精度。

【上偏差(V)】:输入上偏差值。

【下偏差(W)】:输入下偏差值。

【高度比例(H)】:缺省为 1,可调整。

【垂直位置(S)】:有下、中、上 3 个位置,可调整。

屏幕预览区:从该区域可以了解用上述设置进行标注得到的效果。

9.2.3 线性标注

(1)调用命令的方法。

下拉菜单:【标注】→【线性(L)】。

工具栏:【注释】→【线性】。

命令行:DIMLINEAR 或 DIMLIN 命令。

线性标注命令用于对水平尺寸、垂直尺寸及旋转尺寸等长度类尺寸的标注,它需要指定两点来确定尺寸界限,也可以直接选取需要标注的尺寸对象。一旦所选标注对象确定后,系统将自动标注。

(2)选项说明。

执行 DIMLINEAR 命令后,AutoCAD 2020 命令行提示:【指定第一个尺寸界线原点或 <选择

对象＞:】,单击选取需标注的线段某一端的端点后,出现提示:【指定第二条尺寸界线原点:】,单击选取需标注的线段另一端的端点,出现提示:指定尺寸线位置或【多行文字(M)/文字(T)/角度(A)/水平(H)/垂直(V)/旋转(R)】,其中部分选项含义如下。

【指定尺寸线位置】:指定位置点用于确定尺寸线的位置并确定绘制尺寸界线的方向。

【角度(A)】:选择该项,也就是在命令行输入 A 后,系统提示输入【字体角度】,便可输入标注文字角度的新值来修改标注文字的角度。

【水平(H)】:选择该项,系统将默认为尺寸文字水平放置。

【垂直(V)】:选择该项,系统将默认为尺寸文字垂直放置。

【旋转(R)】:该项可创建旋转尺寸标注,此时可在命令行提示下输入所属的旋转角度。

(3)操作实例。

用 DIMLINEAR 命令标注如图 9-9 所示长方形的长的尺寸,具体操作步骤如下:

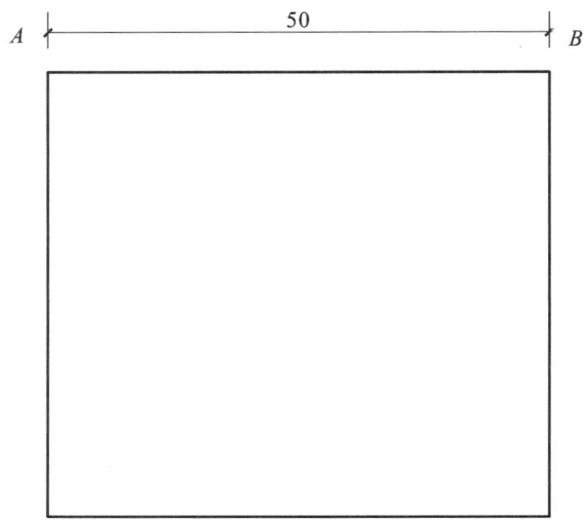

图 9-9　用 DIMLINEAR 命令标注图形长度

①打开“矩形. dwg”图形文件,命令:DIMLINEAR,执行线性标注命令。

指定第一个尺寸界线原点或＜选择对象＞:用鼠标直接选取长方形长的左端端点 A,如图 9-10 所示。

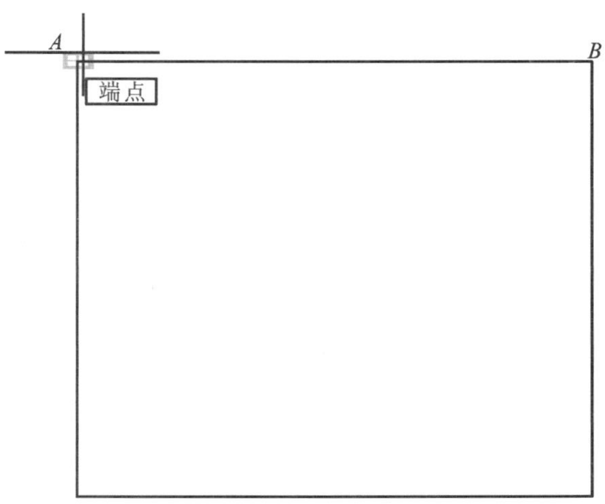

图 9-10　指定第一个尺寸界线原点

②指定第二条尺寸界线原点：用鼠标直接选取长方形长的右端端点 B，如图 9-11 所示。

③指定尺寸线位置【多行文字(M)/文字(T)/角度(A)/水平(H)/垂直(V)/旋转(R)】：

将鼠标向上移动，在标注线段上方点取一点，确定尺寸线的位置，完成标注，结果如图 9-9 所示。

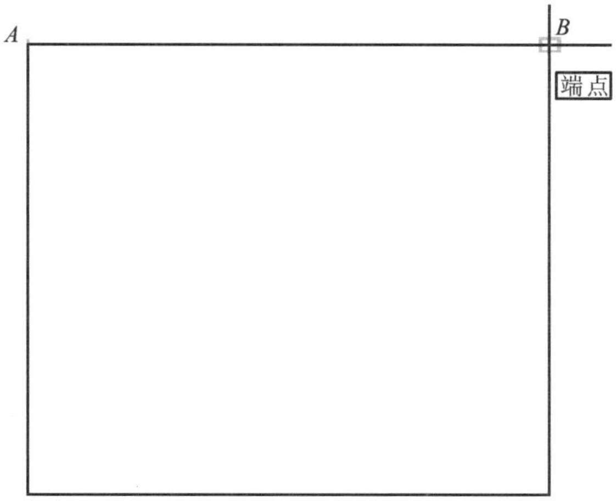

图 9-11　指定第二条尺寸界线原点

(4)提示。

在选择标注对象时，必须采用点选法，并且同时可打开目标捕捉方式，这样才能准确、快速地标注尺寸。

做标注尺寸的全过程，可以简单总结为鼠标三点法：点起点、点终点、点尺寸位置。

9.2.4　对齐标注

对齐标注视频

(1)调用命令的方法。

下拉菜单：【标注】→【对齐(G)】。

工具栏：【注释】→【对齐】。

命令行：DIMALIGNED。

对齐标注主要用于创建平行于所选对象或平行于两尺寸界线原点连线直线型尺寸。

(2)选项说明。

执行 DIMALIGNED 命令后，AutoCAD 2020 会在命令行中提示：【指定第一个尺寸界线原点或 ＜选择对象＞：】，选取需标注的线段某一端的端点，回车以后出现：【指定第二条尺寸界线原点】，选取需标注的线段另一端的端点，回车以后出现：【指定尺寸线位置】或【多行文字(M)/文字(T)/角度(A)：】。

【文字(T)】：选择该项后，系统提示：【输入标注文字＜当前值＞：】，可在此后输入新的标注文字。

【角度(A)】:选择该项后,系统提示【指定标注文字的角度:】,可输入标注文字角度的新值来修改文字的角度。

(3)操作实例。

用 DIMALIGNED 命令标注如图 9-12 所示倾斜线段的尺寸,具体操作步骤如下:

①打开"梯形.dwg"图形文件,调用命令:DIMALIGNED,执行对齐标注命令。

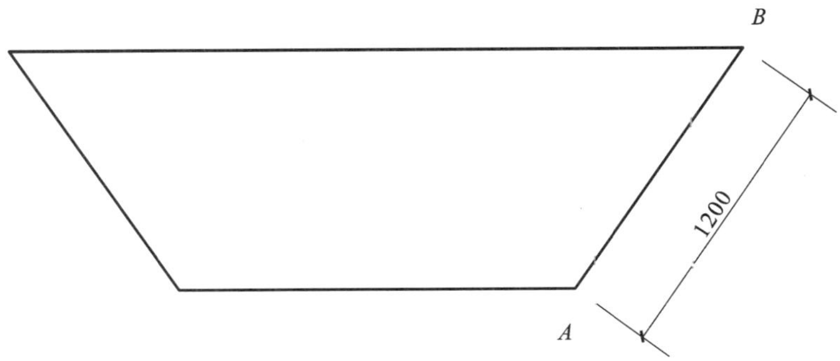

图 9-12　对齐标注图形长度

指定第一个尺寸界线原点或＜选择对象＞:鼠标选取倾斜线段下方端点 A,如图 9-13 所示。

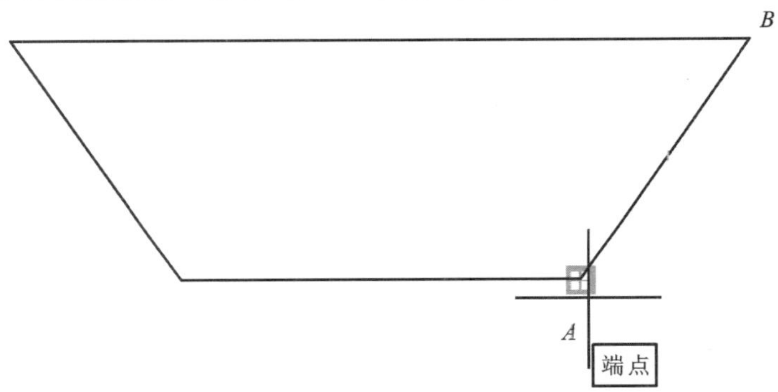

图 9-13　指定第一个尺寸界线原点

②指定第二条尺寸界线原点:鼠标选取倾斜线段上方端点 B,如图 9-14 所示。

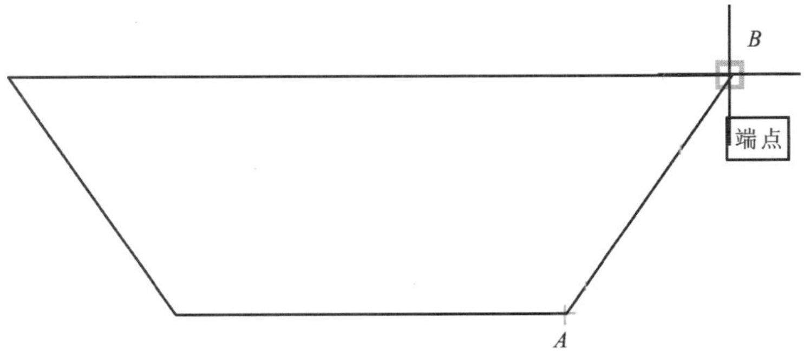

图 9-14　指定第二条尺寸界线原点

③指定尺寸线位置【多行文字(M)/文字(T)/角度(A)】。

移动鼠标,在所标注线段右下方绘图区域点取一点,确定尺寸线的位置,完成标注,如图 9-12 所示。

(4)提示。

①在执行 DIMALIGNED 命令过程中,若在指定特征位置或指定引线终点时直接按回车键,将取消该命令,返回到命令状态。

②DIMALIGNED 命令一般用于倾斜对象的尺寸标注。标注时系统能自动将尺寸线调整为与被标注线段平行,而不需要自己设置。

9.3 坐标标注

坐标标注命令可以标注指定点的绝对坐标值 X 或者 Y。

(1)调用命令的方法。

下拉菜单:【标注】→【坐标(O)】。

工具栏:【注释】→【坐标】。

命令行:DIMORDINATE(DIMORD)。

DIMORDINATE 命令用于自动测量并沿一条简单的引线显示指定点的 X 或 Y 坐标(采用绝对坐标值)。

(2)选项说明。

执行 DIMORDINATE 命令后,AutoCAD 2020 会在命令行中提示:【指定点坐标】,选取需要标注的坐标点后出现:指定引线端点或【X 基准(X)/Y 基准(Y)/多行文字(M)/文字(T)/角度(A):】。

指定引线端点:指定点后,系统用指定点位置和该点的坐标差来确定是进行 X 坐标标注还是 Y 坐标标注。当 Y 坐标的坐标差大时,使用 X 坐标标注;否则用 Y 坐标标注。

【X 基准(X)】:选择该选项后,使用 X 坐标标注。

【Y 基准(Y)】:选择该选项后,使用 Y 坐标标注。

【文字(T)】:选择该选项后系统提示:【输入标注文字<当前值>:】,可在此后输入新的文字。

在 DIMORDINATE 命令执行过程中,若在指定特征位置或指定引线终点时直接按回车键,将取消该命令并返回到命令状态。

(3)操作实例。

用 DIMORDINATE 命令标注如图 9-15 所示的圆的圆心点的 Y 坐标,操作步骤如下。

①打开"圆.dwg"图形文件。调用命令:DIMORDINATE→执行坐标标注命令。

②选取标注点:捕捉需要标注的圆心点→选取标注点。

③指定引线端点:在绘图区拾取另外一点→确定引线端点,并完成标注。

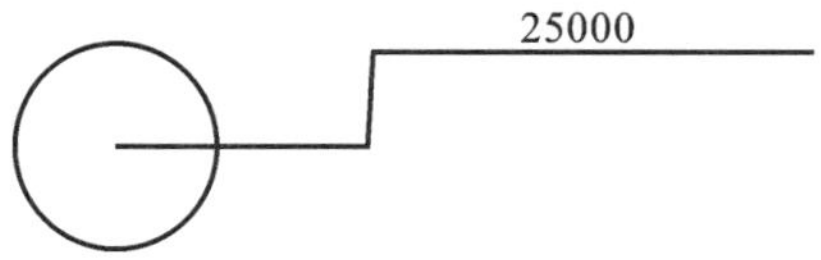

图 9-15 用 DIMORDINATE 命令标注圆心点的坐标

(4)提示。

①DIMORDINATE 命令可根据引出线的方向,自动标注选定点的水平或垂直坐标。

②坐标尺寸标注注释了从起点到基点(当前坐标系统的原点)的垂直距离。坐标尺寸标注包括一个 X-Y 坐标系统和引出线。X 坐标尺寸标注显示了沿 X 轴线方向的距离;Y 坐标尺寸标注显示了沿 Y 轴线方向的距离。

9.4 特殊的尺寸标注

9.4.1 直径标注

(1)调用命令的方法。

下拉菜单:【标注】→【直径(D)】。

工具栏:【注释】→【直径】。

命令行:DIMDIAMETER。

DIMDIAMETER 命令用于标注所选定的圆或圆弧的直径尺寸。

(2)选项说明。

执行 DIMDIAMETER 命令后,AutoCAD 2020 会在命令行中提示:【选择圆弧或圆】,选取需要进行直径标注的弧或圆后命令行或二次菜单中会出现:指定尺寸线位置或【多行文字(M)/文字(T)/角度(A)】:移动鼠标并在绘图区拾取一点,指定直径标注的尺寸线位置。

【文字(T)】:若选择该项,则系统提示:【输入标注文字＜当前值＞:】,可在此后输入新的标注文字。

【角度(A)】:若选择该项,则系统提示输入【指定标注文字的角度】,可输入标注文字角度的新值来修改尺寸的角度。

(3)操作实例。

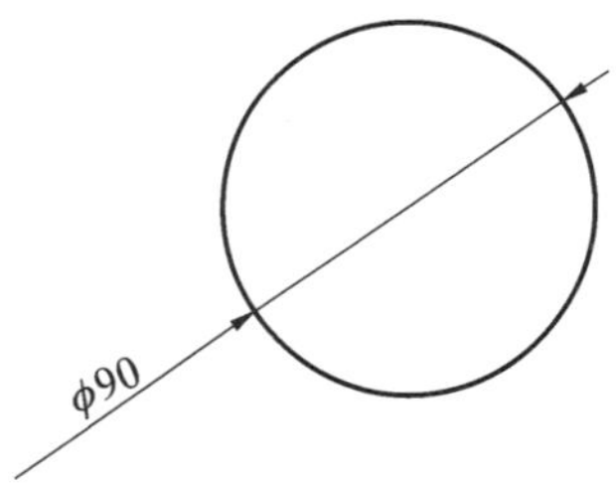

图 9-16 用 DIMDIAMETER 命令标注圆的直径

用 DIMDIAMETER 命令标注如图 9-16 所示的圆的直径,具体操作步骤如下。

①打开“圆.dwg”图形文件,输入命令:DIMDIAMETER,执行直径标注命令。

②选取弧或圆:在圆上任意位置点选圆,选择标注对象。

③指定尺寸线位置或【多行文字(M)/文字(T)/角度(A)】。

移动鼠标,在绘图区域左下方拾取一点,确认尺寸线位置,完成直径标注命令,如图 9-16 所示。

(4)提示。

①在【任意拾取一点】选项中,可直接拖动鼠标确定尺寸线位置,屏幕将显示其变化。

②根据标注样式设置,系统自动生成直径标注的圆心标记和直线,并且仅当尺寸线置于圆或圆弧之外时才会创建它们。

9.4.2 半径标注

(1)调用命令的方法。

下拉菜单:【标注】→【半径(R)】。

工具栏:【注释】→【半径】。

命令行:DIMRADIUS。

DIMRADIUS 命令用于标注所选定的圆或圆弧的半径尺寸。

(2)选项说明。

执行 DIMRADIUS 命令后，AutoCAD 2020 会在命令行中提示:【选择圆弧或圆】，选取需要进行半径标注的弧或圆后命令行或二次菜单中会出现:指定尺寸线位置或【多行文字(M)/文字(T)/角度(A)】。

【文字(T)】:选择该项后，系统提示:【输入标注文字＜当前值＞:】，可在此后输入新的标注文字。

【角度(A)】:选择该项后，系统提示:【指定标注文字的角度】，可输入标注文字角度的新值来修改文字的角度。

执行命令后，当采用系统的实际测量值标注文字时，系统会在测量数值前自动添加“R”(DIMRADIUS)。

(3)操作实例。

用 DIMRADIUS 命令标注如图 9-17 所示的圆的半径，具体操作步骤如下：

①打开“圆. dwg”图形文件，输入命令：DIMRADIUS，执行半径标注命令。

②选取弧或圆:在圆上任意位置点选圆，选择标注对象。

③指定尺寸线位置或【多行文字(M)/文字(T)/角度(A)】。

移动鼠标，在绘图区右上方拾取一点，确认尺寸线的位置，完成半径标注命令，如图 9-17 所示。

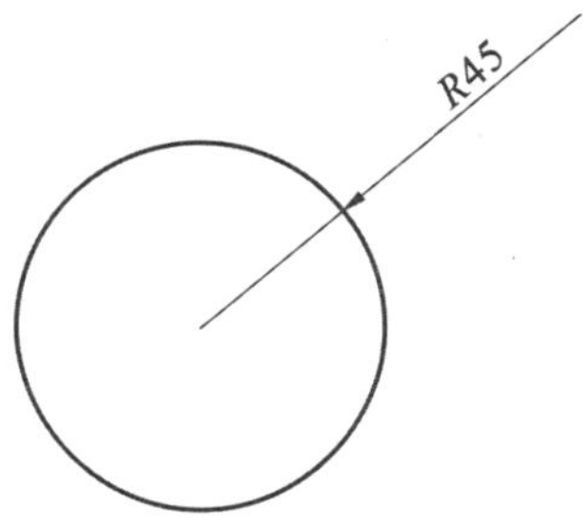

图 9-17 用 DIMRADIUS 命令标注圆的半径

(4)提示。

在【任意拾取一点】选项中，可直接拖动鼠标确定尺寸线的位置，屏幕将显示其变化。

9.4.3 圆心标记

(1)调用命令的方法。

下拉菜单:【标注】→【圆心标记(M)】。

命令行:DIMCENTER。

DIMCENTER 命令用于标注圆或圆弧的圆心或中心线。

(2)选项说明。

执行圆心标注命令后，使用对象选择方式选取所需标注的圆或圆弧，系统将自动标注该圆或圆弧的圆心位置。

(3)提示。

可在【标注样式/符号和箭头】对话框的【圆心标记】中(图 9-3)来改变它的大小。

9.4.4 角度标注

角度标注视频

(1)调用命令的方法。

下拉菜单:【标注】→【角度(A)】。

工具栏:【注释】→【角度】。

命令行:DIMANGULAR。

角度标注命令用于测量并标注被测量对象之间的夹角。

(2)选项说明。

执行 DIMANGULAR 命令后,AutoCAD 2020 会在命令行中提示:【选择圆弧、圆、直线或<指定顶点>:】,选取需要标注的角度对象,然后选取角度另一边,完成命令后在命令行或二次菜单中会出现指定标注弧线位置或【多行文字(M)/文字(T)/角度(A)/象限点(Q):】。

【文字(T)】:选择该项后,系统提示:【输入标注文字<当前值>:】,可在此后输入新的标注文字。

【角度(A)】:选择该项后,系统提示【输入标注文字的角度】,可输入标注文字角度的新值来修改角度。

【选择圆弧】:选取圆弧后,系统用选中圆弧上的点作为三点角度标注的定义点,即圆弧的圆心是角度的顶点,圆弧的两个端点成为尺寸界限的起点和终点。AutoCAD 2020 将在尺寸界线之间绘制一段与所选圆弧平行的圆弧作为尺寸线。

【选择圆】:选择圆后,系统将圆的圆心作为角度的顶点,圆上一点作为第一条尺寸界线的起点。此时系统提示【指定角的第二个端点:】,指定第二条尺寸界线起点,然后通过这三个点来创建角度标注。

【选择直线】:用于标注两直线的夹角。选取一条直线后,系统提示【选择第二条直线:】。系统用这两条直线来定义角度(即夹角),并用两条直线分别作为尺寸界线,其交点作为角度顶点。

(3)操作实例。

用 DIMANGULAR 命令标注如图 9-18 所示图形中的角度,操作步骤如下。

①打开"角.dwg"图形文件,输入命令:DIMANGULAR,执行角度标注命令。

②选择圆弧,圆,直线或<指定顶点>:拾取第一条边 AB,确认角度第一边,如图 9-18 所示。

③命令行提示【选择第二条直线】:拾取 AC 边确认角度另一边,如图 9-19 所示。

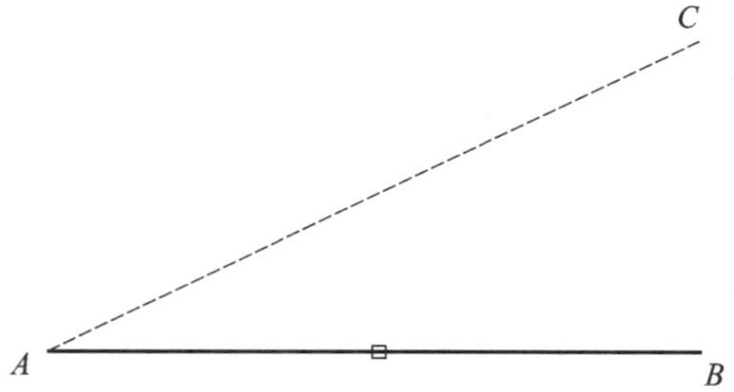

图 9-18 选取直线

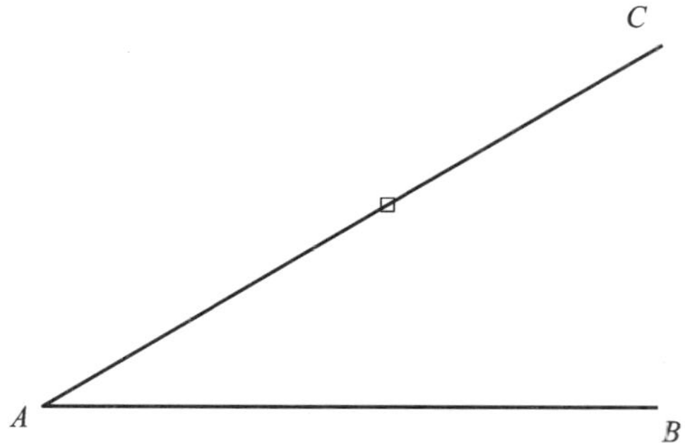

图 9-19 选取第二条直线

④命令行提示:指定标注弧线位置或【多行文字(M)/文字(T)/角度(A)/象限点(Q):】。

移动鼠标并在绘图区域拾取夹角内一点,确定尺寸线的位置,如图 9-20 所示,效果图如图 9-21 所示。

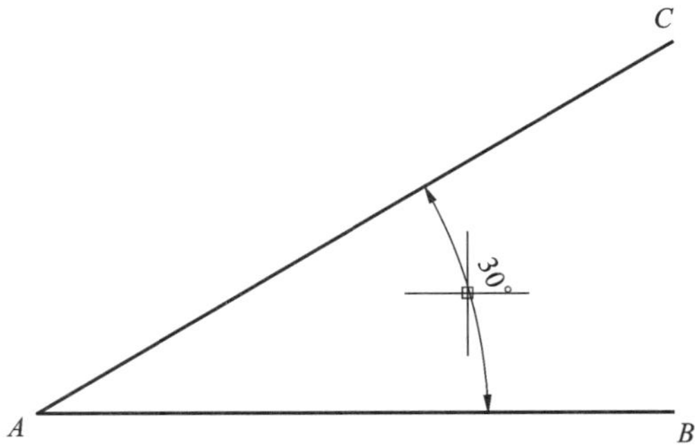

图 9-20 指定标注角度位置

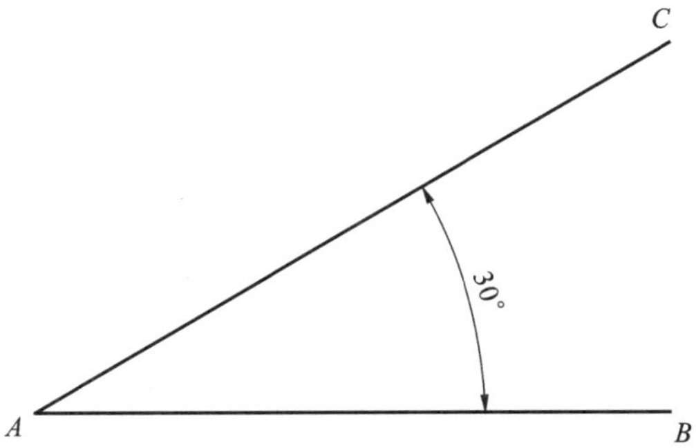

图 9-21 标注图形角度

(4)提示。

①如果选择圆弧,则系统直接标注其角度;如果选择圆、直线或点,则系统会继续提示要求选择角度的末点。

②直线标注方式用于标注两条直线或其延长线之间小于 180°的角。系统将根据尺寸线的位置决定标注角是大于还是小于 180°。

9.4.5 基线标注

(1)调用命令的方法。

下拉菜单:【标注】→【基线(B)】。

命令行:DIMBASELINE。

DIMBASELINE 命令用于在图形中以第一尺寸线为基准标注图形尺寸。

(2)选项说明。

执行基线标注命令后,AutoCAD 2020 会在命令行中提示:【指定第二个尺寸界线原点或[选择(S)/放弃(U)]<选择>:】。

【回车选取起始的标注】:选择此项,系统将提示选择一个线性、坐标或角度标注作为基线标注的基准。在选择了一个基线标准以后,系统将重新显示【指定第二个尺寸界线原点或[选择(S)/放弃(U)]<选择>:】。

(3)操作实例。

用 DIMBASELINE 命令标注如图 9-22 所示图形中的长度尺寸,操作步骤如下。

①打开"书桌.dwg"图形,输入命令:DIMLINEAR,执行线性标注命令,执行完线性标注命令后如图 9-23 所示。

②输入命令:DIMBASELINE,执行基线标注命令,在命令行提示"指定第二条尺寸界线原点或【放弃(U)/选择(S)】<选择>"后捕捉书桌顶端端点,如图 9-24 所示。

③回车结束命令,完成基线标注,如图 9-22 所示。

(4)提示。

①在使用 DIMBASELINE 命令进行标注时,尺寸线之间的距离由所选择的标注格式中【基线间距】确定,标注时不能更改。

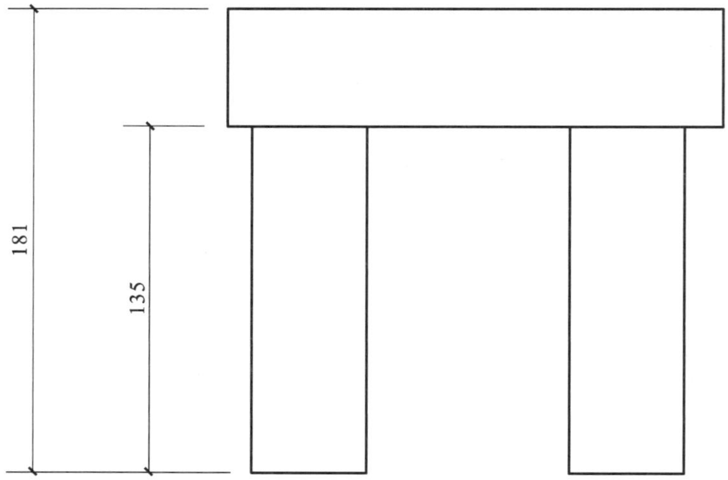

图 9-22　用基线标注命令标注

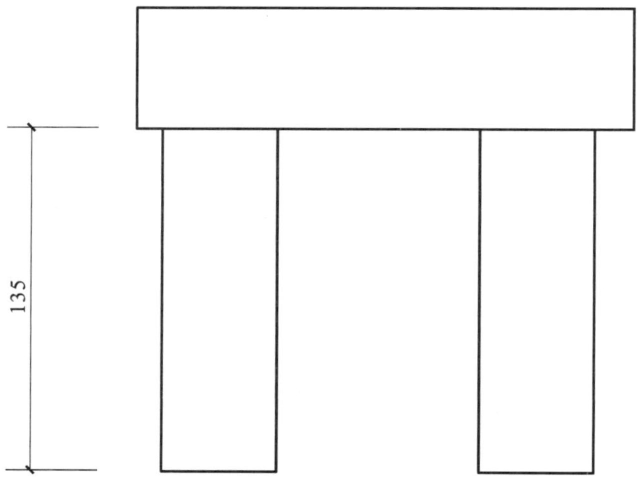

图 9-23　基线标注第一步

②在使用 DIMBASELINE 命令进行标注时，最好先使用 DIMALIGNED、DIMLINEAR 或 DIMANGULAR 命令标注第一段尺寸线。

9.4.6　连续标注

(1)调用命令的方法。

下拉菜单:【标注】→【连续(C)】。

命令行:DIMCONTINUE。

(2)选项说明。

执行 DIMCONTINUE 命令后，AutoCAD 2020 会在命令行中提示:【指定第二个尺寸界线原点或［选择(S)/放弃(U)］＜选择＞:】，其操作方法与基线标注命令类似，只是该命令从上一个或选定标注的第二个尺寸界线处创建线性、角度或坐标的连续标注。

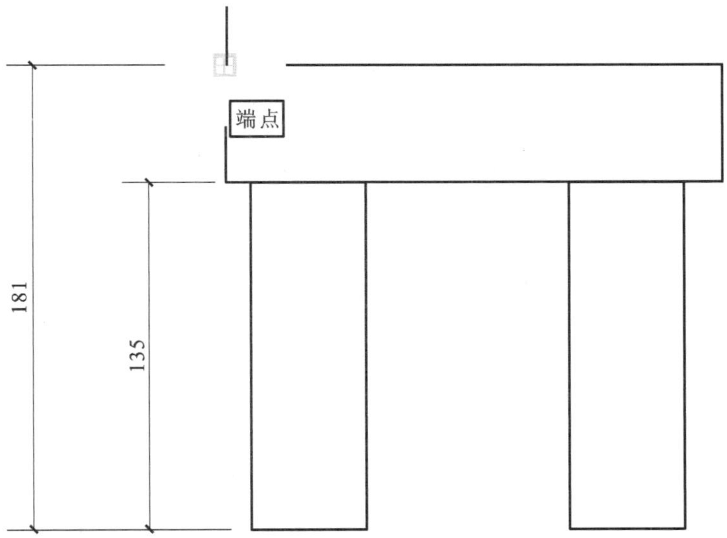

图 9-24 捕捉书桌顶端端点

(3)操作实例。

用 DIMCONTINUE 命令标注如图 9-25 所示的图形中各点之间的长度尺寸，操作步骤如下。

①打开"模型.dwg"图形文件，输入命令：DIMLINEAR，执行线性标注命令，执行完线性标注命令后如图 9-26 所示。

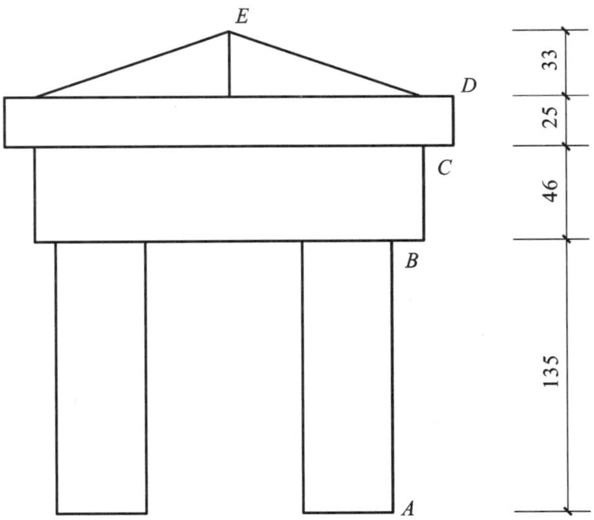

图 9-25 用连续标注命令标注

②输入命令：DIMCONTINUE，执行 DIMCONTINUE 命令，在命令行提示"指定第二条尺寸界线原点或【放弃(U)/选择(S)】<选择>"后捕捉 C 点，指定第二条尺寸界线原点。

③在命令行提示"指定第二条尺寸界线原点或【放弃(U)/选择(S)】<选择>"后捕捉 D 点。

④在命令行提示“指定第二条尺寸界线原点或【放弃(U)/选择(S)】<选择>”后捕捉 E 点;回车结束命令,完成连续标注,如图 9-25 所示。

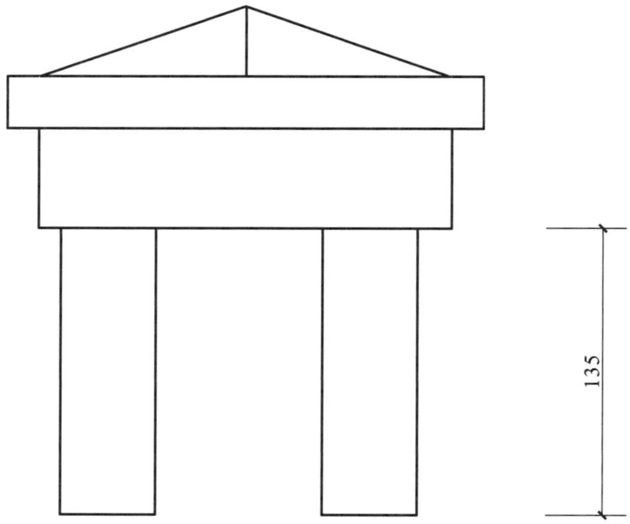

图 9-26 连续标注第一步

(4)提示。

使用 DIMCONTINUE 命令进行标注时,最好先使用 DIMALIGNED、DIMLINEAR 或 DIMANGULAR 命令标注第一段尺寸线。

9.5 文字标注

9.5.1 单行文字标注

单行文字标注可为图形标注一行或几行文本,每一行文本作为一个实体。该命令同时设置文本的当前字型、旋转角度(Rotate)、对齐方式(Justify)和字符大小(Resize)等。

9.5.2 多行文字标注

多行文字标注命令可在绘图区指定的文本边界框内标注段落型文本,并将其作为一个实体。指定的边框决定了段落文本的左右边界。

9.6 工程符号类标注

(1)在土木工程图的图纸中标注文本时,常常需要输入一些特殊的工程符号,如上画线、下画线、直径、度数、公差符号和百分比符号等。AutoCAD 2020 提供了一些带两个百分号(%%)的控制代码来生成这些特殊符号。表 9-1 列出了一些常用的特殊字符的控制代码及其含义。

表 9-1 **特殊字符的输入及其含义**

特殊符号	代码输入	说明
±	%%P	公差符号
—	%%O	上画线
_	%%U	下画线
%	%%%	百分比符号
Φ	%%C	直径符号
°	%%D	角度

除此以外，还可以通过输入法软键盘输入另外一些特殊的工程图上所需的符号。

(2)提示。

上(下)画线是开关控制，输入一个%%O(%%U)开始上(下)画线，再次输入此代码则结束，如果一行文本中只有一个画线代码，则自动将行尾作为画线结束处。

9.7 标注编辑

本节将介绍对少数在尺寸标注时不满足要求的标注进行编辑的有关命令，如 DIMEDIT 命令、DIMTEDIT 命令等。

标注编辑视频

9.7.1 标注尺寸倾斜(DIMEDIT)

(1)调用命令的方法。

下拉菜单:【标注】→【倾斜(Q)】。

工具栏:【标注】→【编辑标注】。

命令行:DIMEDIT。

DIMEDIT 命令可用于对尺寸标注的尺寸界线的位置、角度等进行编辑。

(2)选项说明。

执行 DIMEDIT 命令后，AutoCAD 2020 会在命令行中提示:【输入标注编辑类型[默认(H)/新建(N)/旋转(R)/倾斜(O)]＜默认＞:】。

【倾斜线(O)】:执行该选项后，系统提示【选择对象】，在选取目标对象后，系统提示【输入倾斜角度】，在此输入倾斜角度或按【Enter】键(不倾斜)，系统按指定的角度调整线性标注尺寸界线的倾斜角度。

【旋转(R)】:执行该选项后，系统提示【指定标注文字的角度】，可在此输入所需的旋转角度，然后，系统提示【选择对象】，选取对象后，系统将选中的标注文字按输入的角度放置。

(3)提示。

①DIMEDIT 命令可以同时对多个标注对象进行操作。

②DIMEDIT 命令不能修改尺寸文本放置位置,只有用下面介绍的 DIMTEDIT 命令才可以对尺寸文本重新定位。

9.7.2 编辑尺寸文本(DIMTEDIT)

(1)调用命令的方法。

命令行:DIMTEDIT。

DIMTEDIT 命令用来更改尺寸标注中的尺寸文本、尺寸界线的位置,以及修改尺寸文本摆放角度和内容。

(2)选项说明。

执行 DIMTEDIT 命令后,AutoCAD 2020 会在命令行中提示:【选择标注:】,选取需要修改的标注对象,系统提示:为标注文字指定新位置或【左对齐(L)/右对齐(R)/居中(C)/默认(H)/角度(A):】。

【左对齐(L)】:设置尺寸文本沿尺寸线向左对齐。

【右对齐(R)】:设置尺寸文本沿尺寸线向右对齐。

【居中(C)】:把尺寸文本放在尺寸线上的中间位置。

【角度(A)】:调整尺寸文本的倾斜角度。

(3)提示。

①在对尺寸标注进行修改时,如果对象的修改内容相同,则可选择多个对象一次性完成修改。

②DIMEDIT 无法对尺寸文本重新定位,用 DIMTEDIT 命令可对尺寸文本重新定位。

③如果对尺寸标注进行了多次修改,要想恢复原来真实的标注,可在命令行输入 DIMREASSOC,然后系统提示选择对象,选择尺寸标注后回车,就会恢复原来真实的标注。

本章小结

(1)学习工程标注的规范和绘制的要求。

(2)学习如何设置尺寸标注。

(3)学习如何进行坐标标注。

(4)学习特殊尺寸的标注方法。

(5)学习文字标注的设置和标注方法。

(6)了解工程符号类标注和标注编辑。

习题与思考题

9-1 使用尺寸标注命令,对如图 9-27 所示的“建筑图形.dwg”图形文件进行尺寸标注,效果图如图 9-28 所示。

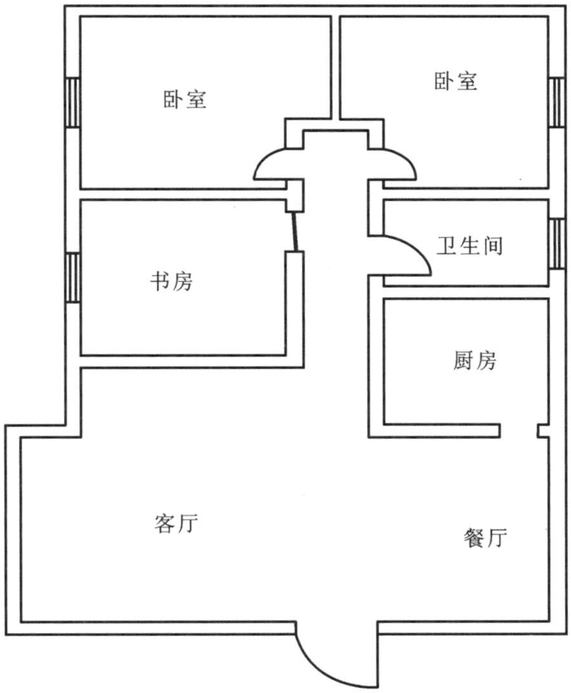

图 9-27 建筑图形

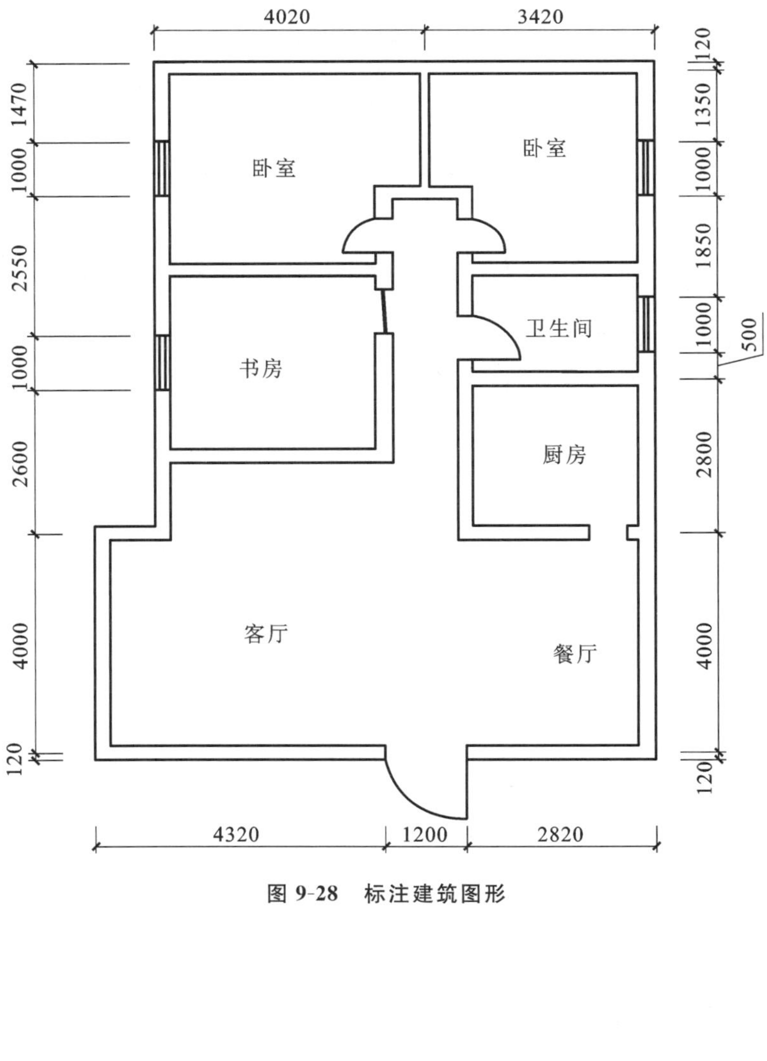

图 9-28 标注建筑图形

9-2　有一类尺寸，它们是按某一基准来标注尺寸的，这些尺寸首尾相连(除第一个和最后一个尺寸之外)，前一尺寸的第二尺寸界线就是后一尺寸的第一尺寸界线，AutoCAD 2020 把这种类型的尺寸称为　　　(　　)

A. 基线尺寸　　　B. 连续尺寸　　　C. 对齐尺寸

9-3　在 AutoCAD 2020 中，当需要对一条直线上两点之间的距离进行标注时，选择____可以完成水平、垂直或旋转的尺寸标注；选择____可以完成任意方向上两点间距离的标注。　　　(　　)

A. 对齐标注　　　B. 线性标注　　　C. 连续标注

9-4　画出如图 9-29 所示的图形，并标注尺寸。

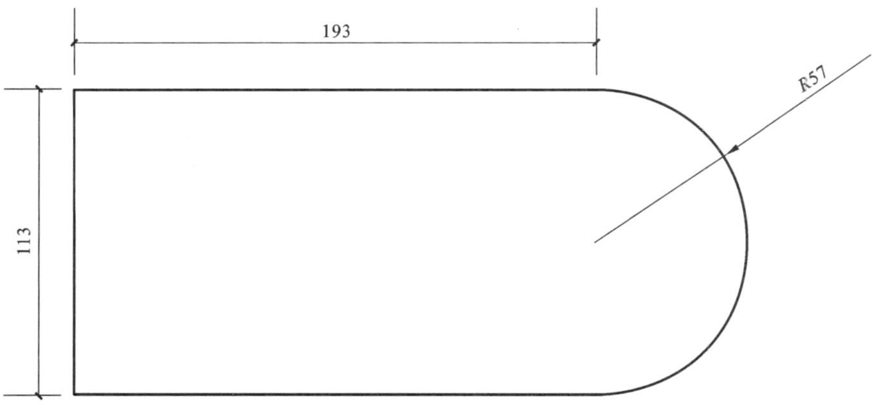

图 9-29　绘出图形并标注

9-5　制作如图 9-30 所示的图形，并完成尺寸标注。

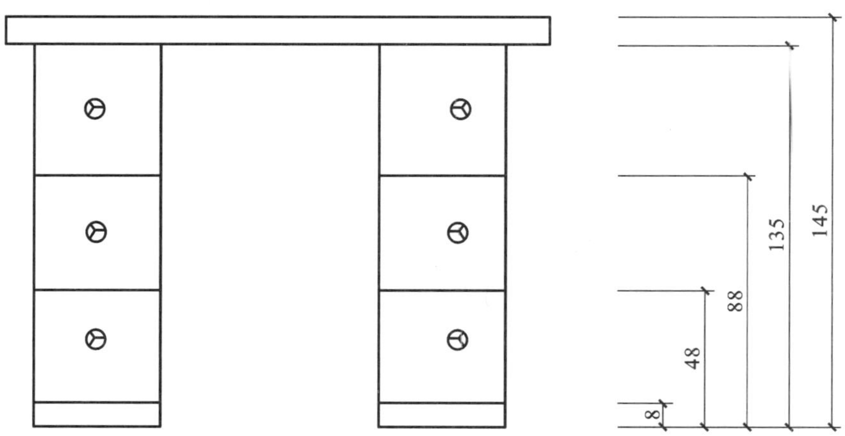

图 9-30　标注写字台图形

习题与思考题答案

10　样板图绘制

【内容提要】

本章的主要内容包括设置绘图环境、绘制样板图、保存及调用样板图。

【能力要求】

通过本章的学习，学生应了解绘图环境的设置，了解如何绘制不同图幅大小的样板图，以及如何保存及调用样板图。

本章导读

10.1　设置绘图环境

为了方便使用和提高绘图效率，用户可以根据使用习惯对建筑绘图的工作环境进行设置。

10.1.1　设置绘图区颜色

启动 AutoCAD 2020 后，其绘图区的颜色默认为黑色，用户可以根据自己的需要对绘图区的颜色进行修改。

【例 10-1】　将绘图区颜色由黑色更改为白色。

【解】　(1)选择【工具】→【选项】命令，打开【选项】对话框，选择【显示】选项卡，如图 10-1 所示，然后单击【窗口元素】栏中的【颜色(C)...】按钮，打开【图形窗口颜色】对话框。

(2)在【图形窗口颜色】对话框中单击【颜色】下拉列表框后的▼按钮，弹出颜色下拉列表，在其中选择【白】选项，如图 10-2 所示。

(3)单击【应用并关闭(A)】按钮，返回【选项】对话框，单击【确定】按钮返回到工作界面，此时绘图区的颜色将更改为白色。

注：将绘图区背景颜色设置为白色后，十字光标的颜色会自动变为黑色。在【图形窗口颜色】对话框里还可以对十字光标颜色、命令行背景颜色和文字颜色分别进行设置。

图 10-1 【选项】对话框

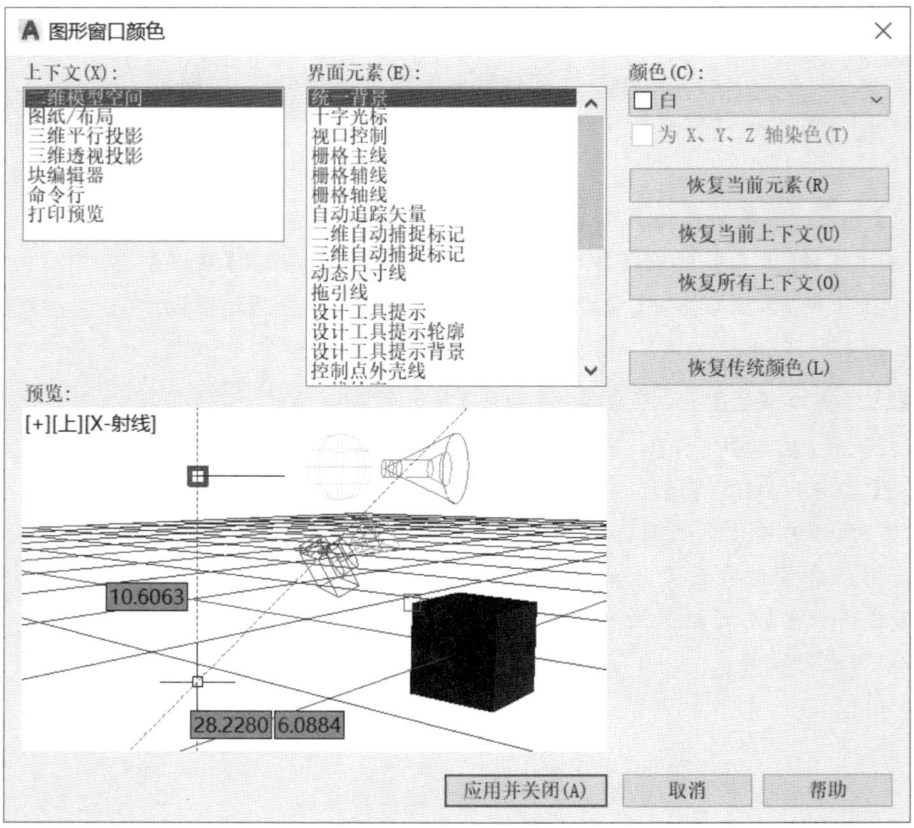

图 10-2 【图形窗口颜色】对话框

10.1.2　设置十字光标大小

十字光标在绘图区中以十字形式显示，用于绘图时指定坐标点，也可以用来选择要进行修改编辑的图形对象。一般情况下，十字光标的大小默认为屏幕的5%，用户可以根据个人习惯和实际需要设定十字光标的大小。

【例 10-2】 将十字光标的大小设置为整个屏幕的50%。

【解】 (1)选择【工具】→【选项】命令，打开【选项】对话框，选择【显示】选项卡。

(2) 在【十字光标大小】栏的文本框中输入“50”，如图10-3所示，设置光标的大小，单击【确定】按钮，关闭【选项】对话框，效果显示如图10-4所示。

图 10-3　【选项】对话框

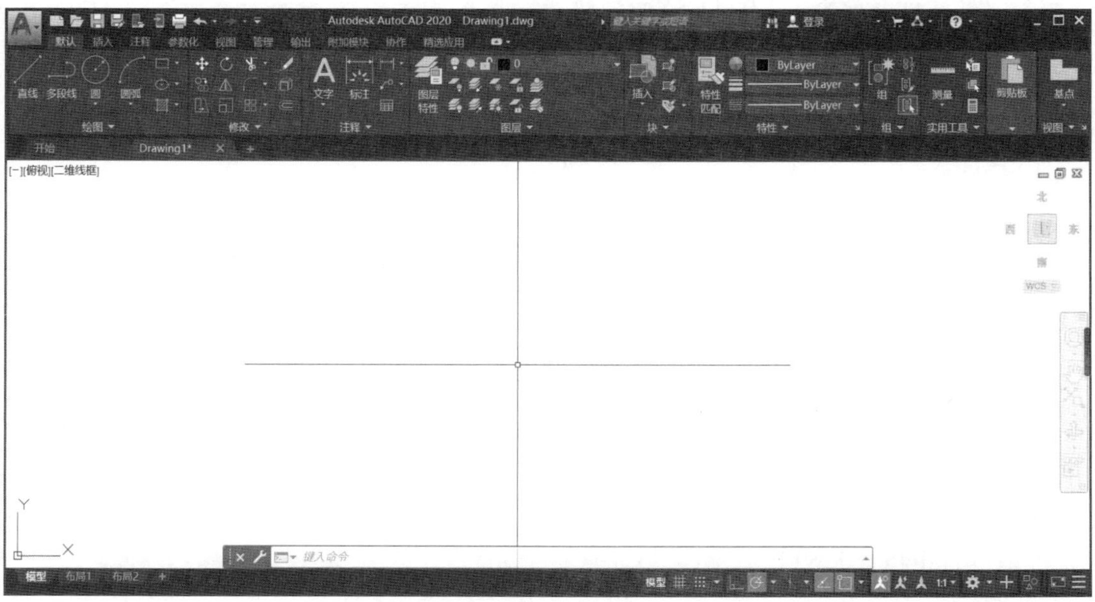

图 10-4　设置十字光标大小

10.1.3　设置图形界限

图形界限即绘图范围，在绘制图形前用户可以根据图纸的大小规格来设置图形界限，一般情况下图形界限应大于或等于图纸尺寸。执行图形界限命令有以下两种调用方法：

①先点击 AutoCAD 2020 最上方的工具栏，打开工具栏中的向下拉图标，点击【显示菜单栏】选项，如图 10-5 所示，之后选择【格式】→【图形界限】命令。

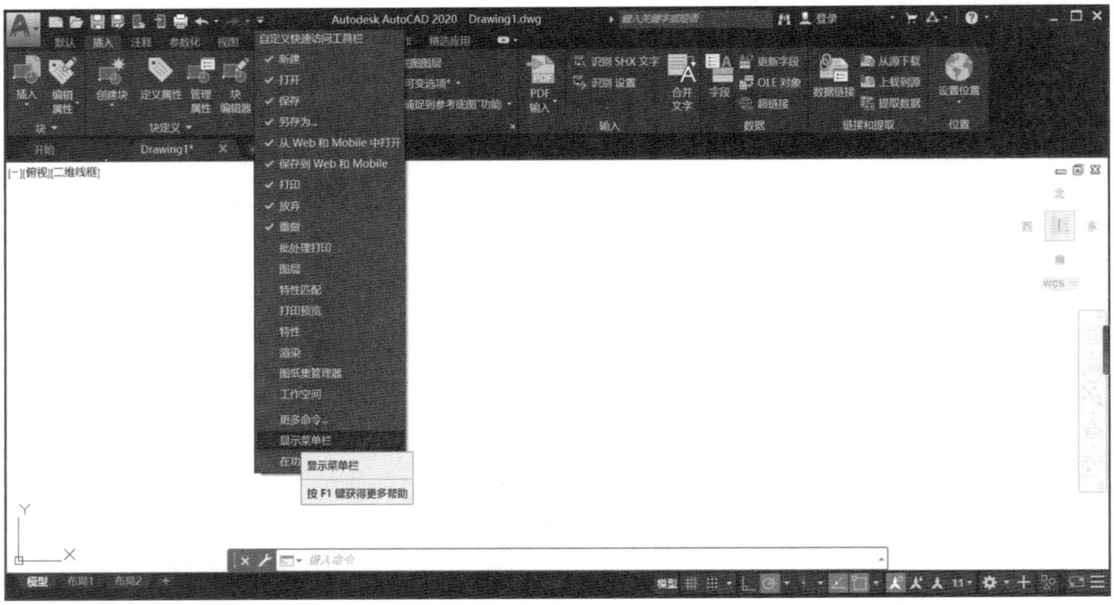

图 10-5　显示菜单栏

②在命令行中执行 LIMITS 命令。

【例 10-3】　执行图形界限命令，将图形界限设置为“42000,29700”。

【解】　(1)在命令行输入 LIMITS 命令，执行图形界限命令，在命令行提示“指定左下角点或【开(ON)/关(OFF)】<0.0000,0.0000>:”后按【Enter】键指定图形界限的左下角端点，即图形界限左下角端点为默认值<0,0>。

(2)在命令行提示【指定右上角点<420.0000,297.0000>:】后输入【42000,29700】，指定图形界限右上角的端点。

注：使用图形界限命令设置绘图区域之后，还应该再次执行图形界限命令打开图形界限功能，这样绘制图形时，只能在设置的范围内进行；当关闭图形界限功能后，绘制图形才能不受图形界限的限制。

10.1.4　设置绘图单位

设置绘图单位的命令有如下两种调用方法：

①选择【格式】→【单位】命令。

②在命令行中执行 UNITS、DDUNITS 或 UN 命令。

在执行以上任意一种命令之后，将打开如图 10-6 所示的【图形单位】对话框，在该对话框里可以设置长度、角度的类型和精度。

【长度】：在【类型】下拉列表框中选择长度单位的类型，如分数、工程、建筑、科学和小数等；在【精度】下拉列表框中可选择长度单位的精度。

【角度】：在【类型】下拉列表框中选择角度单位的类型，如百分度、度分秒、弧度、勘测单位、十进制度数等；在【精度】下拉列表框中可选择角度单位的精度。

【顺时针】复选框：系统默认不选中该复选框，即以逆时针方向旋转的角度为正方向；选中该复选框，即以顺时针方向为正方向。

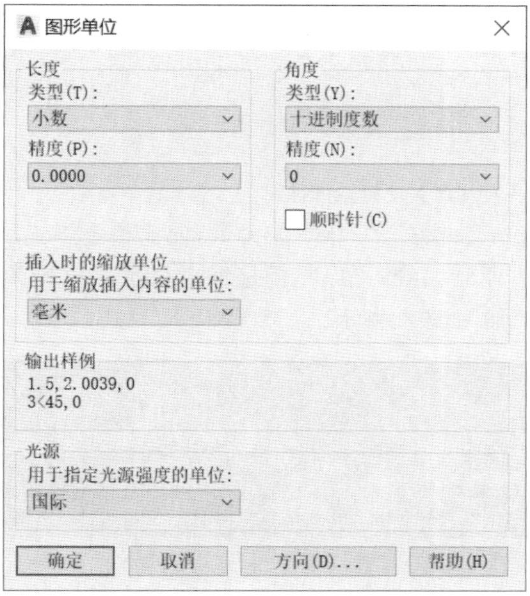

图 10-6　【图形单位】对话框

10.2　绘制样板图

在建筑制图中，设计人员需要根据制图规范严谨绘图，因此对于图幅大小、图框、文字大小、线型和标注类型等都是有一定限制的。绘制相同或相似类型的建筑图时，各种规定都是一样的。现以创建 A4 样板图为例进行相关操作的介绍。

综合实例——绘制 A3 图纸样板图形

(1)按照自己的使用习惯和画图要求设置绘图环境，比如系统背景颜色、图形单位等。

(2)执行 LIMITS 命令设置图幅(以 1∶1 A4 为例)。A4 图幅 *X* 方向长 210 mm，*Y* 方向长297 mm。在 LIMITS 命令里将图形界限设置为“210,297”。

(3)在【草图设置】对话框里打开正交栅格捕捉功能，将栅格间距和栅格捕捉间距均设置为 10，并将【栅格行为】设置成“不显示超出界限的栅格”，如图 10-7 所示。

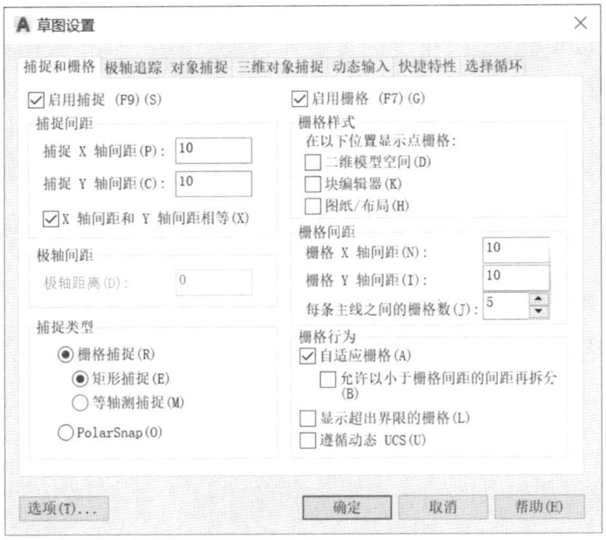

图 10-7 【草图设置】对话框

(4)用 ZOOM 命令将 A4 图幅全屏显示。执行 ZOOM-A 命令,使栅格全屏显示,栅格表示图纸的大小和位置,如图 10-8 所示。为了方便画幅线,可以将栅格缩小显示。执行 ZOOM 命令,选择 S 比例选项,设置缩放比例因子为 0.8,如图 10-9 所示。

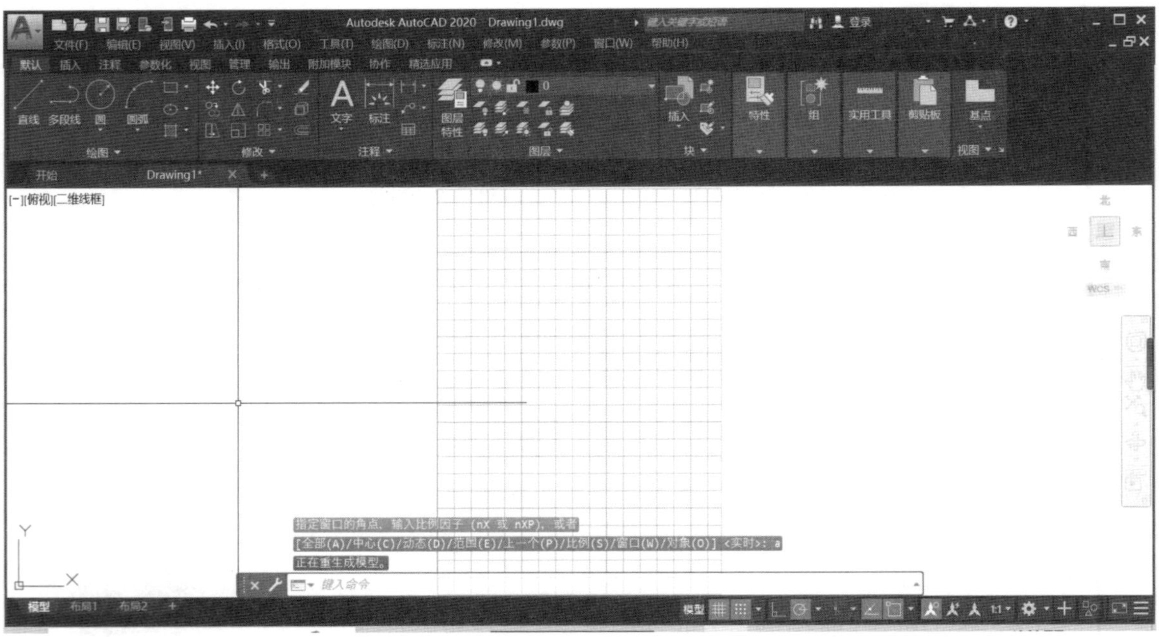

图 10-8 全屏显示图幅

(5)建立图层,设置线型、线宽。图幅应为细实线,图框为粗实线,标题栏外边线为粗实线,内格线为细实线,细实线线宽设置为 0.25 mm,粗实线线宽为 0.5 mm,文字图层线宽为 0.25 mm,图层设置如图 10-10 所示。

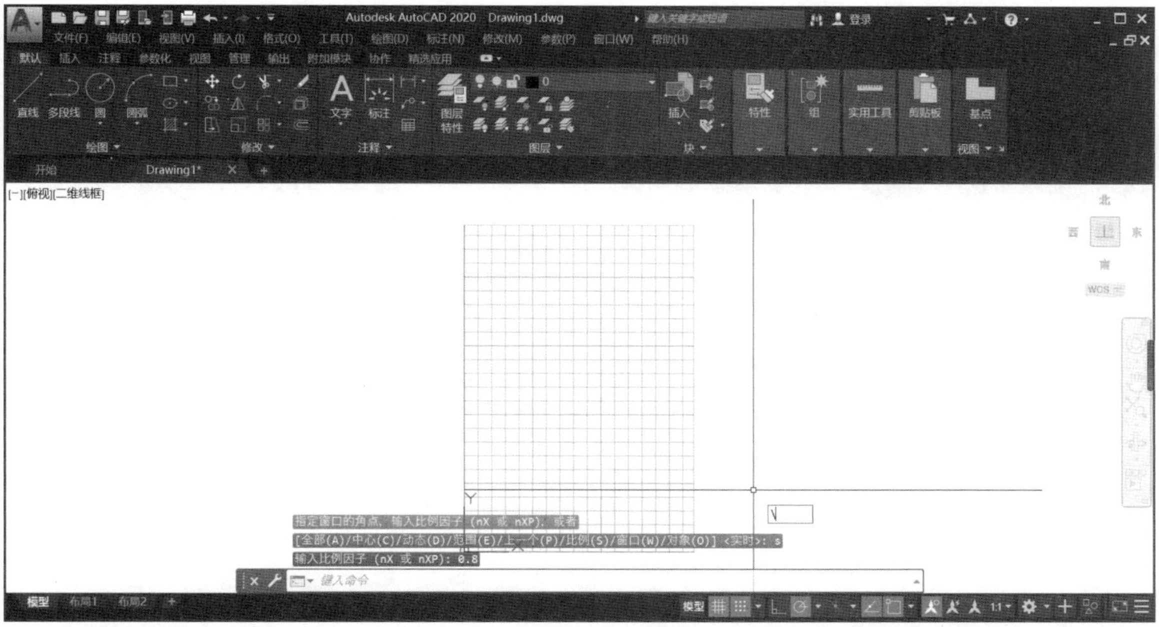

图 10-9　缩放显示图幅

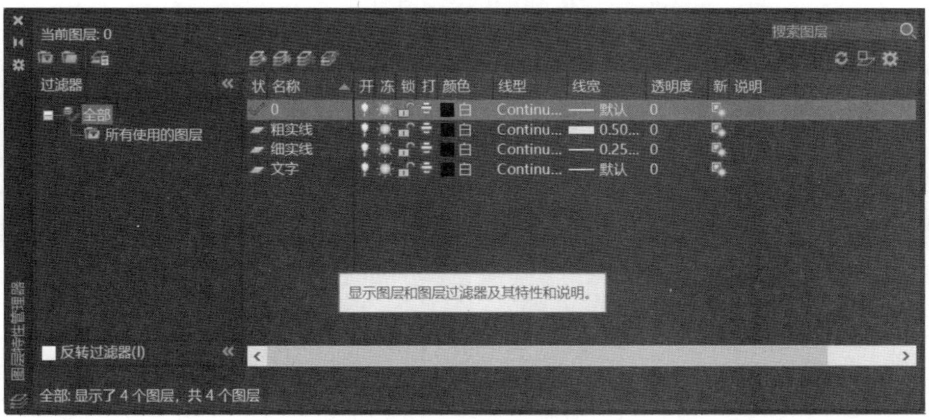

图 10-10　图层设置

(6)在正交栅格捕捉开启的情况下执行直线命令绘制图幅、图框和标题栏。将图层切换为细实线图层，沿栅格外边绘制图幅，如图 10-11 所示。

(7)将图层切换为粗实线图层，运用开启的栅格捕捉功能，绘制图框，图框线周边离图幅线均为 10 mm，如图 10-12 所示。

(8)绘制长度为 100 mm，高度为 40 mm 的标题栏，标题栏的内格高度为 10 mm，如图 10-13 所示。绘制标题栏时应注意，外边线均为粗实线，内格线为细实线。

(9)打开【文字样式】对话框，设置文字字体为仿宋。执行单行文字命令，在标题栏方格内书写文字，如图 10-14 所示。

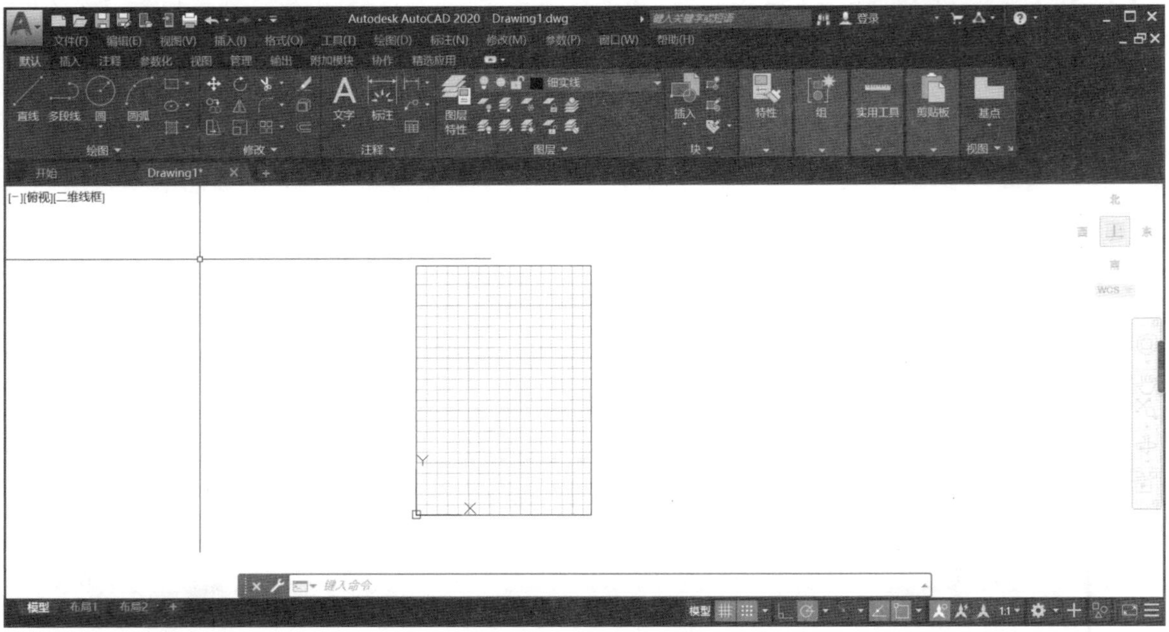

图 10-11 绘制图幅线

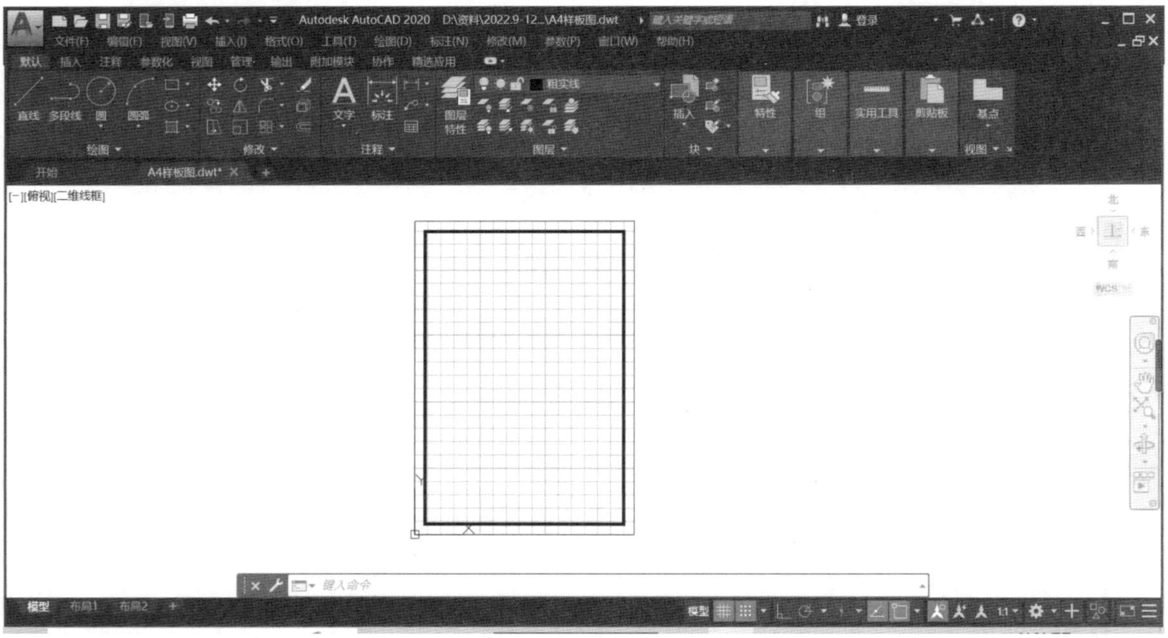

图 10-12 绘制图框线

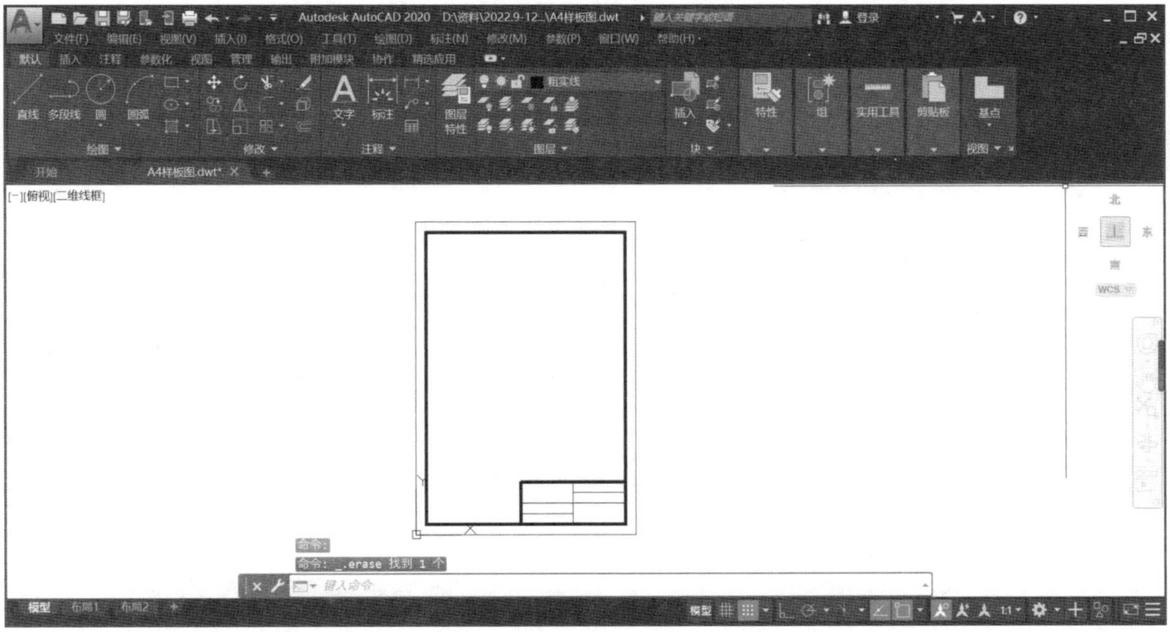

图 10-13　绘制标题栏

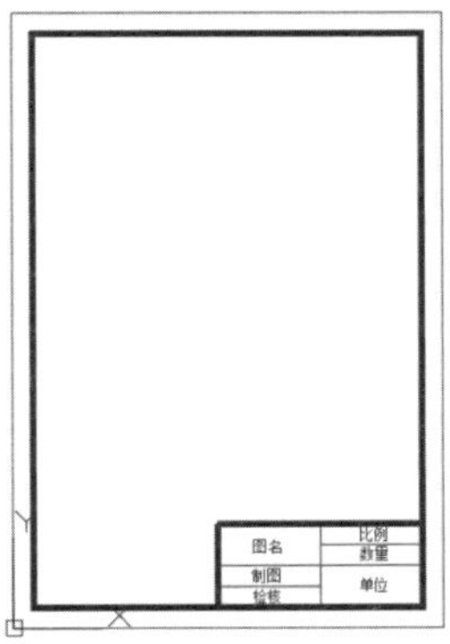

图 10-14　书写标题栏文字

10.3　保存样板图

将在 10.2 节里绘制的 1∶1 A4 样板图进行保存，选择【文件】→【保存】之后在【图形另存为】对话框里将“文件类型”改为“AutoCAD 图形样板（＊.dwt）”，并且将文件名设置为“A4 样板图”，如图 10-15 所示，单击【保存】，即完成了样板图的保存。

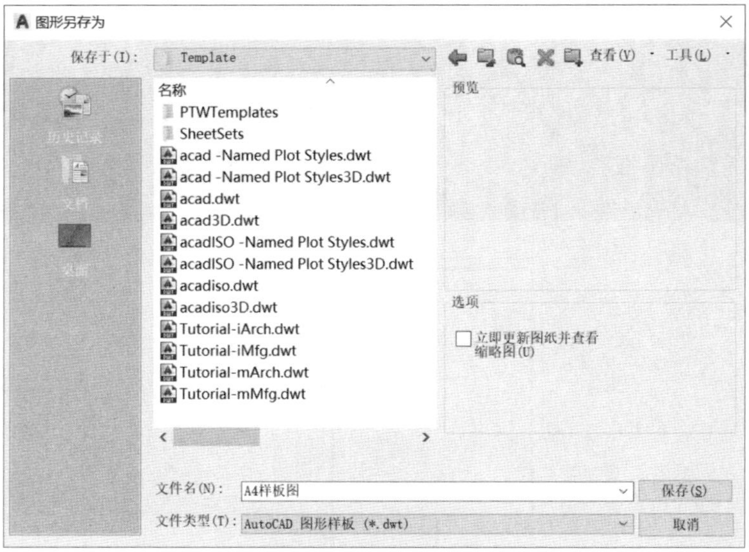

图 10-15　保存样板图

10.4　调用样板图

调用在 10.3 节里保存的 A4 样板图,选择【文件】→【打开】,在【选择文件】对话框里选择“A4 样板图.dwt”文件,点击【打开】,就调用了在 10.2 节里绘制的 A4 样板图,如图 10-16 所示。

图 10-16　调用样板图

在调用样板图的时候,还可以选择调用软件里附带的一些样板图文件。

本章小结

(1)学习样板图的绘制规范和组成。

(2)学习如何设置绘图环境。

(3)学习绘制图框和标题栏的技巧。

(4)学习如何保存和调用样板图。

习题与思考题

绘制 1∶1 比例的 A3 样板图并保存。

思路：首先设置图层和每个图层使用的线型、线宽，然后运用直线结合栅格图形界限功能绘制样板图的图幅、图框、标题栏，最后书写标题栏文字并进行保存，如图 10-17 所示。

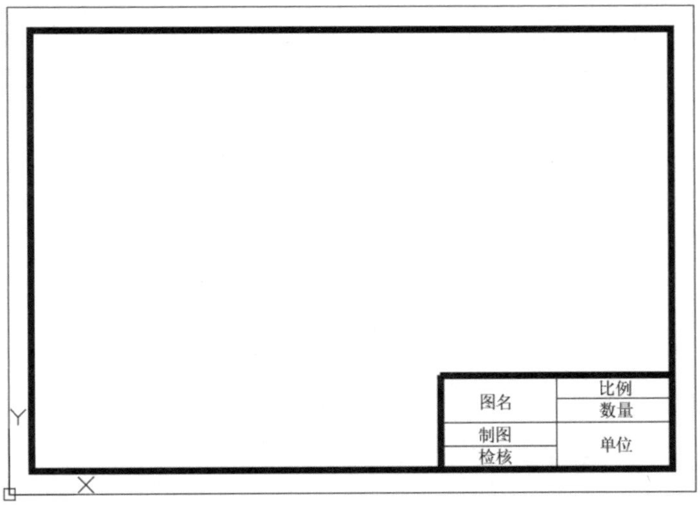

图 10-17　绘制 A3 样板图

习题与思考题答案

11 建筑工程图绘制

【内容提要】

本章的主要内容包括建筑工程中常用建筑设计制图标准、建筑施工图的组成；建筑平面图、立面图和剖面图的基本内容及AutoCAD 2020的绘制方法；使用天正建筑软件绘制建筑图的方法。

【能力要求】

通过本章的学习，学生应了解建筑设计制图标准、建筑施工图的组成和绘制要求，熟练使用AutoCAD 2020，综合前面章节所学习的知识进行建筑平面图、立面图和剖面图的绘制；熟悉天正建筑软件的绘图方法，能利用天正建筑软件绘制建筑平面图，根据平面图生成立面图和剖面图，并对立面图和剖面图进行细节的修改。

本章导读

11.1 我国建筑设计制图标准简介

我国建筑设计制图标准主要以《房屋建筑制图统一标准》(GB/T 50001—2017)和《总图制图标准》(GB/T 50103—2010)为依据。

11.1.1 图纸构成

建筑工程图纸是用于表示建筑物的内部布置情况、外部形状，以及装修、构造、施工要求等有关内容的图纸。建筑工程图纸分为建筑施工图、结构施工图、设备施工图。根据工程性质的不同，工程图纸也可以分为不同类型。采用平面图表达立体外形和尺寸时，一般都采用三视图的方法，即正视图、侧视图、俯视图。按照三视图的原理，建筑工程图纸分为建筑平面图、立面图和剖面图，另外还包括建筑详图和结构施工图。其主要由标题栏和会签栏、图线、比例、字体、尺寸标注、符号和定位轴线等组成。

11.1.2 图纸与标准图框尺寸

根据《房屋建筑制图统一标准》(GB/T 50001—2017)中的规定，建筑工程图纸的幅面及图框尺寸应符合表11-1的规定，单位都为毫米(mm)。

表11-1 建筑工程图纸的幅面及图框尺寸 (单位:mm)

图框尺寸	图纸幅面				
	A0	A1	A2	A3	A4
$b\times l$	841×1189	594×841	420×594	297×420	210×297
c	10			5	
a	25				

图纸的短边一般不应加长，长边可加长，但应符合表 11-2 的规定。图纸以短边作为垂直边称为横式，以短边作为水平边称为立式。一般 A0～A3 图纸宜横式使用，必要时，也可立式使用。

表 11-2 **建筑工程特殊图纸的幅面及图框尺寸**

幅面代号	长边尺寸/mm	长边加长后尺寸/mm
A0	1189	1486、1635、1783、1932、2080、2230、2378
A1	841	1051、1261、1471、1682、1892、2102
A2	594	743、891、1041、1189、1338、1486、1635、1783、1932、2080
A3	420	630、841、1051、1261、1471、1682、1892

注：有特殊需要的图纸，可采用 $b \times l$ 为 841 mm×891 mm 与 1189 mm×1261 mm 的幅面。

11.1.3 标题栏和会签栏

标题栏（表 11-3）放在图纸的右下角。会签栏（表 11-4）是各工种负责人签字用的表格，放在图纸左侧上方的图框线外（图 11-1）。

表 11-3 **标题栏**

设计单位名称	工程名称	图　号　区
签　字　区	图　名　区	

表 11-4 **会签栏**

专　业	姓　名	日　期

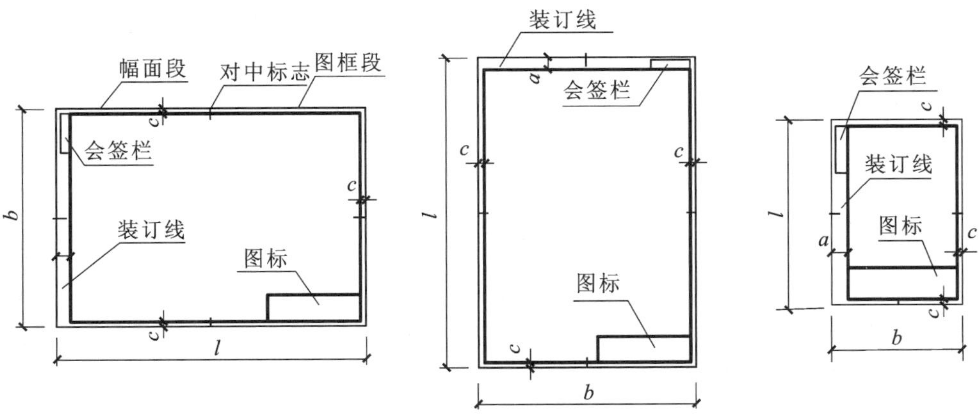

图 11-1 会签栏、标题栏在图纸中的位置

11.1.4 图线

图线是制图过程中的重要部分，不同的线型代表着不同的含义，所以在制图中需要注意。制图中图线主要包括实线、虚线、单点长画线、双点长画线和折断线。

建筑工程图中，对于表示不同内容和区别主次的图线，其线宽都互成一定比例。实线分为粗实线、中实线和细实线,三种线宽之比为 b、$0.5b$、$0.25b$。其线型宽度见表 11-5。

表 11-5　**线型宽度**

线宽比	线宽	线宽组/mm					
b	粗	2.0	1.4	1.0	0.7	0.5	0.35
$0.5b$	中	1.0	0.7	0.5	0.35	0.25	0.18
$0.25b$	细	0.5	0.35	0.25	0.18	—	—

粗实线主要用于平、剖面图中被剖切的主要建筑构造轮廓线,建筑立面图的外轮廓线,平、立、剖面的剖切符号。

中实线主要用于平、剖面图中被剖切的次要建筑构造轮廓线,建筑平、立、剖面图中建筑构配件的轮廓线。

细实线主要用于细图形线、尺寸线、尺寸界线、图例线、索引符号、标高符号、引出线等。

虚线用于建筑构配件不可见的轮廓线,拟扩建的建筑物轮廓线,图例线。

单点长画线用于中心线、对称线、定位轴线。

双点长画线用于假想轮廓线,用地红线。

折断线用于不需画全的断开界线。

11.1.5 比例

常用比例有:大样图比例,平、立、剖面比例和总平面图比例。

大样图比例通常使用 1∶1、1∶5、1∶10、1∶20、1∶50;平、立、剖面比例通常使用 1∶100、1∶200、1∶300;总平面图比例通常使用 1∶500、1∶1000、1∶2000。

11.1.6 字体

字体由字高和字宽组成,字高通常使用 3.5 mm、5 mm、7 mm、10 mm、14 mm、20 mm;字宽一般采用大于或等于 2.5 mm。在使用过程中,可以根据实际的情况进行设计。

11.1.7 尺寸标注

尺寸分为总尺寸、定位尺寸、细部尺寸三种。绘图时,应根据设计深度和图纸用途确定所需注写的尺寸。

建筑物平面、立面、剖面图,宜标注室内外地坪、楼地面、地下层地面、阳台、平台、檐口、屋脊、女儿墙、雨篷、门、窗、台阶等处的标高。平屋面等不易标明建筑标高的部位可标注结构标高,并予以说明。结构找坡的平屋面,屋面标高可标注在结构板面最低点,并注明找坡坡度。有屋架的屋面,应标注屋架下弦搁置点或柱顶标高。有起重机的厂房剖面图应标注轨顶标高、屋架下弦杆件下边缘或屋面梁底、板底标高。梁式悬挂起重机宜标出轨距尺寸(以 m 计)。

楼地面、地下层地面、阳台、平台、檐口、屋脊、女儿墙、台阶等处的高度尺寸及标高,宜按下列规定注写:

(1)平面图及其详图注写完成面标高。

(2)立面图、剖面图及其详图注写完成面标高及高度方向的尺寸。

(3)其余部分注写毛面尺寸及标高。

(4)标注建筑平面图各部位的定位尺寸时,注写与其距离最近的轴线间的尺寸;标注建筑剖面各部位的定位尺寸时，注写其所在层次内的尺寸。

(5)室内设计图中连续重复的构配件等，当不易标明定位尺寸时，可在总尺寸的控制下，定位尺寸不用数值而用“均分”或“EQ”字样表示。

11.1.8 符号

在施工图中，有时会因为比例问题而无法表达清楚某一局部，为方便施工需另画详图。一般用索引符号注明画出详图的位置、详图的编号以及详图所在的图纸编号。索引符号和详图符号内的详图编号与图纸编号两者对应一致。

按《房屋建筑制图统一标准》(GB/T 50001—2017)规定，索引符号的圆和引出线均应以细实线绘制，圆直径为 10 mm。引出线应对准圆心，圆内过圆心画一水平线，上半圆中用阿拉伯数字注明该详图的编号，下半圆中用阿拉伯数字注明该详图所在图纸的图纸号。如果详图与被索引的图样在同一张图纸内，则在下半圆中间画一水平细实线。索引出的详图，如采用标准图，应在索引符号水平直径的延长线上加注该标准图册的编号，如图 11-2(a)所示。

详图符号用一粗实线圆绘制，直径为 14 mm。详图与被索引的图样同在一张图纸内时，应在符号内用阿拉伯数字注明详图编号。如不在同一张图纸内，可用细实线在符号内画一水平直径，在上半圆中注明详图编号，在下半圆中注明被索引图纸号，如图 11-2(b)所示。

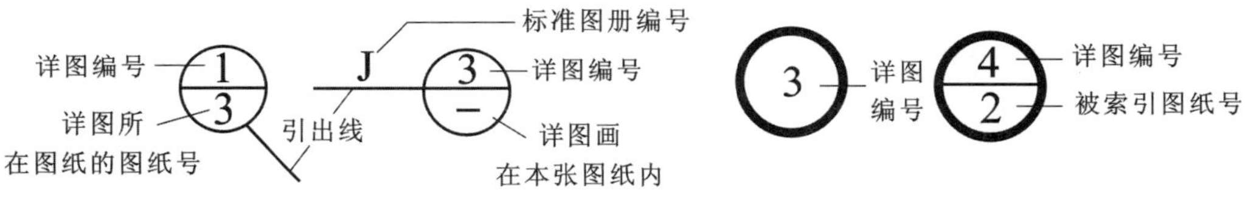

图 11-2 索引符号和详图符号

(a)索引符号；(b)详图符号

11.1.9 定位轴线

建筑施工图的定位轴线是建造房屋时砌筑墙身、浇筑柱梁、安装构配件等施工定位的依据。凡是墙、柱、梁或屋架等主要承重构件，都应画出定位轴线，并编号确定其位置。对于非承重的分隔墙、次要的承重构件，可编绘附加轴线，有时也可以不编绘附加轴线，而直接注明其与附近的定位轴线之间的尺寸。

根据《房屋建筑制图统一标准》(GB/T 50001—2017)规定，定位轴线采用细点画线表示。轴线编号的圆圈用细实线，直径一般为 8 mm，详图上为 10 mm，如图 11-3 所示。轴线编号写在圆圈内。在平面图上水平方向的编号采用阿拉伯数字，从左向右依次编写。垂直方向的编号用大写拉丁字母自下而上依次编写。拉丁字母中的 I、O 及 Z 三个字母不得作轴线编号，以免与数字 1、0 及 2 混淆。在较简单或对称的房屋中，平面图的轴线编号一般标注在图形的下方及左侧。较复杂或不对称的房屋，图形上方和右侧也可标注。

对于附加轴线的编号可用分数表示，分母表示前一轴线的编号，分子表示附加轴线的编号，用阿拉伯数字顺序编写，如图 11-3 所示。在画详图时，如一个详图适用于几个轴线，应同时将各有关轴线的编号注明。

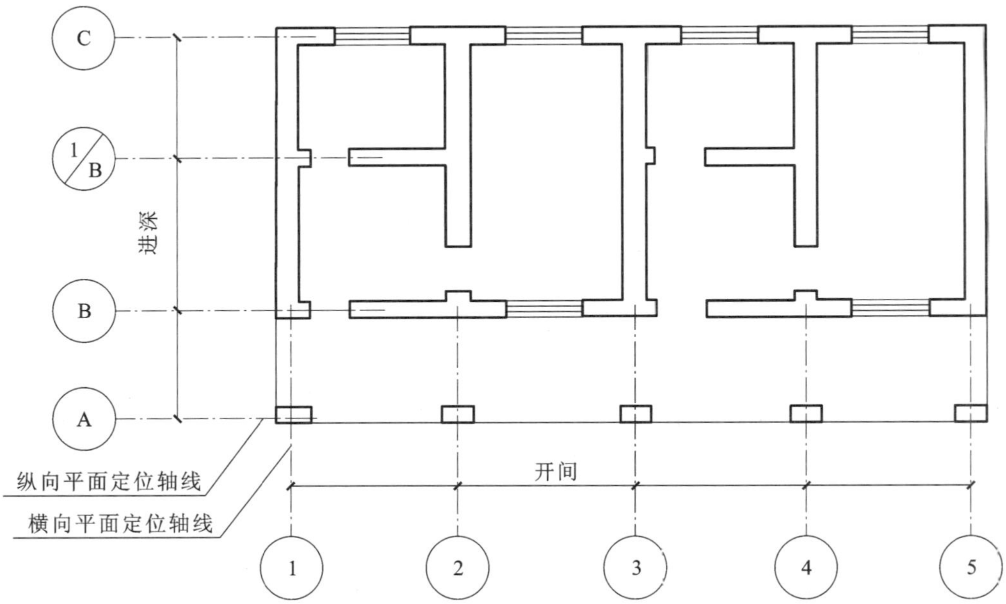

图 11-3　定位轴线及编号方法

11.2　建筑施工图的组成与主要内容

建筑方面的施工图又分为两类：一类是建筑施工图（简称建施），主要表示建筑物的总体布局、外部造型、内部布置、细部构造、装修和施工；另一类是结构施工图（简称结施），主要表示承重构件结构的布置、构件类型及构造和做法等。这两类图纸又各自分成两种表达形式：一种是表示整体的图纸，以此来反映建筑物的全貌；另一种则是表示局部，反映各个细部的具体做法。

一套完整的建筑施工图可分为施工总说明、总平面图、平面图、立面图、剖面图和构造详图等。

施工总说明包括图样目录、设计说明、建筑经济指标、各部分用料、门窗明细表等。

总平面图表示新建建筑物的周围环境、位置、布置，表明新建房屋所在地有关范围内的总体布置，反映新建房屋、构筑物等的位置和朝向，室外场地、道路、绿化等的布置情况，地形、地貌、标高等以及与原有环境的关系和邻界情况等。

平面图主要反映房屋的平面形状、大小和房间布置，墙（或柱）的位置、厚度和材料，门窗的位置、开启方向等，可作为施工放线，砌筑墙、柱，门窗安装和室内装修及编制预算的重要依据。

立面图是以平行于房屋外墙面的投影面，用正投影的原理绘制出的房屋投影图。它主要反映房屋的体型和外貌、门窗的形式和位置、墙面的材料和装修做法等，是施工的重要依据。

剖面图是表示建筑物的内部垂直方向的高度、楼层分层、垂直空间的利用以及简要的结构形式和构造方式等情况的图样。

建筑详图是建筑细部的施工图。因为建筑平面图、立面图、剖面图一般采用较小的比例，所以某些建筑构配件（如门、窗、楼梯、阳台、各种装饰等）和某些建筑剖面节点（窗台、屋顶层等）的详细构造（包括式样、层次、做法、用料和详细尺寸等）都无法被清楚表达。根据施工的需要，必须另外绘制比例较大的图样，才能表达清楚，这种图样称为建筑详图。因此，建筑详图是建筑平面图、立面图、剖面图的补充。

11.3　建筑平面图的绘制

建筑平面图反映建筑物某一层的平面形状，房间的位置、形状、大小及用途等，表明建筑物的具体尺寸。在绘制建筑平面图时，先用绘制轴线和尺寸表示各部分的长宽尺寸和准确位置，然后根据具体的位置和尺寸绘制门窗、阳台楼梯等。

建筑平面图绘制中需注意以下内容：

(1)比例：根据尺寸大小，选择的比例不同，通常采用的比例为1∶50、1∶100、1∶200，一般采用1∶100。

(2)定位轴线：定位轴线是施工定位、放线的重要依据。建筑平面图的主要墙体需要画出轴线来确定位置。

(3)标注：在平面图中，外墙一般应该有三道尺寸标注。最外一道尺寸表明建筑物的总长度和总宽度；中间一道表示开间和进深的尺寸；最里面的一道表示门窗等尺寸。

(4)图层：需要将不同的构件、不同的线型设置在不同的图层，便于后续的修改。

本节内容以图11-4为例进行讨论。

11.3.1　创建文件并进行基本设置

(1)打开文件菜单，新建项目，选择已经制作好的样板图形文件。

(2)点击格式菜单，选择图形界限命令，在命令行设置左下角坐标(0,0)，右上角坐标(42000×29700)的长方形区域，设置单位为mm。

(3)接着单击右侧修改工具栏中缩放命令，输入指定比例因子为100，将图框线和标题栏放大100倍。

(4)在命令行输入ZOOM命令，选择a显示全部，将绘图区域显示在CAD屏幕中间。完成后具体效果如图11-5所示。

(5)修改图中的标题栏，写上具体的绘图信息。

(6)完成上述内容后，接着创建新图层、设置线型比例、文字样式、标注样式并进行保存。

11.3.2　绘制轴线

创建一个新的图层为“辅助线”层，设置好颜色和线型。用直线命令在样板图的合适位置绘制第一条横轴和纵轴，采用修改工具中的偏移命令，根据给定的横向和纵向尺寸进行偏移复制完成辅助线的绘制，如图11-6所示。

11.3.3　绘制墙线

在绘制墙体前，创建一新图层“墙体”，同时锁定前面的图层，采用多线进行墙体绘制，墙体的宽度分为外墙体和内墙体，外墙体多线设置大小为370，单击下拉菜单栏中的【格式】→【多线样式】命令，弹出【多线样式】对话框。设置370墙体的样式，其元素特性对话框如图11-7所示。采用同样方法设置内墙体多线大小为240。

实例——墙体

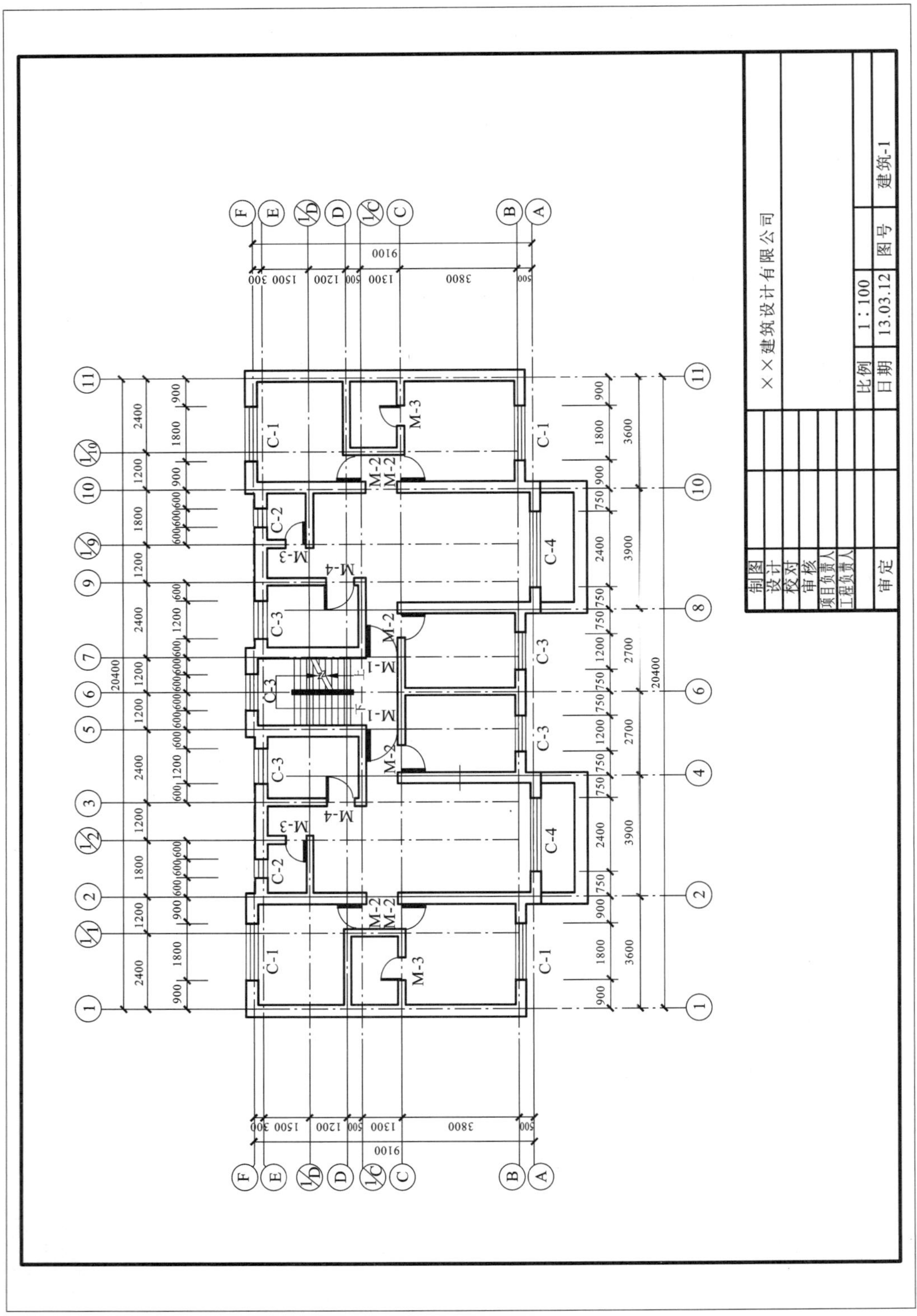

图 11-4　平面图实例

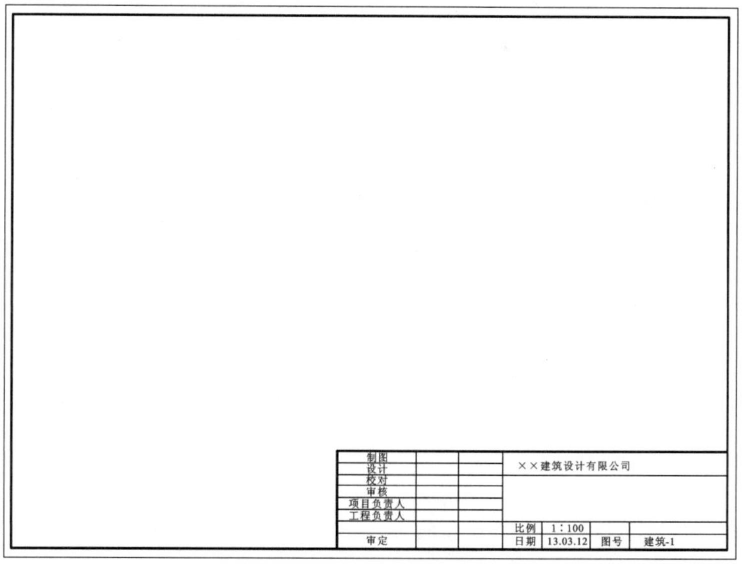

图 11-5　初始化样板图

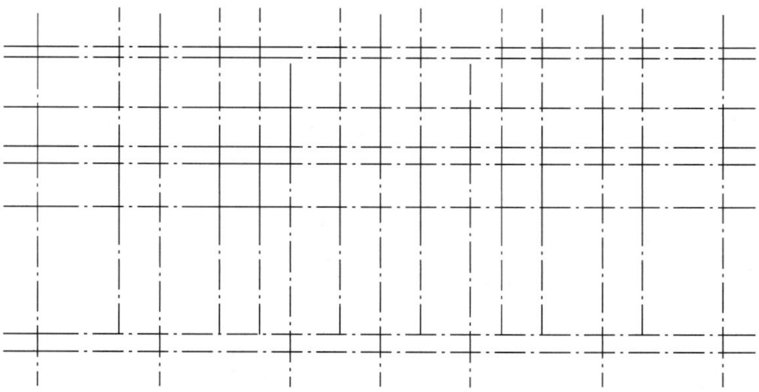

图 11-6　辅助线

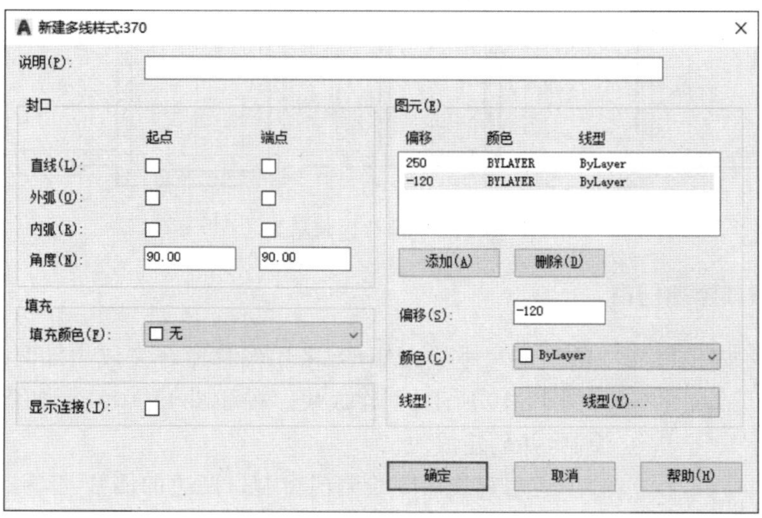

图 11-7　370 墙体设置对话框

在墙体层运用多线命令绘制墙体,绘制时结合对象追踪命令使用,采用正中对齐,并将多线比例设置为 1。绘制完毕后,关闭"轴线"层。单击下拉菜单栏中的【修改】→【对象】→【多线】命令,弹出【多线编辑工具】对话框,如图 11-8 所示。多线编辑可以将十字接头、丁字接头、角接头等修正为如图 11-9 所示的形式。

图 11-8 【多线编辑工具】对话框

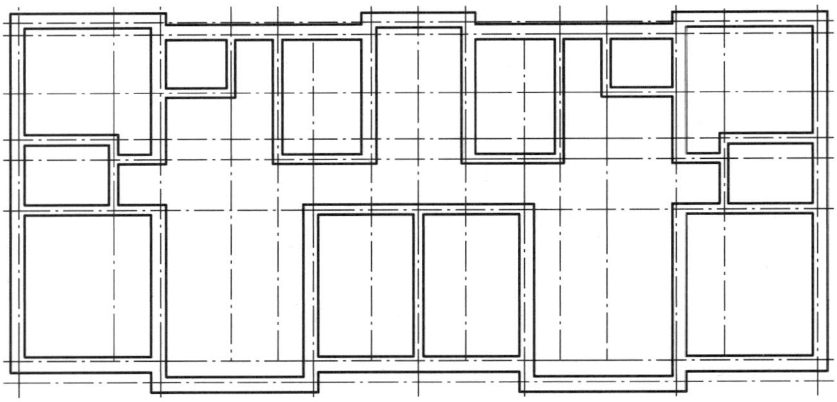

图 11-9 墙体绘制结果

11.3.4 开设洞口和添加门窗

采用矩形命令按图 11-4 中的窗的尺寸绘制矩形,采用偏移命令完成内部两条直线,完成效果如图 11-10 所示,创建成块。按如图 11-10 所示的门的形状完成门的绘制,并创建成块。

图 11-10 窗和门

运用直线命令绘制门窗洞口两边的墙线,运用修剪、延伸命令来修剪洞口。在适当的位置插入门和窗,具体效果如图 11-11 所示。

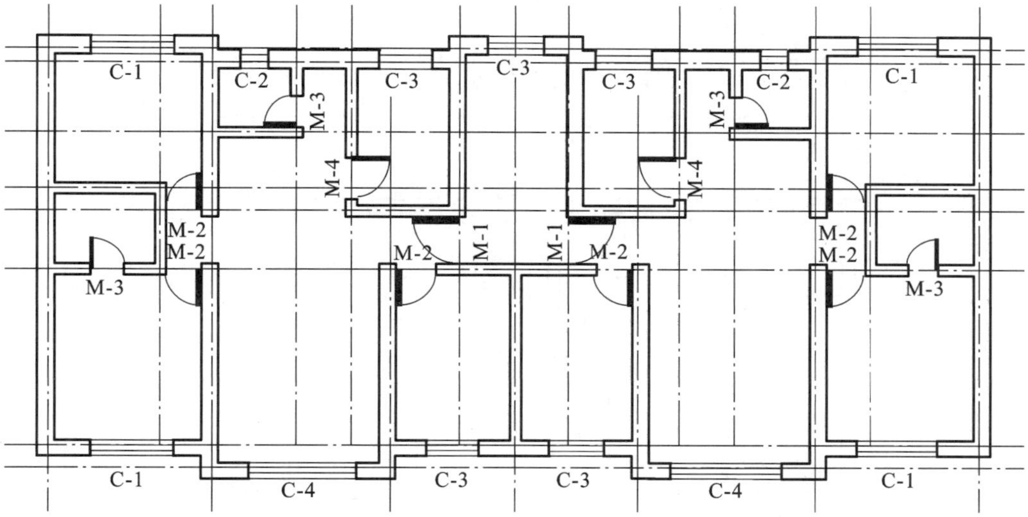

图 11-11　插入门窗后的效果

11.3.5　绘制楼梯

楼梯主要由楼梯扶手、楼梯踏步、折断线和楼梯的方向组成。

实例——一层平面图

绘制楼梯的过程就是完成以上四个部分的绘制。首先楼梯的扶手采用矩形及偏移命令完成；绘制楼梯的踏步时先画出一条直线，之后利用阵列命令完成；折断线采用直线命令绘制，然后采用修剪命令进行修剪；楼梯的方向运用多段线命令绘制。具体如图 11-12 所示。

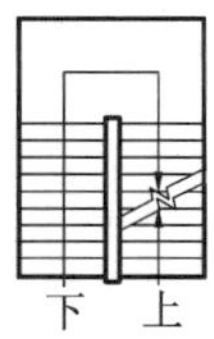

图 11-12　楼梯效果图

11.3.6　尺寸标注

创建一个新的图层，命名为“尺寸标注”，设置图层颜色。采用线性标注和连续标注命令进行标注，通过设置标注对话框，设置标注数字的大小、方向和位置。

11.3.7　轴线标注

轴线标注不同于尺寸标注，它是用圆来表示轴线的位置和序号。其绘制过程：用圆命令在绘图区的任一空白位置绘制一个直径为 800 的圆，用单行文字命令在圆的中心位置写一个高度为 500 的字“1”，如图 11-13 所示。

图 11-13　轴号

用移动命令将其移动到轴号①的位置，然后复制到各个轴线对应的位置，采用文字修改命令，修改对应的轴号。完成效果如图 11-14 所示。

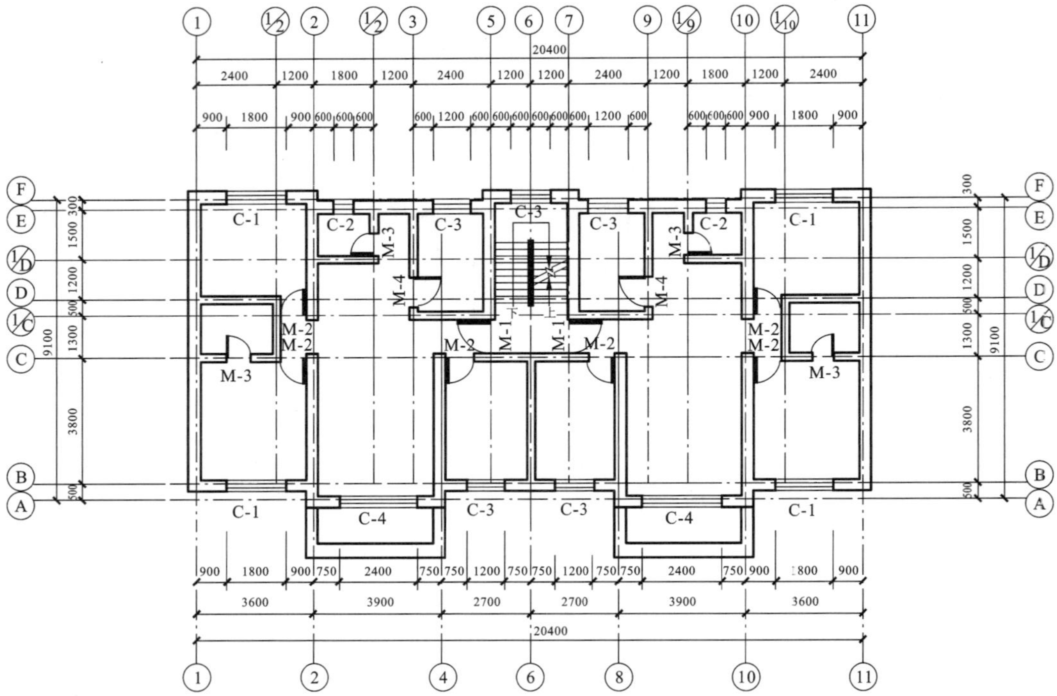

图 11-14 建筑平面图标注效果

11.4 建筑立面图的绘制

建筑立面图是建筑物不同方向的立面正投影视图，主要用来表现建筑物的体型和外貌，外墙的面层材料、色彩、女儿墙的形式、阳台形式、门窗布置等。

建筑立面图绘制中需注意以下内容：

(1)采用的比例要与对应的平面图一致。

(2)立面图中的定位轴线只画出两端的轴线及编号。

(3)立面图中的外墙轮廓线采用粗实线，地坪线用加粗线，其他轮廓采用中粗线，门窗、尺寸和标高采用细实线。

(4)门窗都是采用图例来绘制，一般只绘有关轮廓线，具体的门窗等尺寸要查看建筑标准，单独列表给出。

(5)在立面图上，高度尺寸主要用标高表示，一般要注出室内外地坪、一层楼地面、窗洞口的上下口、女儿墙压顶面、进口平台面及雨篷底面等的标高。水平方向一般不标注尺寸，如需要可标注一道轴线间的长度。

11.4.1 创建新文件并进行基本设置

创建一个新文件，按 11.3.1 中的步骤建立好样板图、图形界限等。

图层设置：调出图层管理器，新建 2 个图层——辅助线、立面，设置“辅助线”层颜色为红色，将“辅助线”层的线型设置为虚线型，“立面”层的线型保留默认的实线型。

线型比例设置：在命令行输入线型比例命令 LTS 并按【Enter】键，将全局比例因子设置为 100。

文字样式设置：汉字样式采用仿宋_GB2312 字体，宽度比例设为 0.8，用于书写汉字；数字样式采用 Simplex. shx 字体，宽度比例设为 0.8，用于书写数字及特殊字符。

标注样式设置：单击下拉菜单栏中的【格式】→【标注样式】命令，弹出【标注样式管理器】对话框，选择【建筑】标注样式，然后单击【修改】命令按钮，弹出【修改标注样式：建筑】对话框，将【调整】选项卡中【标注特征比例】中的【使用全局比例】修改为 100。单击【确定】按钮，返回【标注样式管理器】对话框，完成标注样式的设置。

通过上述过程完成绘图环境设置，保存文件。

11.4.2　建立辅助网格

将“辅助线”层设置为当前层。单击状态栏中的【正交】按钮，打开正交状态。使用直线命令，在图幅内适当的位置绘制水平基准线和竖直基准线。按照图 11-14 和图 11-15 所示的水平和竖直尺寸，利用偏移命令，绘制出全部辅助线。绘制完成的辅助线如图 11-16 所示。

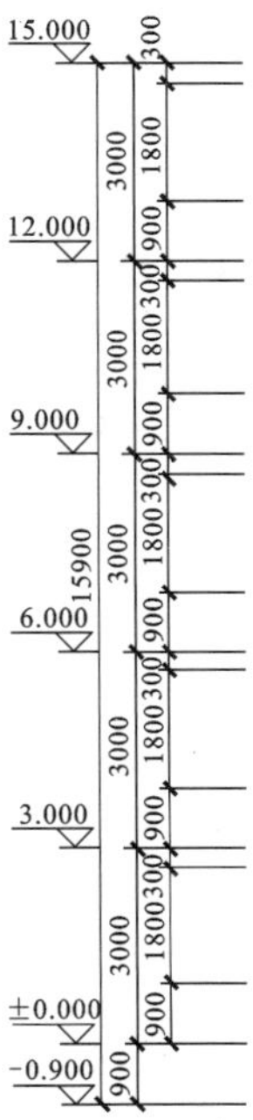

图 11-15　水平辅助线间距

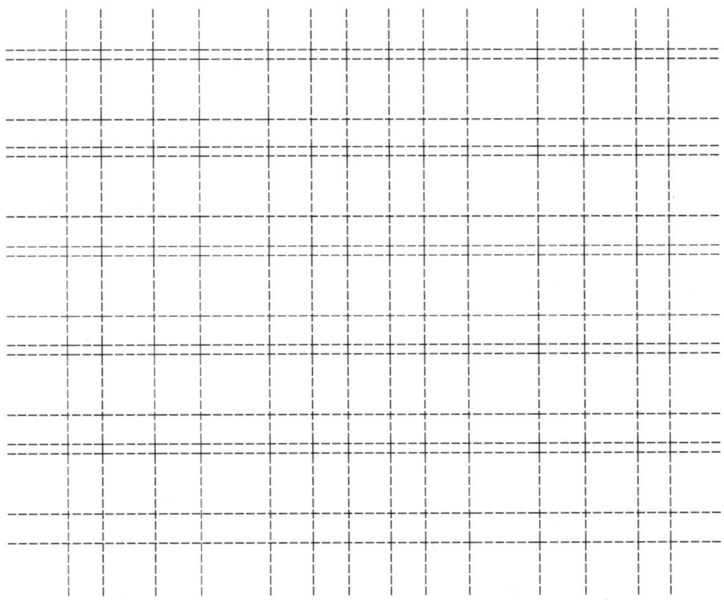

图 11-16　立面的辅助线

11.4.3　绘制轮廓线、地坪线和楼层线

某宿舍楼立面图绘制

将“立面”图层设为当前层，单击状态栏中的【对象捕捉】按钮，打开对象捕捉方式，然后设置捕捉方式为【端点】和【交点】方式。

使用工具栏中的多段线命令，捕捉水平基准线的左端点起点，输入 w 并按【Enter】键设置线宽为 50，捕捉水平基准线的右端点，按空格键结束命令。按空格键重复多段线命令，绘制标准层轮廓线和地坪线。采用多段线命令，设置线宽为 50 绘制一条楼层线，使用阵列命令，完成楼层线的绘制。完成后效果如图 11-17 所示。

图 11-17　绘制好的轮廓线、地坪线和楼层线

11.4.4　绘制窗和阳台

新建图层命名为“窗”,设为当前层,同时将状态栏中的【对象捕捉】按钮打开,选择【交点】和【垂足】捕捉方式。使用矩形绘制窗户的外轮廓线,窗的宽度按图 11-14 中 C-1、C-3、C-4 标注尺寸绘制,高度为 1800。使用偏移命令绘制窗户的内轮廓线,偏移值为 80。使用分解命令分解内轮廓线,利用窗内轮廓线左右两侧线条偏移出表示窗棂。采用同样的办法绘制出 C-3 和 C-4。阳台采用矩形和直线命令绘制完成。具体效果如图 11-18 所示。

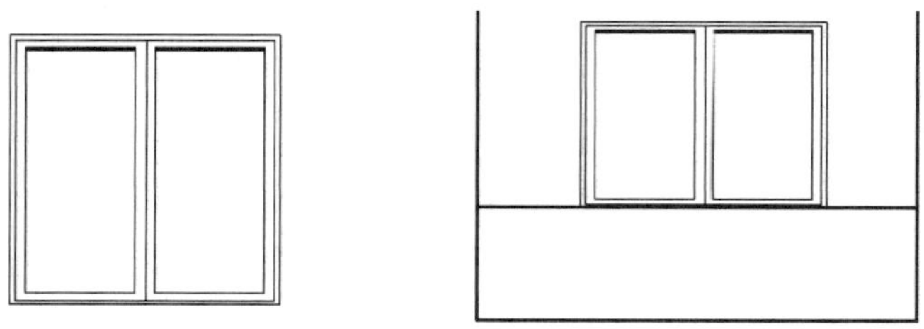

图 11-18　C-1 窗和阳台的绘制效果

完成窗和阳台的绘制后,利用阵列命令(图 11-19),完成窗和阳台的复制。

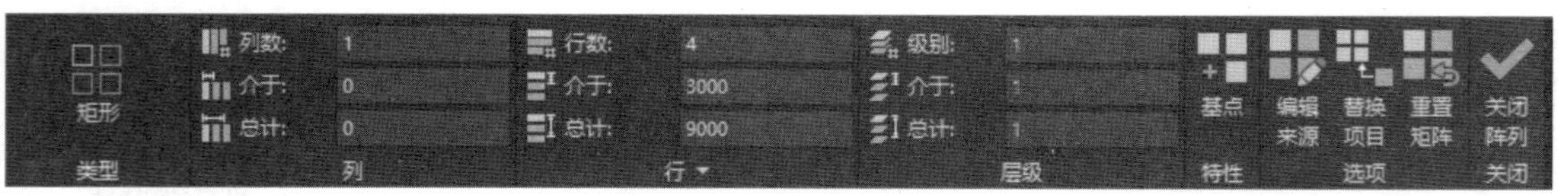

图 11-19　设置【阵列】

11.4.5　进行标注

立面图细部尺寸、层高尺寸、总高度尺寸和轴号的标注方法与平面图完全相同。建立标注尺寸图层,设置为当前图层,根据已知的标高尺寸绘制出表示标高位置的参照线。

创建带属性的标高块，利用直线命令在空白位置绘制出标高符号，如图 11-20 所示。按照属性块的创建方式完成标高属性块的创建，设置块名为“bg”，【提示】文本框为“请输入标高”、【值】文本框为“%%p0.000”。

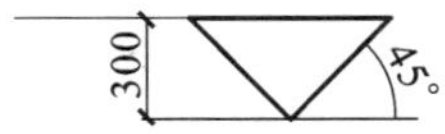

图 11-20 标高符号

打开【端点】和【中点】捕捉方式。单击【绘图】工具栏中的插入块命令按钮，弹出【插入】对话框，在名称下拉列表中选择“bg”，按块提示输入值，如：－0.900。按【Enter】键重复插入块命令，同理标注出其他的标高尺寸。标高标注完成后的立面图如图 11-21 所示。

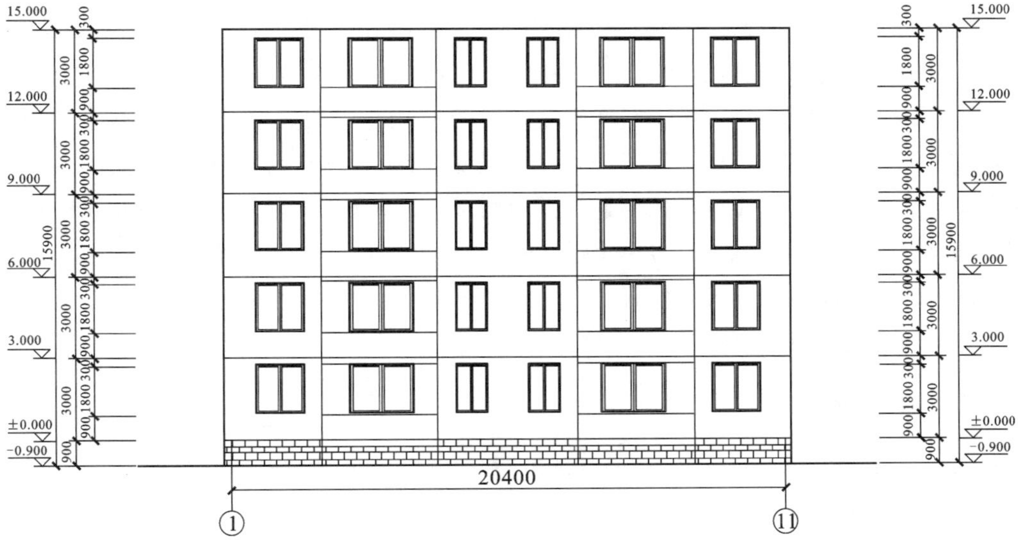

图 11-21 立面图标注效果

11.5 建筑剖面图的绘制

用一个或一个以上的铅垂剖切平面剖切建筑物，得到的剖面图称为建筑剖面图，简称剖面图。建筑剖面图用以表示建筑内部的结构构造、垂直方向的分层情况、各层楼地面、屋顶的构造及相关尺寸、标高等。

建筑剖面图的绘制中需注意以下内容：

(1)定位轴线：应注出被剖切到的各承重墙的定位轴线及与平面图一致的轴线编号和尺寸。

(2)比例：剖面图的比例与平面图、立面图的比例相同，采用 1∶50、1∶100、1∶200 等小比例绘图。

(3)图线：室内外地坪线用加粗实线表示，在剖面图中一般不画材料图例符号，被剖切平面剖切到的墙、梁、板等轮廓线用粗实线表示，没有被剖切到但可见的部分用细实线表示，被剖切断的钢筋混凝土梁、板涂黑。

(4)尺寸标注：剖面图是说明建筑物竖向布置的主要依据，因此剖面图中有两种尺寸标注的方式——线型尺寸标注和标高尺寸标注。线型尺寸表示门窗洞口的高度、层高和休息平台高度的尺寸，外墙或柱的轴线之间跨度尺寸，建筑物总高。对建筑物中一些重要的表面，在剖面图中还必须以标高的形式标明其高度。如地面、楼面、休息平台、阳台、窗台以及吊顶、过梁等处的表面的高度均应标明其高度。

11.5.1 创建新文件并进行基本设置

使用样板创建新图形文件、设置绘图区域、放大图框线和标题栏、显示全部作图区域、修改标题栏中的文本,同前面绘制平面图时的创建方法一致。

设置图层:建立 4 个图层(楼板、楼梯、阳台、梁),对原图层进行修改,重命名为“辅助线”,对 4 个图层设置颜色。

设置线型比例:在命令行输入线型比例命令 LTS 并按【Enter】键,将全局比例因子设置为 100。

设置文字样式和标注样式:汉字样式采用仿宋_GB2312 字体,宽度比例设为 0.8,用于书写汉字;数字样式采用 Simplex. shx 字体,宽度比例设为 0.8,用于书写数字及特殊字符。调出【标注样式管理器】对话框,选择【建筑】标注样式,然后单击【修改】命令按钮,弹出【修改标注样式:建筑】对话框,将【调整】选项卡中【标注特征比例】中的【使用全局比例】修改为 100。然后单击【确定】按钮,退出【修改标注样式:建筑】对话框,再单击【标注样式管理器】对话框中的【关闭】按钮,退出【标注样式管理器】对话框,完成标注样式的设置。

绘图环境的设置完成,保存设置好的文件。

11.5.2 建立辅助网格

单击状态栏中的【正交】按钮,打开正交状态,利用【图层】工具栏中的图层列表框将“辅助线”层设置为当前层,单击【绘图】工具栏中的直线命令按钮,执行直线命令,在图幅内适当的位置绘制水平基准线和竖直基准线,按照图 11-22 所示的尺寸,利用偏移命令将水平基准线及偏移后的水平辅助线按由下至上的顺序进行偏移,得到水平的辅助线。按图 11-23 所示尺寸,利用“偏移”命令将竖直基准线及偏移后的竖直辅助线按由左至右的顺序进行偏移,得到竖直的辅助线。其方法与绘制水平辅助线相同,完成后效果如图 11-24 所示。

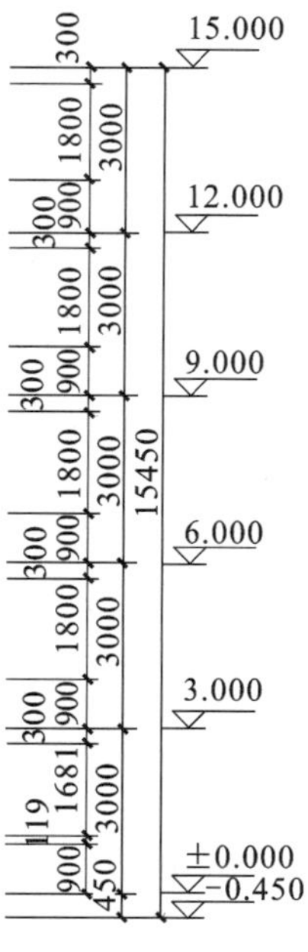

图 11-22　水平辅助线间距

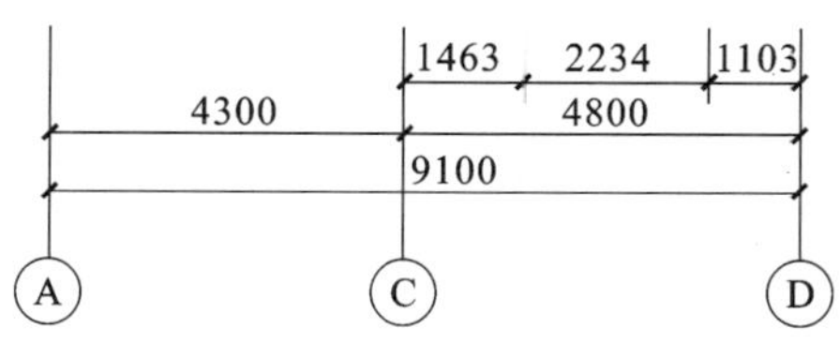

图 11-23　竖直辅助线间距

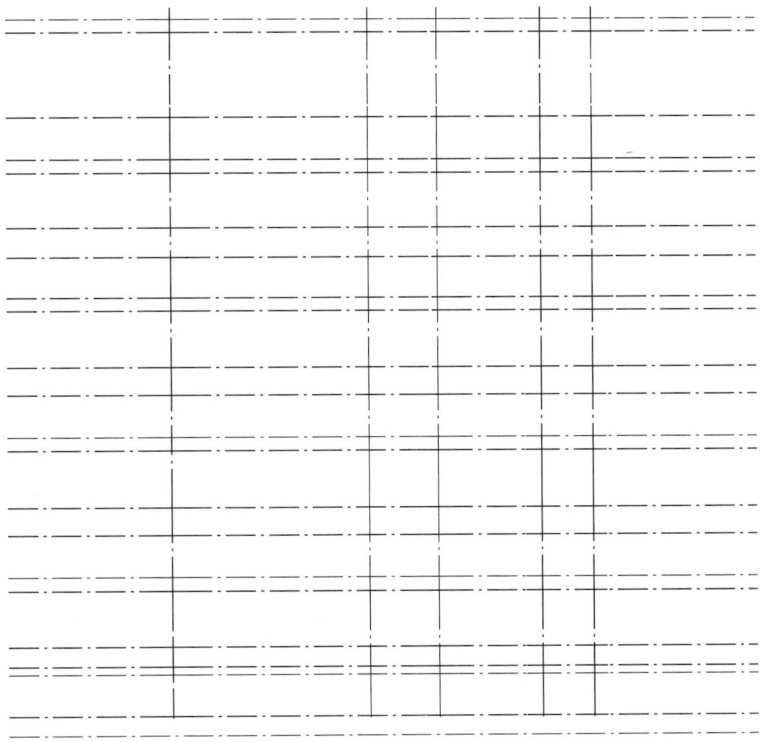

图 11-24　剖面图辅助线

11.5.3　绘制楼板和墙线

墙体、楼板、楼梯休息平台和屋面一般用多线命令绘制，本章的剖面图中，涉及两种墙体，楼梯间和外墙均为 370 墙，内墙均为 240 墙，楼板、楼梯休息平台和屋面厚度统一为 120。绘制前应首先设置多线样式，建立 240 墙和 370 墙及楼板三种多线样式。

设置 370 墙时，上边的线元素偏移 250、下边的线元素偏移－120；设置 240 墙时，上边的线元素偏移 120、下边的线元素偏移－120；设置 120 墙时，上边的线元素偏移 60、下边的线元素偏移－60。

将“墙体”层设置为当前层，打开正交方式，设置对象捕捉为【端点】、【交点】捕捉方式，利用多线命令绘制墙体。

绘制完墙体后，将“楼板”层设置为当前层，设置对象捕捉方式为【端点】、【交点】捕捉方式，利用多线命令绘制楼板。

用多线命令绘制完的墙体、楼板及楼梯休息平台的效果如图 11-25 所示。

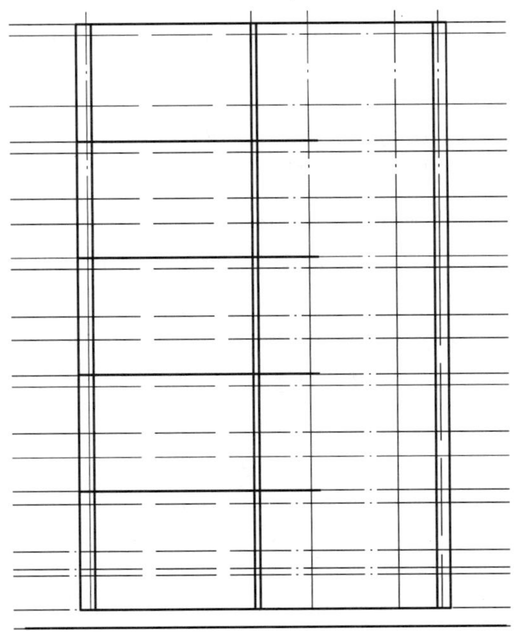

图 11-25　绘制完的墙体、楼板及楼梯休息平台

11.5.4 绘制阳台

阳台未被剖切,其画法比较简单,阳台的楼板可直接作为室外墙面上的装饰线。阳台的外轮廓线和弧形窗的边界线可直接用直线命令和复制命令绘制。阳台的窗台线只需画出一条,其他的用阵列命令阵列即可完成。

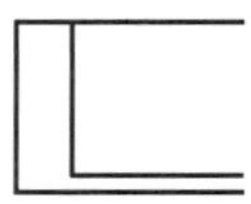

图 11-26 阳台

关闭“辅助线”层,将“阳台”层设置为当前层,设置对象捕捉方式为【端点】捕捉方式。按图 11-26 中阳台的样式绘制。

阳台绘制完毕后,使用阵列命令,阵列 5 行 1 列,行偏移距离 3000,列偏移距离 0,完成所有阳台窗台线的绘制。

11.5.5 绘制门窗

建筑剖面图中,门窗都是被剖切的,它们的绘制方法与平面图中窗的绘制方法一致,可先建立门和窗的图形块,然后以插入块的方式绘制。但是该剖面图中的门窗只有两种类型,即 240 墙上 2000 高的门和 370 墙上 1800 高的窗。因此,按图 11-27 中的门和窗的样式,门和窗只画出一个。

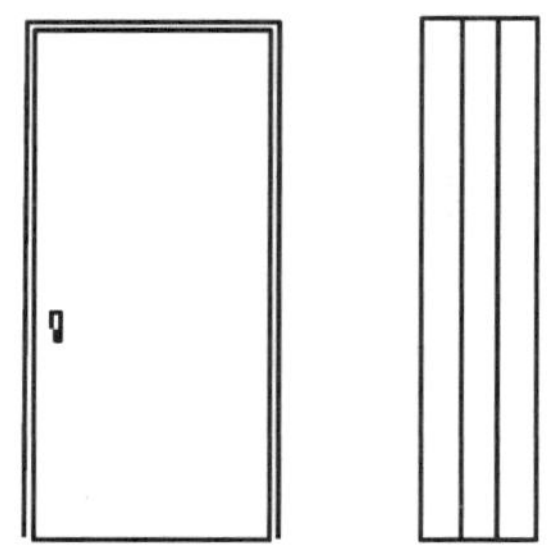

图 11-27 门和窗的样式

绘制完毕后,同样使用阵列命令,阵列 5 行 1 列,行偏移距离 3000,列偏移距离 0,完成所有门窗的绘制。

11.5.6 绘制楼梯间

打开“辅助线”层,将“楼梯”层设置为当前层,设置对象捕捉方式为【端点】和【中点】捕捉方式,打开正交方式。画出一个踏步,然后用 AutoCAD 2020 默认的多重复制结合端点捕捉完成第一跑的所有踏步,依次绘制第二梯段的所有踏步。利用直线命令,分别捕捉第一梯段的左下角端点和右上角端点画一直线,绘制梯段板。采用填充命令对第一段楼梯进行填充,完成后效果如图 11-28 所示。

采用同样的方法绘制完成整个楼层的楼梯。绘制完成楼梯后,接着要完成护栏的绘制。

绘制护栏的栏杆。护栏的栏杆可使用多线命令绘制,然后分解,再使用复制命令将其余的栏杆绘制出来。

输入 ML 回车,执行多线命令,将当前多线样式修改为 STANDARD,将多线比例改为 15。当前设置:对正为无,比例为 15.00,样式为 STANDARD,捕捉第一梯段第一踏步的中点 N,向上画 1000 到 Q 点(图 11-29),回车结束命令。单击【修改】工具栏中的分解命令按钮,将前面画的多线 NQ 分解,单击【修改】工具栏中的复制命令按钮,选择由多线 NQ 分解出来的两条直线作为源对象进行复制,完成栏杆的绘制。

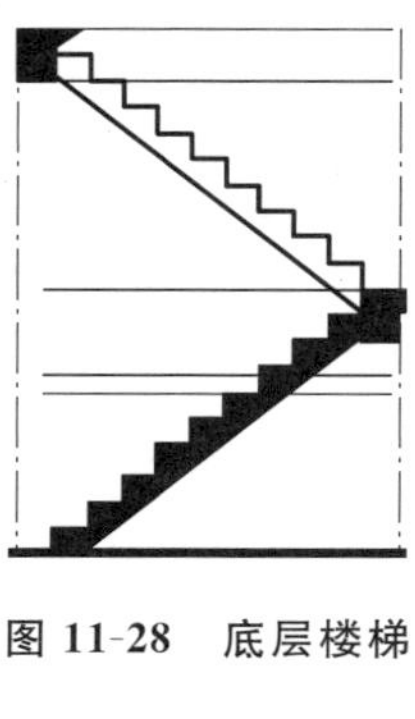

图 11-28 底层楼梯

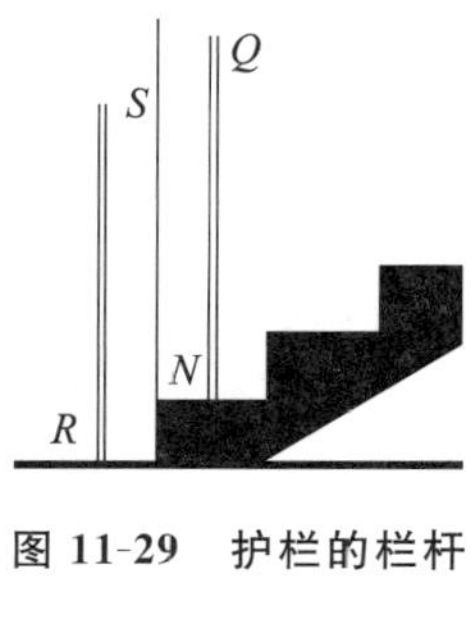

图 11-29 护栏的栏杆

绘制护栏扶手。护栏扶手也可使用多线命令绘制，然后分解。输入 ML 回车，执行多线命令，绘制完成，回车结束命令，单击【修改】工具栏中的分解命令按钮，将前面绘制的护栏扶手分解，然后利用修剪命令、直线命令对护栏的栏杆和扶手进行修改，完成护栏的绘制。绘制完成的底层楼梯如图 11-30 所示。

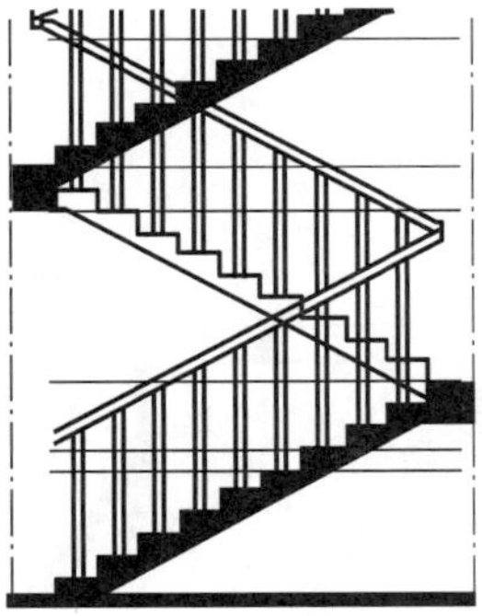

图 11-30 绘制完成的楼梯效果

11.5.7 添加梁截面

梁设置在楼板的下面，或者设置在门窗的顶部、楼梯的下面。本章所绘的建筑剖面图中有如图 11-31 所示的两种形状的梁。采用矩形命令完成梁的绘制，并进行实体填充。梁的绘制任务是用块操作并结合复制和阵列命令完成的。

图 11-31 两种形状的梁

楼梯间
详图绘制

11.5.8 进行标注

在剖面图中，应该标出被剖切部分的必要尺寸，包括竖直方向剖切部位的尺寸和标高。外墙需要标注门窗洞口的高度尺寸以及相应位置的标高。

在建筑剖面图中，还需要标注出轴线符号，以表明剖面图所在的范围，本章的剖面图需要标注出 3 条轴线的编号，分别是 A 轴、C 轴和 D 轴。

剖面图标高的标注方法与立面图相同，先绘制出标高符号，再以三角形的顶点作为插入基点，保存成图块，然后依次在相应的位置插入图块即可。剖面图细部尺寸和轴号的标注方法与平面图完全相同。

建筑剖面图中，除了图名外，还需要对一些特殊的结构进行说明，比如详图索引、坡度等。文字注释的基本步骤与平面图和剖面图的文字标注基本相同。

完成尺寸标注和文字标注后的剖面图如图 11-32 所示。

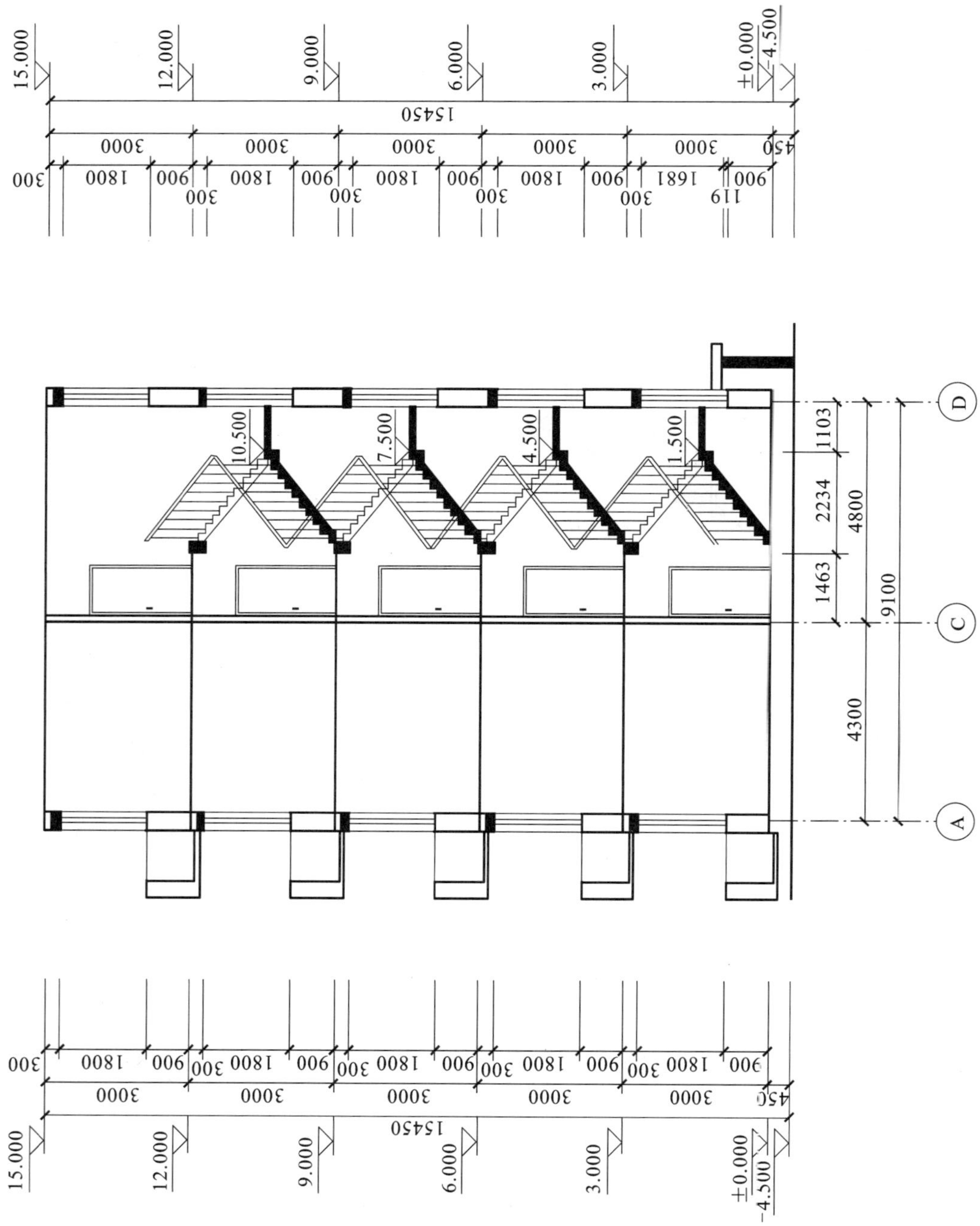

图 11-32 建筑剖面图标注效果

某宿舍楼

剖面图绘制

11.6 天正建筑软件的使用

Tarch 是北京天正公司在 AutoCAD 平台上开发的建筑设计专业软件，本节将以 Tarch 8.0 为例，重点介绍如何使用天正软件来绘制建筑施平面图、立面图和剖面图。

11.6.1 平面图的绘制

绘制平面图主要步骤如下：绘制轴网、绘制墙体、绘制门窗、绘制楼梯、绘制阳台等。下面以图 11-33 为例，进行平面图绘制。

(1)绘制轴网。

选择【轴网柱子】菜单→【绘制轴网】命令后，显示【绘制轴网】对话框，在对话框右侧选择数据，输入开间间距、进深间距，如图 11-34 所示。可以点击电子表格【轴间距】或【个数】栏中的数据进行修改。其中上开表示在轴线的上方进行尺寸标注，下开表示在轴线的下方进行尺寸标注，左进表示在轴线的左方进行尺寸标注，右进表示在轴线的右方进行尺寸标注。轴网绘制完成后效果如图 11-35 所示。

选择【两点轴标】菜单命令后，在绘图区域选择起始轴线的位置，显示【绘制轴网】对话框，在对话框中选择【标注双侧尺寸】，然后单击【确定】，标注后如图 11-36 所示。

(2)绘制墙体。

在【绘制墙体】对话框中(图 11-37)选取要绘制墙体的左右墙宽组数据，外墙设置左宽 250、右宽 120，内墙设置左宽 120、右宽 120。选择一个合适的墙基线方向，然后单击下方工具栏图标，通过【直墙绘制】进入绘制墙体，绘制完成效果如图 11-38 所示。

(3)绘制门窗。

选择【门窗】→【门窗】菜单后，显示如图 11-39 所示的【门窗参数】对话框，插入 C-1 窗，选，输入窗的其他参数，如图 11-39 所示，选择依据两侧轴线等分插入。同理插入 C-2、C-3、C-4、C-5、M-1、M-2、M-3、M-4、M-5，效果如图 11-40 所示。

(4)绘制楼梯。

点击【楼梯】其他选择【双跑楼梯】，出现【双跑楼梯】对话框，如图 11-41 所示，设置楼梯对应的参数，自动生成楼梯如图 11-42 所示。

(5)绘制阳台。

点击楼梯其他选择阳台，出现【绘制阳台】对话框，如图 11-43 所示，用多段线设计一条路径，选择已有路径生成，自动生成阳台如图 11-44 所示。

(6)门窗标注。

点开尺寸标注选择门窗标注，选中要标注的窗子，自动生成标注如图 11-45 所示。

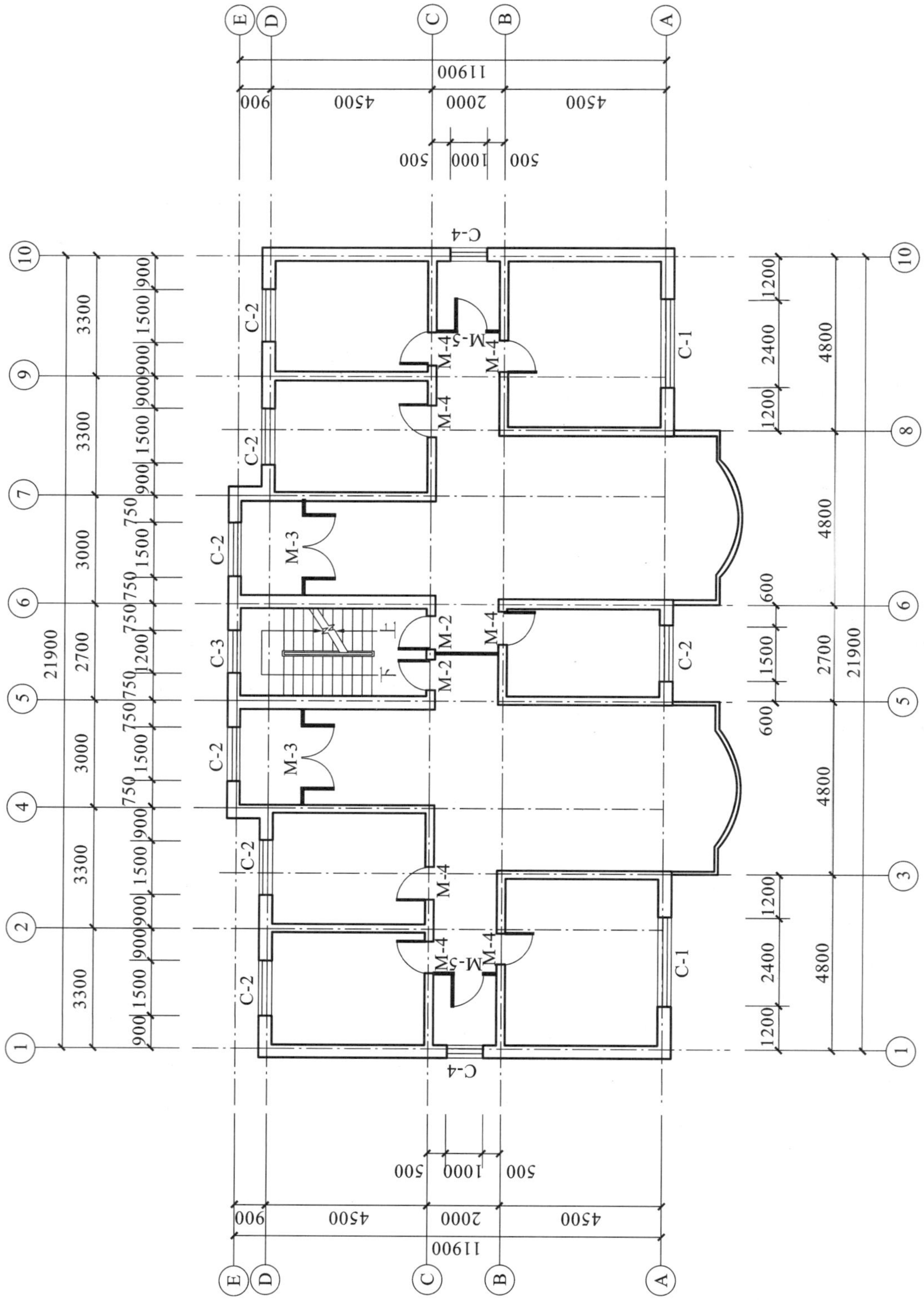

图 11-33 建筑平面图实例

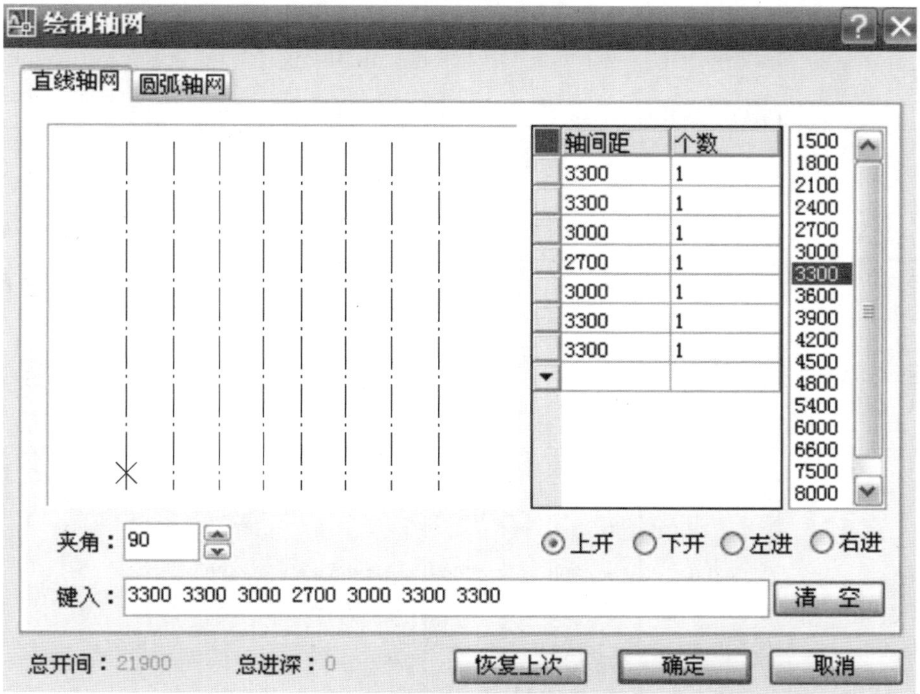

图 11-34　【绘制轴网】对话框

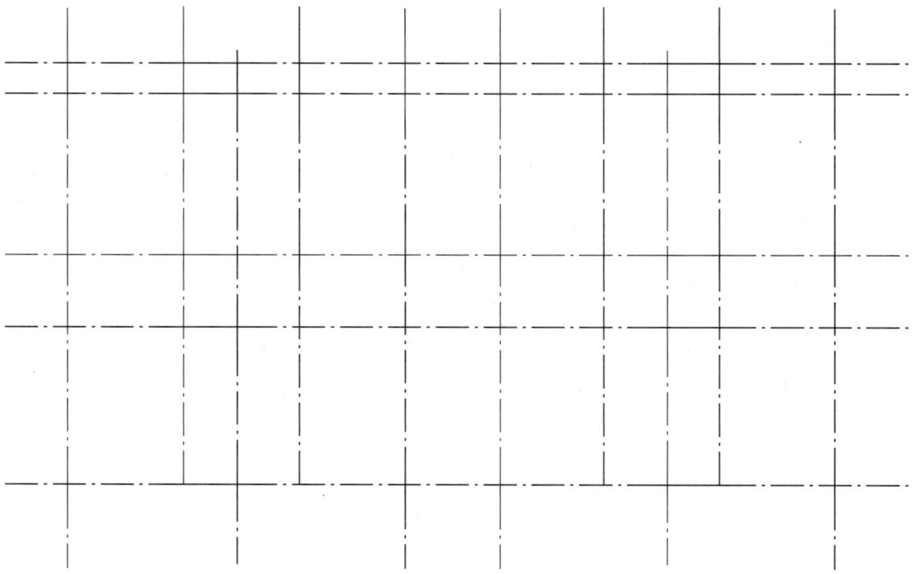

图 11-35　绘制完轴网效果

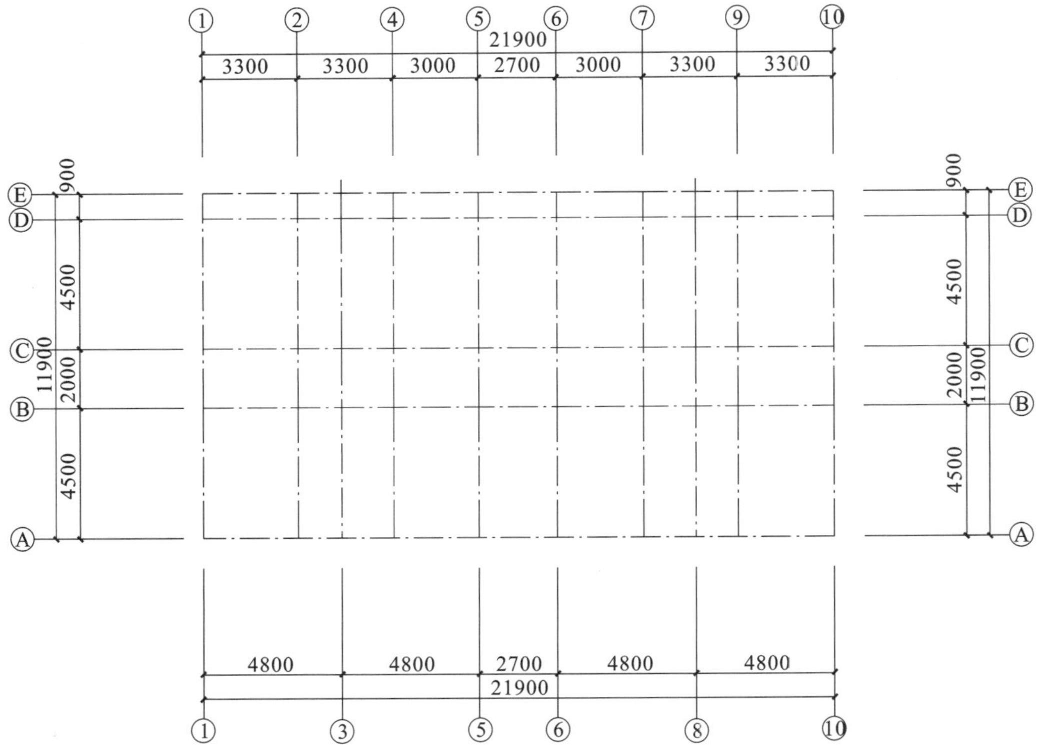

图 11-36　轴网标注

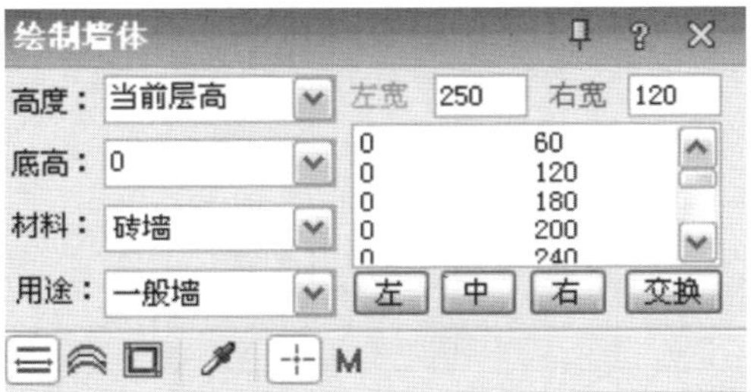

图 11-37　【绘制墙体】对话框

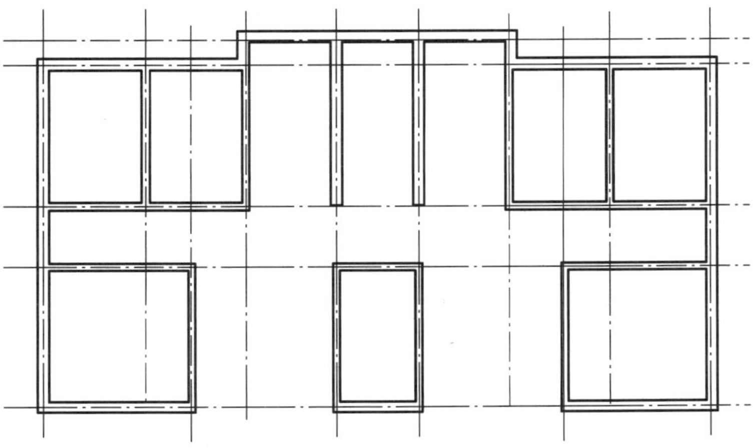

图 11-38　绘制完墙体效果

图 11-39 【门窗参数】对话框

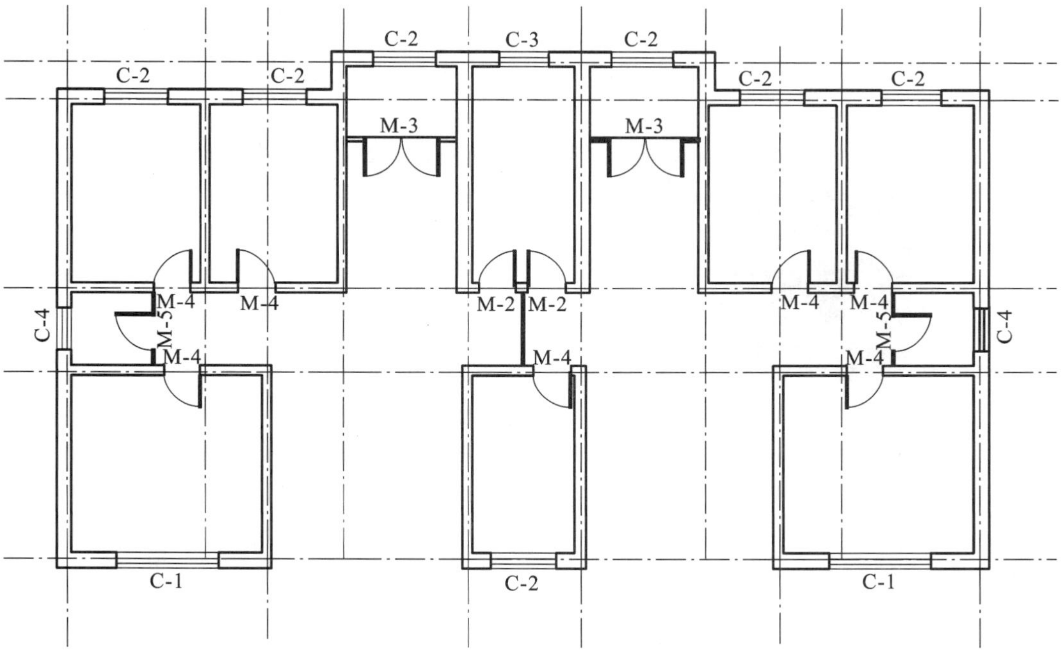

图 11-40 插入门窗效果

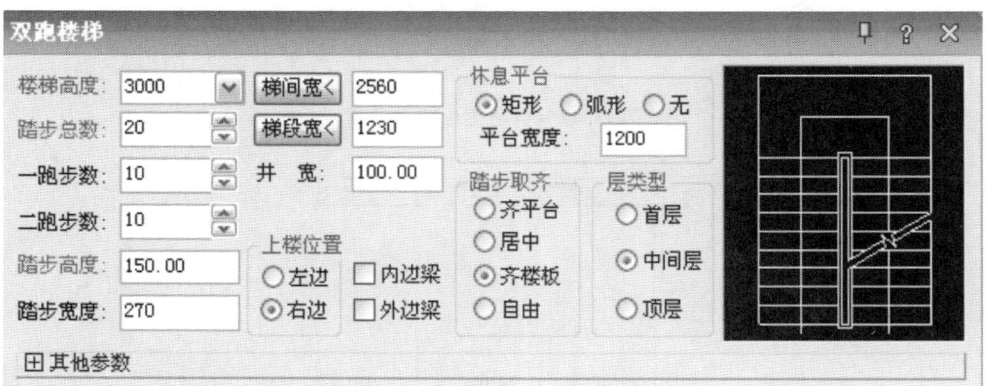

图 11-41 【双跑楼梯】对话框

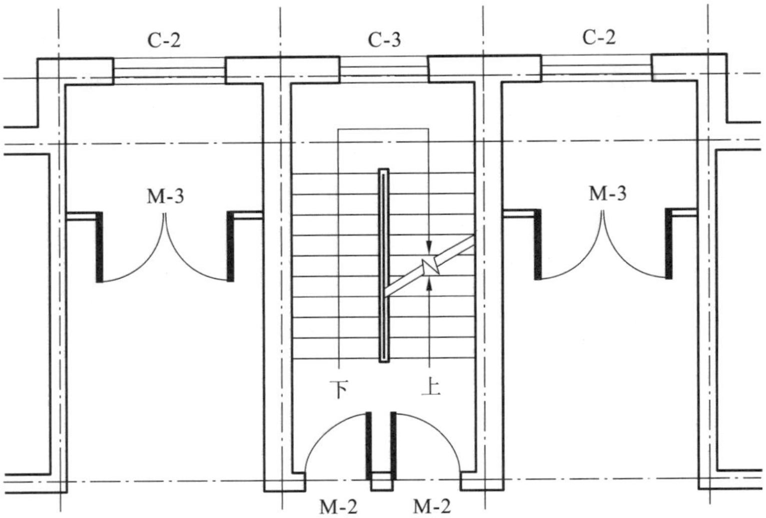

图 11-42　自动生成楼梯效果

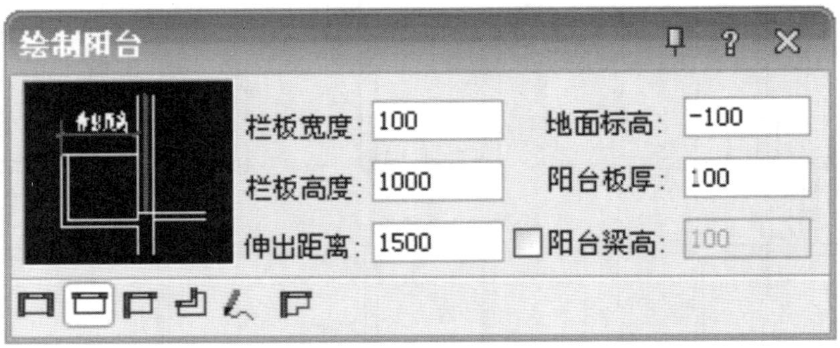

图 11-43　【绘制阳台】对话框

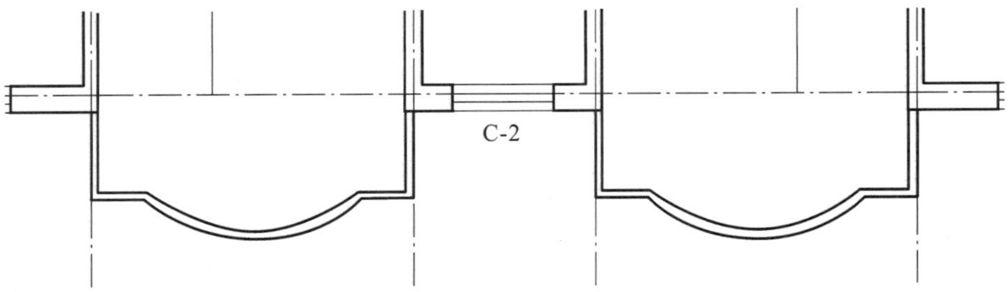

图 11-44　自动生成阳台效果

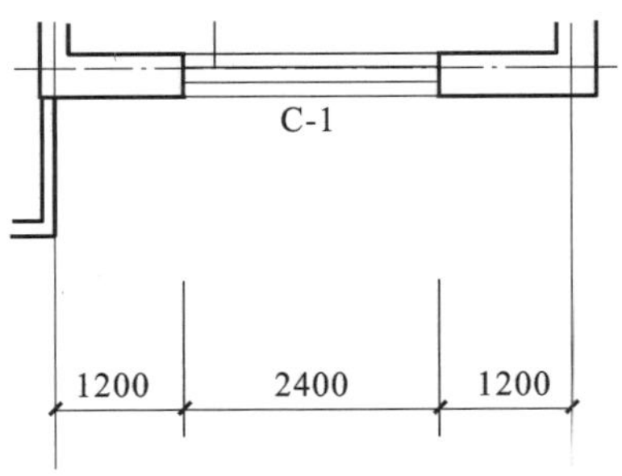

图 11-45　门窗标注效果

11.6.2　立面图的绘制

(1)创建楼层表。

点击【文件布图】→【工程管理】→【新建工程】,输入新的工程文件名:住宅楼→单击【保存】按钮→打开所绘制的平面图→点【框选标准层】按钮→在本图上框选标准层的区域范围→ 对齐点:点击 A 轴和 2 轴的交点→ 将层高改为 3000。输入 2～8 层平面,如图 11-46 所示。

(2)生成立面图。

点击【建筑立面】按钮→请输入立面方向或【正立面(F)/背立面(B)/左立面(L)/右立面(R)】:F→请选择要出现在立面上的轴线:点选 1、10 轴→按【Enter】键,出现【立面生成设置】对话框(图 11-47)→在【标注】选项框内去掉【左侧标注】和【绘层间线】→单击【生成立面】→生成立面图(图 11-48)。

图 11-46　【楼层】对话框

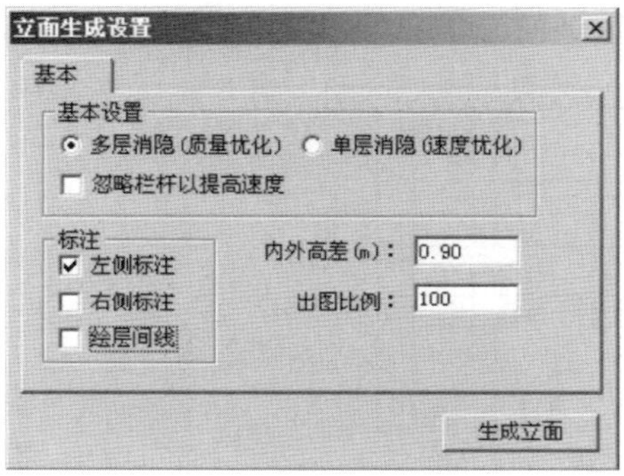

图 11-47　【立面生成设置】对话框

图 11-48　生成立面图

11.6.3 剖面图的绘制

(1)作剖切线。

用多段线作剖切线的参考线,如图 11-49 所示。

点击【符号标注】→剖面剖切→ 请输入剖切编号〈1〉:空回车→ 点取第一个剖切点→点取第二个剖切点→ 点取下一个剖切点→ 点取下一个剖切点,按【Enter】键→ 点取剖视方向:点取剖切线左边任意点。

(2)生成剖面图。

点击【建筑剖面】按钮→ 选择一剖切线:点选已绘制好的剖切线→ 请选择要出现在剖面图上的轴线:点选轴线→ 出现【剖面生成设置】对话框(图 11-50)→点选【生成剖面】,生成剖面图(图 11-51)。

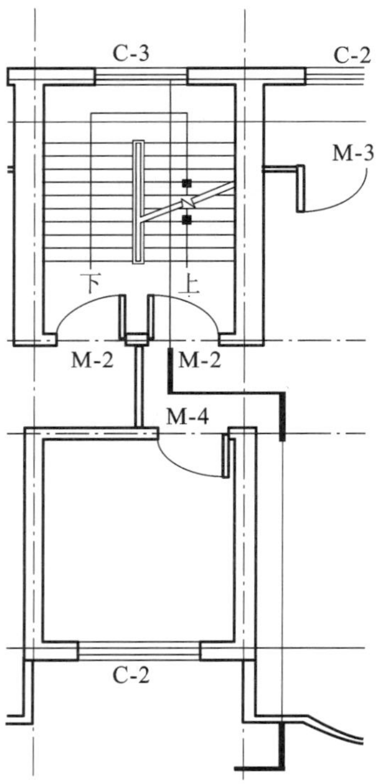

图 11-49 剖切参考线

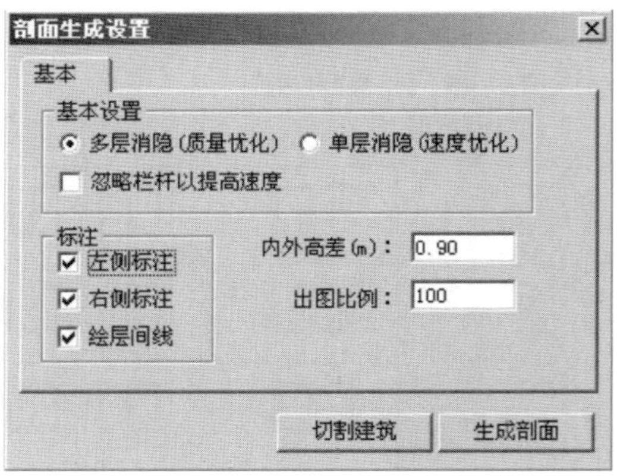

图 11-50 【剖面生成设置】对话框

(3)剖面细化和修整。

①梯板填充。

点击【剖面】→ 剖面填充→ 选择对象:点选需填充的某个楼梯边线,空回车→ 出现【请点取所需的填充图案】对话框→ 点选【涂黑】→单击【确定】。效果如图 11-52 所示。

②门窗过梁。

点击【剖面】→门窗过梁→选择要加过梁的剖面门窗:用右键框选整个剖面图,空回车→ 输入梁高〈120〉:180,空回车。填充效果如图 11-53 所示。

③双线楼板。

点击【剖面】→双线楼板→请输入楼板起始点:点击底层楼面与 A 轴墙右侧的交点→结束点:

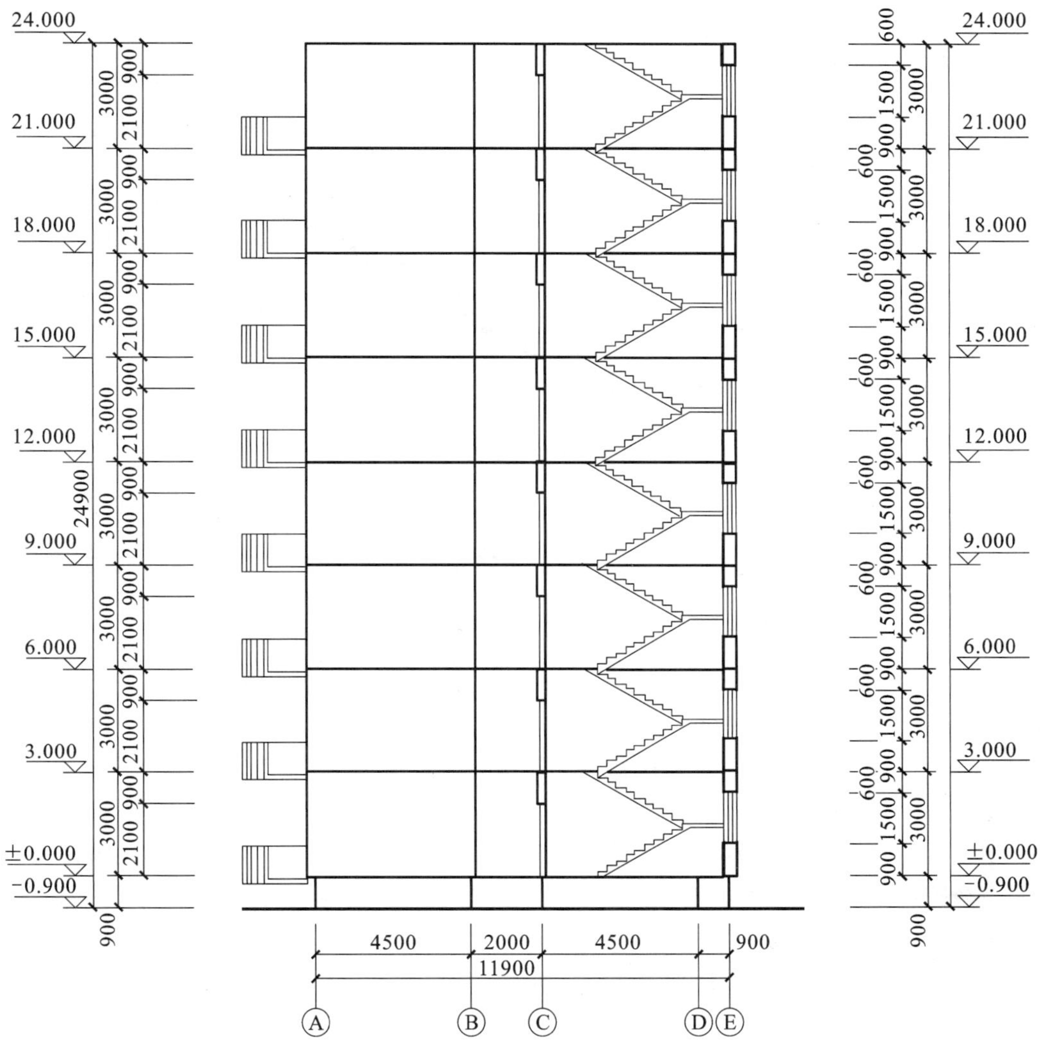

图 11-51 生成剖面图

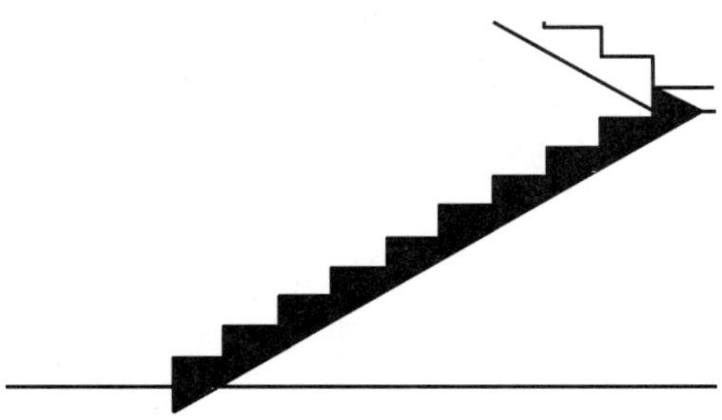

图 11-52 楼梯填充效果

点击底层楼面与 1/B 轴墙左侧的交点→ 楼板顶面标高(0),空回车→ 楼板的厚度(向上加厚取负值)〈120〉,空回车,完成效果如图 11-54 所示。

④填充楼板及阳台板。

用 AutoCAD 中的方法或天正剖面填充的方法进行填充点击【剖面】→剖面填充→ 选择对象:

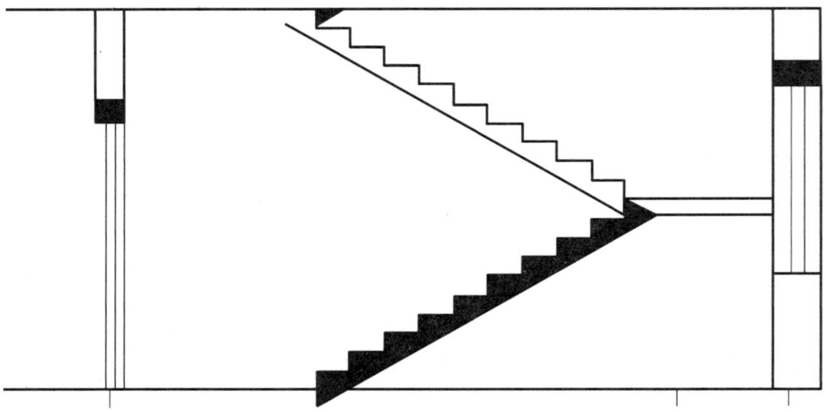

图 11-53 门窗过梁效果

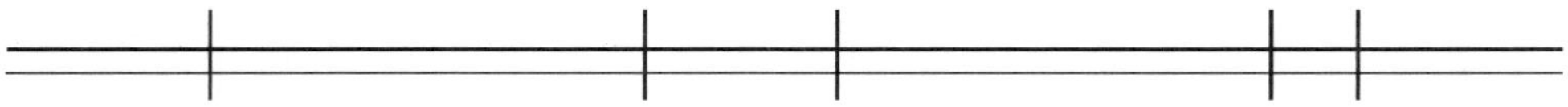

图 11-54 楼板加厚效果

点选需填充的某个楼板的边线,空回车→ 出现【请点取所需的填充图案】对话框→点选【涂黑】→单击【确定】,效果如图 11-55 所示。

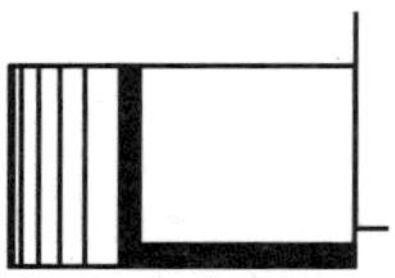

图 11-55 阳台板填充

⑤添画楼梯扶手和扶手接头。

点击【剖面】→【楼梯栏杆】,在楼梯处设置好起点和结束点,点击鼠标则自动生成楼梯。点击【剖面】→ 扶手接头→ 请点击第一组接头线:点击第一端楼梯上端扶手→ 再点取第二组接头线:点取相邻段的上一节楼梯下端扶手→ 扶手接头的伸出长度(100):空回车→ 得到一个扶手接头。完成效果如图 11-56 所示。

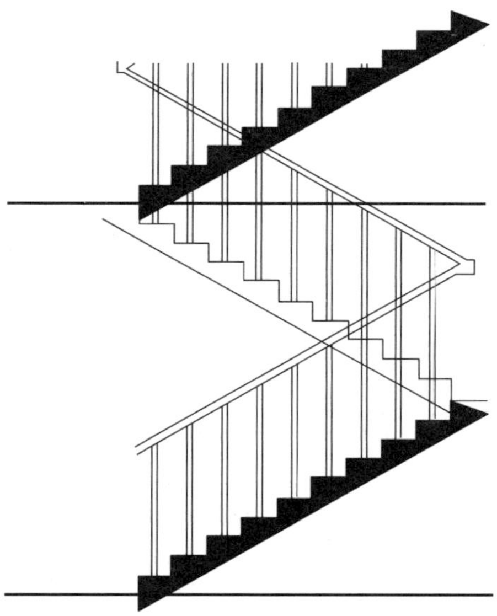

图 11-56 楼梯扶手和扶手接头

经过细化处理后的剖面图如图 11-57 所示。

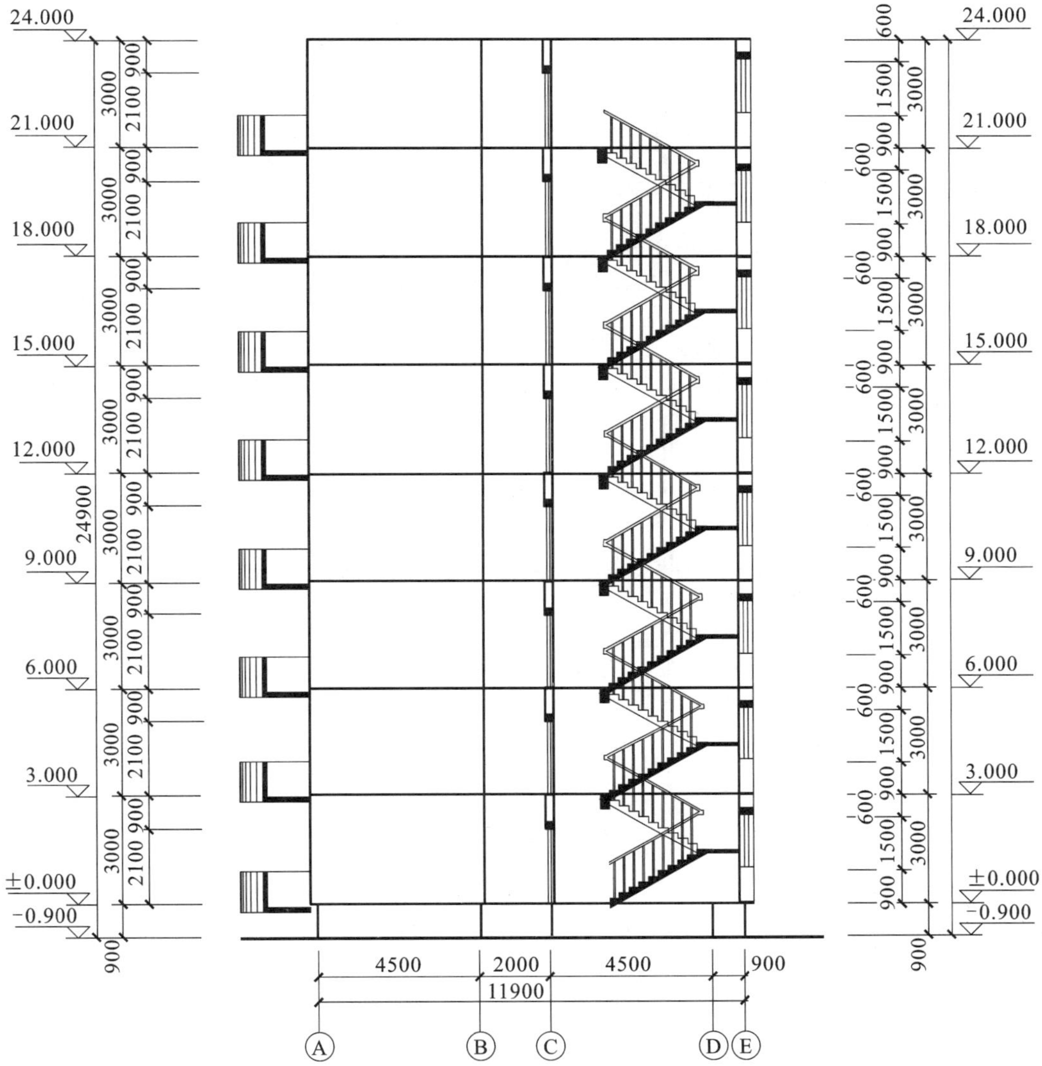

图 11-57　细化处理后的剖面图

本章小结

(1)学习建筑设计制图标准,建筑施工图的组成和主要内容,建筑平面图、剖面图和立面图的规范。

(2)综合应用前面章节的知识,学习绘制建筑平面图。

(3)理解立面图的结构,学习绘制立面图。

(4)理解剖面图的结构,学习绘制剖面图,并能理解平面图、立面图和剖面图的关联性。

(5)学习天正建筑软件,同时掌握天正建筑软件绘制平面图、立面图和剖面图的方法。

习题与思考题

11-1　根据图 11-58 绘制平面图。

11-2　根据图 11-59 绘制立面图。

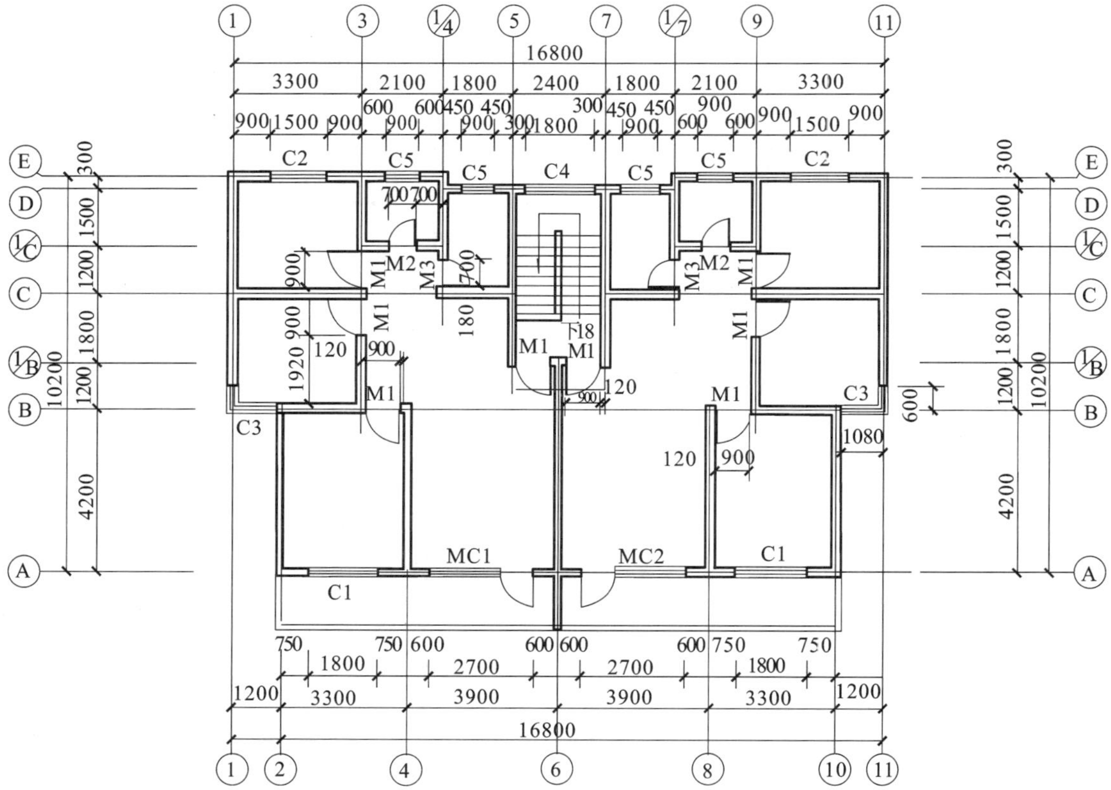

图 11-58　题 11-1 图

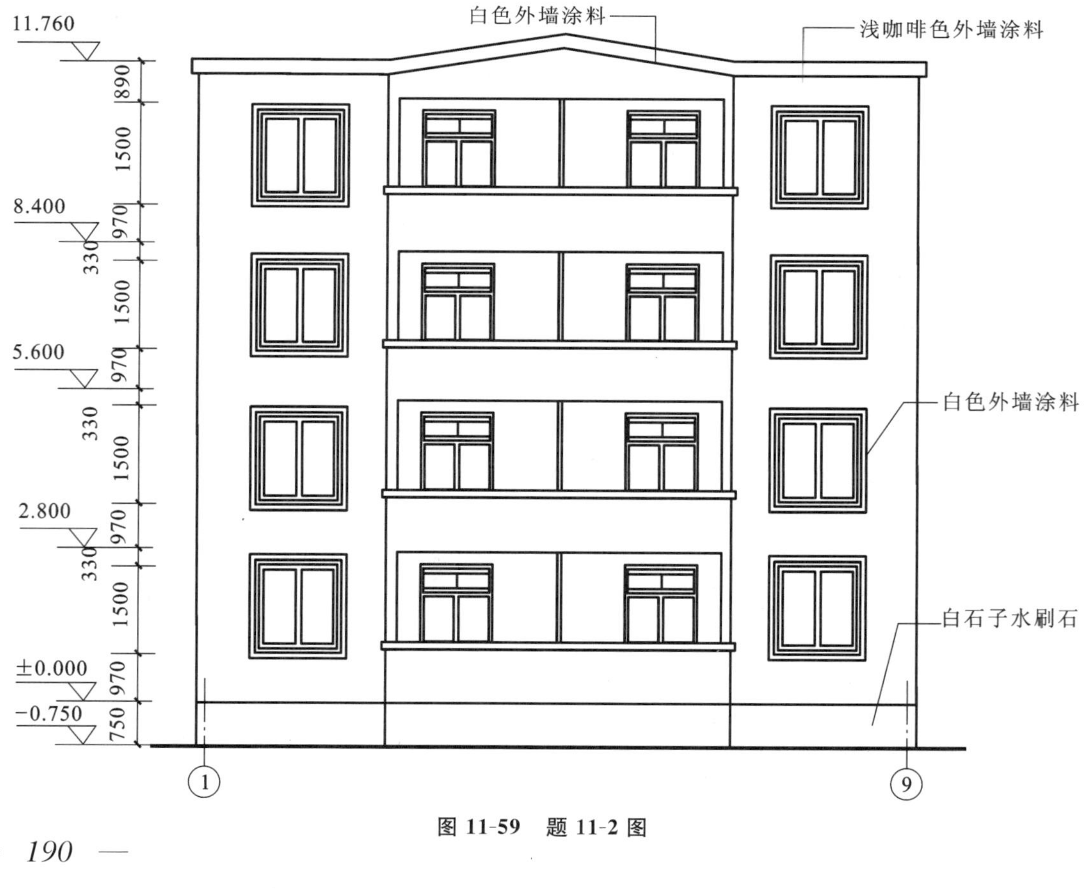

图 11-59　题 11-2 图

11-3 根据图 11-60 绘制剖面图。

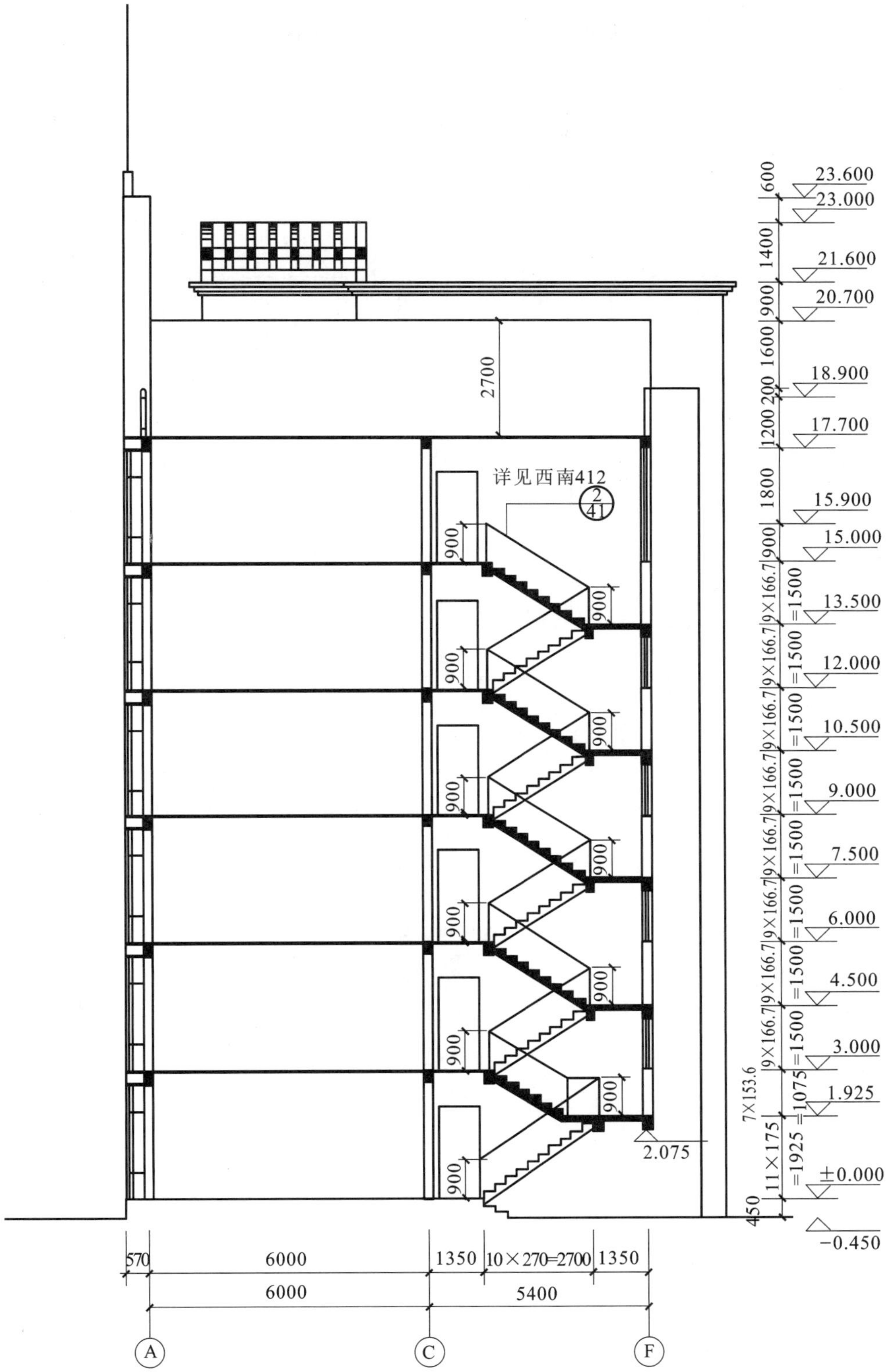

1—1 剖面图 1∶100

图 11-60 题 11-3 图

11-4　使用天正建筑软件绘制如图 11-61 所示的平面图,并完成立面图和剖面图的绘制。

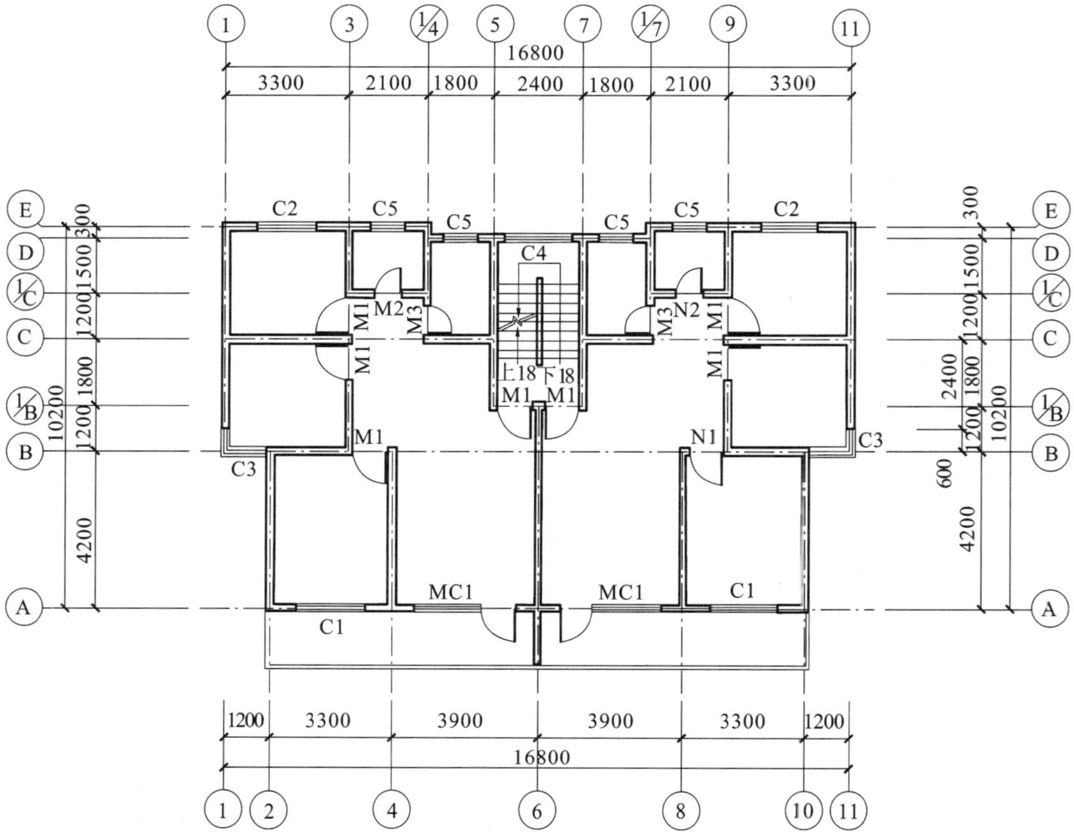

图 11-61　题 11-4 图

习题与思考题
答案

12　结构施工图绘制

【内容提要】

本章的主要内容包括结构施工图中基础平面图，楼层结构平面图，梁、柱配筋图，楼梯结构详图等的绘制方法。

【能力要求】

通过本章的学习，学生应了解结构施工图的内容和作用，基本了解结构设计说明的内容，初步掌握主要的结构平面图和结构详图的绘制方法，熟悉“平法”绘制梁、柱等构件详图的步骤和注写方式。

本章导读

结构施工图是根据建筑的要求，绘制各承重构件的布置，使用的材料，形状、大小及内部构造的工程图样。结构施工图是施工定位、基槽开挖、支模板、绑扎钢筋、浇筑混凝土以及安装梁、板、柱，编制预算和施工进度计划的重要依据。因此，绘制结构施工图的基本要求是“准确、清晰”。结构施工图主要分为结构平面布置图和结构详图两大类。前者主要包括基础平面图、楼层结构平面图和屋顶结构平面布置图等；后者主要包括基础结构详图，梁、楼板、柱配筋图，楼梯结构详图等。

绘制结构施工图时根据图样的用途和被绘物体的复杂程度，应选用表 12-1中的常用比例，特殊情况下也可选用可用比例。

表 12-1　　结构施工图常用比例和可用比例

图名	常用比例	可用比例
结构平面图、基础平面图	1∶50、1∶100、1∶150	1∶60、1∶200
圈梁平面图，总图中管沟、地下设施等	1∶200、1∶500	1∶300
详图	1∶10、1∶20、1∶50	1∶5、1∶25、1∶30

12.1　结构设计说明

每一单项工程应编写一份结构设计总说明，对多子项工程应编写统一的结构设计总说明。当工程以钢结构为主或包含较多的钢结构时，应编制钢结构设计总说明。当工程较简单时，可将总说明的内容分散写在相关部分的图纸中。

结构设计说明主要包括以下内容。

(1)工程概况。

工程概况包括工程地点、工程分区、主要功能，各单体建筑的长、宽、高，地上与地下层数，各层层高，主要结构跨度，特殊结构及造型等。

(2)设计依据。

设计依据包括主体结构设计使用年限;基本风压、抗震设防烈度等自然条件;工程地质勘察报告;建设单位提出的与结构有关的符合有关标准、法规的书面要求;采用桩基础时应有的试桩报告;本专业设计所执行的主要法规和所采用的主要标准(包括标准的名称、编号、年号和版本号)。

(3)建筑分类等级。

应说明下列建筑分类等级及所依据的规范或批文:

建筑结构安全等级、地基基础设计等级、建筑抗震设防类别、钢筋混凝土结构抗震等级、地下室防水等级、人防地下室的设计类别、防常规武器抗力级别和防核武器抗力级别、建筑防火分类等级和耐火等级、混凝土构件的环境类别等。

(4)图纸说明。

图纸中标高和绝对标高、尺寸的单位;图纸编号说明;常用构件代码及构件编号说明;各类钢筋代码说明,型钢代码及截面尺寸标记说明;混凝土结构采用平面整体表示方法时,应注明所采用的标准图名称及编号或提供标准图。

(5)主要荷载取值。

楼(屋)面面层荷载、吊挂(含吊顶)荷载;墙体荷载、特殊设备荷载;楼(屋)面活荷载;风荷载;雪荷载;地震作用(包括设计基本地震加速度、设计地震分组、场地类别和结构阻尼比、地震影响系数等);温度作用;地下室水浮力的有关设计参数。

(6)主要结构材料。

混凝土强度等级、防水混凝土的抗渗等级、轻集料混凝土的密度等级;注明混凝土耐久性的基本要求;砌体的种类及其强度等级、干容重,砌筑砂浆的种类及等级,砌体结构施工质量控制等级;钢筋种类、钢绞线或高强钢丝种类及对应的产品标准等。

(7)基础地下室工程。

工程和水文地质概况;对不良地基的处理措施和技术要求;注明基础形式(采用桩基时应简述桩型、桩径、桩长、桩端持力层及桩端进入持力层的深度要求);地下室防水设计水位及防水措施;基坑和承台坑的回填要求;基础大体积混凝土的施工要求;当有人防地下室时,应图示人防部分与非人防部分的分界范围。

(8)钢筋混凝土工程。

各类混凝土构件的环境类别及其受力钢筋的保护层最小厚度;各类构件的钢筋锚固要求、钢筋锚固长度、搭接长度、连接方式及要求;预应力构件采用后张法时的孔道做法、布置和灌浆要求等;预应力结构的张拉控制应力、张拉顺序和张拉条件等;预应力构件张拉端和固定端构造要求及做法,锚具防护要求等;梁、板的起拱要求及拆模条件;后浇带或后浇块的施工要求;预留孔洞和各类预埋件的统一要求;防雷接地要求。

(9)钢结构工程。

①采用钢结构的部位及结构形式、主要跨度等。

②钢结构材料的钢材牌号和质量等级,及其所对应的产品标准等。

③各种钢材的焊接方法及其对所采用焊材的要求,焊钉种类及对应的产品标准。

④螺栓材料需注明螺栓种类、性能等级,高强螺栓的接触回处理方法、摩擦面抗滑移系数,以及各类螺栓所对应的产品标准。

⑤钢构件制作要求和钢结构安装要求,应注明钢构件的成型方式(热轧、焊接、冷弯、冷压、热弯、铸造等),圆钢管种类(无缝管、直缝焊管等)。

⑥压型钢板的截面形式及产品标准。

⑦涂装要求:注明除锈方法及除锈等级以及对应的标准;注明防腐底漆的种类、干漆膜最小厚度和产品要求;当存在中间漆和面漆时,也应分别注明其种类、干漆膜最小厚度和要求;注明各类钢构件所要求的耐火极限、防火涂料类型及产品要求;注明防腐年限及定期维护要求。

⑧钢结构主体与围扩结构的连接要求。

(10)砌体工程。

砌体墙的材料种类、厚度,填充墙成墙后的墙重限制;砌体填充墙与框架梁、柱、剪力墙的连接要求或注明所引用的标准图;砌体墙上门窗洞口过梁要求或注明所引用的标准图;需要设置的构造柱,圈梁(拉梁)要求及附图或注明所引用的标准图等。

12.2 结构平面图的绘制

12.2.1 基础平面图

假想用一个水平面沿建筑物室内地面以下剖开,将剖切平面上面的部分和回填土移去,所得到的水平投影图,称为基础平面图。基础平面图主要表达基础的平面位置、形式及种类,是基础施工时定位、放线、开挖基坑的依据。基础图按照基础的类型分为条形基础图和独立基础图。

(1)绘制条形基础图。

条形基础图包括基础平面图和基础详图。绘制条形基础平面图时只需画出基础墙、柱以及基础底面的轮廓线,基础细部轮廓线可省略不画。基础平面图的比例一般与建筑平面图的比例相同,通常为1:100或1:150。

①绘制轴线。

轴线是确定建筑结构的根本依据,因此绘制基础平面图应从定位轴线网开始。绘制轴线网的方法有两种:一种是以建筑平面图为基础,使用删除和分解命令对建筑平面图进行编辑,保留轴线部分;另一种是从零开始画,使用构造线或直线命令绘制一条轴线,再使用偏移命令绘制其他轴线,并对轴线进行编号。水平方向的轴线应按从左到右的顺序用阿拉伯数字1,2,3,…进行编号,垂直方向的轴线应按从下至上的顺序用大写字母A,B,C,…进行编号。具体如图12-1所示。

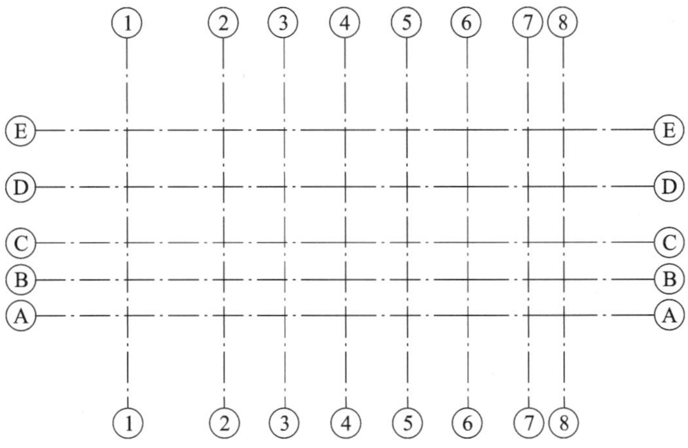

图12-1 绘制轴线网

②绘制基础轮廓。

首先设置多线样式,多线设置为四条平行线,内侧两条线用来表示基础墙的墙身,设置为粗实线,外侧两条线表示基础底面,设置为中实线。根据基础尺寸的不同,将内基础和外基础的多线偏移量分别设置为"120,120""250,120",执行多线命令,具体如图 12-2 所示。

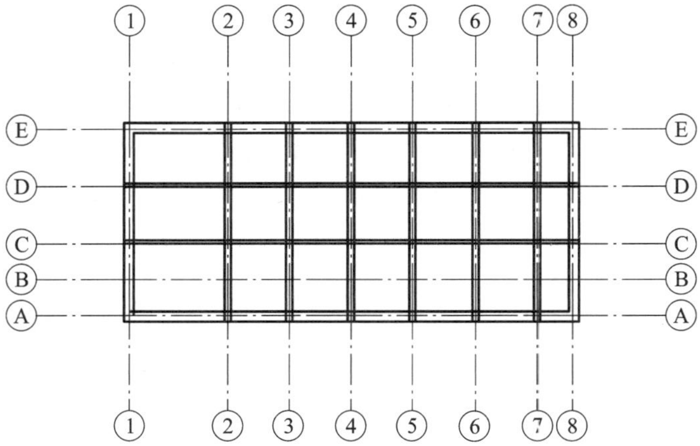

图 12-2 绘制基础轮廓

③先综合运用多线编辑工具和分解、延伸等命令编辑多线,然后标注轴线和基础各部分的尺寸。

④在需要表示条形基础详图的地方画出剖切符号,如图 12-3 所示。

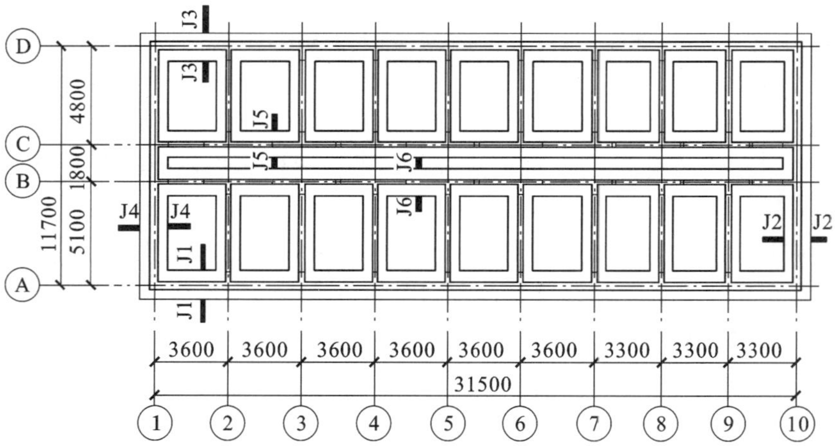

图 12-3 条形基础平面图

⑤绘制条形基础详图。

基础详图一般指基础的垂直剖面图,主要表示基础各部分的构造和详细尺寸。一般采用 1:20 或 1:15 等较大比例尺绘制,以便详细表示出基础的形状尺寸、轴线、材料、标高等施工需要明确的内容。

绘制基础详图首先调用【直线】命令画出基础轮廓和基础剖面钢筋详图,然后使用【图案填充】命令填充图形,最后应标注出基础各部分(如基础墙、大放脚、基础垫层等)的详细尺寸以及室内外地面标高和基础底面(基础埋设深度)的标高,具体如图 12-4 所示。

(2)绘制独立基础图。

独立基础通常为柱子的基础。独立基础图也包括基础平面图和基础详图。独立基础平面图用于表示各柱基础的平面位置,基础底座尺寸及与轴线的相对位置。独立基础详图用于表示各独立

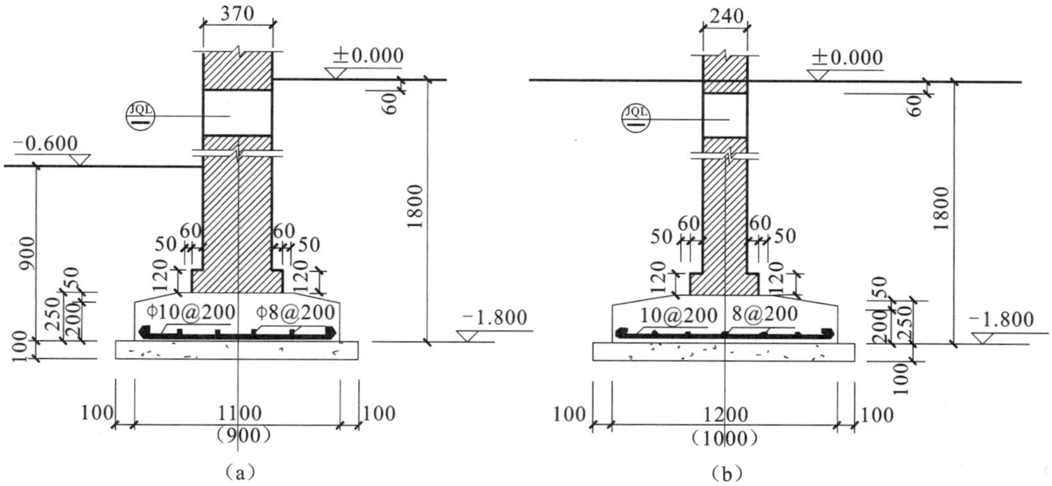

图 12-4 条形基础详图

基础的详细尺寸和配筋，具体如图 12-5 所示。

绘制独立基础图的步骤如下：

①采用与绘制条形基础图步骤中①～③相同的方法表示出轴线和基础轮廓。

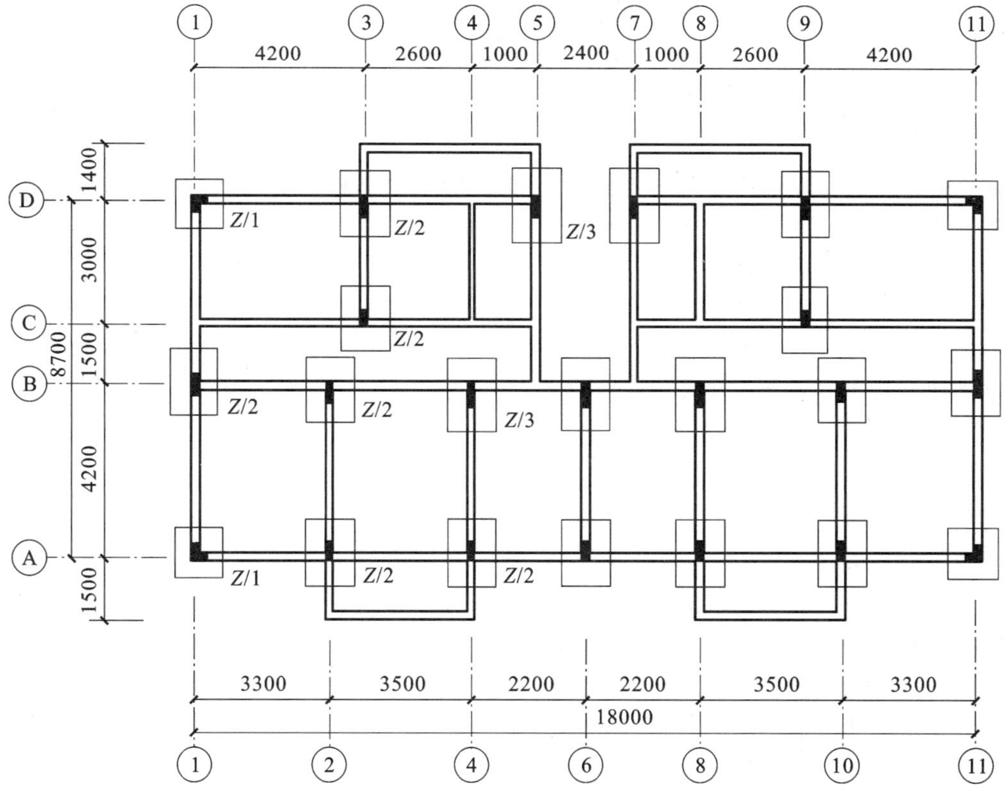

图 12-5 独立基础平面图

②在适当的位置标示出柱位，然后调用【图案填充】填充柱子。

③使用【矩形】命令画出矩形基础，并插入柱子所在的位置。

④标注出基础的长、宽及钢筋的尺寸。

⑤绘制独立基础详图。

独立基础详图的绘制主要使用【矩形】和【直线】命令，根据不同的情况进行线型选择，如剖切部分的外形线可用中实线表示，钢筋及室内外地面线可用粗实线表示。

详图中应标注出基础的长、高，钢筋尺寸，室内外地面及基础底面的标高尺寸，如图 12-6 所示。

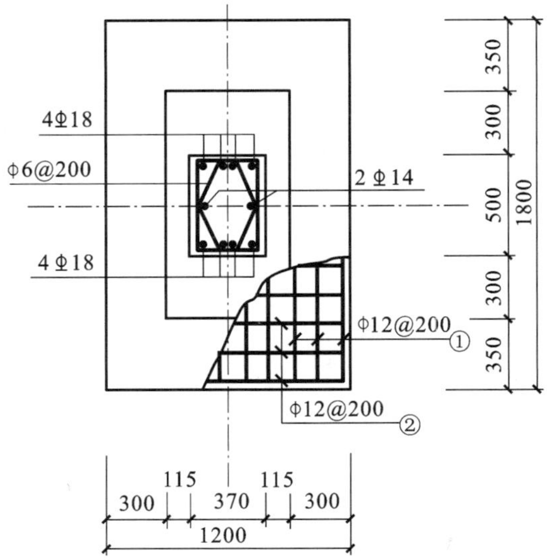

图 12-6　独立基础详图

12.2.2　结构平面图

结构平面图是表示房屋上部结构构架的平面布置的图样，包括楼层结构平面布置图、屋面结构平面布置图和圈梁结构平面布置图。结构平面图是施工时布置或安放各层承重构件的依据。本节主要介绍楼层结构平面布置图。

楼层结构平面布置图是假想将建筑物沿楼板面水平剖开后所形成的水平剖面图。它用于表示楼板和楼板下面的墙、梁、柱等承重构件的平面布置或现浇楼板的构造和配筋。

绘制楼层结构平面布置图应注意如下几点：

(1)定位轴线应与建筑平面图或总平面图一致。

(2)对于现浇楼板应表示出楼板的厚度、配筋情况。门窗洞口省略不表示。

(3)板中的钢筋用粗实线表示，板下的墙用细线表示，梁、圈梁、过梁等用粗点画线表示。柱、构造柱用断面(涂黑)表示。

(4)当若干部分相同时，可只绘一部分，并用大写拉丁字母(A,B,C,…)外加直径为 8～10 mm 的细实线圆圈表示相同部分的分类符号。

(5)只需标注出各轴线间尺寸和轴线总尺寸，承重构件的平面尺寸，各种梁、板的底面标高(其标高可注写在构件代号后的括号内或用文字做统一说明)。

(6)结构平面布置图中的楼梯部分因比例较小，不能清楚地表达楼梯结构平面布置，需另绘楼梯结构详图，详见 12.4 节。

12.3　绘制构件详图

结构施工图的平面整体表示法(简称平法)是近年来我国工程设计人员对传统结构施工图表示

法所做的重大改革。它作图简洁，表达清晰，省时省力，适用于常用的现浇柱、梁、剪力墙的结构施工图，目前已广泛应用于各设计单位和建设单位。

按平法绘制的结构施工图由平法施工图和标准构件详图组成。把结构构件的尺寸和配筋等，按照施工顺序和平面整体表示法制图规则，直接表示在各类构件的结构平面布置图上，再与标准构造详图相配合，即构成一套新型完整的结构施工图。

平面整体表示法主要用于绘制现浇钢筋混凝土结构的梁、板、柱、剪力墙等构件的配筋图。用平法施工图表示各构件的尺寸和配筋的方式有列表注写、平面注写、截面注写 3 种。本节简要介绍梁和柱的平面整体表示法。

12.3.1 钢筋基本知识及相关概念

(1)钢筋的分类和表示符号。

钢筋按照生产条件的不同分为热轧钢筋 、冷拉钢筋 、热处理钢筋 、冷拔低碳钢丝等。混凝土结构中常使用热轧钢筋(普通钢筋)，其按照强度可分为四个等级(表 12-2)。

表 12-2 **热轧钢筋等级和直径符号**

牌号	符号	直径/mm	屈服强度标准值/MPa	外形	钢种
HPB300	Φ	6～14	300	光圆	低碳钢
HRB335	Φ	6～14	335	螺纹、人字纹或月牙纹	低合金钢
HRB400	Φ	6～50	400		
HRBF400	Φ^{F}				
RRB400	Φ^{R}				
HRB500	Φ	6～50	500		
HRBF500	Φ^{F}				

(2)钢筋的标注方法。

钢筋的标注在图样中一般采用引出线的方法，具体有以下两种标注方法：

①标注钢筋的根数、直径和强度等级。

例如在 3Φ40 中，3 表示钢筋的根数；Φ表示钢筋的强度等级为Ⅰ级；40 表示钢筋的直径。

②标注钢筋的等级、直径和相邻钢筋的中心距。

例如在Φ20@300 中，Φ表示钢筋的强度等级为Ⅱ级；20 表示钢筋的直径；@为相等中心距的符号；300 表示相邻钢筋中心距小于等于 300。

(3)钢筋的一般表示方法。

普通钢筋的一般表示方法应符合表 12-3 的规定。

表 12-3 **常用钢筋图例**

名称	图例	名称	图例
带直钩的钢筋端部		带丝扣的钢筋端部	
带直钩的钢筋搭接		带半圆形弯钩的钢筋搭接	
无弯钩的钢筋搭接	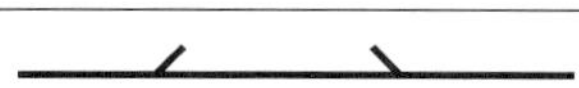	带半圆形弯钩的钢筋端部	
无弯钩的钢筋端部		花篮螺丝钢筋接头	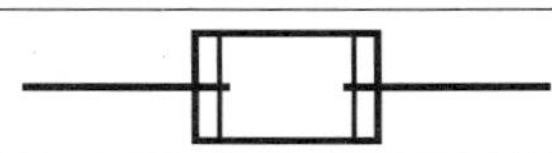

(4)平法制图中常用的结构构件代号(表 12-4)。

表 12-4 构件代号

名称	代号	名称	代号
框架柱	KZ	剪力墙	Q
框支柱	KZZ	连梁(无交叉暗撑、钢筋)	LL
芯柱	XZ	连梁(有交叉暗撑)	LL(JA)
梁上柱	LZ	连梁(有交叉钢筋)	LL(JG)
剪力墙上柱	QZ	暗梁	AL
约束边缘端柱	YDZ	边框梁	BKL
约束边缘暗柱	YAZ	楼层框架梁	KL
约束边缘翼墙柱	YYZ	屋面框架梁	WKL
构造边缘端柱	GDZ	框支梁	KZL
构造边缘转角墙柱	GJZ	非框架梁	L
非边缘暗柱	FBZ	悬挑梁	XL
矩形洞口	JD	井字梁	JZL
圆形洞口	YD		

12.3.2 梁配筋图

梁的平面整体表示法是在梁整体平面布置图上采用平面注写方式或截面注写方式来表示梁的截面尺寸和钢筋配置的施工图。在梁的平面布置图上需将各种梁和与其相关的柱、墙、板一同采用适当的比例绘出,应用表格或其他方式注明各结构层的顶面标高、结构层高,并分别标注在柱、梁、墙的各类构件平面图中。

绘制配筋图应注意:

①配筋图包括立面图、断面图两部分,具体表达钢筋在混凝土构件中的形状、位置与数量。在立面图和断面图中,把混凝土构件看成透明体,构件的外轮廓线用细实线表示,而钢筋用粗实线表示,如图 12-7 所示。

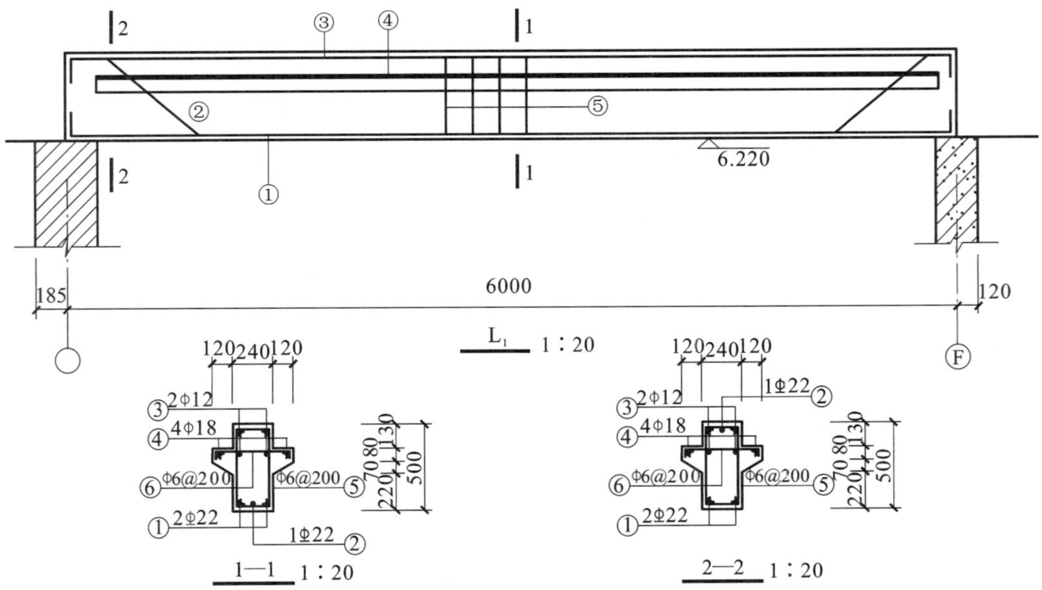

图 12-7 梁的立面图和断面图

②为了便于钢筋下料、制作和做预算，通常在每张图纸中需要绘制钢筋表。钢筋表的内容包括钢筋名称，钢筋简图，钢筋规格、长度、数量和质量等。

梁的配筋图一般采用平面注写或截面注写两种方式表达。

(1)平面注写方式。

采用传统表示方法绘制梁的配筋图时，常常画出梁的立面图和断面图。这需要在立面图中标注断面的剖切位置，索引出来并另行绘制断面，这样的表达方式非常烦琐，而采用平面注写方式表达时，则不需要绘制断面图和断面的剖切符号。

平面注写方式是在梁的平面布置图上，将不同编号的梁各选一根，在其上直接注明梁代号、断面尺寸 $b\times h$(宽×高)和配筋数值。当某跨断面尺寸或箍筋与基本值不同时，则将其特殊值从所在跨中引出另注。

平面注写采用集中注写与原位注写相结合的方式进行标注。

①集中注写。

集中标注可从梁的任意一跨引出。集中标注的内容包括 4 项必注值(梁编号、梁截面尺寸、梁箍筋、梁上部贯通筋或架立筋根数)和 2 项选注值(梁侧面纵向构造钢筋或受扭钢筋、梁顶面标高高差)。

其标注形式如下：

梁代号，梁编号 (跨数，有无悬挑)梁宽×梁高

箍筋(肢数)

上部贯通筋；下部贯通筋；腰筋

(梁顶标高)：无标注时相对于同板顶标高

图 12-8 中集中标注符号的含义为：

KL2 表示 2 号楼层框架梁；300×650 表示梁宽为 300 mm，梁高为 650 mm。

(2A)表示 2 跨；A 为一端有悬挑，B 为两端有悬挑。

Φ8@100/200(2)表示直径为 8 mm 的Ⅰ级 HPB300 钢筋，加密区间距为 100 mm，非加密区间距为 200 mm，均为双肢箍。

2Φ25 表示上部配置贯通的 2 根直径为 25 mm 的Ⅱ级钢筋。

G4Φ10 表示梁的两个侧面共配置 4Φ10 的纵向构造钢筋，两侧各 2Φ10 对称配置。

(−0.100)表示梁顶标高低于结构层楼面标高的差值 0.100 m。

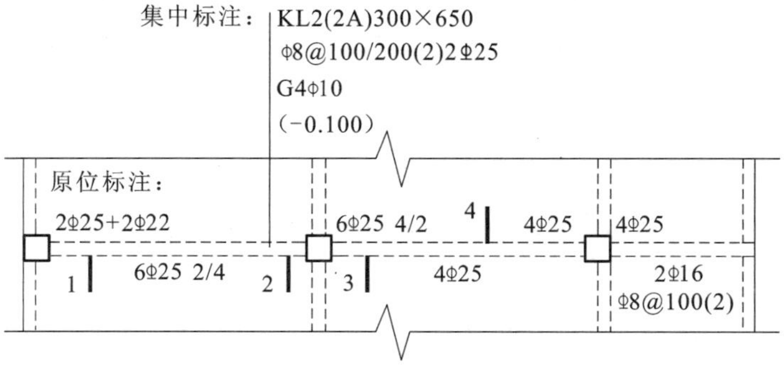

图 12-8 梁的平面注记

②原位注写。

原位标注的内容包括梁支座上部纵筋、梁下部纵筋、附加箍筋或吊筋等。

a. 梁支座上部纵筋。

原位标注的支座上部纵筋应为包括集中标注的贯通筋在内的所有钢筋。钢筋多于 1 排时，用

"/"自上而下分开;同排纵筋有 2 种不同直径时,用"+"相连,且角部纵筋写在前面。

图 12-8 中 2Φ25+ 2Φ22 表示支座上部纵筋共 4 根 1 排放置,其中角部为 2Φ25,中间为 2Φ22 ;6Φ25 4/2 表示支座上部纵筋共 2 排,上排为 4Φ25,下排为 2Φ25。

当梁中间支座两边的上部纵筋相同时,仅在支座的一边标注配筋值;否则,须在两边分别标注。

b. 梁下部钢筋。

梁下部钢筋与上部纵筋标注类似,多于 1 排时,用"/"自上而下分开。同排纵筋有 2 种不同直径时,用"+"相连,且角部纵筋写在前面。

c. 附加箍筋或吊筋。

附加箍筋或吊筋直接画在平面图中的主梁上,用线引注总配筋值,附加箍筋的肢数注在括号内。当多数附加箍筋或吊筋相同时,可在图中统一说明,少数与统一说明不一致者,在原位引注。

当在梁上集中标注的内容(某一项或某几项)不适用于某跨或某悬挑段时,则将其不同数值原位标注在该跨或该悬挑段。

(2)截面注写方式。

梁的截面注写方式同样是在梁的平面布置图上从每种不同编号的梁中选一根,用单面截面号引出配筋图。配筋图上注写出梁的编号、截面尺寸,梁的上部筋、下部筋和箍筋等。图 12-9 从平面布置图上分别引出了 4 个不同梁的截面图,各图表示了梁的截面尺寸和配筋情况。

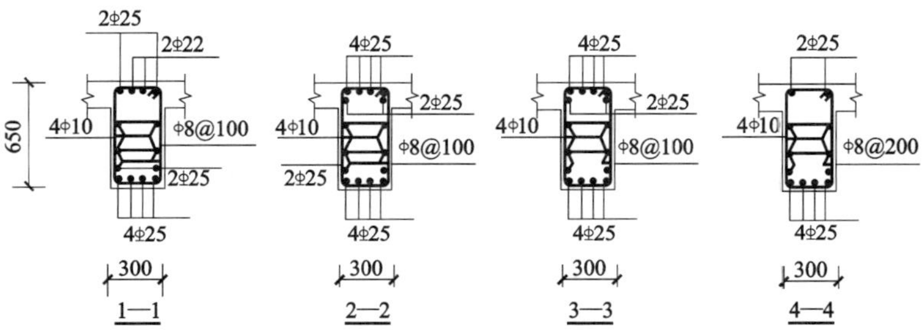

图 12-9　梁的截面注记

梁的截面注写方式可单独使用,也可与平面注写方式结合使用。

12.3.3　柱配筋图

柱的平面整体表示法是按一定比例绘制柱的平面布置图,分别按照不同结构层(标准层),将全部柱、剪力墙绘制在该图上,并按规定注明各结构层的标高及相应的结构层号,然后采用列表注写方式或截面注写方式来表示柱的截面尺寸和钢筋配置的结构施工图。

(1)列表注写方式。

列表注写方式是在柱平面布置图上分别从同一编号的柱中选择一个截面标注几何参数代号,在柱表中注写柱号、柱段起止标高、几何尺寸与配筋的具体数值,并配以各种柱截面形状及其箍筋类型图的方式表达柱平法施工图。

柱表注写的内容有柱编号,各段柱的起止标高,截面尺寸 $b \times h$ 及轴线关系的几何参数代号 b_1、b_2 和 h_1、h_2 的具体数值,柱纵筋。图 12-10 是柱平法施工图列表注写方式示例。

(2)截面注写方式。

柱平法施工图截面注写方式是在分标准层绘制的柱平面布置图的柱截面上分别从同一编号的柱中选择一个截面,以直接注写截面尺寸和配筋具体数值的方式表达柱平法施工图。图 12-11 是柱平法施工图截面注写方式示例。

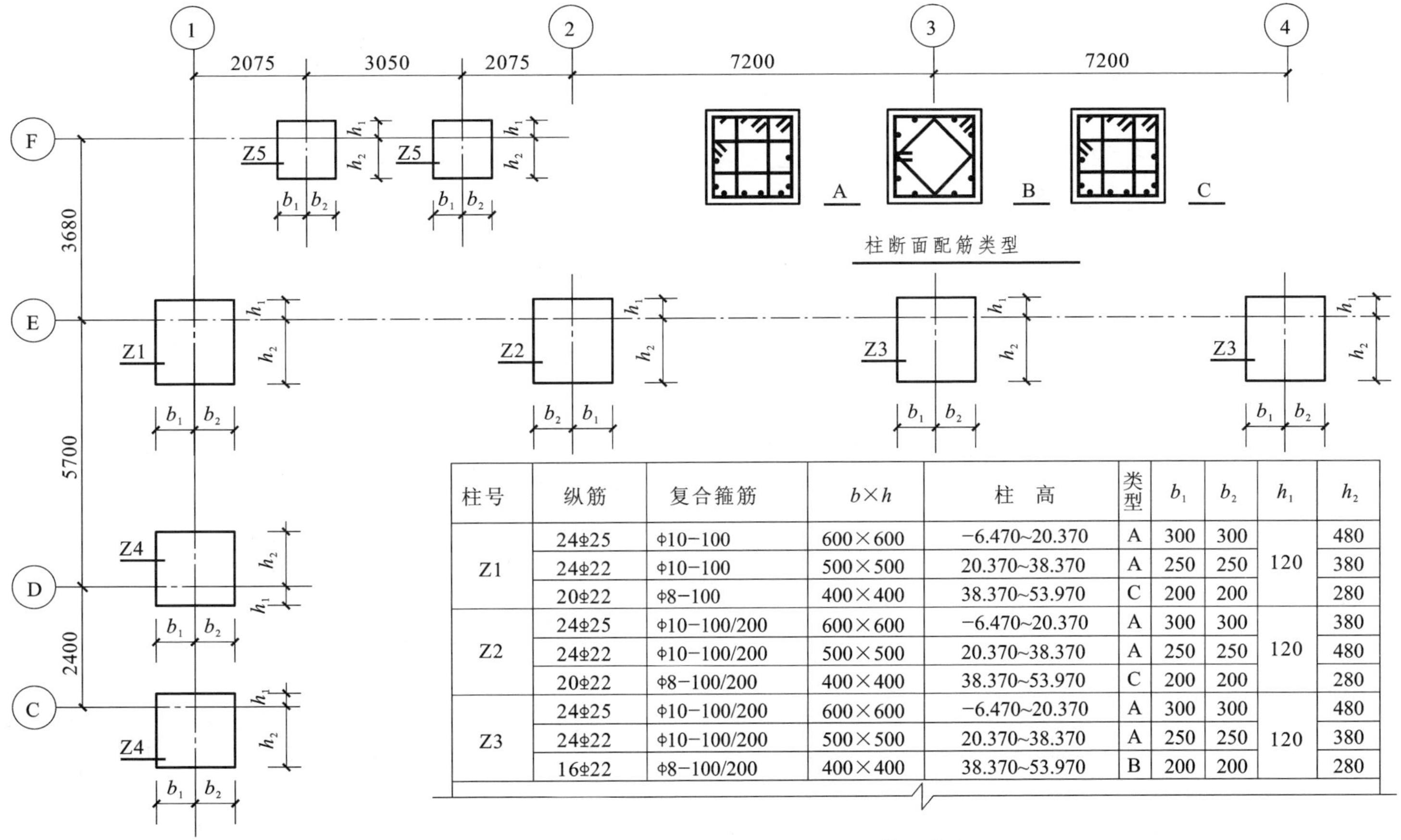

柱号	纵筋	复合箍筋	$b\times h$	柱高	类型	b_1	b_2	h_1	h_2
Z1	24Φ25	Φ10-100	600×600	−6.470~20.370	A	300	300	120	480
	24Φ22	Φ10-100	500×500	20.370~38.370	A	250	250		380
	20Φ22	Φ8-100	400×400	38.370~53.970	C	200	200		280
Z2	24Φ25	Φ10-100/200	600×600	−6.470~20.370	A	300	300	120	380
	24Φ22	Φ10-100/200	500×500	20.370~38.370	A	250	250		480
	20Φ22	Φ8-100/200	400×400	38.370~53.970	C	200	200		280
Z3	24Φ25	Φ10-100/200	600×600	−6.470~20.370	A	300	300	120	480
	24Φ22	Φ10-100/200	500×500	20.370~38.370	A	250	250		380
	16Φ22	Φ8-100/200	400×400	38.370~53.970	B	200	200		280

柱平面配筋图(局部) 1:100

图 12-10 柱的列表注写

屋面2	65.670	
塔面2	62.370	3.30
屋面1 (塔层1)	59.070	3.30
16	55.470	3.60
15	51.870	3.60
14	48.270	3.60
13	44.670	3.60
12	41.070	3.60
11	37.470	3.60
10	33.870	3.60
9	30.270	3.60
8	26.670	3.60
7	23.070	3.60
6	19.470	3.60
5	15.870	3.60
4	12.270	3.60
3	8.670	3.60
2	4.470	4.20
1	−0.030	4.50
−1	−4.530	4.50
−2	−9.030	4.50
层高	标高/m	层高/m

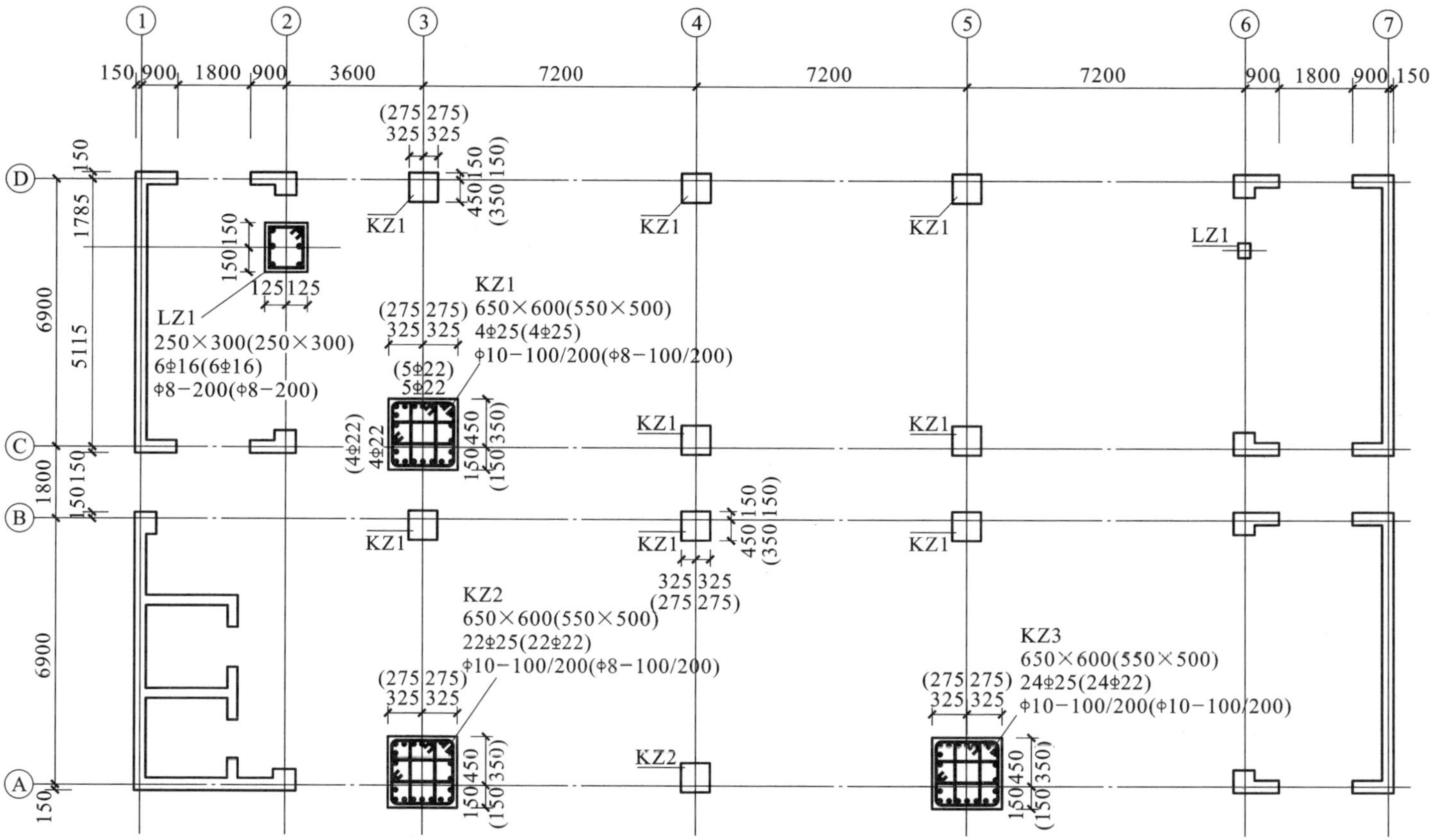

19.470−37.470
(37.470−59.070)

注：KZ3标高19.470至59.070以及KZ1和KZ2标高37.470至59.070均采用焊接封闭箍

图 12 - 11　柱的截面注写

12.4 楼梯结构详图

楼梯结构详图由各层楼梯结构平面图、楼梯结构剖面图及楼梯配筋图组成，一般采用 1∶50 的比例绘制。

(1)楼梯结构平面图。

如图 12-12 所示，楼梯结构平面图与楼层结构平面图一样，表示楼梯板和楼梯梁的平面布置、代号、编号、尺寸及结构标高等。绘制楼梯结构平面图的图示要求与楼层结构平面图基本相同，但应注意三点：

①多层建筑还应绘出底层楼梯结构平面图、中间层结构平面图、顶层结构平面图。

②钢筋混凝土楼梯的不可见轮廓线用细虚线表示，可见轮廓线用细实线表示，剖到的墙体轮廓线用中实线表示。

③楼梯结构平面图中的轴线编号应与建筑施工图一致，剖切符号只需在底层楼梯结构平面图中表示。

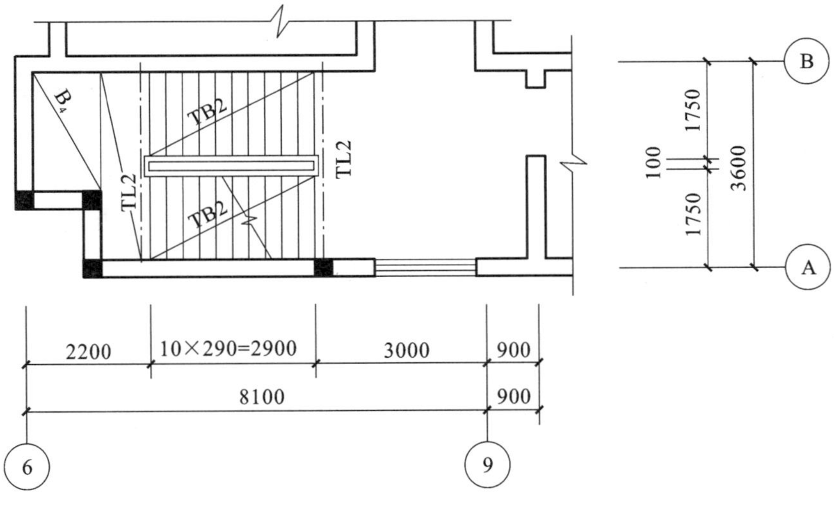

图 12-12 某标准层楼梯结构平面图

(2)楼梯结构剖面图。

楼梯结构剖面图主要表示楼梯的各种承重构件的竖向布置和连接情况，以及各部分的标高。在楼梯结构剖面图中，应标注出轴线尺寸、梯段的外形尺寸和配筋、层高尺寸以及室内外地面和各种梁、板底面的结构标高。

图 12-13 表示梯段板、梯段梁、平台梁、平台板的剖面，还包括未剖到的，但可见的梯段板等。

(3)楼梯配筋图。

为了详细地表示梯段板、梯段梁等的配筋时，应用较大的比例在楼梯结构剖面图中绘出配筋图。图 12-14 为楼梯配筋图，其图示方法和内容与梁和柱等构件的配筋图类似。

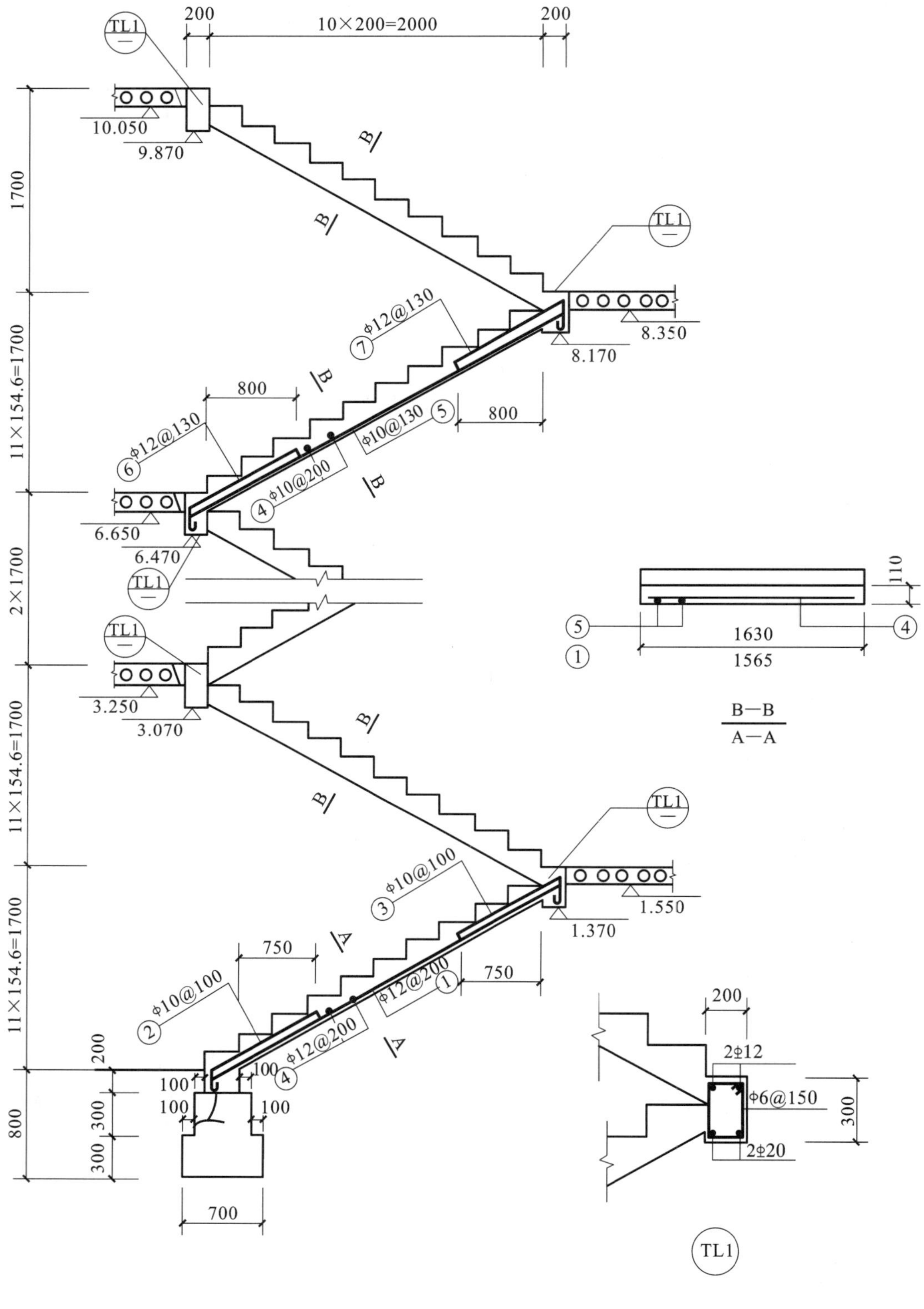

图 12-13 楼梯结构剖面图

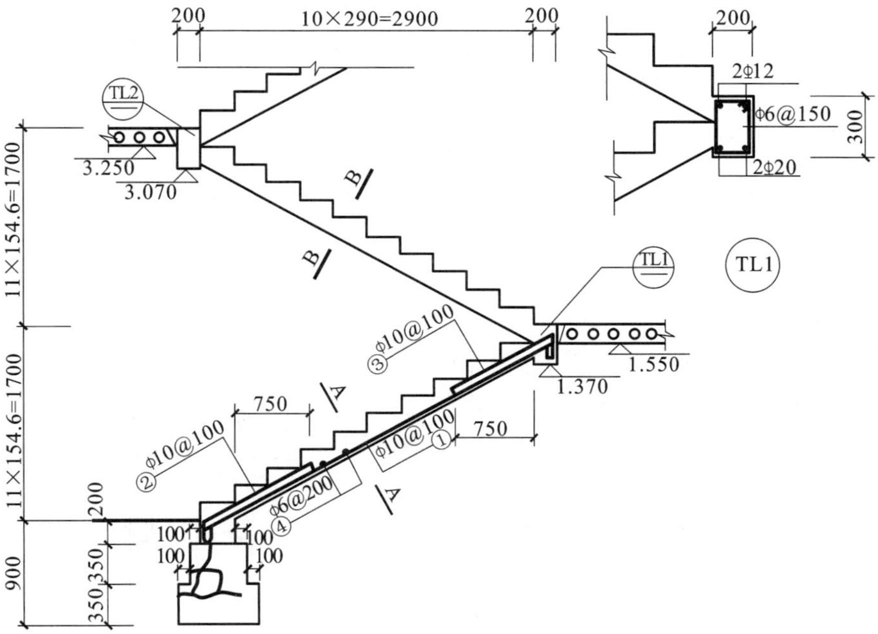

图 12-14 楼梯配筋图

本章小结

(1)学习结构施工标准、结构设计的组成和主要内容。

(2)学习结构平面图的绘制过程和技巧。

(3)学习构件详图的绘制过程和技巧。

(4)学习楼梯结构详图的绘制过程和技巧。

习题与思考题

12-1 基础平面图有哪几类？如何绘制基础平面图？

12-2 绘制如图 12-15 所示的基础平面图。

12-3 哪些构件需要绘制构件详图？

12-4 采用平法绘制如图 12-16 所示的柱配筋图。

习题与思考题
答案

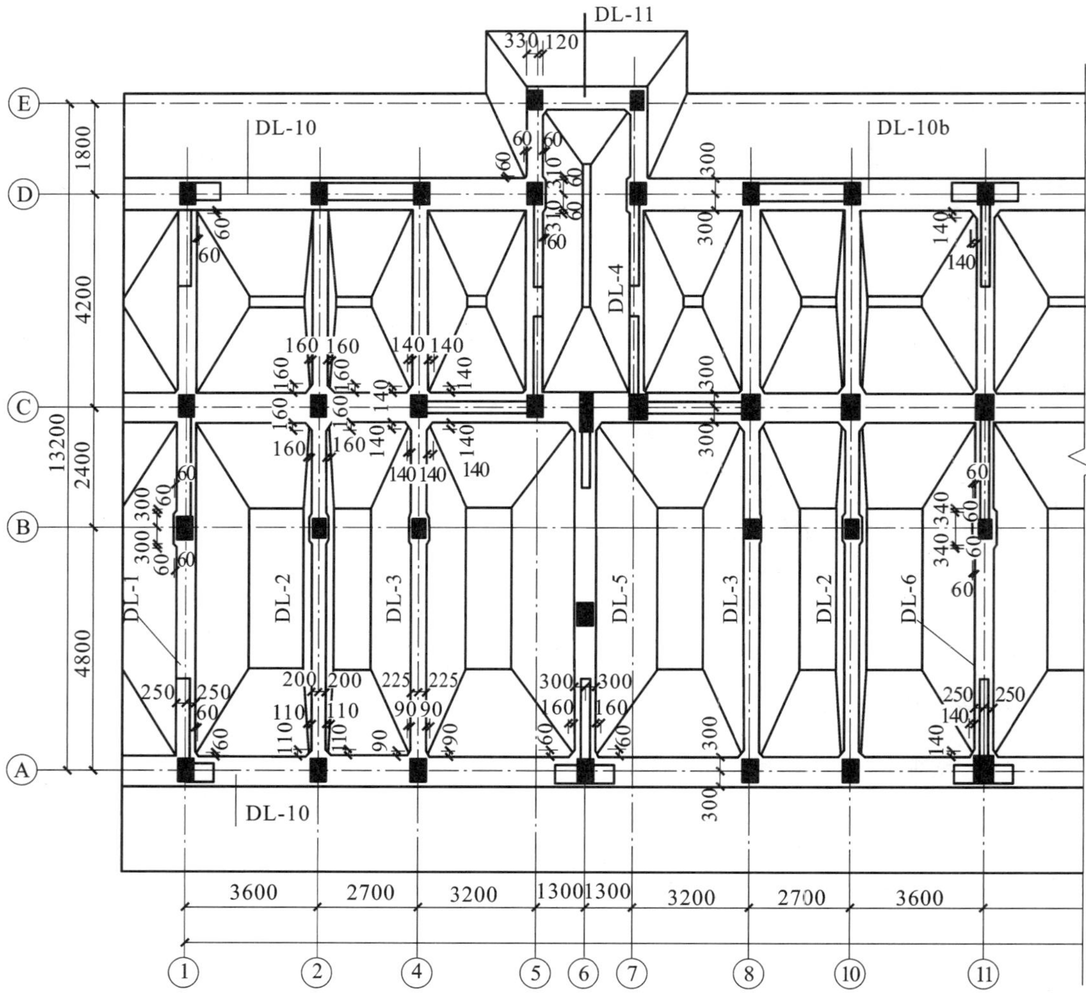

图 12-15　某建筑基础平面图 1∶100

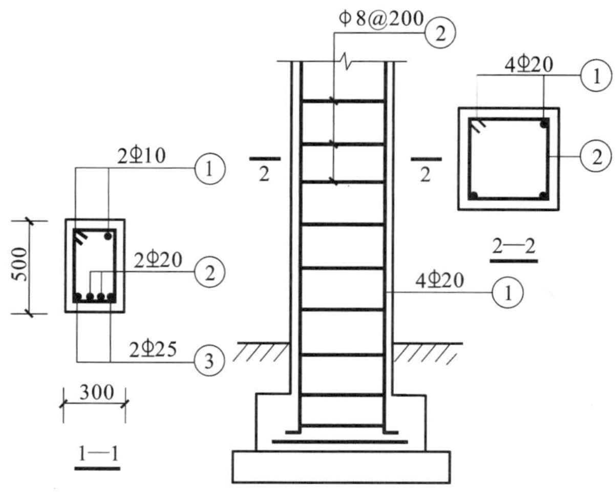

图 12-16　柱配筋图

13 道路施工图绘制

【内容提要】

本章的主要内容包括道路施工图的设计内容和绘图方法，即：地形图的比例、地形图图示、地形图的绘制方法；道路平面图的绘图规定、绘制内容和方法；道路纵断面图的绘图规定、绘制内容和方法；道路横断面图的绘图规定、绘制内容和方法。

【能力要求】

通过本章的学习，学生应了解道路施工图的组成和基本内容，能够根据勘察设计的资料，利用 AutoCAD 软件准确绘制地形图、道路平面图、道路纵断面图和道路横断面图。

本章导读

13.1 道路施工图的制图标准

为了统一我国道路工程的制图方法，保证图面质量，提高工作效率，便于技术交流，我国制定了道路工程的制图标准。现在的道路工程制图一般以《道路工程制图标准》(GB 50162—1992)为标准。《道路工程制图标准》(GB 50162—1992)适用于公路、城市道路、林区道路、厂矿道路工程的设计、标准设计和竣工的制图。道路工程图的绘制除应遵守这一标准外，还应符合国家有关现行标准的规定。

13.2 道路施工图的组成与主要内容

道路施工图是用来表达道路的空间位置、线型和尺寸的工程图样，即用来说明道路路线的方向，线型状况，沿线的地形和地物，纵断面标高和坡度，路基宽度和边坡，路面结构、土壤、地质以及路线上的附属构筑物(如桥梁、涵洞、挡土墙等)的位置及其与路线的相互关系。

道路施工图一般呈带状结构，具有高差大、曲线多和占地狭长等特点，其表现方法与一般建筑工程图有所不同。

广义的道路施工图包括高速公路、普通公路、城市道路、林区道路、厂矿道路等各类道路工程及其附属设施的设计制图。

狭义的道路施工图主要包括地形图、道路平面图、道路纵断面图、道路横断面图、平面及立体交叉图、交通工程图等。此外，还包含大量的各类工程数量表。

本章所述道路施工图仅指狭义的道路施工图，由于篇幅所限，主要讲解地形图、道路平面图、道路纵断面图、道路横断面图的绘图规定、绘制内容和绘图方法及步骤。

13.3 地形图的绘制

地形图是指将地球表面某区域内的地表起伏形态及地物位置、形状按水平正射投影的方法(沿铅垂线方向投影到水平面上)和一定的比例,用规定的图式符号测绘在图纸上得到的投影图。只有地物,不表示地面起伏的图称为平面图。地形图的绘制是道路平面图绘制的基础。

13.3.1 地形图绘制的基本知识

将地物地貌投影到地形图上时,其角度不发生变化,而图纸上的地物地貌与实地上相应的地物地貌相比,位置是一一对应的,且形状类似。因此,通过地形图可以直观地了解到所研究区域的地物地貌。

(1)绘图坐标系。

AutoCAD 中有两个坐标系统:一个是称为世界坐标系(WCS)的固定坐标系,另一个是称为用户坐标系(UCS)的可移动坐标系。在 WCS 中,X 轴是水平的,指向由左向右;Y 轴是垂直的,正向朝上;Z 轴垂直于 XY 平面;原点是图形左下角 X 轴和 Y 轴的交点。UCS 坐标系是依据 WCS 通过移动原点和旋转坐标轴来定义的,以方便用户根据自己的需要绘制图形。启动 AutoCAD 后,默认 UCS 与 WCS 重合,其坐标系图标如图 13-1 所示。

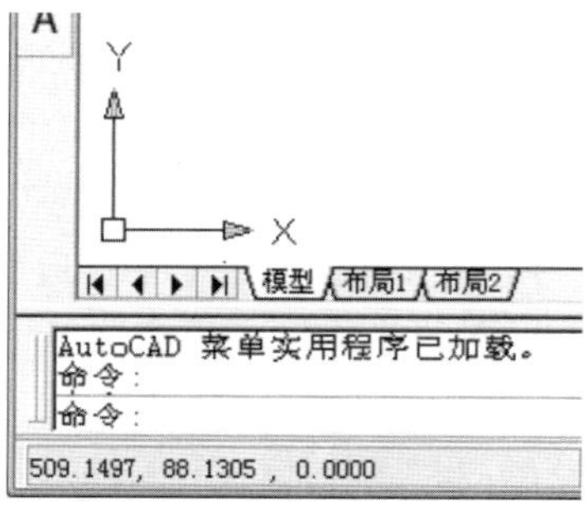

图 13-1 坐标系

(2)地形图比例尺。

比例尺是指图上距离与相应实地水平距离之比,是地形图、地籍图等图件的一个非常重要的尺度参数,用公式表示为:比例尺=图上距离/实际距离。比例尺通常有三种表示方法。

①数字式:用数字的比例式或分数式表示比例尺的大小。例如,地图上 1 cm 代表实际距离 500 km,可写成:1∶50000000 或 1/50000000。

②线段式:在地图上画一条线段,并注明地图上 1 cm 所代表的实际距离。

③文字式:在地图上用文字直接写出地图上 1 cm 代表实际距离多少千米。例如,图上 1 cm 相当于地面距离 500 km。

我们可以按照合适的比例将地面上的地物和地貌的实际尺寸缩小绘制在图纸上,以方便人们阅读和使用。同时,比例尺还代表了图件所达到的精度。一般来说,比例尺越大,精度越高,反之精度越低。于是,我们在绘制地形图时既要考虑用图图纸不能太大,同时又要满足绘图精度的要求。

地形图的比例尺一般分为大、中和小比例尺。通常把比例为 1∶500、1∶1000、1∶2000 的地形图称为大比例尺地形图,其中 1∶1000、1∶2000 常用于道路施工图绘制;比例为 1∶5000、1∶10000、1∶25000、1∶50000、1∶100000 的地形图称为中比例尺地形图,其中 1∶5000、1∶10000 的地形图常用于道路工程可行性研究阶段;比例为 1∶200000、1∶500000、1∶1000000 的地形图称为小比例尺地形图。

13.3.2 地形图图式

为了便于测图和用图,对地形图上地物、地貌符号的样式、规格、颜色、使用以及地图注记和图廓整饰等做了统一规定,这些符号统称为地形图图式。

地形图图式中的符号有三种:地物符号、地貌符号、注记符号。

(1)地物符号。

地形图上表示地物类别、形状、大小及位置的符号称为地物符号。根据地物形状大小和描绘方法的不同,地物符号可分为四种。

①比例符号。地物的形状和大小均按测图比例尺缩小,并用规定的符号绘在图纸上,这种地物符号称为比例符号。例如房屋、运动场、湖泊、森林、田地等。这类符号表示出地物的轮廓特征,如图 13-2 所示。

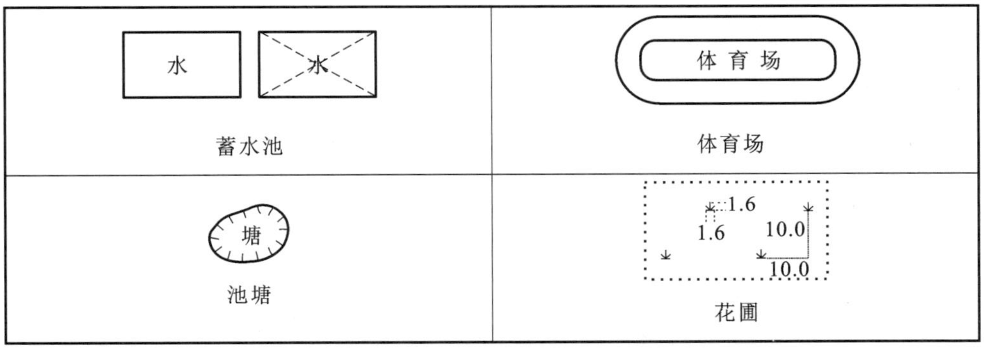

图 13-2 比例符号

②非比例符号。有些地物轮廓较小,无法将其形状和大小按比例缩绘到图上,而采用相应的规定符号表示,这种符号称为非比例符号,如三角点、水准点、独立树、里程碑、水井和钻孔等。非比例符号只能表示物体的位置和类别,不能用来确定物体的尺寸,如图 13-3 所示。

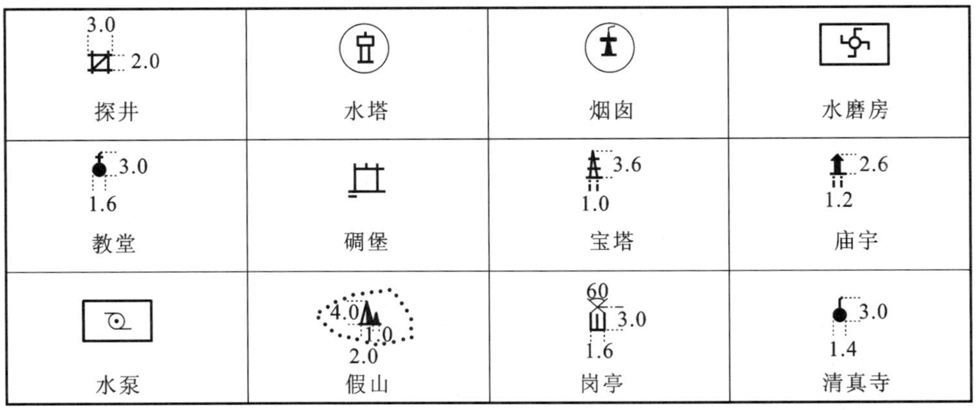

图 13-3 非比例符号

③半比例符号。地物的长度可按比例尺缩绘,而宽度按规定尺寸绘出,这种符号称为半比例符号。用半比例符号表示的地物都是一些带状地物,如河流、道路、通信线、管道、垣栅等,如图 13-4 所示。

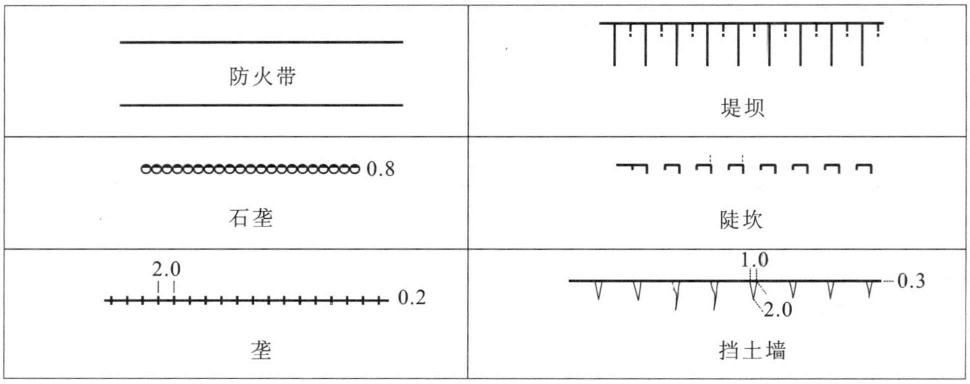

图 13-4　半比例符号

④地物注记。对地物加以说明的文字、数字或特有符号,称为地物注记。如地区、城镇、河流、道路名称,江河的流向,道路去向以及林木、田地类别等说明。

(2)地貌符号。

地貌按其起伏变化的程度分为平地、丘陵地、山地、高山地。地形图上表示地貌的方法有多种,目前最常用的是等高线法。用等高线表示地貌,不仅能表示地面的起伏状态,还能表示出地面的坡度和地面点的高程,如图 13-5 所示。

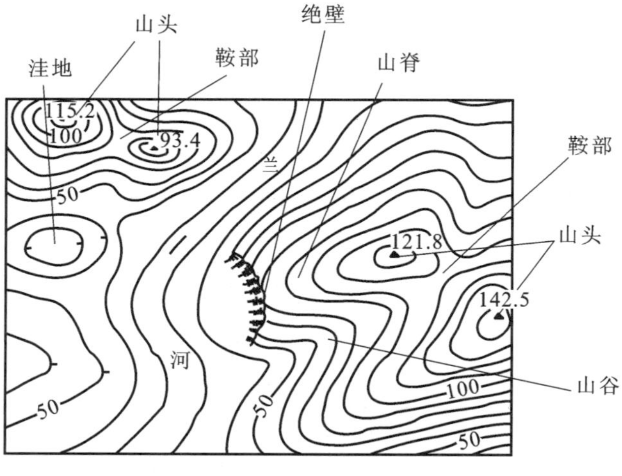

图 13-5　利用等高线识别地貌

(3)注记符号。

注记符号是用文字和数字对地物和地貌进行说明。如城镇、工厂、河流、道路的名称,桥梁的长、宽和载重量,江河的流向、流速及深度,道路的走向,森林、果树的类别等,都能用文字或特定符号加以说明。

但是当等高距较小时,图上的等高线过于密集,注记符号将会影响图面的清晰度。因此,在测绘地形图时,等高距的大小是根据测图比例与测区地形情况来确定的。

13.3.3　等高线的绘制

等高线是地面上高程相等的相邻点所连成的闭合曲线。在地形图中,等高线是表示地貌起伏的一种重要手段。传统的平板或经纬仪测图的等高线是由手工描绘的。

手工描绘等高线时,首先用铅笔轻轻描绘出山脊线、山谷线等地性线,然后根据碎部点的高程内插出等高线高程。在内插等高线高程时，把相邻点间的坡度看成是均匀的（如图 13-6 中的 A、B 两点）。因此，根据等高线的平距与高差应成正比的关系，就可以定出任意相邻两点间的各条等高线通过的位置。

在 AutoCAD 中绘制等高线的方法与传统的手工描绘方法类似，但是其方法更一般且更加概念化。下面首先介绍数字测图中一个重要的概念：数字地面模型。

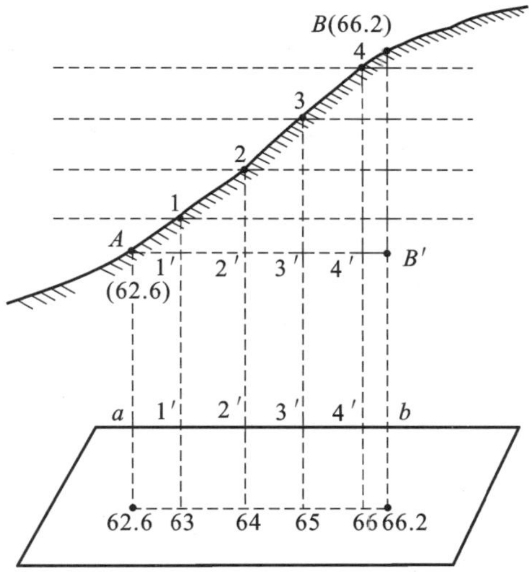

图 13-6 等高线的内插

数字地面模型（Digital Terrain Model，DTM）是指在一定区域范围内格网点或三角网点的平面坐标（X，Y）和其地物性质的数据集合，如果此地物性质是该点的高程（Z），则此数字地面模型又称为数字高程模型（Digital Elevation Model，DEM）。在地形测量中，建立 DTM 是将所有的离散地形点按一定的规则和要求连接成相互相邻的三角形，每个三角形代表空间一个面，所有的连续三角形代表了地面的一个剖分。这个数据集合从微分角度三维地描述了该区域地形地貌的空间分布。

简单地讲，在 AutoCAD 中绘制等高线，首先要把图中的离散碎部高程点用三角形连接起来，形成如图 13-7 所示的三角网。

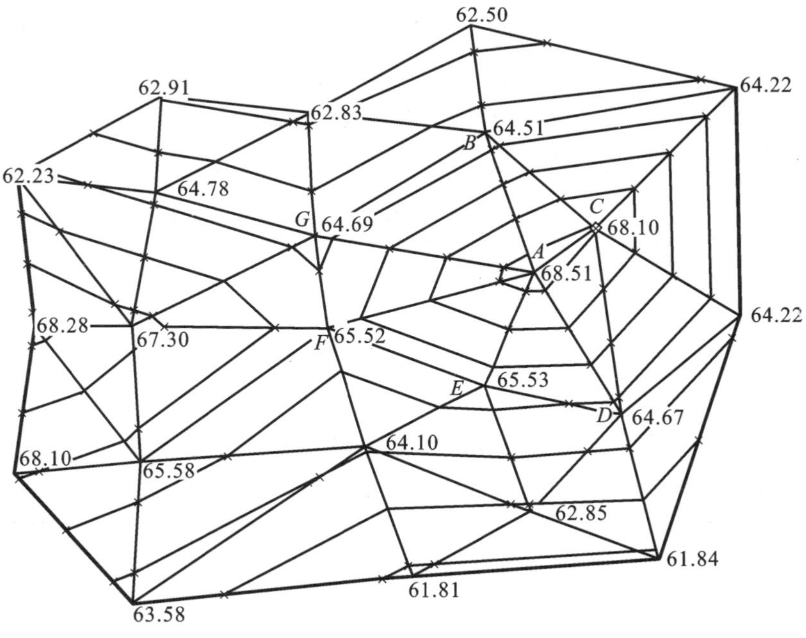

图 13-7 DTM 建立与等高线的内插

然后用数学方法确定三角形的每一条边上是否有等高线通过，如有等高线通过，则按下式计算出等高线的平面坐标。

$$\left.\begin{aligned} X &= X_1 + \frac{X_2 - X_1}{Z_2 - Z_1} \times (Z - Z_1) \\ Y &= Y_1 + \frac{Y_2 - Y_1}{Z_2 - Z_1} \times (Z - Z_1) \end{aligned}\right\} \tag{13-1}$$

式(13-1)中,(X_1, Y_1, Z_1)和(X_2, Y_2, Z_2)为三角形边的两端点(碎部点高程)的三维坐标,是已知的。根据等高距确定等高线的高程(Z)后,计算出相应的平面位置 X 和 Y。

例如,图 13-7 中的 7 个高程点 $A \sim G$,构成六个三角形。A、B 两点的高程分别为 68.51 m 和 64.51 m,65 m 的等高线从三角形边 AB 上通过。将 A、B 两点的坐标和高程,以及 $Z=65$ 代入式(13-1),计算出在 AB 边上通过的位置,用"×"号标示;同样可计算出当 $Z=66$、67 和 68 时等高线在 AB 边上通过的位置,用"×"号标示。

同样的方法分别计算出当等高线为 62 m、63 m、64 m、65 m、66 m、67 m 及 68 m 时,各在三角形边上通过的位置,然后将相邻三角形边上高程相同("×"号标示)的点用 PLINE 命令画线连接起来,得到如图 13-7 所示的没有拟合的等高线图。

最后执行【编辑多线段(PEDIT)】命令后选用【样条曲线(S)】进行光滑处理,得到如图 13-8 所示的等高线。

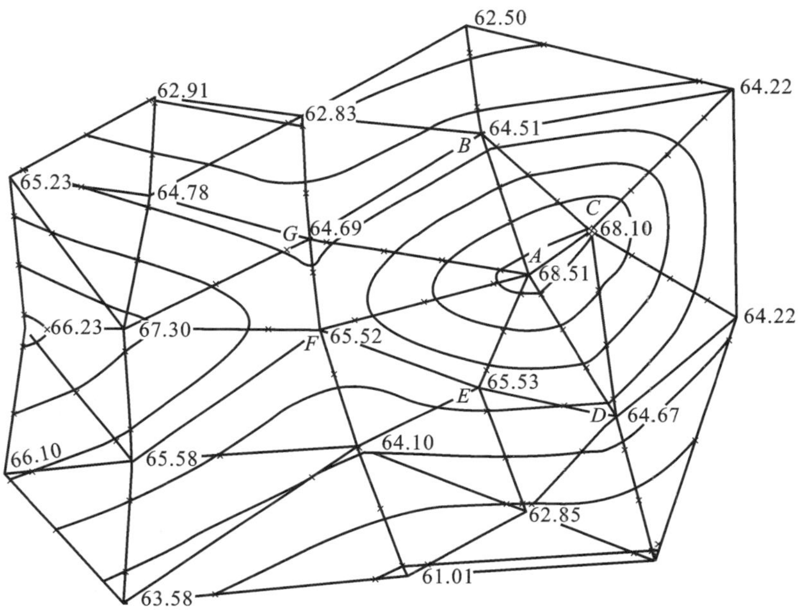

图 13-8　样条光滑后的等高线

综上所述,在 AutoCAD 中绘制等高线的步骤如下。

第一步:按照如前所述的方法根据比例尺绘制碎部高程点,注记相应高程。

第二步:分别新建 SJW 图层(白色)和 DGX 图层(黄色),设置【continuous】线型,线宽为零。

第三步:设置当前图层为 SJW 图层,用 PLINE 命令将每相邻最近三点画线闭合。注意两个三角形不能相交,也不能重合,且每个三角形的角不能太小,也不能太大。

第四步:根据等高距确定图中等高线可能出现的值,并按式(13-1)计算三角形每一条边上等高线通过的坐标,在图上用"×"标示。

第五步:设置当前图层为 DGX 图层,将相邻三角形边上高程相同("×"标示)的点用 PLINE 命令根据线宽画线连接起来,最后执行 PEDIT 命令后选用【样条曲线(S)】进行光滑处理。

注:在用【多线段(PLINE)】命令画等高线时,需要根据图式输入线宽。当比例尺为 1∶1000 时,对于首曲线,线宽为 0.15,计曲线线宽为 0.3;当比例尺为 1∶2000 时,首曲线线宽为 0.3,计曲线线宽为 0.6;当比例尺为 1∶500 时,首曲线线宽为 0.075,计曲线线宽为 0.15。

根据某地区地形绘制的等高线如图 13-9 所示。

1291.9
1154.8
1149.0
1143.4
1062.7
1071.8
密林
1013.4
1112.7
1117.5
密林
1052.8
1014.4
1025.1
1076.1
1030.7
密林
973.9
1033.4
密林
1006.6
994.9
1003.4
966.9
923.7
923.6
935.2
947.5
963.2
房屋
931.9
956.5
945.6
944.1
963.6
963.3
滑坡
965.6
962.1
976.5
1015.4
1016.4
941.4
952.5
956.6
1056.5
964.6
滑坡
1056.9
1066.8
1060.8
1047.2
945.6
960.5
963.5
964.1
房屋
房屋
1056.1
970.4
房屋
1654.1
房屋
1074.5
密林
1077.6
1014.3
密林
1074.1
1003.7
1174.3
1102.7
房屋
房屋
1146.2
房屋
房屋
1119.8
房屋
1233.3
1176.8
1222.2
杉
1174.2
1266.5
1191.6
密林
1265.9
1296.7
1230.8
1275.4
1262.9
阴影

图 13-9　某地区地形图

13.4 道路平面图的绘制

平面图是道路工程设计文件中的主要内容，是平面设计的主要成果之一。它反映了路线的平面位置、线形和尺寸，沿线人工构造物和工程设施的布置以及道路与周围环境、地形、地物的关系。

把道路的平面图与纵断面图、横断面图结合起来，就能够完整地表达出道路的空间位置和立体线形。

13.4.1 平面图的比例

一般公路路线平面图采用 1∶2000 的比例，平原微丘陵区可采用 1∶5000 的比例。在地形特别复杂地段的路线初步设计、施工图设计中可用 1∶500 或 1∶1000 的比例。路线平面图上应标出路中心线及其里程桩号、平曲线要素、水准点、大中桥、路线交叉(注明形式及结构类型)、隧道、主要沿线设施的位置及县以上分界线等，其带状宽度为中线两侧各 200～250 m。

高等级公路的平面图中尚应示出坐标格网、导线点、交点坐标表、桥涵、隧道、路线交叉、沿线排水系统、沿线主要设施的布置等。路线位置应标出中心线、中央分隔带、路基边线、坡脚(或坡顶)及曲线主要桩位，比例用 1∶1000 或 1∶2000。带状宽度为中线两侧各 100～200 m。

城市道路平面图一般采用的比例为 1∶500～1∶1000，两侧范围应在红线以外各 20～50 m，应标明路中心线，远、近期的规划红线、车行道线、人行道线、停车场、绿化带、交通岛、人行横道线、沿街建筑物出入口(接坡)、各种地上地下管线的走向位置、雨水进水口、窨井等，注明交叉口及沿线里程桩。弯道及交叉口处应标明曲线要素、交叉口侧石的转弯半径等。

13.4.2 平面图的绘图规定

根据《道路工程制图标准》(GB 50162—1992)，平面图的绘制应符合以下绘图规定。

(1)常用的图线规定。

设计路线应采用加粗粗实线表示，比较线应采用加粗粗虚线表示；道路中线应采用细点画线表示；中央分隔带边缘线应采用细实线表示；路基边缘线应采用粗实线表示；导线、边坡线、护坡道边缘线、边沟线、切线、引出线、原有通路边线等，应采用细实线表示；用地界线应采用中粗点画线表示；规划红线应采用粗双点画线表示。

(2)里程桩号的标注。

里程桩号的标注应在道路中线上从路线起点至终点，按从小到大、从左到右的顺序排列。公里桩宜标注在路线前进方向的左侧，用符号“○”表示；百米桩宜标注在路线前进方向的右侧，用垂直于路线的短线表示；也可在路线的同一侧，均采用垂直于路线的短线表示公里桩和百米桩。

(3)平曲线特殊点的表示。

平曲线特殊点，如第一缓和曲线起点、圆曲线起点、圆曲线中点、第二缓和曲线终点、第二缓和曲线起点、圆曲线终点的位置，宜在曲线内侧用引出线的形式表示，并应标注点的名称和桩号。

(4)平曲线要素的标注。

在图纸的适当位置，应列表标注平曲线要素：交点编号、交点位置、圆曲线半径、缓和曲线长度、切线长度、曲线总长度、外距等。高等级公路应列出导线点坐标表。

(5)缩图(示意图)中的主要构造物可按图 13-10 标注。

(6)图中的文字说明除"注"外,宜采用引出线的形式标注,如图 13-11 所示。

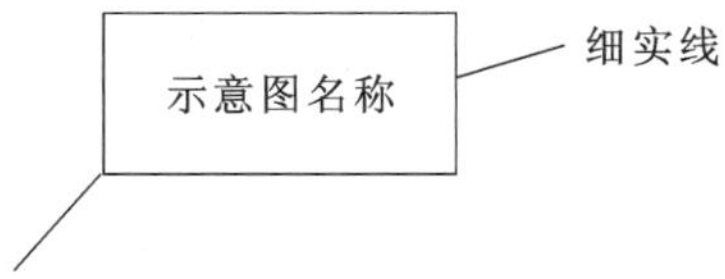

图 13-10 示意图中构筑物的标注

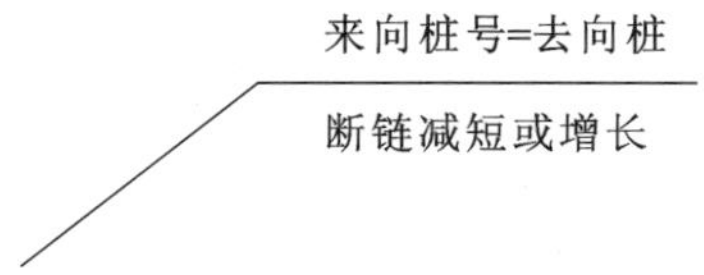

图 13-11 引出线标注示例

(7)有关图线的其他规定。

图中原有管线用细实线表示,设计管线用粗实线表示,规划管线用虚线表示。边沟水流方向应采用单边箭头表示;水泥混凝土路面的胀缝应采用两条细实线表示;假缝应采用细虚线表示,其余应采用细实线表示。

13.4.3 道路平面图绘制的主要内容和方法

(1)交点的绘制,包括三角点、导线点、图根点、水准点等。

根据统计出的各交点坐标值(表 13-1),使用绘制【点】命令,直接输入点的坐标即可,重复操作,将所有交点精确地绘制在相应位置上,如图 13-12 所示。

表 13-1 直线、曲线及转角表

JD 号	交点桩号	交点坐标		转角值
		X	Y	
QD	K300+500	98144.6	230841.7	
JD1	K300+508	98282.2	230842.5	1°05′25″
JD2	K300+510	98409.4	230894.9	46°03′05″
JD3	K300+530	98515.8	230848	30°11′11″
JD4	K300+535	98675.4	230864	8°05′12″
JD5	K300+544	98796.7	230859	9°01′45″
JD6	K300+556	99010.7	230883.8	21°55′44″
JD7	K300+571	99119.6	230944.3	22°01′22″
JD8	K300+580	99276.7	230963	32°05′15″
JD9	K300+588	99395.6	230907.2	8°02′33″
ZD	K300+595	99536.5	230862.7	

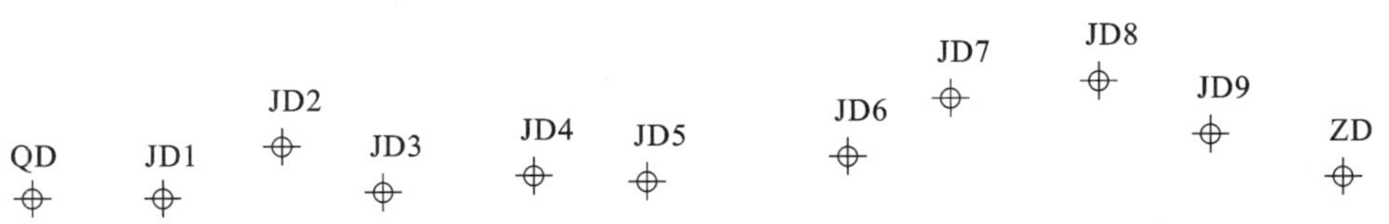

图 13-12 交点坐标

(2)导线及道路中线的测绘。

再利用【直线】命令将这些交点连接起来,则会得到道路的大致走向,并对导线点、交点逐个编号,注明路线在本张图中的起点和终点里程等,如图 13-13 所示。每张导线图展绘完毕后,要复核各点间距及每个角度是否和计算值一致。

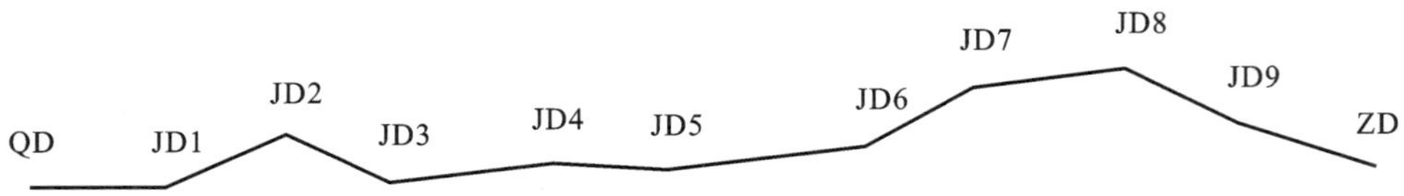

图 13-13　平面路线大致走向

(3)在平面图绘制当中会涉及两种曲线，一种是圆曲线，另一种是缓和曲线。

①圆曲线的绘制方法相对简单，以图 13-13 中 JD2 处为例，具体步骤如下。

a. 采用绘制【圆】的相应命令绘制辅助圆，如图 13-14(a)所示。

b. 采用【修剪】命令，剪掉两切点之外多余的圆弧部分，得到圆曲线，如图 13-14(b)所示。

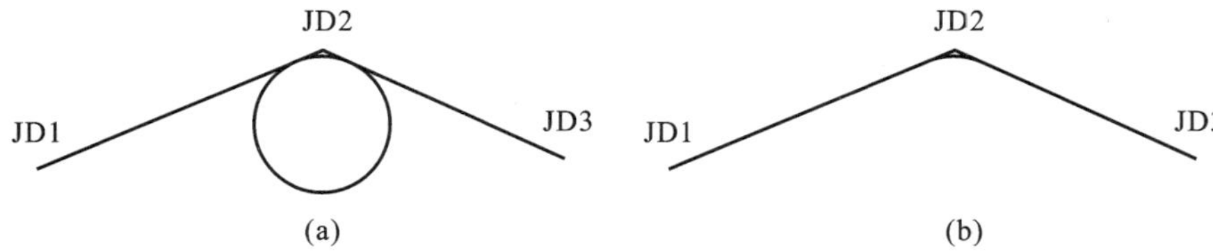

图 13-14　圆曲线的绘制

②缓和曲线的绘制方法相对复杂，具体步骤如下(以连接图 13-14 当中交点为例)：

a. 计算出缓和曲线上各点的 X 和 Y 坐标。例如，已知 JD2 处缓和曲线长度、半径和切线长，根据缓和曲线坐标计算公式计算出缓和曲线上点的坐标，如表 13-2 所示。

表 13-2　　**缓和曲线上点的坐标**

	0	4	8	12	16	20	24	28
X	0	4.00	8.00	12.00	16.00	20.00	24.00	28.00
Y	0.00	0.01	0.05	0.16	0.37	0.72	1.25	1.77

b. 利用【对齐标注】命令和已知的绿线长度(50 m)找出直缓点 A 和 B 的位置，如图 13-15(a)所示。

c. 在直缓点 A 建立坐标系，如图 13-15(b)所示，并旋转到如图 13-15(c)所示位置。

d. 根据之前所求缓和曲线上各点的坐标绘制各点在新坐标系的位置，如图 13-15(d)所示。

e. 采用样条曲线将各点连接起来，如图 13-15(e)所示。

f. 利用【镜像】命令得到另一侧的缓和曲线，如图 13-15(f)所示。

g. 利用【圆弧】命令绘制出两段缓和曲线之间的圆曲线，如图 13-15(g)所示。

h. 最后恢复原有坐标系，并去除辅助线即可得到所要绘制的缓和曲线，如图 13-15(h)所示。

(4)图形标注。

路线一律按照前进方向从左至右画，在每张图的拼接处画出接线图。在图的右上角注明共几页、第几页。在图纸的空白处注明曲线元素及主要点里程。

路线的长度是用里程表示的，里程桩号应标在道路中线上，从路线起点到终点按从小到大、从左到右的顺序排列。公里桩应标注在路线前进方向的左侧，用符号“◑”表示，主要点里程点用垂直于路线的短线表示，如图 13-16 所示。

(5)完善平面图。

要使道路平面图内容尽量丰富，还需要对其他一些内容进行测绘。

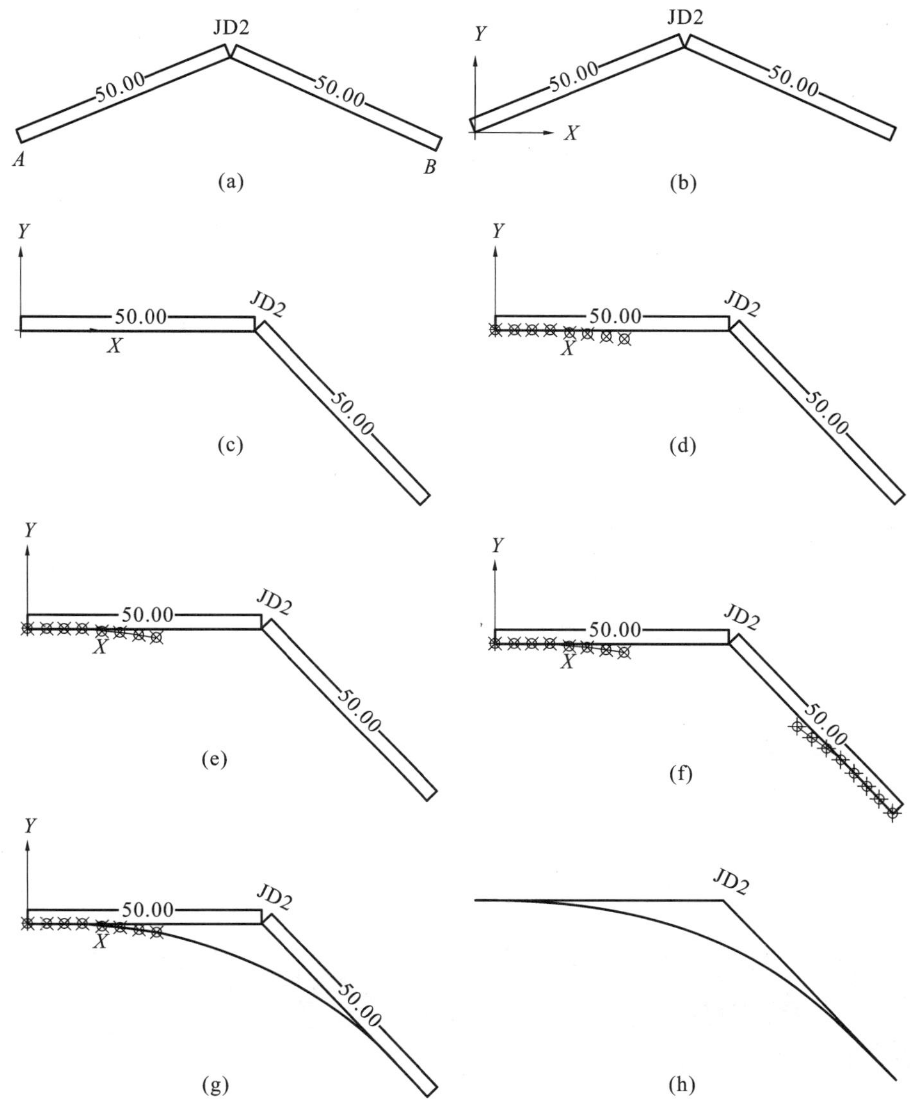

图 13-15　缓和曲线的绘制

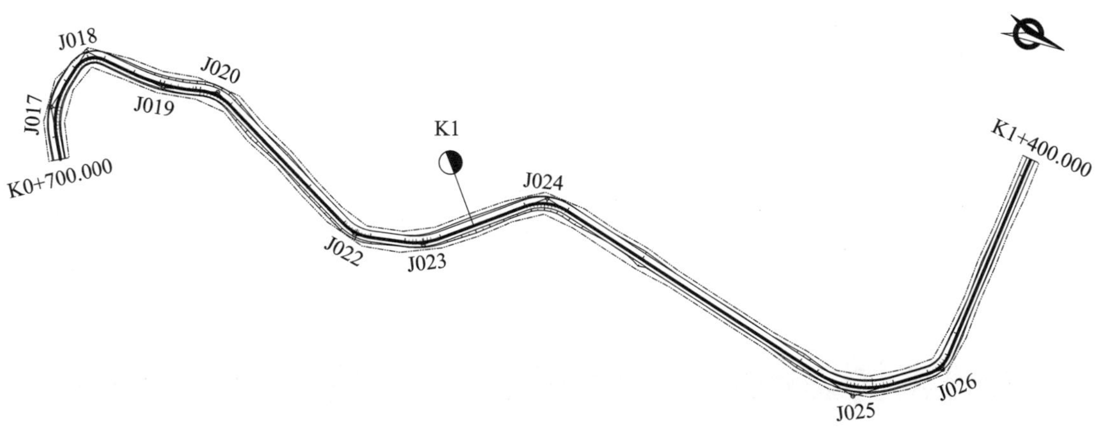

图 13-16　路线平面图及公里桩的标注

各种构筑物的测绘:各类建筑物、构筑物及其附属设施应按测量规范的规定进行测绘和表示,并且标定其详细位置,道路及其附属物应按实际形状测绘,公路交叉口应注明每条公路的走向,铁路应注明轨面高程,公路应注记路面类型,涵洞应注明洞底标高。

水系及其附属物的测绘:需测绘海洋的海岸线位置、水渠顶边及底边高程、堤坝顶部及坡脚的高程、水井井台高程、水塘塘顶边及塘底的高程等。河流、水沟等应注明水流流向。

地形、地貌、植被、不良地质地带等均应详细测绘并用等高线和国家测绘局制定的“地形图图式”符号及数字注明,如图 13-17 所示。

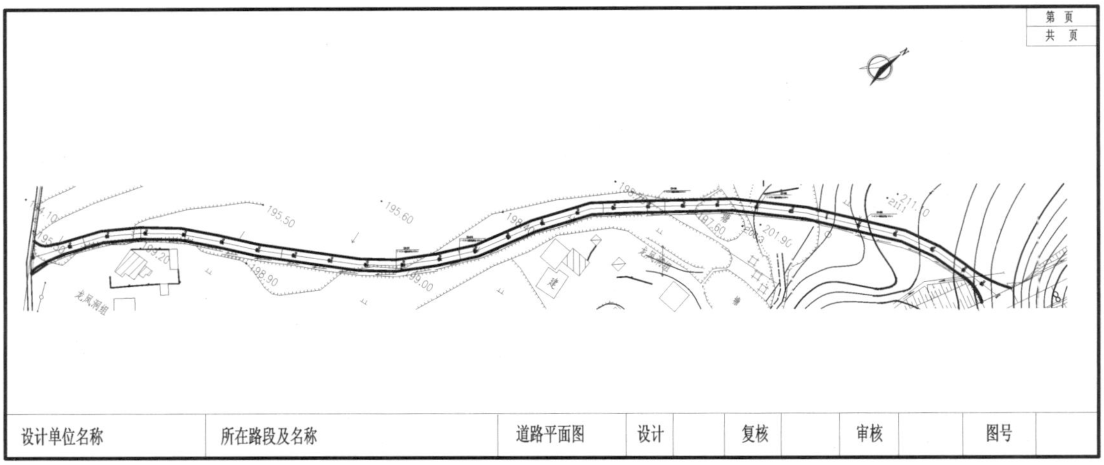

图 13-17 某道路平面图示例

除路线平面图外,应将能够体现路线平面设计成果的其他资料,如直线、曲线及转角表,逐桩坐标表等插入图纸的合适位置,如图 13-18 所示。

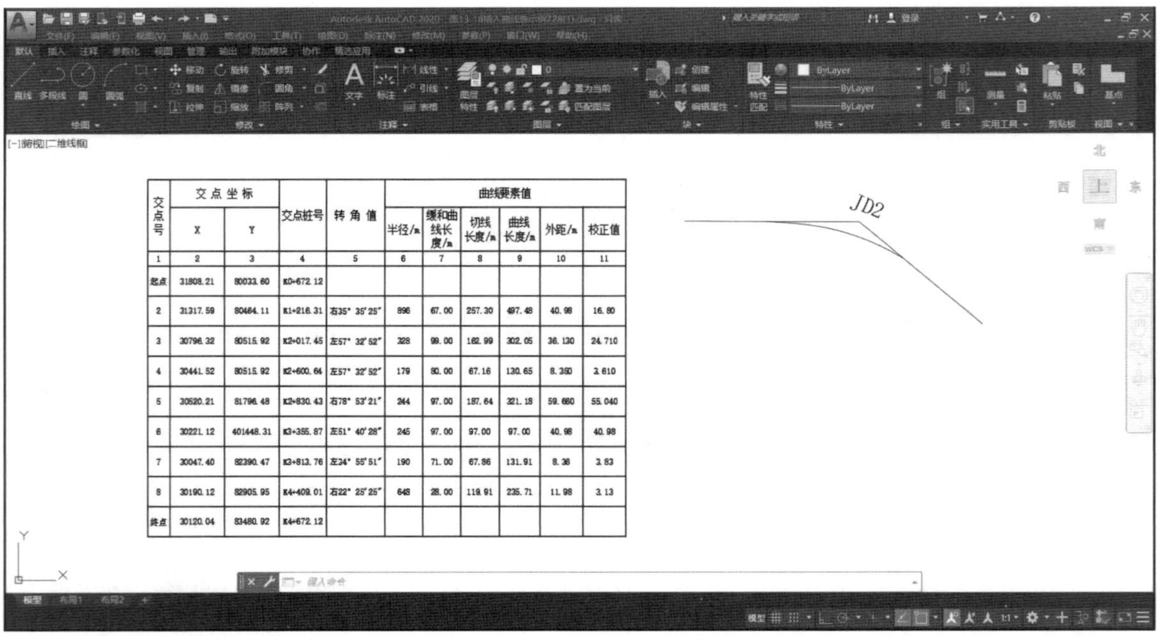

交点号	交点坐标		交点桩号	转角值	曲线要素值					
	X	Y			半径/m	缓和曲线长度/m	切线长度/m	曲线长度/m	外距/m	校正值
1	2	3	4	5	6	7	8	9	10	11
起点	31808.21	80033.60	K0+672.12							
2	31317.59	80464.11	K1+216.31	右35° 35′25″	896	67.00	257.30	497.48	40.98	16.80
3	30796.32	80515.92	K2+017.45	左57° 32′52″	328	99.00	162.99	302.05	36.130	24.710
4	30441.52	80515.92	K2+600.64	左57° 32′52″	179	80.00	67.16	130.65	8.350	3.610
5	30520.21	81796.48	K2+830.43	右78° 53′21″	244	97.00	187.64	321.18	59.660	55.040
6	30221.12	401448.31	K3+355.87	左51° 40′28″	245	97.00	97.00	97.00	40.98	40.98
7	30047.40	82390.47	K3+813.76	左34° 55′51″	190	71.00	67.86	131.91	8.36	3.83
8	30190.12	82905.95	K4+409.01	右22° 25′25″	648	28.00	119.91	235.71	11.98	3.13
终点	30120.04	83480.92	K4+672.12							

图 13-18 插入曲线表示例

注：

(1)直线、曲线及转角表。

直线、曲线及转角表是路线平面设计的重要成果之一。它集中反映了路线平面线形的成果和数据，是施工放线和复测的主要依据。表中应列出交点号、交点里程、交点坐标、转角、曲线各要素值、曲线主点桩号、直线长、计算方位角、断链等。在做路线的纵断面设计、横断面设计和其他构造物设计时，都要使用直线、曲线及转角表中的数据。

直线、曲线及转角表的示例见表 13-3。

表 13-3 **直线、曲线及转角表**

交点号	交点坐标		交点桩号	转角值	曲线要素值					
	X	Y			半径/m	缓和曲线长度/m	切线长度/m	曲线长度/m	外距/m	校正值
起点	31808.21	80033.6	K0+672.12							
2	31317.59	80464.11	K1+216.31	右 35°35′25″	896	67	257.3	497.48	40.98	16.8
3	30796.32	80515.92	K2+017.45	左 57°32′52″	328	99	162.99	302.05	36.13	24.71
4	30441.52	81219.01	K2+600.64	左 34°32′06″	179	80	67.16	130.65	8.35	3.61
5	30520.21	81796.48	K2+830.43	右 78°53′21″	244	97	187.64	321.18	59.66	55.04
6	30221.12	81898.71	K3+355.87	左 51°40′28″	245	138	129.25	242.71	25.97	15.46
7	30047.4	82390.47	K3+813.76	左 34°55′51″	190	71	67.86	131.91	8.36	3.83
8	30190.12	82905.95	K4+409.01	右 22°25′25″	684	28	119.91	235.71	11.98	3.13
终点	30120.04	83480.92	K4+672.12							

(2)逐桩坐标表。

逐桩坐标表是高等级公路平面设计的成果组成之一，是道路中线放样的重要资料。高等级公路的线形设计标高，表现在平面上是圆曲线半径较大，缓和曲线较长。在测设和放样时，需采用坐标法，方能保证其测量精度。

逐桩坐标表即各个中桩的坐标，其计算和测量的方法是按“从整体到局部”的原则进行的。一般是根据导线点坐标用全站仪或 GPS 测量路线交点坐标或从图上直接量取(纸上定线时)交点坐标，计算交点转角和方位角、交点间距，再根据计算的结果、选定的曲线半径和缓和曲线长度，计算中线上各桩点坐标。

逐桩坐标表的示例见表 13-4。

表 13-4 **逐桩坐标表**

桩号	坐标/m		方向角	桩号	坐标/m		方向角
	X	Y			X	Y	
K300+400.00	21688.51	77882.67	66°34′57.0″	K301+240.00	21524.4	78680.71	44°6′54.0″
K300+440.00	21705.59	77941.37	66°34′57.0″	K301+260.00	21530.78	78535.84	44°6′54.0″
K300+470.00	21654.98	77921.65	66°34′57.0″	K301+280.00	21524.7	78562.4	44°6′54.0″

续表

桩号	坐标/m		方向角	桩号	坐标/m		方向角
	X	Y			X	Y	
K300+600.00	21675.88	78019.27	66°34′57.0″	K301+300.00	21501.35	78542.94	44°6′54.0″
K300+630.33	21616.56	78023.67	66°34′57.0″	K301+320.00	21493.87	78577.35	44°6′54.0″
K300+669.00	21578.71	78006.13	66°34′57.0″	K301+340.00	21542.31	78611.29	44°6′54.0″
K300+680.00	21596.79	78047.47	66°34′57.0″	K301+360.00	21586.05	78633.67	44°6′54.0″
K300+740.00	21588.96	78057.8	66°34′57.0″	K301+380.00	21553.55	78579.33	44°6′54.0″
K300+760.00	21601.46	78059.89	66°34′57.0″	K301+400.00	21584.01	78597.81	44°6′54.0″
K300+780.00	21594.32	78155.18	66°34′57.0″	K301+440.00	21508.21	78685.76	140°17′5.4″
K300+900.00	21558.31	78145.96	66°34′57.0″	K301+480.00	21572.05	78760.97	140°31′48.6″
K300+920.00	21517.27	78218.27	66°34′57.0″	K301+500.00	21544.75	78715.42	57°30′02.7″
K300+980.00	21492.33	78228.56	5°56′42.1″	K301+540.00	21559.27	78742.81	69°57′30.4″
K300+920.00	21517.13	78318.83	92°38′19.1″	K301+520.00	21513.65	78834.86	66°34′57.0″
K300+940.00	21514.87	78312.14	85°34′43.6″	K301+560.00	21454.58	78885.61	66°34′57.0″
K300+970.00	21506.07	78315.12	44°29′23.3″	K301+580.00	21419.1	78783.87	66°34′57.0″
K301+000.00	21524.45	78323.95	44°6′54.1″	K301+600.00	21377.23	78942.21	56°56′6.0″
K301+010.00	21523.07	78362.89	44°6′54.0″	K301+620.00	21373.58	78938.47	66°34′57.0″
K301+050.00	21485.36	78397.6	44°6′54.0″	K301+650.00	21411.16	78778.21	66°34′57.0″
K301+070.00	21538.79	78416.34	44°6′54.0″	K301+670.00	21323.29	78920.46	66°34′57.0″
K301+300.00	21535.47	78412.63	44°6′54.0″	K301+900.00	21278.83	78951.58	56°56′6.0″
K301+320.00	21486.69	78418.51	44°6′54.0″				

13.5 道路纵断面图的绘制

假想沿着道路中心线被铅垂面剖切开,然后将其展开绘制成图样,即为道路纵断面图。它反映自然地形和设计路线在竖直断面上的几何形状、位置和尺寸。因为道路路线是由直线和曲线组合而成的,所以纵向切面不仅有平面,还会有曲面。为了清楚地表达路线的纵断面情况,需要将此纵断面拉直展开,并绘制在图纸上,这就是道路路线纵断面图。

道路纵断面图是道路设计的重要技术图表之一,主要反映道路中线地面起伏情况、设计路线上纵坡与原地面的切割情况等。

路线纵断面设计应当考虑以下几个因素:所设计道路的性质、任务、等级,所设计道路的地形、地物、地质、水文等,道路路基稳定、排水及工程量等的要求。

综合以上因素,对纵坡的大小和长短、前后纵坡情况、竖曲线半径以及与平面线形的组合关系等进行组合设计。

13.5.1 纵断面图的比例

纵断面图的绘制采用直角坐标系。其中用纵坐标表示高程，用横坐标表示里程桩号。

纵断面图的水平比例尺一般应与平面图比例尺一致，一般为 1∶2000，垂直比例尺相应地用 1∶200。对于高速公路而言，其水平比例尺也可用 1∶1000，垂直比例尺相应为 1∶100。

纵断面图的比例可能会因为不同的项目或者不同的单位而有所不同。

13.5.2 纵断面图的绘图规定

根据《道路工程制图标准》(GB 50162—1992)，纵断面图的绘制应符合以下绘图规定。

(1)图面布置。

纵断面图的图样应布置在图幅上部，测设数据应采用表格形式布置在图幅下部，高程标尺应布置在测设数据表的上方左侧，如图 13-19 所示。测设数据表也应按图 13-19 所列数据的顺序排列。表格内容可根据不同的设计阶段和不同道路等级要求而增减。纵断面图中的距离与高程宜按不同比例绘制。

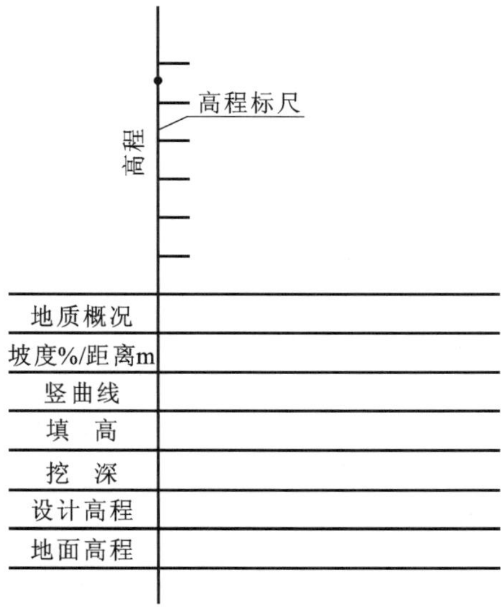

图 13-19 纵断面图的图面布置

(2)线形。

道路设计线应采用粗实线表示，原地面线应采用细实线表示，地下水位线应采用细双点画线及水位符号表示，地下水位测点可仅用水位符号表示，如图 13-20 所示。

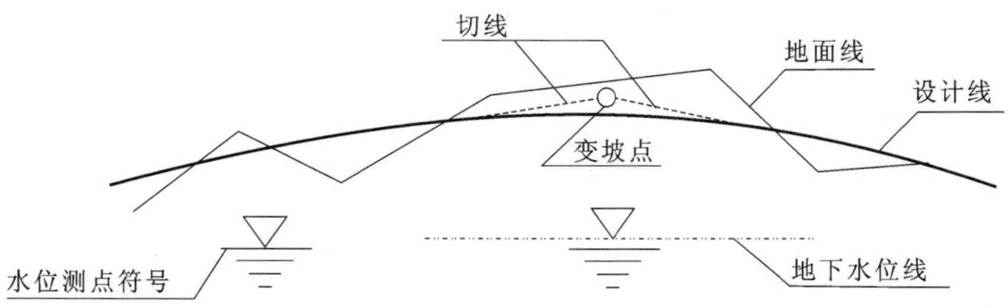

图 13-20 道路设计线、原地面线、地下水位线的标注

(3)竖曲线的标注。

当路线坡度发生变化时,变坡点应用直径为 2 mm 的中粗线圆圈表示,切线用细虚线表示,竖曲线用粗实线表示。标注竖曲线的竖直细实线应对准变坡点所在桩号,线左侧标注桩号,线右侧标注变坡点高程。水平细实线两端应对准竖曲线的始、终点。两端的短竖直细实线在水平线之上为凹曲线,反之为凸曲线。竖曲线要素(半径 R、切线长 T、外距 E)的数值均标注在水平细实线上方,如图 13-21(a)所示。竖曲线标注也可布置在测设数据表内,此时,变坡点的位置应在坡度、距离栏内示出,如图 13-21(b)所示。

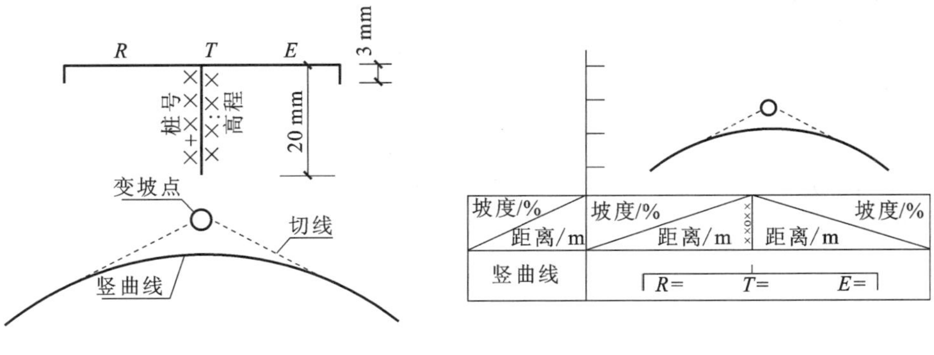

图 13-21 竖曲线的标注

(4)沿线构造物及交叉口的标注。

道路沿线的构造物、交叉口,可在道路设计线的上方用竖直引出线标注。竖直引出线应对准构造物或交叉口中心位置。线左侧标注桩号,水平线上方标注构造物名称及规格、交叉口名称,如图 13-22 所示。

(5)水准点的标注。

水准点宜按图 13-23 所示标注。竖直引出线应对准水准点桩号,线左侧标注桩号,水平线上方标注编号及高程,线下方标注水准点的位置。

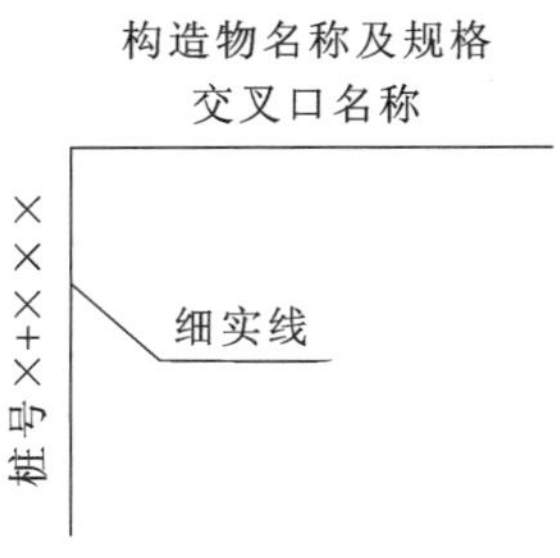

图 13-22 沿线构造物及交叉口标注

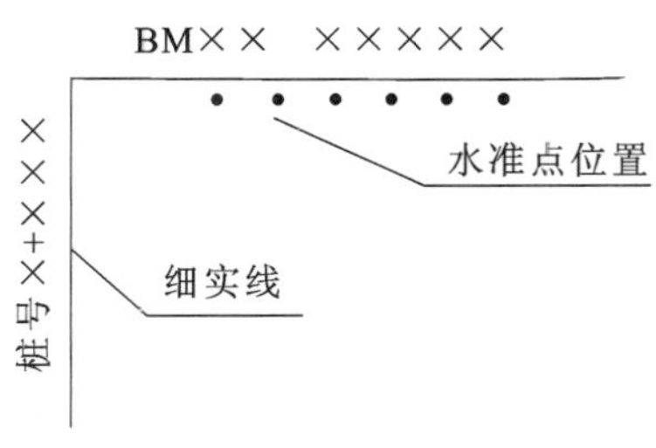

图 13-23 水准点的标注

(6)盲沟和边沟底线的标注。

盲沟和边沟底线应分别采用中粗虚线和中粗长虚线表示。变坡点、距离、坡度宜按图 13-24 标注。变坡点用直径为 1～2 mm 的圆圈表示。

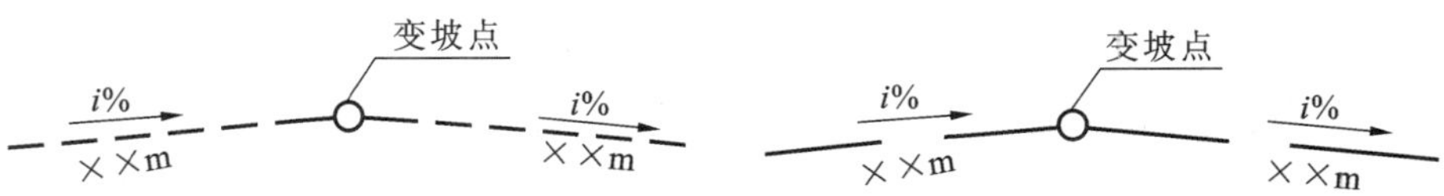

图 13-24 盲沟与边沟底线的标注

(7)里程桩号的标注。

里程桩号应由左向右排列，将所有固定桩及加桩桩号示出，桩号数值的字底应与所表示桩号位置对齐，整公里桩应标注 K，其余桩号的公里数可省略，如图 13-25 所示。

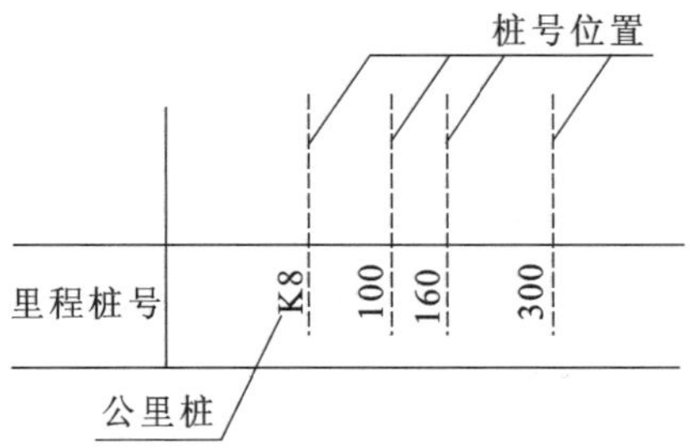

图 13-25　里程桩号的标注

(8)平曲线的标注。

在测设数据表中的平曲线栏中，道路左、右转弯应分别用凹、凸折线表示。当不设缓和曲线段时，按图 13-26(a)标注；当设缓和曲线段时，按图 13-26(b)标注。在曲线的一侧标注交点编号、桩号、偏角、半径、曲线长。

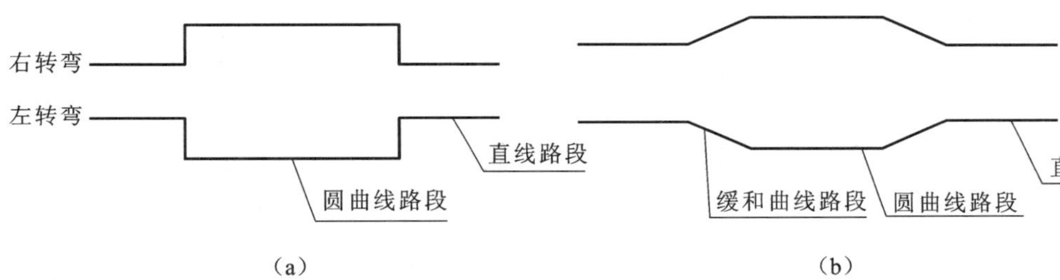

图 13-26　平曲线的标注

(9)其他规定。

在纵断面图中可根据需要绘制地质柱状图，并标示出岩土图例或代号。各地层高程应与高程标尺对应。探坑应按宽为 0.5 cm、深为 1∶100 的比例绘制，在图样上标注高程及土壤类别图例。钻孔可按宽 0.2 cm 绘制，仅标注编号及深度，深度过长时可采用折断线示出。

在纵断面图中，给排水管涵应标注规格及管内底的高程。地下管线横断面应采用相应图例，无图例时可自拟图例，并应在图纸中说明。

在测设数据表中，设计高程、地面高程、填高、挖深的数值均应对准其桩号，单位以 m 计。

13.5.3　纵断面图的绘制内容和方法

道路纵断面图的绘制内容主要包括图样和测设数据两部分，图样应布置在图幅上部，测设数据应采用表格形式布置在图幅下部，高程应布置在测设数据表的上方左侧，图样和测设数据的内容要一一对应。

图样的内容包括：地面线、设计线、竖曲线及其要素；桥涵、隧道、立体交叉等的位置、结构类型、孔数及跨径，水准点编号、位置及高程；以及断链、设计洪水位、影响路基设计的地下水位等。

测设数据应包括土壤地质说明、地面高程、设计高程、坡度及坡长、直线及平曲线(包括缓和曲线)、里程桩号等。城市道路纵断面图中要特别注明沿线交叉口的位置标高、相交道路的路名、交叉口交点标高以及街坊重要建筑物出入口的地坪标高等。当城市道路设计纵坡小于 0.3%时，道路两侧街沟应做锯齿形街沟设计，以满足排水要求，并分别算出雨水进水口和分水点的设计标高，注在纵断面图上。

下面介绍道路路线纵断面图的绘制方法及步骤。

(1)建立标尺。

①使用【矩形】命令绘制 3 mm×10 mm 的矩形，如图 13-27(a)所示。

②采用【复制】命令，在其上方绘制相同的图形，并且垂直画一条中线，如图 13-27(b)所示。

③利用【填充图案】命令将左下方和右上方的方格填成黑色，如图 13-27(c)所示。

④使用【阵列】命令，生成全部标尺，并标注高程，如图 13-27(d)所示。

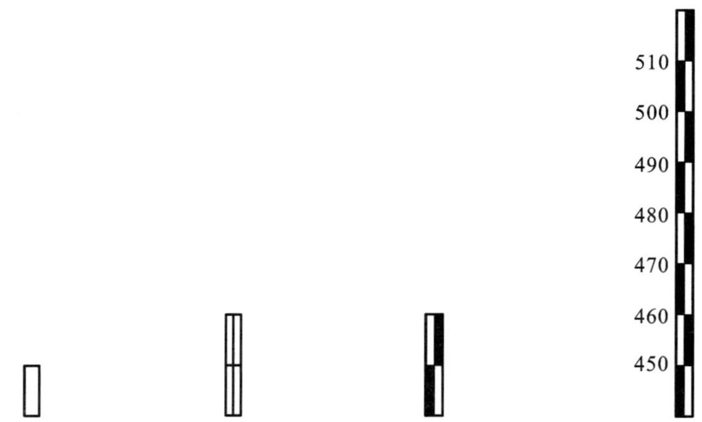

(a)　　(b)　　(c)　　(d)

图 13-27　建立标尺

(2)绘制数据表。

①采用【表格】命令，绘制数据表，如图 13-28 所示。

水平 1∶1000
垂直 1∶100

地面高程/m	
设计高程/m	
填挖高度/m	
里程桩号	
直线及平曲线	
坡度 / 坡长/m	
地质情况	
备注	

图 13-28　绘制数据表

②使用【文字标注】命令，将地质情况、地面高程、设计高程、坡度及坡长、直线及平曲线(包括缓和曲线)、里程桩号等需要说明的情况标注到数据表中，如图 13-29 所示。

地面高程/m	480.00	484.00	486.60	487.90	483.02	477.00	470.32	464.32	457.64	456.74	460.14	467.76	475.17	479.86	482.20	483.18
设计高程/m	48500	48500	48500	48500	48300	47000	47400	46500	46000	47600	46000	46500	47200	47800	47000	483000
填挖高度/m	5.00	1.00	−1.60	−2.90	0.02	3.00	3.68	0.68	2.36	1.26	−0.14	−2.76	−3.17	−1.86	−2.20	−0.18
里程桩号	K0+000.000	K0+015.000	K0+030.000	K0+045.000	K0+060.000	K0+075.000	K0+090.000	K0+115.000	K0+130.000	K0+150.000	K0+170.000	K0+180.000	K0+200.000	K0+210.000	K0+220.000	K0+250.000
直线及平曲线	$R=\infty$　JD17° 33'57"　R-800Ls-100															
坡度/坡长/m	−3%　150									5%　100						
地质情况	0~50 cm为松土，50~100 cm为软土，100~300 cm为硬土，300 cm以上为软石。															
备注																

图 13-29　在数据表中填写资料

(3)绘制地面线。

①利用【绘制点】命令，将平面图中所有桩号的高程一一绘制在标尺右侧，与下方表格处地面高程在同一条竖直线上。

②将这些点用命令【绘制直线】一一连接起来，如图 13-30 所示。

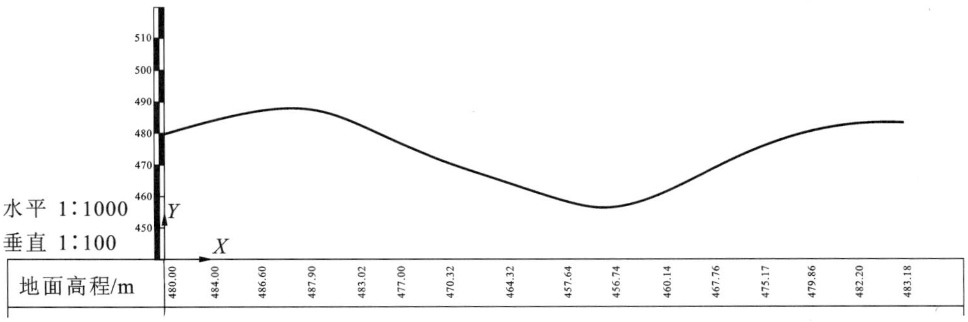

图 13-30　绘制地面线

(4)设计变坡线。

①根据纵断面的坡度坡长设计资料确定变坡点的位置，用【圆】命令绘制成变坡点(一般用直径为 2 mm 的中粗线圆来表示)。

②利用【直线】命令将变坡点连接起来得到设计坡度线，如图 13-31 所示。

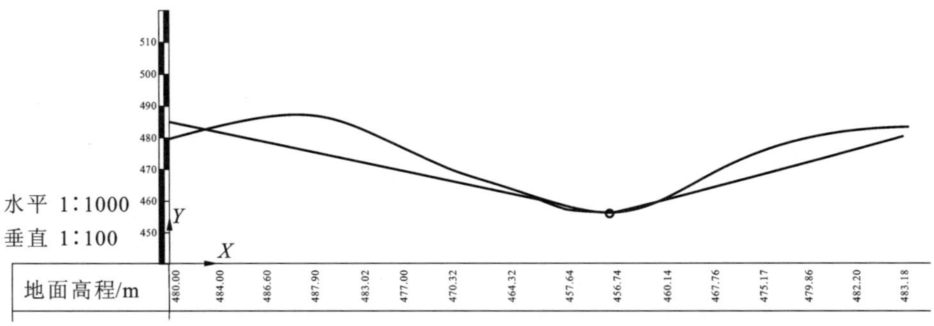

图 13-31　设计变坡线

(5)绘制竖向曲线。

为了使车辆在变坡点处顺利通过,所设计道路在此处应当有一定的弯度,故应设计竖向曲线。竖向曲线通过绘制【圆弧】命令来实现,如图 13-32 所示。

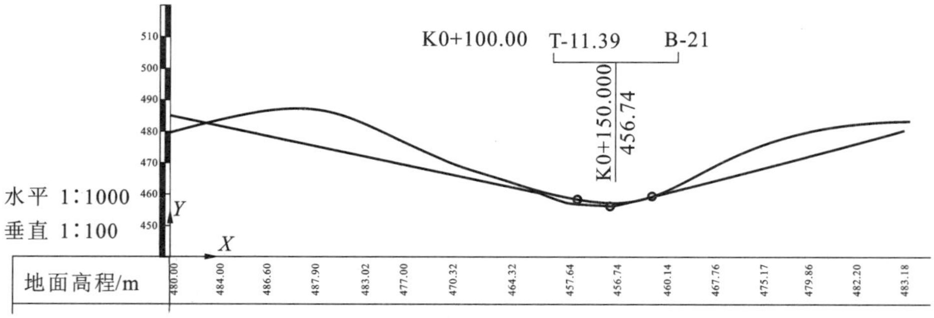

图 13-32 设计竖向曲线

(6)完善道路纵断面图。

完成以上几个步骤之后,应当注出完成图框绘制,将图号、设计者、制图者、审核者、日期等标于图的右下方,得到完整的道路纵断面图,如图 13-33 所示。纵断面图一般很长,通常要分段绘制于若干张图纸上,便于输出和查阅,如图 13-34 所示。

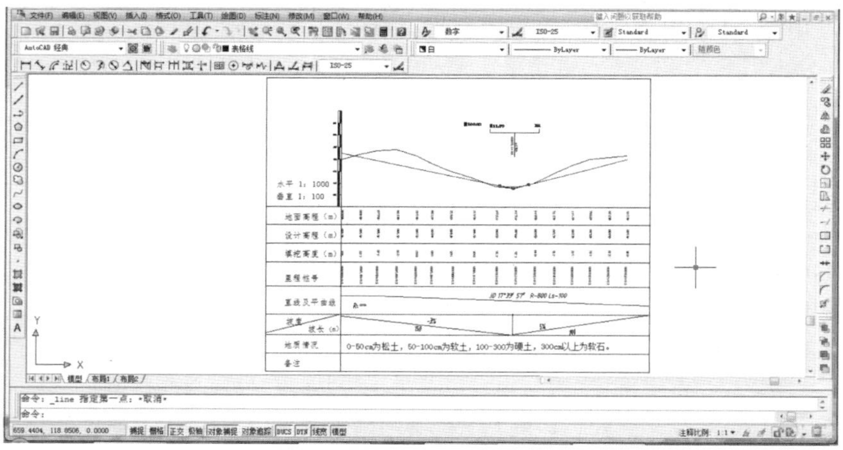

图 13-33 道路纵断面图示例

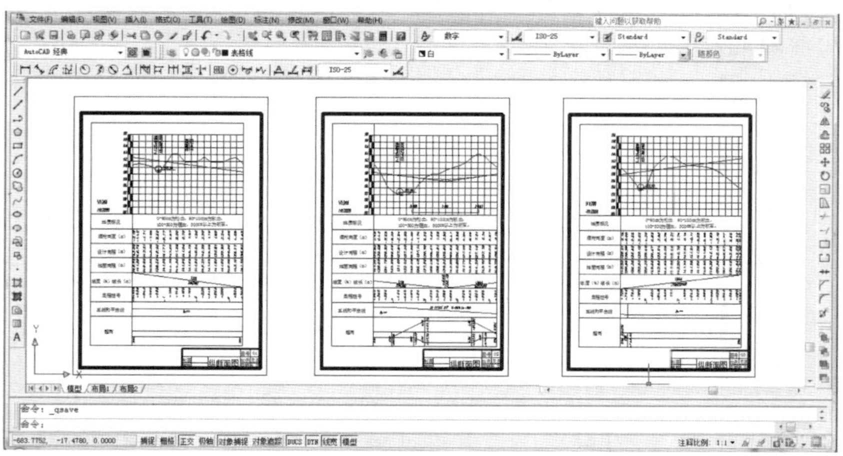

图 13-34 道路纵断面图布局示例

13.6　道路横断面图的绘制

道路横断面是中线上各点的法向切面，即中桩处垂直于道路中线方向的所有剖面。其主要作用是表达各中桩处地面横向起伏状况以及设计路基的形状和尺寸。其范围包括路基（边坡）、路肩、行车道、人行道、分隔带以及在用地范围内树木、防护栅、照明灯柱、排水沟、设置的标志等的整个断面。它主要用于为计算土石方和路基施工提供资料。

13.6.1　横断面图的比例

根据道路交通性质、交通量（包括人流量）、行车速度的不同，并结合地形、气候、土壤等条件，进行道路车行道、中央分隔带、人行道、路肩等的布置，选择横断面的形式，并进行必要的结构设计以保证它们的强度和稳定性。

道路的横断面形式有单幅路、双幅路、三幅路、四幅路，一条道路宜采用相同形式的断面。当道路横断面形式或横断面各组成部分的宽度变化时，宜设过渡段，宜以交叉口或结构物为起止点。

道路横断面图一般采用的比例为 1∶200～1∶100。

13.6.2　横断面图的绘图规定

根据《道路工程制图标准》（GB 50162—1992），横断面图的绘制应符合以下绘图规定。

（1）线形。

路面线、路肩线、边坡线、护坡线均应采用粗实线表示，路面厚度应采用中粗实线表示，原有地面线应采用细实线表示，设计或原有道路中线应采用细点画线表示。横断面示意图如图 13-35 所示。

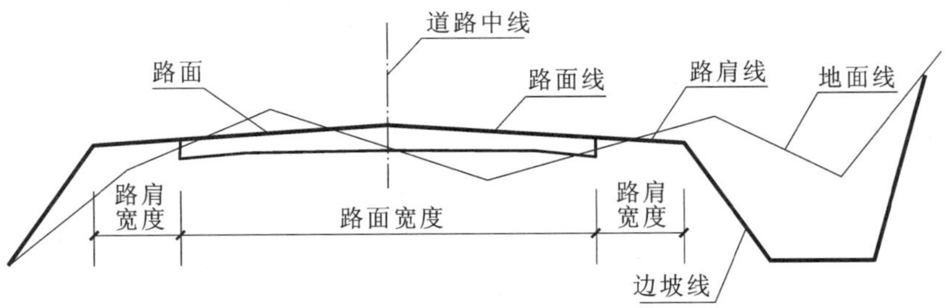

图 13-35　横断面示意图

当道路分期修建、改建时，应在同一张图中示出规划、设计、原有道路横断面，并注明各道路中线之间位置关系。规划道路中线应采用细双点画线表示，规划红线采用粗双点画线表示，在设计横断面图上注明路侧方向。不同设计阶段横断面示意图如图 13-36 所示。

（2）管涵、管线的标注。

在横断面图中，管涵、管线的高程应根据设计要求标注。标注管涵、管线横断面应采用相应图例。横断面图中管涵、管线的标注如图 13-37 所示。

（3）填挖方的标注。

用于施工放样及土方计算的横断面图如图 13-38 所示，并应在图样下方标注桩号。图样右侧应标注填高、挖深和填方、挖方的面积，并采用中粗点画线示出征地界线。

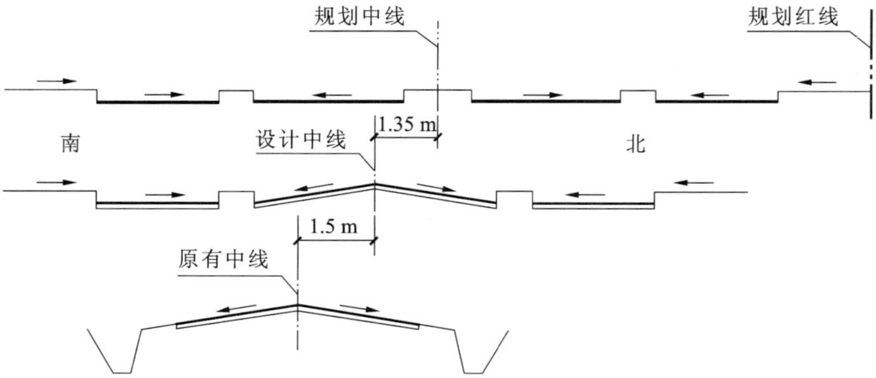

图 13-36　不同设计阶段横断面示意图

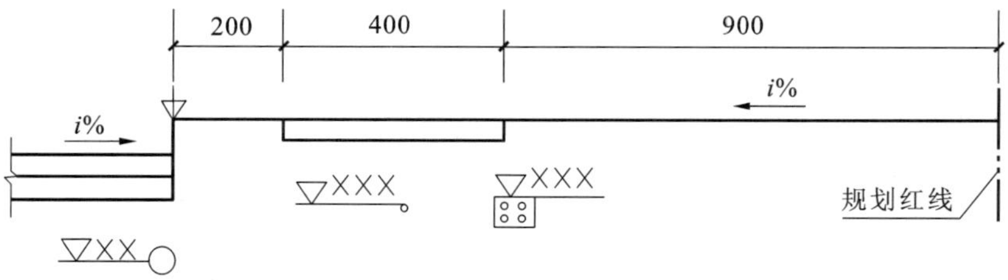

图 13-37　管涵、管线的标注

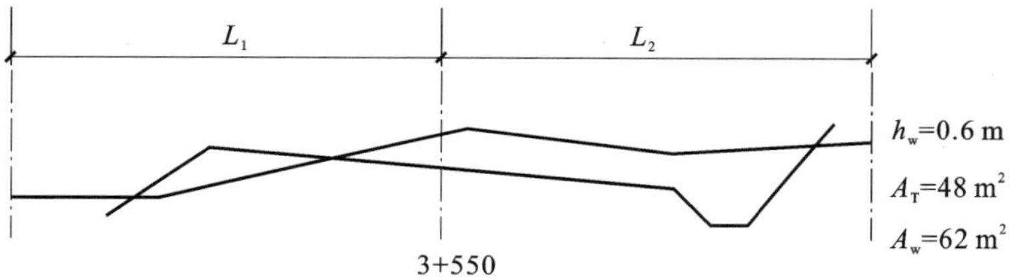

图 13-38　横断面图中填挖方的标注

(4)防护工程设施的标注。

当防护工程设施标注材料名称时可不画材料图例,其断面阴影线可省略,如图 13-39 所示。

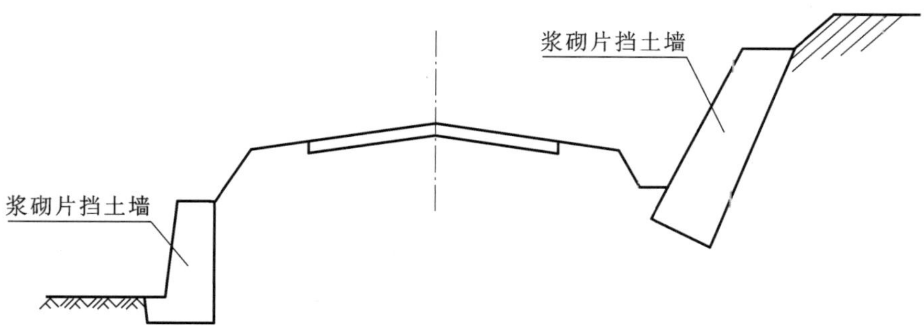

图 13-39　防护工程设施的标注

(5)路面结构的标注。

路面结构图应符合下列规定:当路面结构类型单一时,可在横断面图上用竖直引出线标注材料层次及厚度,如图 13-40(a)所示;当路面结构类型较多时,可按各路段不同的结构类型分别绘制,并标注材料图例或名称及厚度,如图 13-40(b)所示。

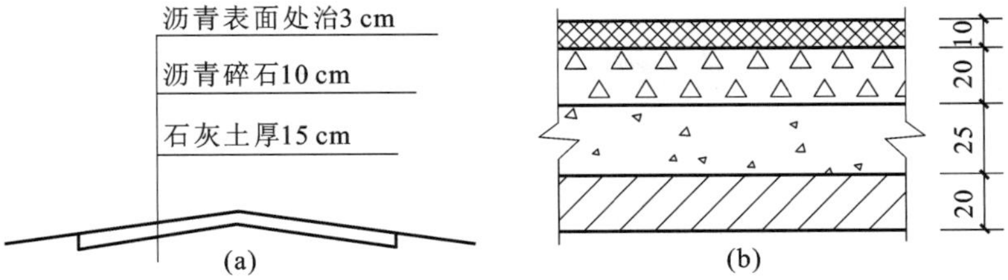

图 13-40 路面结构的标注

13.6.3 横断面图的绘制内容和方法

道路横断面图的绘制方法及步骤如下：

(1)绘制原始地面线。

①掌握已知的道路平面图和道路纵断面图的相关内容；

②使用绘制【点】命令绘制每一里程桩号处道路中线的高程，在垂直于道路中线方向每隔数米绘出一个高程点；

③利用【直线】命令将这些点连接起来，称为原始地面高程线，如图 13-41 所示。

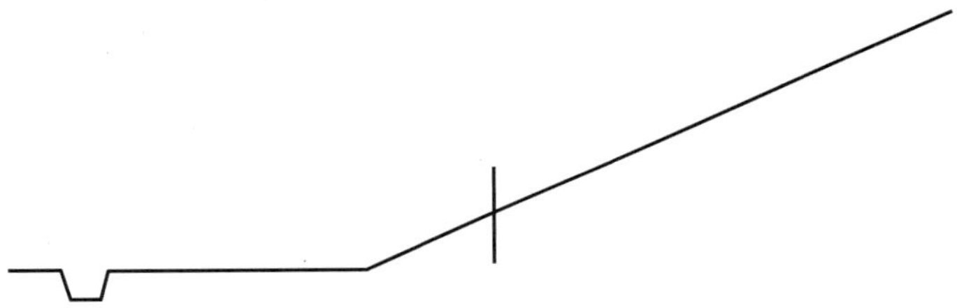

图 13-41 绘制原始地面线

(2)“戴帽子”。

利用【直线】命令，将横断面的设计线绘制出来，按照设计比例把边坡线绘制出来，这个过程俗称“戴帽子”，如图 13-42 所示。

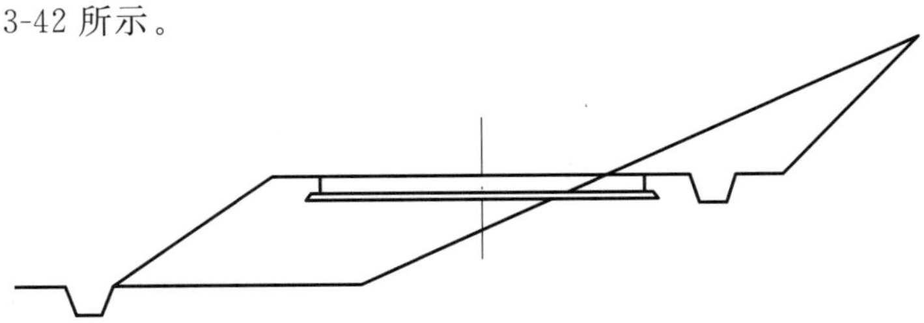

图 13-42 绘制设计地面线

(3)图形标注。

根据原始地面高程、设计高程和边坡坡度等参数计算出需要填挖的面积，将计算好的结果和桩号等标注于横断面图的下方，如图 13-43 所示。

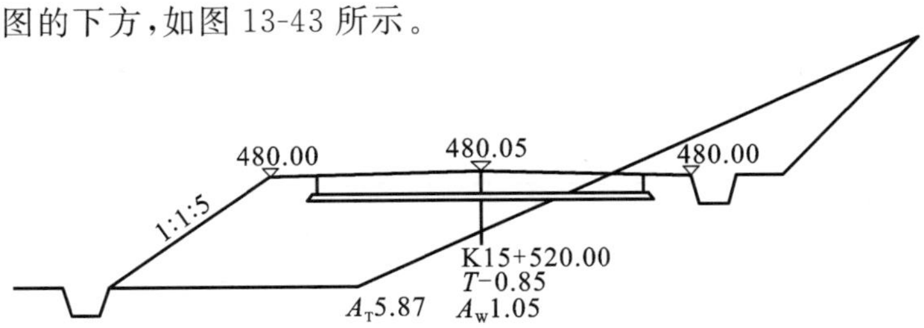

图 13-43 横断面图及标注

(4)绘制标准横断面图。

将整个横断面范围内的要素,包括路基(边坡)、路肩、行车道、人行道、分隔带以及在用地范围内树木、防护栅、照明灯柱、排水沟、设置的标志等按照规定绘制于横断面图内,如图 13-44 所示。

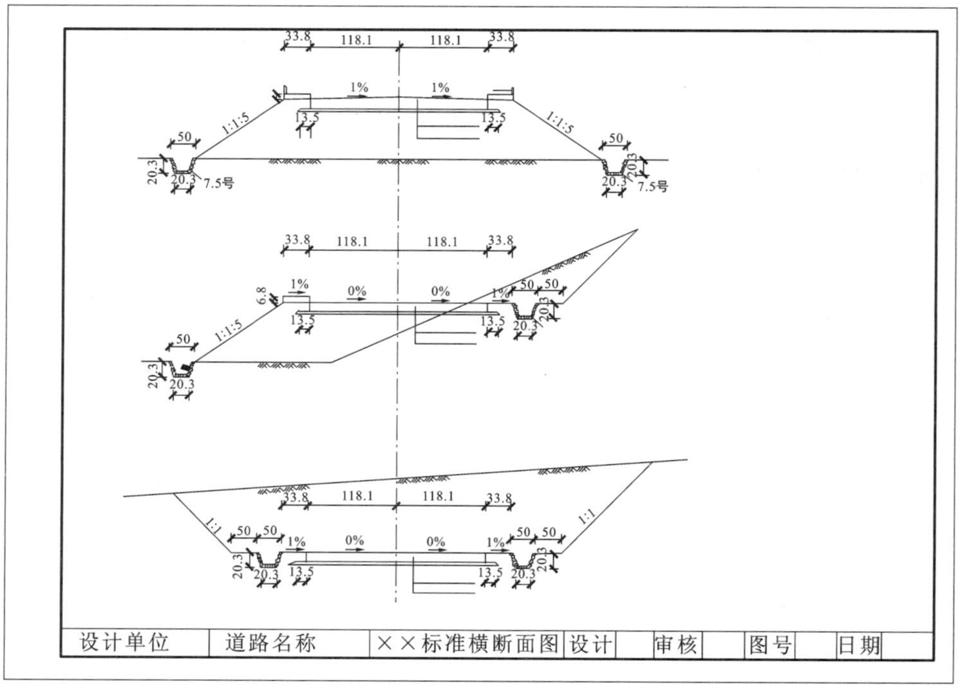

图 13-44 道路标准横断面图示例

在提交图件的时候往往会将多个里程点的横断面图绘制在一张图纸上,如图 13-45 所示。

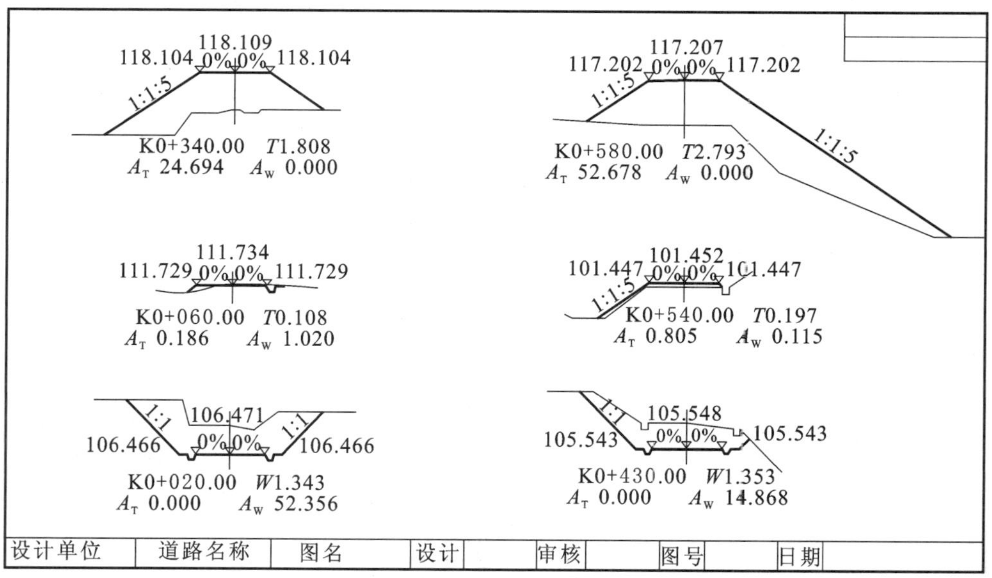

图 13-45 道路横断面图布局示例

本章小结

(1)学习道路施工制图标准,道路施工的组成和主要内容,地形图、道路平面图、道路纵断面图和道路横断面图的规范。

(2)综合应用前面章节的知识,学习绘制地形图。

(3)理解道路平面图的结构,以及学习绘制道路平面图。

(4)理解道路纵断面图的结构,以及学习绘制道路纵断面图。

(5)理解道路横断面图的结构,以及学习绘制道路横断面图。

习题与思考题

13-1 广义的道路施工图和狭义的道路施工图分别包括哪些内容?

13-2 地形图的定义是什么?什么是地形图比例尺?

13-3 什么是地形图图式?地形图图式包括哪几种?各种图式的含义和功能分别是什么?

13-4 AutoCAD 绘制等高线的过程是什么?

13-5 道路平面图主要绘制哪些内容?绘制时通常采用何种比例?

13-6 AutoCAD 绘制道路平面图的一般步骤是什么?

13-7 道路纵断面图主要反映哪些设计内容?绘制时通常采用何种比例?

13-8 道路纵断面图的绘制内容有哪些?AutoCAD 绘制道路纵断面图的一般步骤是什么?

13-9 道路横断面图主要反映哪些设计内容?绘制时通常采用何种比例?

13-10 道路横断面图的绘制内容有哪些?AutoCAD 绘制道路横断面图的一般步骤是什么?

习题与思考题答案

参考文献

[1] 张同伟.土木工程CAD[M].2版.北京:机械工业出版社,2018.

[2] 刘文燕.AutoCAD建筑制图基础教程[M].上海:上海大学出版社,2010.

[3] 刘剑飞.建筑CAD技术[M].3版.武汉:武汉理工大学出版社,2018.

[4] 梁政,冯翔.建筑CAD[M].北京:中国建材工业出版社,2012.

[5] 任鲁宁.建筑制图与CAD[M].北京:中国建筑工业出版社,2019.

[6] 孙明,张秀梅.AutoCAD建筑图形设计与天正建筑TArch工程实践:2014中文版[M].北京:清华大学出版社,2017.

[7] 赵嵩颖.建筑CAD[M].上海:上海交通大学出版社,2014.

[8] 王星捷.土木工程CAD[M].2版.武汉:武汉大学出版社,2017.

[9] 王中发.建筑CAD[M].上海:上海交通大学出版社,2013.

[10] 赵冰华,喻骁.土木工程CAD+天正建筑基础实例教程[M].3版.南京:东南大学出版社,2019.

[11] 李静斌.土木工程CAD[M].郑州:郑州大学出版社,2011.

[12] 任爱珠,张建平.土木工程CAD技术[M].北京:清华大学出版社,2006.

[13] 单春阳,胡仁喜,等.AutoCAD 2020中文版建筑与土木工程制图快速入门实例教程[M].北京:机械工业出版社,2021.

[14] 牛永胜.AutoCAD 2020建筑制图基础教程[M].北京:清华大学出版社,2023.

[15] 中华人民共和国住房和城乡建设部,中华人民共和国国家质量监督检验检疫总局.房屋建筑制图统一标准:GB/T 50001—2017[S].北京:中国建筑工业出版社,2018.

[16] 国家技术监督局,中华人民共和国建设部.道路工程制图标准:GB 50162—1992[S].北京:中国计划出版社,1993.